Manuale dei contratti pubblici

IUSTITIAM COLIMUS

Ruggiero Dipace

Manuale dei contratti pubblici

RISTAMPA AGGIORNATA

Giappichelli

VIA PO, 21 - TEL. 011-81.53.111 - FAX 011-81.25.100
http://www.giappichelli.it

ISBN/EAN 978-88-921-4184-1

G. Giappichelli Editore

Questo libro è stato stampato su
carta certificata, riciclabile al 100%

Stampa: Stamperia Artistica Nazionale S.p.A. - Torino

INDICE

CAPITOLO 3

I PRESUPPOSTI PER LA REALIZZAZIONE DI CONTRATTI PUBBLICI

CAPITOLO 4

I SOGGETTI PARTECIPANTI ALLE GARE. REQUISITI E SISTEMA DI QUALIFICAZIONE

CAPITOLO 5

LE PROCEDURE DI SCELTA DEL CONTRAENTE

CAPITOLO 6

L'OFFERTA, I CRITERI DI AGGIUDICAZIONE E LO SVOLGIMENTO DELLA GARA

CAPITOLO 7

GLI APPALTI AGGREGATI E LE PROCEDURE TELEMATICHE

CAPITOLO 8

I CONTRATTI SOTTO SOGLIA

CAPITOLO 1

L'ATTIVITÀ CONTRATTUALE DELLE PUBBLICHE AMMINISTRAZIONI

1. L'attività contrattuale della p.a.: nozioni introduttive

Le amministrazioni per svolgere le funzioni attribuite dalle norme possono utilizzare atti di diritto pubblico e negozi di diritto privato.

Con l'attività di diritto pubblico, l'amministrazione esercita un potere in posizione di superiorità rispetto al privato. Infatti, per il raggiungimento degli interessi pubblici, l'ordinamento attribuisce all'amministrazione poteri che le consentono di adottare atti unilaterali idonei a produrre effetti giuridici nei confronti di altri soggetti prescindendo dal loro consenso (si pensi al potere di espropriazione della proprietà privata o all'apposizione di un vincolo su un bene privato). Tale attività si svolge attraverso procedimenti e provvedimenti amministrativi.

Il procedimento consiste in una sequenza di atti tra loro concatenati volti all'adozione di un atto finale, il provvedimento, attraverso il quale la p.a. manifesta verso l'esterno la propria volontà. Una delle caratteristiche più rilevanti del provvedimento è quella dell'imperatività che consiste nell'idoneità di costituire, modificare o estinguere situazioni giuridiche soggettive dei privati senza il loro consenso.

Con riferimento a questa tipologia di attività, il principio di legalità svolge una funzione di garanzia per il privato. La garanzia è rappresentata dal fatto che la p.a. deve agire seguendo schemi predeterminati dalla norma. In tal senso, la predeterminazione normativa delle modalità di azione consente al privato di poter controllare l'operato dell'amministrazione, anche al fine di evitarne eventuali abusi. Le norme, quindi, devono disciplinare in maniera puntuale il modo in cui si svolge l'attività del soggetto pubblico, le categorie di atti che esso può emanare e gli effetti che derivano da tali atti nella sfera giuridica del privato.

I corollari del principio di legalità sono il principio di tipicità e quello di nominatività degli atti in base ai quali possono essere adottati solo quelli previsti dalla legge, in presenza dei presupposti e per i motivi dalla legge stessa indicati, secondo un procedimento minuziosamente regolato dalle norme.

Gli istituti di carattere generale applicabili a tutti i procedimenti e i provvedimenti amministrativi sono disciplinati dalla l. 7 agosto 1990, n. 241. Tale normativa regolamenta alcuni istituti fondamentali che devono trovare applicazione a tutti i procedimenti amministrativi in chiave di garanzia del privato: si pensi al responsabile del procedimento, alla partecipazione al procedimento, al diritto di accesso agli atti, alla motivazione del provvedimento amministrativo.

Il provvedimento amministrativo, però, è solo una delle modalità attraverso le quali l'amministrazione agisce per il soddisfacimento degli interessi pubblici.

Accanto all'attività di diritto pubblico, infatti, viene in rilievo l'attività di diritto privato e, in particolare, l'attività contrattuale della p.a.

In passato, il ruolo del contratto nell'ambito dell'azione amministrativa era piuttosto marginale. Esso era considerato solo lo strumento giuridico attraverso il quale l'amministrazione poteva procurarsi i mezzi necessari per svolgere adeguatamente le proprie funzioni (costruzione di opere pubbliche, acquisizione di servizi o di beni). Ora, invece, il contratto si affianca al provvedimento per la cura diretta delle finalità istituzionali dell'ente pubblico. Infatti, l'art. 1, c. 1 *bis*, l. 241/1990 prevede che l'amministrazione pubblica, nell'adozione di atti di natura non autoritativa, agisce secondo le regole e i principi del diritto privato, salvo che la legge non disponga diversamente.

In generale, il contratto è manifestazione dell'autonomia privata ossia del potere riconosciuto dall'ordinamento alle parti di autoregolare i propri interessi, facoltà che coincide essenzialmente con la libertà di concludere o meno un contratto, di fissarne il contenuto, di scegliere la persona del contraente. Inoltre, è espressione di autonomia negoziale l'individuazione di schemi contrattuali innovativi, non disciplinati da alcuna norma, purché l'interesse che i contraenti intendono perseguire sia meritevole di tutela. I privati, quindi, possono disciplinare i loro rapporti con contratti atipici. L'autonomia o libertà negoziale è funzionale alla tutela del principio costituzionale della libera iniziativa economica (art. 41 Cost.) e si caratterizza per la libertà nella scelta del fine e del mezzo, ossia per il fatto che il regolamento di interessi è nella piena disponibilità delle parti negoziali.

Il problema dell'autonomia negoziale si pone in maniera peculiare per le pubbliche amministrazioni che come soggetti di diritto hanno sicuramente la piena capacità giuridica, sia di diritto pubblico sia di diritto privato (art. 11 c.c.). Le amministrazioni sono titolari di qualsiasi situazione giuridica di diritto privato, attiva o passiva e possono adottare (ovviamente salvo i limiti che derivano dall'essere una entità giuridica e non fisica) ogni atto o negozio giuridico previsto dal diritto privato. Tuttavia, l'attività di diritto privato della p.a. non è libera ma orientata al raggiungimento del fine pubblico imposto dalle norme e deve essere improntata ai canoni della legalità e della imparzialità. La libertà nella determinazione delle finalità da perseguire che costituisce l'essenza dell'autonomia negoziale non può, quindi, caratterizzare l'attività negoziale delle amministrazioni. La circostanza che l'amministrazione non sia titolare di autonomia negoziale, non impedisce, però che questa sia libera di individuare lo strumento negoziale migliore per la cura del proprio interesse. Infatti, nell'attività contrattuale si attenua il carattere garantistico del principio di legalità che impone l'utilizzo dei procedimenti e dei provvedimenti predeterminati dalla norma. In questi casi la p.a. non agisce come autorità ma si pone su un piano di tendenziale parità con il privato. Di conseguenza, non è necessario che una norma di legge disciplini puntualmente tutte le fasi dell'azione ma è sufficiente che indichi il fine da perseguire, rimettendo all'amministrazione la scelta dello strumento da utilizzare, sulla base della effettiva idoneità al raggiungimento dello scopo dettato dalla norma.

In questo senso, il principio di legalità non si atteggia più come garanzia nei confronti del privato, bensì come indirizzo dell'azione della p.a. I principi di tipicità e nominatività, espressione della legalità garanzia, non vengono in rilievo nell'attività contrattuale della p.a. Da ciò deriva che le pubbliche amministrazioni sono libere di individuare anche strumenti negoziali non espressamente previsti dalle norme per il raggiungimento delle finalità pubbliche loro attribuite.

Il codice civile definisce il contratto come l'accordo di due o più parti per costituire, modificare o estinguere un rapporto giuridico patrimoniale (art. 1321 c.c.). Per l'ordinamento giuridico sono indifferenti le modalità di formazione della volontà contrattuale e le modalità di individuazione del contraente. I privati, infatti, possono porre in essere comportamenti del tutto antieconomici nella definizione dei loro rapporti patrimoniali. Per le pubbliche amministrazioni il discorso è differente. Infatti, la circostanza che l'attività contrattuale sia funzionalizzata ha evidenti ripercussioni sul momento di formazione della volontà dei soggetti pubblici. Questi devono individuare, in modo trasparente e oggettivo, il "giusto" contraente, ossia il contraente più affidabile. Ciò perché le amministrazioni, nel perseguire i propri scopi, devono impiegare nel modo migliore possibile il denaro e le risorse pubbliche. Peraltro, il miglior contraente non necessariamente è quello che fa spendere meno alla p.a. ma è quello che risponde meglio degli altri alla realizzazione degli scopi pubblici che l'amministrazione deve soddisfare con il contratto. L'attività di selezione del contraente, quindi, deve rispondere ai principi costituzionali del buon andamento e dell'imparzialità (art. 97 Cost.). Da ciò deriva che la fase riguardante la scelta del contraente è caratterizzata da una valutazione comparativa, oggettiva, secondo criteri predeterminati, delle offerte che pervengono all'amministrazione. Questa fase è regolata dalle norme del diritto pubblico, quindi da procedimenti e provvedimenti amministrativi.

Una volta individuato il contraente e instaurato il rapporto negoziale, le parti si trovano in una posizione di tendenziale parità per cui la fase di esecuzione del contratto è disciplinata dalle norme del diritto privato, anche se in questa fase comunque emergono non di rado deviazioni consistenti dagli istituti privatistici in considerazione della peculiare natura del contraente pubblico.

Questa commistione di discipline, pubbliche e private, caratterizza la nozione di contratto a evidenza pubblica.

Nell'evidenza pubblica coesistono, infatti, comportamenti giuridici che si manifestano attraverso atti privati doppiati da atti amministrativi con l'obiettivo di far risaltare in tutta la vicenda contrattuale il necessario rispetto dell'interesse pubblico da parte dell'amministrazione e, conseguentemente, renderne controllabile l'operato.

In particolare, l'attività contrattuale delle amministrazioni si suddivide in due fasi.

La prima fase, che si può definire procedimentale, riguarda tutta l'attività volta alla scelta del contraente privato, da quando l'amministrazione decide di contrarre (deliberazione o determinazione di contrattare), procede alla selezione (bando di gara, valutazione delle offerte), opera la scelta (aggiudicazione della gara) fino alla eventuale fase di approvazione e di controllo. Questa prima parte di attività è integralmente disciplinata dal diritto amministrativo; l'amministrazione agisce in una posizione di supremazia utilizzando poteri pubblicistici, adottando provvedimenti amministrativi di tipo autoritativo nei confronti dei terzi (si pensi al bando di gara, ai provvedimenti di esclusione dei concorrenti, alla graduatoria finale e alla aggiudicazione del contratto). Poiché in questa fase vengono in rilievo poteri pubblicistici, la giurisdizione sulle procedure di selezione del contraente appartiene al giudice amministrativo, ossia al giudice che esprime il proprio sindacato sul corretto esercizio del potere amministrativo.

La seconda fase, che si può definire negoziale, va dalla stipulazione del contratto fino al suo adempimento o alla disciplina dei rimedi per l'inadempimento con le connesse eventuali fasi transattive, contenziose, arbitrali e si caratterizza per il fatto che le parti si trovano in posizione di parità. Le parti sono titolari di diritti soggettivi e di obblighi giuridici da far valere secondo le forme del diritto civile dinanzi al giudice ordinario, ossia al giudice che può sindacare l'attività della p.a. non riconducibile all'esercizio di poteri pubblicistici.

Le due fasi, però, non si trovano in una condizione di reciproca indipendenza. Infatti, le vicende che coinvolgono la fase procedimentale si possono ripercuotere sulla sorte del contratto stipulato. Basti pensare al fatto che l'annullamento di un'aggiudicazione da parte del giudice amministrativo può comportare la dichiarazione di inefficacia del contratto stipulato e il subentro nello stesso dell'impresa vittoriosa del contenzioso.

A sua volta l'iter pubblicistico di formazione dei contratti si suddivide in quattro fasi: la deliberazione a contrarre, la selezione del contraente, la stipula del contratto e la sua approvazione.

Il presupposto indefettibile per l'avvio dell'iter di formazione del contratto è l'inserimento dell'intervento da realizzare nell'atto di programmazione, attraverso il quale si individuano i bisogni della collettività e le risorse finanziarie da stanziare per la realizzazione dell'intervento.

La deliberazione a contrarre è un atto interno al procedimento di evidenza pubblica attraverso il quale la p.a. individua gli elementi essenziali del contratto e i criteri di selezione degli operatori economici e delle offerte. La deliberazione a contrarre rappresenta non solo l'atto attraverso il quale si avvia il procedimento ma anche quello con il quale l'amministrazione compie le proprie scelte strategiche in ordine alla realizzazione di un determinato obiettivo ed esplicita la propria volontà contrattuale. Per tali ragioni nella deliberazione a contrarre devono essere indicati lo scopo specifico che con il contratto intende perseguire nell'ambito delle finalità istituzionali dell'ente; l'oggetto del contratto; la sua forma; le clausole ritenute essenziali; le modalità di scelta del contraente e le ragioni che ne sono alla base.

La deliberazione a contrarre ha un ruolo importante nella formazione del contratto sia perché specifica, più o meno compiutamente, il contenuto del futuro negozio sia perché conferisce la legittimazione a contrattare all'organo che esprime la volontà negoziale dell'ente nei confronti dell'altro contraente. È, quindi, atto necessario per rendere possibile la successiva attività negoziale.

Nella determinazione a contrarre devono essere anche indicate le ragioni per le quali l'amministrazione ha ritenuto di dover utilizzare procedure derogatorie rispetto a quelle ordinarie o la preferenza di alcuni fattori di ponderazione rispetto ad altri da inserire nel bando.

La scelta del contraente avviene attraverso procedure dirette ad assicurare l'individuazione della migliore offerta. La procedura di scelta si deve ispirare ad alcuni principi elencati in via generale dal codice dei contratti che, peraltro, sono in parte comuni a quelli che informano l'esercizio di qualsiasi attività amministrativa (art. 30, d.lgs. 18 aprile 2016, n. 50, codice dei contratti; art. 1, l. 241/1990).

Il principio di economicità riguarda l'uso ottimale delle risorse da impiegare nello svolgimento della selezione ovvero nell'esecuzione del contratto. Una delle declinazioni del principio di economicità consiste nel divieto di aggravare il procedimento amministrativo con oneri inutili per i cittadini e le imprese ovvero con il divieto di ripetizione di attività amministrative già effettuate con riferimento a un medesimo contratto. Il principio di economicità può essere, poi, subordinato a criteri ispirati a esigenze sociali, alla tutela della salute, dell'ambiente, del patrimonio culturale e dello sviluppo sostenibile. I principi della tutela dell'ambiente e della efficienza energetica dimostrano l'intenzione del legislatore nazionale, in consonanza con quella del legislatore europeo, di utilizzare i contratti della p.a. anche come strumenti di politica ambientale e di promozione dello sviluppo sostenibile.

Il principio di efficacia attiene alla congruità degli atti dell'amministrazione rispetto al conseguimento dello scopo e dell'interesse pubblico cui sono preordinati.

Il principio di tempestività si identifica nell'esigenza di non dilatare la durata del processo di selezione dei contraenti in assenza di obiettive ragioni.

Il principio di correttezza consiste nella tenuta da parte dell'amministrazione di una condotta leale, improntata a buona fede sia nella fase di affidamento sia in quella di esecuzione.

Il principio di libera concorrenza attiene all'effettiva contendibilità degli affidamenti da parte dei soggetti potenzialmente interessati.

I principi di non discriminazione e di parità di trattamento riguardano la valutazione equa e imparziale dei concorrenti e l'eliminazione di ostacoli o restrizioni nella predisposizione delle offerte e nella loro valutazione.

Il principio di trasparenza e pubblicità attiene alla conoscibilità delle procedure di gara, nonché all'uso di strumenti che consentano un accesso rapido e agevole alle informazioni relative alle procedure.

Il principio di proporzionalità riguarda l'adeguatezza e idoneità dell'azione rispetto alle finalità e all'importo dell'affidamento e, quindi, impone che la richiesta di requisiti per la partecipazione alle gare sia congrua rispetto alla procedura e all'importo del contratto da affidare.

Infine, ogni procedura selettiva deve essere informata al principio di prevenzione e risoluzione dei conflitti di interessi, sia nella fase di svolgimento della procedura di gara sia in quella di esecuzione del contratto, assicurando altresì un'idonea vigilanza sulle misure adottate, nel rispetto della normativa anticorruzione.

Nelle procedure relative all'affidamento di contratti di modico importo occorre anche rispettare il principio di rotazione degli inviti e degli affidamenti finalizzato a non consolidare rapporti solo con alcune imprese, favorendo la distribuzione delle opportunità degli operatori economici nell'aggiudicazione di un contratto pubblico.

Questi principi sono validi anche per l'affidamento di contratti esclusi dall'ambito di applicazione del codice. Infatti, l'art. 4, d.lgs. 50/2016 prevede che l'affidamento dei contratti pubblici aventi a oggetto lavori, servizi e forniture esclusi in tutto o in parte dall'ambito di applicazione del codice avviene nel rispetto dei principi di economicità, efficacia, imparzialità, parità di trattamento, trasparenza, proporzionalità, pubblicità, tutela dell'ambiente ed efficienza energetica.

Da ciò deriva che qualsiasi contratto, disciplinato o non disciplinato dal codice, deve essere affidato attraverso procedure di selezione comparativa.

Il codice prevede vari tipi di procedure per la selezione del contraente, alcune più rigide altre più flessibili, alcune fortemente connotate dal principio di concorrenzialità, altre più vicine alle contrattazioni dirette fra privati. Le procedure di affidamento sono: la procedura aperta, la procedura ristretta, la procedura competitiva con negoziazione, la procedura negoziata senza la pubblicazione di un bando di gara, il dialogo competitivo e il partenariato per l'innovazione.

Alcune procedure si caratterizzano per l'adozione da parte della p.a. di un atto esterno denominato bando di gara attraverso il quale la stazione appaltante si rivolge agli operatori invitandoli a partecipare e a presentare le proprie offerte secondo le modalità indicate in tale atto. Il bando predetermina le regole della procedura di gara e i criteri di selezione ai quali l'amministrazione si autovincola (*lex specialis* della procedura).

La selezione della migliore offerta deve avvenire attraverso due criteri di aggiudicazione: il prezzo più basso (o miglior prezzo) e l'offerta economicamente più vantaggiosa.

Il primo criterio si basa sul ribasso offerto dall'operatore economico rispetto all'importo posto a base d'asta dall'amministrazione; il secondo criterio, invece, prevede che, unitamente all'offerta economica, i concorrenti forniscano soluzioni tecniche migliorative al progetto posto a base di gara.

Nei casi di offerta economicamente più vantaggiosa, la valutazione delle offerte dal punto di vista tecnico è affidata a una commissione di gara composta da esperti del settore cui afferisce l'oggetto dell'appalto. Tale necessità non viene in rilievo allorché l'amministrazione proceda utilizzando il sistema del prezzo più basso, in quanto non emerge alcun profilo di valutazione tecnico discrezionale che deve operare la stazione appaltante.

La fase di selezione si conclude con la proposta di aggiudicazione da parte della commissione. Tale atto non ha effetti esterni ed è soggetto ad approvazione dell'organo dell'amministrazione competente il quale deve controllare la regolarità degli atti di gara.

Intervenuta l'approvazione, si procede all'aggiudicazione del contratto. Questo è l'atto amministrativo con il quale si conclude la procedura di selezione. L'efficacia dell'aggiudicazione rimane sospesa fino al positivo controllo da parte della stazione appaltante del possesso dei requisiti dell'impresa aggiudicataria.

Solo successivamente all'adozione di tale atto è possibile stipulare il contratto.

La stipulazione del contratto deve aver luogo entro il termine di sessanta giorni dall'aggiudicazione. Il differimento del termine di stipula deve essere motivato con riferimento all'interesse della stazione appaltante alla sollecita esecuzione del contratto. Fino alla scadenza di tale termine l'offerta dell'aggiudicatario è irrevocabile. Quindi, oltre il sessantesimo giorno è sempre possibile la stipula del contratto anche se all'aggiudicatario viene riconosciuta la facoltà di sciogliersi dal vincolo derivante dall'offerta.

Il contratto non può comunque essere stipulato prima di trentacinque giorni dall'invio dell'ultima delle comunicazioni del provvedimento di aggiudicazione. Tale termine dilatorio è previsto per scongiurare l'ipotesi di impugnazione dell'aggiudicazione successiva alla stipula del contratto. Infatti, in virtù delle norme del codice del processo amministrativo (d.lgs. 2 luglio 2010, n. 140, o c.p.a.) le controversie in materia di procedure di selezione del contraente, dinanzi al giudice amministrativo, sono soggette a un rito speciale che prevede la dimidiazione dei termini processuali, compreso il termine per la proposizione del ricorso avverso l'aggiudicazione. Tale impugnazione deve essere, quindi, effettuata entro il termine di trenta giorni dalla comunicazione dell'aggiudicazione definitiva.

In tal modo, l'ordinamento vuole evitare che una p.a. stipuli un contratto non essendo consapevole della possibilità che la relativa aggiudicazione sia sottoposta al vaglio del giudice. Infatti, spesso in passato accadeva che il giudice amministrativo fosse fortemente condizionato nel sospendere gli effetti di un'aggiudicazione o nell'annullarla dall'avvio della esecuzione di un contratto stipulato nelle more della definizione del giudizio sull'aggiudicazione.

Una volta stipulato il contratto si apre la fase di esecuzione che è disciplinata dalle norme del diritto privato. In questa fase la p.a. e il suo contraente privato sono posti in una posizione di tendenziale parità, anche se talvolta la circostanza che l'amministrazione debba curare un interesse pubblico condiziona l'applicazione di istituti originariamente privatistici (si pensi al regime del direttore dei lavori, della risoluzione o della rescissione del contratto).

2. Le opere e i lavori pubblici

Per lavoro pubblico si intende l'attività di costruzione, demolizione, recupero, ristrutturazione, restauro, manutenzione, di opere pubbliche (art. 3, c. 1, lett. *nn*, d.lgs. 50/2016).

Per opera pubblica si intende il risultato di un insieme di lavori, che di per sé esplichi una funzione economica o tecnica (art. 3, c. 1, lett. *pp*, d.lgs. 50/2016).

Il lavoro o l'opera pubblica si differenziano dai servizi e dalle forniture in quanto il servizio consiste in un'attività, una prestazione, che un soggetto imprenditore svolge nell'interesse della p.a. (si pensi ai servizi di pulizia o ai servizi di mensa). Le forniture, invece, sono i beni mobili che la p.a. acquista per la realizzazione di finalità pubbliche (si pensi ai banchi di una scuola, a computer per un ufficio).

Non vi è coincidenza tra il concetto di lavoro e quello di opera pubblica. Mentre il primo costituisce un'operazione materiale, un'attività tecnica, l'opera è il risultato di questa attività. L'opera è un *quid novi* e costituisce un bene materiale destinato alla soddisfazione di un interesse pubblico. Non vi può essere opera pubblica che non scaturisca da un lavoro pubblico, mentre si può avere lavoro pubblico senza che vi sia opera pubblica. Infatti, il lavoro pubblico non sempre determina la nascita di un nuovo bene e cioè di un'opera. Un lavoro può anche consistere nella eliminazione di un'opera (basti pensare alla demolizione di un edificio pericolante); può intervenire su una precedente opera non in modo radicale al solo fine di mantenerla efficiente o di riportarla in efficienza (manutenzione ordinaria e straordinaria, attività di riparazione o restauro).

La distinzione tra opere e lavori pubblici oramai è di scarso rilievo pratico in quanto a queste due categorie di attività si applicano le medesime norme in materia di selezione dei contraenti e di esecuzione del contratto (in passato, invece, si applicavano differenti discipline).

Invece, il problema più rilevante è individuare il criterio per il quale i lavori o le opere si possono considerare pubblici, poiché da tale qualificazione discende l'applicabilità o meno del regime dell'evidenza pubblica a tali attività.

Ciò che accomuna il lavoro e l'opera pubblica è la soddisfazione dell'interesse pubblico, quindi, viene in rilievo come criterio fondamentale quello teleologico o finalistico.

In passato, il dibattito sulla nozione di lavoro o opera pubblica è risultato particolarmente acceso poiché affioravano vari criteri per l'attribuzione del carattere della pubblicità.

Un primo criterio era quello soggettivo. Si affermava che la pubblicità del lavoro o dell'opera risultava dalla natura pubblica del soggetto realizzatore e del soggetto che ne diveniva titolare. L'opera è pubblica, quindi, se è realizzata dallo Stato o da altro ente pubblico e deve appartenere a questi soggetti. Conseguentemente un'opera non può definirsi pubblica se eseguita da un privato o nel caso in cui sia di proprietà dello stesso. Il criterio soggettivo non si è dimostrato funzionale alla qualificazione della pubblicità dell'opera o del lavoro.

Infatti, l'evoluzione della normativa, anche dovuta all'impatto del diritto comunitario su quello nazionale, ha individuato fattispecie nelle quali la realizzazione di lavori o opere pubbliche viene effettuata da soggetti privati. Si pensi all'ipotesi in cui l'opera sia realizzata da un privato in qualità di concessionario ed essa sia destinata a diventare di proprietà dello Stato alla scadenza della concessione: in questi casi, l'opera è definita come pubblica. Oramai è pacifico che anche soggetti privati possano realizzare opere pubbliche (concessionari, società miste, organismi di diritto pubblico e soggetti privati che realizzano direttamente opere di urbanizzazione).

Anche il profilo della proprietà pubblica non è utile per definirne la natura. Vi possono essere opere di proprietà di soggetti privati che solo in un secondo momento entrano nel patrimonio dell'ente pubblico eppure si definiscono pubbliche (si pensi alle opere pubbliche realizzate in regime di concessione di costruzione e gestione nell'ipotesi in cui la proprietà delle stesse rimanga al concessionario sino alla scadenza della concessione per poi confluire nel patrimonio dell'ente concedente).

Ulteriore criterio individuato era quello della pubblicità del finanziamento dell'intervento da realizzare. Ma neanche questo criterio, alla luce delle innovazioni legislative, si è rivelato decisivo. Infatti, il nostro ordinamento ha concepito nuovi strumenti giuridici per la realizzazione di opere pubbliche finanziate da soggetti privati anche per far fronte alla endemica penuria di fondi pubblici (si pensi allo strumento della finanza di progetto o a quello delle sponsorizzazioni e, in generale, alla categoria dei contratti di partenariato pubblico privato, oppure alla realizzazione di opere di urbanizzazione su aree private, cedute alla p.a. a titolo gratuito assieme all'area di pertinenza, sia nei piani di lottizzazione sia nello scomputo del contributo di costruzione).

Allora, il criterio più adeguato per identificare un'opera o un lavoro come pubblico è quello finalistico.

L'opera deve essere destinata a soddisfare l'interesse pubblico. L'interesse pubblico può caratterizzare lo svolgimento di una funzione pubblica come l'erogazione di un servizio pubblico e si può considerare interesse pubblico anche quello strumentale all'espletamento di una funzione o di un servizio (strade, ferrovie, ospedali, impianti di illuminazione). Se l'opera ha una destinazione diversa non può qualificarsi come pubblica (la costruzione di edifici da parte di una p.a. destinati alla locazione a prezzi di mercato non può considerarsi certo opera pubblica in quanto non è diretta a soddisfare un interesse pubblico).

Dalle opere pubbliche devono essere distinte le opere private di pubblica utilità. Queste sono di proprietà dei soggetti privati e sono destinate ad avere una doppia finalità: rispondono a un fine pubblico e soddisfano un'utilità di natura privatistica (si pensi alle infrastrutture di telecomunicazione o a una casa di cura). Per la realizzazione di tali opere, stante la loro destinazione pubblicistica, possono essere utilizzate le medesime procedure espropriative previste per l'acquisizione di terreni sui quali realizzare le opere pubbliche.

Infine, dal concetto di opera pubblica deve essere in parte distinto quello di infrastruttura. Le infrastrutture consistono in opere di grandi dimensioni e di notevole importo, a rete, generalmente funzionali all'erogazione di un servizio pubblico alla collettività (porti, aeroporti, grandi reti di trasporto e di navigazione). Questa tipologia di infrastruttura è da considerarsi prioritaria per lo sviluppo del Paese e per tale motivo il codice dei contratti prevede una disciplina in parte derogatoria rispetto a quella generale (art. 200, d.lgs. 50/2016). In particolare, le infrastrutture dichiarate di interesse nazionale sono previste nell'ambito di particolari strumenti di programmazione e pianificazione (come il piano generale dei trasporti e della logistica e il documento pluriennale di pianificazione di competenza del Ministero delle infrastrutture e dei trasporti) e sono sottoposte a una gestione fortemente centralizzata (con un ruolo fondamentale svolto dal Cipess – Comitato interministeriale per la programmazione economica e lo sviluppo sostenibile) di tutte le fasi della procedura a evidenza pubblica.

3. I servizi e le forniture

Oltre alle opere e lavori pubblici, l'attività negoziale della p.a. si può indirizzare verso l'acquisizione di servizi e forniture.

Il servizio consiste nella prestazione di *facere* utile per il committente, suscettibile di valutazione economica, che non costituisce un'opera, in quanto non vi deve essere alcuna elaborazione o trasformazione di materia (si pensi al servizio di pulizia dei locali di un'amministrazione). Tra questi rientrano anche particolari servizi come quelli legali, culturali, socio assistenziali, di ristorazione o sostitutivi di essa (buoni pasto).

Non sempre è facile delimitare il confine fra servizio e lavoro. Si pensi all'ipotesi della manutenzione che le norme inquadrano nell'ambito dei lavori in quanto generalmente l'attività dell'appaltatore è volta alla modificazione della realtà fisica, con l'utilizzazione, la manipolazione e l'installazione di materiali aggiuntivi e sostitutivi non inconsistenti sul piano strutturale e funzionale. Ma vi possono essere attività collegate alla manutenzione che rientrano nell'ambito dei servizi come la riparazione, la pulizia degli edifici e le gestioni immobiliari. Un caso problematico è quello della manutenzione stradale che spesso viene qualificato come servizio, si pensi ad esempio al ripristino delle condizioni di sicurezza stradale e di reintegra delle matrici ambientali compromesse dal verificarsi di incidenti stradali. Altra ipotesi di servizio è il contratto avente a oggetto non solo la fornitura del calore necessario per il riscaldamento degli immobili di un'amministrazione, ma anche la gestione, la manutenzione – purché non configurabile come una prestazione essenziale di modificazione della realtà materiale – e riqualificazione degli stessi impianti termici.

Dal concetto di servizio si deve distinguere quello di servizio pubblico anch'esso caratterizzato dalla prestazione di un *facere* volto alla soddisfazione di un interesse della collettività.

Il servizio pubblico costituisce una delle forme di manifestazione dell'attività amministrativa. Sul punto occorre rilevare che per attività amministrativa si deve intendere quell'insieme di atti, ai quali l'ordinamento attribuisce rilevanza giuridica nel loro complesso, finalizzata alla cura di interessi pubblici. In questo senso, tradizionalmente, il concetto di attività amministrativa era legato all'esercizio da parte dei pubblici poteri di funzioni sovrane (difesa, sicurezza, giustizia). Queste attività erano svolte necessariamente da soggetti pubblici attraverso l'applicazione delle norme di diritto pubblico. Nel corso del tempo, però, lo Stato ha assunto ulteriori compiti necessari ad assicurare il benessere della collettività (si pensi al servizio di trasporto pubblico a quello postale o telefonico). Il mercato non era in grado di soddisfare pienamente tali interessi per cui molte attività furono assunte da enti pubblici in via diretta o indiretta (tramite società pubbliche) e, in alcuni casi, furono esternalizzate a privati l'operato dei quali veniva monitorato dai soggetti pubblici.

Si può, quindi, affermare che l'attività diretta alla realizzazione di un fine pubblico non si è più solo identificata nella funzione pubblica ma anche nella prestazione di servizi pubblici alla collettività. Sempre più spesso è accaduto che i profili della funzione e del servizio si intrecciassero tra loro rendendo non agevole la distinzione tra queste due tipologie di attività. Il minimo comun denominatore è la prestazione nei confronti della collettività, indipendentemente dalla natura giuridica dei mezzi utilizzati e dalla natura del soggetto.

I servizi pubblici possono essere suscettibili, a differenza delle funzioni pubbliche, di esercizio da parte di soggetti privati e secondo forme privatistiche (si pensi alle società *in house,* alle società miste o all'affidamento a privati tramite concessioni). Il servizio pubblico è, quindi, svolto nei confronti di utenti terzi, che non si identificano con la p.a. (si pensi al servizio di pulizia e rimozione rifiuti nelle strade urbane o di trasporto pubblico). Il privato che gestisce il servizio pubblico (per esempio tramite concessione) ottiene il proprio compenso non già dall'amministrazione ma dall'esterno, ovvero dall'utenza che fruisce del servizio attraverso il pagamento di tariffe. Il servizio, quindi, è erogato dall'impresa con assetto organizzativo autonomo e con strumenti privatistici. Nel mero servizio (che viene solitamente affidato tramite contratto di appalto), invece, l'amministrazione riceve dal contraente una prestazione a essa destinata, in cambio di un corrispettivo. Un caso problematico è quello dell'illuminazione pubblica che tradizionalmente è stato ricondotto nella nozione di servizio pubblico ma che, a ben vedere, non dovrebbe rientrare nello schema concessorio, poiché manca un rapporto giuridico diretto del prestatore del servizio con il cittadino utente e la correlativa assunzione del rischio economico da parte del prestatore del servizio, che, invece, è remunerato da un prezzo. Il rapporto giuridico intercorre esclusivamente tra prestatore e l'amministrazione, rimanendone estranea l'utenza. Il prestatore non si assume il rischio della gestione economica del servizio.

4. I sistemi diretti per la realizzazione delle opere, servizi e forniture

Le prestazioni relative ai lavori o ai servizi pubblici possono essere realizzate direttamente dalle amministrazioni (c.d. principio dell'autoproduzione), possono essere oggetto accordi di cooperazione fra pubbliche amministrazioni e, infine, possono essere esternalizzate, ossia affidate a soggetti privati.

È nella disponibilità delle amministrazioni decidere quale sistema utilizzare.

Una prima modalità di autoproduzione consiste nel sistema dell'amministrazione diretta, ossia nello svolgimento da parte delle amministrazioni di lavori o servizi con materiali propri o appositamente acquistati e con personale proprio o eventualmente assunto per l'occasione, sotto la direzione del responsabile del procedimento. Tale ipotesi viene in rilievo per interventi di minimo importo che non implicano un consistente sforzo organizzativo da parte dell'amministrazione. Per interventi più complessi, invece, può essere necessario esternalizzarne l'esecuzione dato che le amministrazioni possono non avere al proprio interno personale tecnico idoneo allo svolgimento di tali prestazioni.

Una peculiare manifestazione del principio di autoproduzione è il c.d. *in house providing*. La peculiarità di tale istituto risiede nel fatto che l'amministrazione non soddisfa direttamente le proprie esigenze ma effettua affidamenti diretti, quindi senza ricorrere a procedure competitive, a soggetti che, pur formalmente estranei alla sua organizzazione, costituiscono articolazioni della stessa amministrazione da cui promanano, non avendo una propria autonomia decisionale. Si tratta spesso di società totalmente o prevalentemente partecipate dall'amministrazione. La deroga al principio della concorrenza, quindi, si giustifica con il fatto che la società *in house* non è, sostanzialmente, un soggetto differente dall'amministrazione.

Si tratta di un istituto di origine europea che è stato recepito nella nostra legislazione sui contratti pubblici (ora artt. 5 e 192 del codice nonché dal d.lgs. 19 agosto 2016, n. 175 contenente il "Testo unico in materia di società a partecipazione pubblica").

Il codice dei contratti individua i requisiti che deve avere società *in house* per essere affidataria diretta di contratti da parte dell'amministrazione.

Innanzitutto, l'amministrazione aggiudicatrice o l'ente aggiudicatore devono esercitare sulla persona giuridica un controllo analogo a quello esercitato sui propri servizi.

Per controllo analogo si intende la situazione in cui l'amministrazione esercita un'influenza determinante sia sugli obiettivi strategici sia sulle decisioni significative della società controllata. Tale controllo può anche essere esercitato da una persona giuridica diversa, a sua volta controllata allo stesso modo dall'amministrazione partecipante. Il controllo potrebbe essere anche congiunto, in quanto operato da più pubbliche amministrazioni. In tal caso, gli organi decisionali della persona giuridica controllata devono essere composti da rappresentanti di tutte le amministrazioni aggiudicatrici o enti aggiudicatori partecipanti e la società controllata non deve perseguire interessi contrari a quelli degli enti controllanti.

Inoltre, la società *in house* deve effettuare almeno l'ottanta per cento delle attività (percentuale misurabile attraverso il fatturato medio o altra idonea misura alternativa basata sull'attività) a favore dell'amministrazione ossia per lo svolgimento dei compiti a essa affidati dall'amministrazione controllante o da altre persone giuridiche controllate dall'amministrazione (c.d. esclusività dell'attività). Quindi, le attività della società *in house* devono essere indirizzate esclusivamente alla produzione di un servizio di interesse generale, ivi inclusa la realizzazione e la gestione delle reti e degli impianti funzionali ai servizi medesimi; alla progettazione e realizzazione di un'opera pubblica sulla base di un accordo di programma fra amministrazioni pubbliche (società di progetto *ex* art. 193 del codice dei contratti); autoproduzione di beni o servizi strumentali all'ente o agli enti pubblici partecipanti o allo svolgimento delle loro funzioni, nel rispetto delle condizioni stabilite dalle direttive europee in materia di contratti pubblici e della relativa disciplina nazionale di recepimento; servizi di committenza, ivi incluse le attività di committenza ausiliarie, apprestati a supporto di enti senza scopo di lucro e di amministrazioni aggiudicatrici.

Una produzione ulteriore rispetto al limite di fatturato indicato, può essere rivolta anche a finalità diverse, ma è consentita solo a condizione che la stessa permetta di conseguire economie di scala o altri recuperi di efficienza sul complesso dell'attività principale della società.

Nella società *in house* non vi deve essere alcuna partecipazione diretta di capitali privati, a eccezione di quelle che non consentano di esercitare un'influenza determinante o un potere di veto sulla società. La partecipazione del capitale privato nei soggetti *in house* è, inoltre, consentita solo se espressamente prevista dalla legislazione nazionale o se conforme a trattati.

I soggetti *in house* devono seguire le procedure a evidenza pubblica disciplinate dal codice dei contratti per individuare i propri contraenti.

Una deroga a tale principio si ha nelle ipotesi in cui il soggetto *in house* aggiudichi appalti o concessioni alla propria amministrazione controllante (c.d. *in house* inverso o verticale capovolto) o ad altro soggetto giuridico controllato da quest'ultima (c.d. *in house* orizzontale), a condizione che nella persona giuridica controllata non vi sia alcuna partecipazione diretta di capitali privati.

Ulteriore forma di esecuzione diretta, quindi derogatoria rispetto al principio dell'evidenza pubblica, è il c.d. partenariato pubblico-pubblico.

In questi casi viene concluso un accordo esclusivamente tra due o più amministrazioni. Tale accordo deve stabilire o realizzare una cooperazione finalizzata a garantire che i servizi pubblici che le amministrazioni sono tenute a svolgere siano prestati per conseguire gli obiettivi che esse hanno in comune. L'attuazione di tale cooperazione deve essere retta esclusivamente da finalità di perseguimento dell'interesse pubblico. Infine, le amministrazioni aggiudicatrici o gli enti aggiudicatori partecipanti devono svolgere sul mercato aperto meno del venti per cento delle attività interessate dalla cooperazione (percentuale misurabile con il fatturato totale medio o con idonea misura alternativa basata sull'attività).

Si tratta di ipotesi che possono essere inquadrate nell'ambito dell'istituto degli accordi fra pubbliche amministrazioni previsto dall'art. 15, l. 241/1990. L'ammissibilità di tali accordi si fonda sull'estraneità alla logica dello scambio fra prestazione e controprestazione propria dei contratti mentre ciò che prevale è la logica del coordinamento fra amministrazioni in vista della realizzazione di finalità pubblicistiche.

5. Le esternalizzazioni

Oltre alle forme dirette di realizzazione di interventi pubblici, vengono in rilievo sistemi per l'esecuzione di lavori, servizi e forniture fondati sulla esternalizzazione delle prestazioni (*outsourcing*).

In via generale, con termine esternalizzazione ci si riferisce al processo di decentramento che qualifica la moderna produzione industriale e che consiste nell'affidamento di singole fasi del processo produttivo a subfornitori, mentre in capo all'azienda rimane soltanto la progettazione e la realizzazione del prodotto finito (*core business*). La definizione di *outsourcing* è, quindi, mutuata dalla tecnica aziendale. Nel settore pubblico il concetto di esternalizzazione ricomprende fattispecie eterogenee dal punto di vista organizzativo ed economico, che hanno come caratteristica l'affidamento all'esterno di un'attività o di un complesso di attività costituenti funzione o servizio pubblico, di attività strumentali alla realizzazione delle stesse o alla gestione di un bene pubblico.

L'*outsourcing* si può definire come il trasferimento della produzione di attività dalle amministrazioni a imprese private, pur continuando le prime a finanziarle e ad assumersi la responsabilità del soddisfacimento del bisogno pubblico.

Le pubbliche amministrazioni, delegando all'esterno attività, spesso strumentali, possono concentrarsi su quelle strategiche ed essenziali per la produzione e l'erogazione dei beni e dei servizi necessari per lo sviluppo della comunità.

Sono numerose le ragioni che spingono le amministrazioni all'utilizzo dell'*outsourcing*: innanzitutto, l'esigenza di rispondere a domande relative a prestazioni dei servizi in eccedenza rispetto alle proprie capacità; la possibilità di ridurre i costi, pur mantenendo stabili la quantità e la qualità dei servizi erogati; la necessità di migliorare i servizi a costi immutati; l'ampliamento delle tipologie di prestazioni offerte. I benefici che possono derivare alle amministrazioni consistono nella possibilità di ovviare alla carenza di alcune professionalità, nonché nell'attenuazione delle logiche burocratiche, in quanto la gestione del servizio da parte di fornitori esterni avviene attraverso strutture più agili e flessibili rispetto a quelle pubbliche. L'*outsourcing*, quindi, si configura non tanto come una fattispecie contrattuale, bensì come tecnica aziendale e, più precisamente, tecnica gestionale che può attuarsi con i tradizionali contratti sinallagmatici (per esempio l'appalto) ovvero i contratti atipici (basti pensare ai contratti di *global service*).

La realizzazione di lavori, servizi e forniture può essere affidata a privati attraverso varie tipologie contrattuali disciplinate in parte dal codice dei contratti pubblici.

Tra le tipologie contrattuali più rilevanti si annoverano gli appalti e i contratti di partenariato pubblico privato (al cui interno si ricomprendono le concessioni). Accanto a questi contratti ne vengono disciplinati altri come le sponsorizzazioni, con particolare riferimento a quelle nell'ambito dei beni culturali, e la locazione finanziaria di opere pubbliche.

Inoltre, l'amministrazione può stipulare qualsiasi contratto anche atipico per realizzare in maniera efficace e con strumenti flessibili gli interessi pubblici a essa affidati.

5.1. L'appalto

Il sistema tradizionale per la realizzazione di opere e lavori, forniture e servizi è rappresentato dal contratto di appalto.

Secondo la definizione civilistica, l'appalto è il contratto con il quale una parte assume, con organizzazione e i mezzi necessari e con gestione a proprio rischio, il compimento di un'opera verso un corrispettivo in denaro (art. 1655 c.c.).

Il contratto di appalto rientra nella categoria della *locatio operis* e l'appaltatore è tenuto a rendere l'opera richiesta dal committente in completa autonomia organizzativa. Perciò l'appaltatore deve necessariamente essere un imprenditore.

Il contratto di appalto pubblico ha una disciplina in parte derogatoria rispetto a quanto stabilito dal codice civile. Infatti, vi sono norme speciali che riguardano il processo di formazione della volontà della p.a. (il procedimento a evidenza pubblica) nonché la fase di esecuzione.

Al di là di queste deroghe, dovute alla natura pubblica di uno dei soggetti contraenti, la disciplina normativa del contratto di appalto rimane quella civilistica.

L'oggetto del contatto di appalto di lavori pubblici è definito dall'art. 3, c. 1, lett. *ll*), del codice e può consistere sia nella sola esecuzione sia nella progettazione esecutiva congiuntamente all'esecuzione dell'opera o del lavoro.

In passato, un appalto che richiedeva esecuzione e progettazione veniva denominato appalto concorso, tale denominazione è stata espunta dal codice dei contratti in luogo di quella di appalto integrato. L'esigenza di richiedere agli offerenti anche la progettazione dell'opera deriva sia da aspetti tecnici sia da aspetti organizzativi. Infatti, spesso le stazioni appaltanti, specialmente quelle di piccole dimensioni, non hanno uffici tecnici adeguati in grado di progettare opere pubbliche. E tali carenze diventano ancor più rilevanti allorché si tratti di appalti particolarmente complessi dal punto di vista tecnico. L'amministrazione, quindi, può richiedere in sede di offerta la redazione del progetto definitivo e di quello esecutivo o solo del progetto esecutivo.

L'oggetto dell'appalto può consistere anche nell'esecuzione, con qualsiasi mezzo, di un'opera rispondente alle esigenze specificate dalla stazione appaltante o dall'ente aggiudicatore, sulla base del progetto preliminare o definitivo posto a base di gara. Ciò avviene nell'ipotesi di affidamento al contraente generale prevista per la realizzazione delle infrastrutture strategiche.

Dopo una prima fase in cui la normativa aveva "liberalizzato" l'utilizzo dell'appalto integrato (nel primo codice dei contratti pubblici, d.lgs. 163/2006) nel senso che le stazioni appaltanti erano libere di ricorrervi (nelle due forme di esecuzione, progettazione esecutiva o esecuzione, progettazione definitiva ed esecutiva) senza alcuna limitazione, ora il codice prescrive un generale divieto di appalto integrato. Infatti, l'art. 59 del codice prevede che non sia possibile l'affidamento congiunto della progettazione e esecuzione a eccezione dell'affidamento a contraente generale, delle opere a scomputo o dei contratti di partenariato pubblico privato.

L'affidamento, quindi, dovrebbe di regola avvenire sulla base di un progetto esecutivo posto a base di gara. La deroga relativa ai contratti di partenariato pubblico privato si giustifica con riferimento alla particolare complessità del contratto che vede un consistente coinvolgimento del privato in tutte le fasi dell'intervento. Il privato che dovrà finanziare e gestire economicamente l'intervento deve avere la possibilità di individuare le soluzioni progettuali che ritiene più in linea con gli scopi che intende raggiungere. In questi casi, la gara si potrebbe svolgere solo sulla base del progetto di fattibilità (ossia il primo livello di progettazione).

Il divieto di affidamento congiunto subisce ulteriori eccezioni nel caso di contratti in cui l'elemento tecnologico o innovativo sia nettamente prevalente rispetto all'importo del contratto. Tale valutazione deve essere effettuata in sede di deliberazione a contrarre. L'atto deve motivare puntualmente in merito alla rilevanza dei presupposti tecnici che hanno portato all'affidamento congiunto e deve effettuare un confronto comparativo circa l'eventuale incidenza sui tempi di realizzazione tra la soluzione dell'affidamento congiunto e quella dell'affidamento della sola esecuzione.

Comunque, resta fermo il principio che la progettazione di fattibilità (quella che una volta era denominata preliminare) non può mai essere affidata mediante le forme dell'appalto integrato. Al più, come si vedrà in seguito, la p.a. potrà acquisire attraverso apposite procedure il progetto di fattibilità per poi porlo a base di gara per l'aggiudicazione del contratto.

Nell'ipotesi in cui sia messa a gara l'acquisizione del progetto esecutivo, questa si svolge sulla base di un progetto definitivo redatto dalla stazione appaltante, nonché di un capitolato prestazionale corredato dall'indicazione delle prescrizioni, delle condizioni e dei requisiti tecnici inderogabili. L'offerta ha a oggetto il progetto esecutivo e il prezzo; quella relativa al prezzo deve indicare distintamente il corrispettivo per la progettazione esecutiva e per l'esecuzione dei lavori.

Nel caso di appalti integrati gli offerenti devono possedere i requisiti prescritti per i progettisti ovvero avvalersi di progettisti qualificati, da indicare nell'offerta o partecipare in raggruppamento con soggetti qualificati per la progettazione. In tal modo, la stazione appaltante viene garantita in ordine all'affidabilità dei soggetti che eseguiranno la progettazione dell'opera.

L'amministrazione instaura il rapporto contrattuale solo con l'appaltatore partecipante alla gara e non con gli eventuali professionisti progettisti utilizzati dall'appaltatore per redigere il progetto.

In generale, il corrispettivo del contratto di appalto può essere determinato con due criteri alternativi: quello a corpo o quello a misura.

Con il primo criterio il prezzo è stabilito in una somma globale per l'intera opera commessa e rimane fisso; non può, quindi, variare in aumento o in diminuzione, secondo la qualità e la quantità effettiva dei lavori eseguiti. In questo caso, le opere sono inequivocabilmente individuate in via preventiva in ogni loro dettaglio progettuale. Il capitolato speciale di appalto deve individuare con precisione la quantità e la qualità delle costruzioni e dei materiali nonché dei costi complessivi.

Nella seconda ipotesi, si ha la fissazione di un prezzo per unità di misura relativo alle categorie di lavori necessari per compiere l'opera (a prezzi unitari), ovvero la fissazione di un prezzo per l'unità di misura dell'opera finita (a misura in senso stretto).

Adottando questo sistema, il prezzo varia sulla base delle unità di misura di cui consta l'opera finita o delle quantità delle categorie di lavoro impiegate. Nel capitolato vengono fissati prezzi invariabili per ogni unità di misura e per ogni specie di lavoro e il corrispettivo viene determinato in via consuntiva.

La differenza tra i due metodi consiste essenzialmente nel rischio relativo alla maggior quantità di lavoro che si è resa necessaria rispetto a quella prevedibile. Infatti, nell'appalto a corpo il rischio di effettuare una maggiore quantità di lavorazioni grava sull'appaltatore il quale deve fornire l'opera per il prezzo globale; nel caso dell'appalto a misura il rischio delle quantità e della qualità delle lavorazioni resta in capo al committente.

Ulteriore modalità per l'individuazione del corrispettivo è quella della c.d. "permuta" (cessione di immobili in cambio di opere, art. 191 del codice). Infatti, può essere prevista la sostituzione totale o parziale delle somme di denaro costituenti il corrispettivo del contratto attraverso il trasferimento all'affidatario della proprietà di beni immobili appartenenti all'amministrazione aggiudicatrice. Tali beni immobili devono essere espressamente indicati nel programma triennale delle opere pubbliche o nell'avviso di preinformazione per i servizi e le forniture e non devono più svolgere funzioni di interesse pubblico. Possono formare oggetto di trasferimento anche beni immobili già inclusi in programmi di dismissione del patrimonio pubblico, purché non sia stato già pubblicato il bando o avviso per l'alienazione, ovvero nelle ipotesi in cui la procedura di dismissione abbia avuto esito negativo.

5.2. Il *general contractor* come forma peculiare dell'appalto

Una peculiare forma di contratto di appalto è quella dell'affidamento di lavori al contraente generale (*general contractor*). Il codice del 2006 individuava l'affidamento al *general contractor* come forma alternativa alla concessione per la realizzazione di infrastrutture strategiche. Il nuovo codice (d.lgs. 50/2016) amplia l'ambito operativo di tale strumento con riferimento a qualsiasi tipologia di lavori il cui valore sia superiore a cento milioni di euro. La scelta di procedere attraverso il contraente generale deve essere motivata dalla stazione appaltante in ragione della complessità dell'intervento e di altre esigenze al fine di garantire un elevato grado di qualità sicurezza ed economicità della realizzazione dell'appalto. L'esigenza di motivare l'utilizzo di tale sistema deriva dalla peculiarità delle prestazioni e delle funzioni che il contraente generale assolve nei confronti della p.a.

Infatti, il contraente generale può essere definito come un particolare appaltatore al quale vengono affidate prestazioni ulteriori rispetto alla mera esecuzione dell'opera. Il contraente generale deve provvedere alla predisposizione del progetto esecutivo e alle attività tecnico amministrative occorrenti al soggetto aggiudicatore per pervenire all'approvazione dello stesso; all'acquisizione delle aree di sedime; all'esercizio dei poteri di espropriazione se al contraente generale vengono delegati tali poteri dall'amministrazione competente all'esercizio di tale funzione (ai sensi dell'art. 6, c. 8, d.lgs. 8 giugno 2001, n. 327); al prefinanziamento totale o parziale dell'opera stessa (anche attraverso l'emissione di obbligazioni); all'individuazione delle modalità gestionali dell'opera e alla selezione dei soggetti gestori. In sostanza il contraente generale è tenuto a realizzare, con qualunque mezzo, l'opera a esso affidata, assumendo un'obbligazione di risultato globale che comprende tutte le attività necessarie per concretizzate l'intervento.

All'amministrazione, invece, spetta l'approvazione del progetto esecutivo e delle varianti; la nomina del direttore dei lavori e dei collaudatori; l'alta sorveglianza sulla realizzazione delle opere; il collaudo; la stipulazione di accordi con gli organi competenti in materia di sicurezza e di prevenzione della criminalità finalizzati alla verifica preventiva del programma di esecuzione dei lavori.

Proprio per queste peculiarità, la figura del contraente generale pone alcuni problemi di qualificazione giuridica. Da un lato, si avvicina alla figura del concessionario o del promotore, in quanto può assumere il ruolo di finanziatore dell'iniziativa. Dall'altro, se ne discosta poiché non solo è assente il connotato della gestione della infrastruttura ma la remunerazione non avviene attraverso i proventi ricavati dallo sfruttamento economico dell'opera, con conseguente permanenza in capo al soggetto pubblico del rischio relativo alla realizzazione dell'opera. Questi, invece, sono tratti caratterizzanti le concessioni. Il privato si limita a reperire le risorse necessarie per effettuare l'opera, assumendo il ruolo di un mero finanziatore del soggetto pubblico. Egli sembra svolgere funzioni di mutuante in maniera non dissimile da un soggetto bancario. La specialità della figura del *general contractor* è caratterizzata dal fatto che il contratto che intercorre con l'amministrazione può essere qualificato come contratto innominato di servizi e prestazioni che si inserisce nell'ambito dei contratti di committenza.

5.3. I contratti di partenariato pubblico privato

Nella nozione di contratto di partenariato pubblico privato (PPP) rientrano sostanzialmente tutte le tipologie alternative all'appalto per la realizzazione di un'opera pubblica o di un servizio pubblico (concessioni, *leasing*, società miste).

Si tratta di contratti onerosi con i quali la stazione appaltante conferisce all'operatore economico, per un periodo di tempo determinato in funzione della durata dell'ammortamento dell'investimento o delle modalità di finanziamento fissate, un complesso di attività quali la progettazione, la costruzione, la gestione o la manutenzione di un'opera pubblica o di pubblica utilità, oppure la fornitura di un servizio. Il contratto deve prevedere il finanziamento totale o parziale a carico di privati di tali prestazioni, con allocazione dei rischi tra soggetti pubblici e privati a seconda del grado di finanziamento dell'intervento.

È una categoria contrattuale che si contrappone nettamente a quella dell'appalto. Infatti, il partenariato pubblico privato è espressione di un modo di concepire il rapporto tra amministrazione e privato nella realizzazione di un'opera totalmente differente rispetto all'appalto. Non si tratta più di realizzare un lavoro o un'opera con risorse esclusivamente pubbliche, ma di coinvolgere il soggetto privato che diviene protagonista, insieme all'amministrazione, della realizzazione dell'intervento.

Questo schema contrattuale non si adatta alla realizzazione di tutte le opere pubbliche ma solo di quelle che si definiscono calde o "*self liquidating*", ossia che prevedono tariffe da far pagare all'utente. Tra le opere c.d. calde si potrebbero annoverare impianti sportivi o ricreativi, opere idriche, opere marittime, lacustri o fluviali, opere concernenti la viabilità e i trasporti (metropolitane, autostrade, parcheggi), opere concernenti l'energia (centrali elettriche, impianti di cogenerazione), impianti di smaltimento di rifiuti solidi urbani e industriali. Si tratta, quindi, di opere che, in quanto capaci di generale flussi di cassa tali da remunerare gli investimenti effettuati, possono interessare investitori privati.

Di regola non è possibile utilizzare lo schema del partenariato per la realizzazione di opere c.d. "fredde". Si tratta di opere la cui funzione sociale è predominante e, di conseguenza, non è possibile applicare tariffe per far fronte ai bisogni dell'utenza se non in misura irrisoria. Queste opere non sono in grado di generare un flusso di cassa tale da consentire il rimborso degli investimenti effettuati e, per questa ragione, non generano l'interesse degli investitori privati. La remunerazione, in questo caso, è il pagamento di un prezzo da parte della p.a. (si pensi alla costruzione di carceri, scuole o ospedali).

In realtà, la bipartizione non risulta soddisfacente. Accanto alle opere "calde" e a quelle "fredde" si possono individuare una serie di opere c.d. "tiepide", nelle quali il soggetto pubblico fornisce un contributo per l'esecuzione, ma che possono, comunque, generare un flusso di capitali tale da risultare appetibili per l'operatore privato. In questi casi, la contribuzione pubblica ha un ruolo accessorio rispetto alla remunerazione dell'opera da parte dei proventi della gestione (per esempio, i parcheggi pubblici o le opere di riqualificazione urbana, particolarmente richiesti dal soggetto pubblico che contribuirà alla costruzione dell'opera in virtù del forte impatto sociale della stessa). Il codice prevede la possibilità che anche queste opere possano essere oggetto di contratti di partenariato pubblico privato. L'art. 180, c. 2 del codice prevede, infatti, che i ricavi di gestione dell'operatore economico possono provenire dal canone riconosciuto dall'ente concedente e/o da qualsiasi altra forma di contropartita economica ricevuta dal medesimo operatore economico, anche sotto forma di introito diretto della gestione del servizio a utenza esterna. Chiaramente, per non snaturare l'essenza del contratto, che si fonda sul trasferimento del rischio operativo dall'amministrazione al privato, il prezzo o il contributo versato dal soggetto pubblico non può essere tale da annullare qualsiasi alea relativa alla gestione economica dell'intervento. Il codice chiarisce, quindi, che il riconoscimento del prezzo, sommato al valore di eventuali garanzie pubbliche o di ulteriori meccanismi di finanziamento a carico della p.a., non può essere superiore al trenta per cento del costo dell'investimento complessivo, comprensivo di eventuali oneri finanziari. Da ciò si ricava che il prezzo può essere previsto solo nelle ipotesi in cui le amministrazioni impongano al privato tariffe inferiori a quelle di mercato per soddisfare particolari esigenze di erogazione del servizio pubblico (per es. trasporto ferroviario per i pendolari; abbonamenti agevolati). L'eventualità di contribuire attraverso un prezzo all'operazione è funzionale al mantenimento della stessa.

Il mantenimento dell'equilibrio economico finanziario e la traslazione del rischio operativo relativo alla gestione economica dell'intervento in capo al provato rappresentano le peculiarità dei contratti di partenariato pubblico privato.

L'utilizzo di tali contratti può essere vantaggioso per le amministrazioni che devono spesso affrontare interventi imprescindibili e onerosi senza la disponibilità di risorse economiche adeguate. Per porre rimedio a tale inconveniente, infatti, i soggetti pubblici possono individuare imprenditori privati sia come finanziatori sia come partner tecnici che offrono il proprio *know how* alla realizzazione e alla gestione di un'opera o di un servizio.

Non è circostanza irrilevante che la generalizzata utilizzazione di alcuni innovativi contratti di PPP come le sponsorizzazioni o il *leasing* immobiliare sia stata prevista inizialmente da norme di leggi finanziarie, per poi essere innestata nel *corpus* normativo del codice dei contratti. Ciò chiarisce la stretta correlazione fra questi contratti e la potenziale convenienza economica per i soggetti pubblici che nella sostanza si traduce in un risparmio di spesa pubblica.

La caratteristica fondamentale di questi contratti è il coinvolgimento del soggetto privato in tutte le fasi di esecuzione dell'intervento pubblico, per cui è da escludere che vi rientrino i tradizionali contratti di appalto. Questi ultimi, infatti, prevedono il coinvolgimento del privato esclusivamente nella fase di realizzazione o, al più, in quella di progettazione (si pensi all'appalto integrato).

Gli elementi che caratterizzano il contratto di partenariato si possono ricavare dalla definizione legislativa (art. 3, c. 1. lett. *eee*, codice).

Il primo elemento è rappresentato dalla durata relativamente lunga della collaborazione tra il soggetto pubblico e il soggetto privato. Una tale durata è sintomatica della volontà delle parti di porre in essere un'effettiva collaborazione.

Il secondo attiene alle modalità di finanziamento del progetto. Il privato può garantire la copertura finanziaria con operazioni complesse coinvolgenti una pluralità di soggetti, anche pubblici, purché non manchi l'apporto del capitale privato.

Il terzo è dato dal ruolo dell'operatore economico che partecipa alle varie fasi del progetto (ideazione, progettazione, realizzazione, attuazione e finanziamento), laddove l'amministrazione individua l'interesse pubblico da perseguire, stabilisce gli *standards* di qualità dei servizi, definisce la politica dei prezzi e delle tariffe e, infine, vigila sul raggiungimento degli obiettivi prefissati.

Il quarto è quello della ripartizione dei rischi tra il soggetto pubblico e il soggetto privato: al privato vengono trasferiti i rischi che solitamente ricadono sul soggetto pubblico al quale, invece, spetta la funzione di vigilanza. In proposito, bisogna specificare che non è necessario che tutti i rischi vengano accollati al soggetto privato. La ripartizione, infatti, va effettuata caso per caso, a seconda delle concrete capacità delle parti attraverso la negoziazione delle clausole contrattuali.

Vi è, quindi, una condivisione del potere decisionale sul progetto con una ripartizione chiara dei ruoli: il soggetto pubblico definisce gli obiettivi e opera il monitoraggio, mentre quello privato individua le modalità più efficaci per la realizzazione degli obiettivi.

Si tratta di un contratto "globale" nel quale il privato è responsabile della progettazione, del finanziamento, della realizzazione e della gestione dell'intervento.

Vi possono essere varie tipologie di partenariato pubblico privato: quello contrattuale o quello istituzionalizzato.

Il partenariato contrattuale è quello che si fonda sul legame convenzionale tra soggetto pubblico e soggetto privato. In esso sono stati ricompresi gli istituti della concessione, sia di lavori sia di servizi nonché le operazioni di *project financing*.

Mentre per partenariato istituzionalizzato si intende la cooperazione tra soggetto privato e pubblico all'interno di una entità distinta come, per esempio, le società miste, finalizzate alla gestione dei servizi pubblici.

Si deve osservare, però, che questa distinzione ha un valore meramente descrittivo e non ha alcuna valenza pratica. In entrambe le ipotesi, infatti, viene in rilievo una manifestazione della volontà contrattuale della p.a., sia con la stipula di contratti di scambio sia con la stipula di contratti associativi.

All'interno del partenariato è possibile operare suddivisioni certamente più utili dal punto di vista pratico in quanto funzionali all'individuazione della disciplina applicabile al caso concreto.

La prima si incentra sulla modalità di remunerazione del privato.

Qualora l'impresa venga remunerata mediante un prezzo pagato in via preponderante dall'utenza, si è di fronte a un contratto di partenariato sotto forma di concessione. Se, invece, la remunerazione è corrisposta principalmente, ma non esclusivamente, dall'autorità pubblica, si è in presenza di altro tipo di contratto di partenariato, e possono venire in rilievo le combinazioni più disparate frutto della negoziazione tra le parti.

Infatti, il privato può essere remunerato sia dalla gestione della infrastruttura o del servizio a cui l'infrastruttura è funzionale, sia dalla gestione e in parte dalla contribuzione pubblica. Peraltro, il privato può trarre profitto non solo dalla gestione diretta dell'infrastruttura o del servizio, ma anche dalla attribuzione della gestione di servizi collaterali, qualora le infrastrutture o il servizio non siano adatti di per sé a realizzare flussi di cassa adeguati a ricoprire gli investimenti effettuati (come avviene nel settore dei beni culturali con l'affidamento in concessione dei servizi aggiuntivi unitamente al servizio pubblico) nonché da forme di pubblicità e divulgazione del proprio nome o marchio (come avviene con le sponsorizzazioni).

Altra distinzione attiene alla natura tipica o atipica del contratto.

Questa distinzione è di particolare importanza in quanto, considerate le caratteristiche della categoria del partenariato, lo strumento negoziale più adatto, dal punto di vista tecnico, è quello atipico che lascia ampio spazio di manovra alle parti, che possono dosare, in maniera equilibrata, caso per caso, i reciproci rischi e le connesse responsabilità, senza essere vincolate da una specifica disciplina normativa.

Che il contratto atipico sia uno strumento fondamentale per il partenariato, lo si ricava da alcune considerazioni. Basti pensare al ruolo polifunzionale che svolge il soggetto privato e alla complessa allocazione del rischio finanziario, che può coinvolgere anche più soggetti (es. banche e assicurazioni). Spesso, quindi, si rendono necessarie complesse operazioni, talvolta trasfuse in un unico negozio, talaltra in più negozi tra loro collegati da un nesso funzionale. È necessario che tali operazioni vengano effettuate tramite strumenti flessibili che consentono di regolamentarle nel dettaglio. L'assenza di una specifica disciplina per ogni possibile variante del contratto non è penalizzante, anzi dovrebbe stimolare il privato il quale può concordare con l'amministrazione le regole contrattuali più idonee per modulare al meglio la disciplina del negozio con riguardo alle proprie esigenze.

L'assenza di una disciplina espressa non comporta, però, che l'amministrazione sia svincolata da qualsiasi regola. Infatti, la rilevanza del perseguimento del fine pubblico che caratterizza l'attività negoziale delle amministrazioni non consente di porre in essere operazioni contrattuali che sfuggano al principio di funzionalizzazione e, quindi, il contratto di partenariato non può mai porsi in contrasto con le finalità istituzionali dell'ente. In questo senso, la p.a. deve sempre rispettare il principio di individuazione del proprio partner a seguito di procedure competitive, benché queste non siano state espressamente disciplinate. Viene in rilievo, pertanto, un nucleo di principi comuni, soprattutto di derivazione europea, che fungono da indispensabile guida per le attività di scelta del partner tecnico della amministrazione. Una volta rispettati questi principi fondamentali, il resto della attività può essere oggetto di negoziazione delle parti pur sempre con lo scopo di realizzare il fine pubblico alla base dell'operazione.

L'affermazione del partenariato pubblico privato nell'ordinamento italiano si fonda anche sul principio costituzionale di sussidiarietà (art. 118 Cost.). Tale principio indica un arretramento dell'intervento pubblico e una contemporanea espansione degli spazi riservati ai soggetti privati. La sua declinazione in termini di sussidiarietà "orizzontale", con riferimento al particolare rapporto tra lo Stato e i cittadini, sia come singoli, sia nelle loro formazioni sociali, indica la possibilità che l'intervento statale si riduca al minimo indispensabile a vantaggio della sempre più ampia autonomia riconosciuta ai privati nello svolgimento di compiti pubblici. Nell'alveo del principio di sussidiarietà orizzontale si possono far rientrare vari fenomeni come quello della privatizzazione di alcuni settori, della liberalizzazione di attività, della soppressione di funzioni pubbliche non più utili e dell'esternalizzazione di funzioni e compiti pubblici, quando ciò renda più efficace ed efficiente l'attività amministrativa. Inteso in quest'ultimo senso, il principio di sussidiarietà orizzontale costituisce un punto solido al quale ancorare la categoria del partenariato. Invero, pur esternalizzando compiti e funzioni, la p.a. ne rimane la titolare, ma rende partecipe il privato dell'esercizio degli stessi, proprio nell'ottica di favorire la collaborazione e il trasferimento di responsabilità che costituiscono il *proprium* del partenariato.

Un chiaro esempio di questo modo di intendere il principio di sussidiarietà si può trarre dalla disciplina della finanza di progetto, fattispecie di partenariato pubblico privato, prevista nel codice dei contratti: il soggetto privato può intervenire nella fase di programmazione delle opere pubbliche suggerendo gli interventi e le opere da inserire nel programma triennale (art. 183, c. 15, d.lgs. 50/2016). In questo modo, il privato diviene uno dei soggetti decisionali della politica infrastrutturale e, di conseguenza, partecipa alla definizione degli obiettivi dell'amministrazione. Infatti, il programma triennale delle opere pubbliche non si deve considerare attività meramente interna, tesa solo alla programmazione finanziaria e alla razionalizzazione della spesa, ma è attività fondamentale di individuazione degli obiettivi concreti da raggiungere per soddisfare le esigenze della collettività, cui corrisponde la facoltà di verifica dei cittadini, singoli o associati, della congruità delle scelte effettuate. La condivisione del raggiungimento degli obiettivi di una efficace erogazione di servizi alla collettività, si realizza, poi, con il trasferimento al privato delle responsabilità in ordine alla corretta gestione dell'intervento pubblico. All'amministrazione rimane il compito di vigilare e monitorare sulla corretta gestione del servizio pubblico.

Ulteriore vantaggio che il ricorso al PPP porta alle amministrazioni consiste nell'esclusione degli investimenti per tali operazioni dal bilancio pubblico e, quindi, l'esclusione di tali investimenti dalla determinazione delle soglie di rispetto del patto di stabilità e crescita europeo. Infatti, il documento Eurostat *Manual on Government Deficit and Debt* considera come spartiacque per l'inserimento nel bilancio del governo, rilevante, quindi, ai fini del patto di stabilità, l'effettiva assunzione dei rischi da parte del privato o della p.a. Nel primo caso l'operazione non può essere inserita nel bilancio pubblico mentre nel secondo caso ciò deve avvenire con conseguente impatto sulle soglie relative al rispetto del patto di stabilità. L'incentivazione dell'utilizzo del PPP è funzionale a una politica che contemperi la realizzazione di infrastrutture essenziali con la minore incidenza possibile nei conti pubblici, anche ai fini previsti dal diritto dell'Unione europea.

Il codice dei contratti, prevede una disciplina quadro dei contratti di partenariato pubblico privato, con precise indicazioni in merito alla corretta allocazione dei rischi tra il soggetto pubblico e il privato e alle procedure di affidamento dei contratti. In particolare, l'art. 180, c. 2, prevede che il trasferimento del rischio in capo all'operatore economico comporta l'allocazione a quest'ultimo, oltre che del rischio di costruzione, anche del rischio di disponibilità o del rischio di domanda dei servizi resi, per il periodo di gestione dell'opera. Tali tipologie di rischi sono descritte dall'art. 3 codice. Per rischio di costruzione si intende il rischio legato al ritardo nei tempi di consegna, al mancato rispetto degli standards di progetto, all'aumento dei costi, a inconvenienti di tipo tecnico nell'opera e al mancato completamento dell'opera (art. 3, c. 1, lett. *aaa*); per rischio di disponibilità si intende il rischio legato alla capacità, da parte del concessionario, di erogare le prestazioni contrattuali pattuite, sia per volume sia per standards di qualità previsti (art. 3, c. 1, lett. *bbb*); per rischio di domanda si intende il rischio legato ai diversi volumi di domanda del servizio che il contraente deve soddisfare, ovvero il rischio legato alla mancanza di utenza e, quindi, di flussi di cassa (art. 3, c. 1, lett. *ccc*). Con il contratto di partenariato pubblico privato sono disciplinati anche i rischi, incidenti sui corrispettivi, derivanti da fatti non imputabili all'operatore economico.

Accanto a questi rischi nominati possono insorgere anche ulteriori ipotesi di rischio come quello normativo, politico, regolamentare, legati alla circostanza che modifiche normative, non prevedibili contrattualmente, determinino un aumento dei costi; il rischio finanziario, consistente, per esempio, nel mancato reperimento delle risorse di finanziamento a copertura dei costi e nei tempi prestabiliti o in un aumento dei tassi di interesse e/o di mancato rimborso di una o più rate di finanziamento, con conseguente aumento dei costi o impossibilità di proseguire nell'operazione; il rischio delle relazioni industriali, legato ai rapporti con altri soggetti che influenzino negativamente costi e tempi della consegna; il rischio di valore residuale, ossia il rischio di restituzione alla fine del rapporto contrattuale di un bene di valore inferiore alle attese.

A fronte della disponibilità dell'opera o della domanda di servizi, l'amministrazione aggiudicatrice può scegliere di versare un canone all'operatore economico che può essere proporzionalmente ridotto o annullato nei periodi di ridotta o mancata disponibilità dell'opera, nonché ridotta o mancata prestazione dei servizi. Per la disponibilità l'amministrazione può anche corrispondere una differente utilità, pattuita *ex ante*, ovvero rimettere la remunerazione del servizio allo sfruttamento diretto della stessa da parte dell'operatore economico che, pertanto, si assume il rischio delle fluttuazioni negative di mercato della domanda del servizio medesimo. Ciò rientra nel concetto di rischio di gestione inteso come esposizione all'alea del mercato, che può tradursi nel rischio di concorrenza da parte di altri operatori, nel rischio di uno squilibrio tra domanda e offerta di servizi, nell'insolvenza dei soggetti che devono pagare il prezzo dei servizi offerti, nel rischio di mancata copertura delle spese di gestione mediante le entrate o ancora nella responsabilità per danni legati a carenze di servizio.

Il rischio può essere anche ridotto ma certamente non può essere obliterato in una operazione di PPP. Ciò è dimostrato anche dalla giurisprudenza, che ha dichiarato nulle concessioni con remunerazione integrale da parte dell'amministrazione.

La corretta allocazione del rischio è inscindibilmente legata all'altro elemento fondamentale caratterizzante l'operazione di partenariato, ossia il raggiungimento dell'equilibrio economico finanziario da parte del privato (definito dall'art. 3, c. 1, lett. *fff*, come la contemporanea presenza delle condizioni di convenienza economica e sostenibilità finanziaria: per convenienza economica si intende la capacità del progetto di creare valore nell'arco dell'efficacia del contratto e di generare un livello di redditività adeguato per il capitale investito; per sostenibilità finanziaria si intende la capacità del progetto di generare flussi di cassa sufficienti a garantire il rimborso del finanziamento). La norma di cui all'art. 180, c. 6, prevede che la p.a. possa pagare un prezzo consistente in un contributo pubblico o nella cessione di beni immobili che non assolvono più alla funzione di interesse pubblico; il contributo può anche consistere in un diritto di godimento su determinati beni purché siano strumentali all'opera da affidare in concessione. Il pagamento del prezzo può contribuire a garantire l'equilibrio economico finanziario ma, per non snaturare il contratto di partenariato, il prezzo o la contribuzione pubblica non può mai superare il trenta per cento del costo dell'investimento effettuato dal privato. È chiaro, quindi, che il raggiungimento dell'equilibrio economico finanziario non può andare a discapito del trasferimento del rischio in capo al privato e per tale motivo il codice prescrive che, al momento della sottoscrizione del contratto, il privato debba documentare la disponibilità del finanziamento necessario per avviare l'operazione in partenariato con la p.a.

Il finanziamento del contratto (art. 182) deve avvenire con idonei strumenti, come la finanza di progetto e può anche riguardare il conferimento di *asset* patrimoniali pubblici e privati.

Il mantenimento del rischio in capo all'operatore economico è al centro della disciplina contrattuale. Secondo l'art. 182 del codice, infatti, il contratto deve definire i rischi trasferiti, le modalità di monitoraggio della loro permanenza nello svolgimento del contratto e le conseguenze su questi a causa della anticipata estinzione del rapporto contrattuale. In tale ottica, è prevista la possibilità che nel corso dell'esecuzione del contratto sia possibile, in ipotesi limitate, la revisione del piano economico finanziario: infatti, l'art. 182, c. 3, prevede che il verificarsi di fatti non riconducibili all'operatore economico, che incidono sull'equilibrio del piano economico finanziario, può comportare la sua revisione e, quindi, la rideterminazione delle condizioni di equilibrio. Tale revisione, però, non può alterare le previsioni contrattuali relative alla permanenza in capo al privato dei rischi trasferiti. La revisione del piano economico e finanziario deve essere effettuata solo nei limiti di quanto necessario a neutralizzare gli effetti derivanti dall'evento non imputabile all'operatore economico.

Dati questi caratteri essenziali, il ruolo dell'amministrazione in un'operazione di PPP risiede essenzialmente nel garantire la stabilità delle regole, oltre a un efficace esercizio del servizio mediante un continuo controllo sull'attività dell'operatore economico attraverso sistemi di monitoraggio la cui predisposizione e applicazione è demandata dal codice alla definizione di linee guida da parte dell'ANAC (art. 181, c. 4). L'attività di monitoraggio è soprattutto finalizzata alla verifica della permanenza in capo all'operatore economico dei rischi che gli sono stati contrattualmente trasferiti. Si è ovviamente in presenza di una attività caratterizzata da specificità rispetto a quella generale di vigilanza e controllo sulla corretta esecuzione delle prestazioni contrattuali. L'attività di monitoraggio deve essere finalizzata all'accertamento che ogni variazione contrattuale o revisione del piano economico-finanziario lasci inalterata l'allocazione dei rischi così come definita contrattualmente e che permanga, quindi, in capo all'operatore economico il rischio legato alla gestione dei lavori o dei servizi.

Il codice, dopo aver delineato la disciplina generale per i contratti di partenariato pubblico privato, si occupa anche delle sue forme tipizzate. Oltre ai contratti già disciplinati dal precedente codice, come le concessioni, la finanza di progetto (la cui disciplina è stata significativamente semplificata rispetto al passato), la locazione finanziaria di opere pubbliche e il contratto di disponibilità, il d.lgs. 50/2016 introduce ulteriori ipotesi di PPP.

Si tratta degli interventi in sussidiarietà orizzontale (art. 189) e del baratto amministrativo (art. 190). A ben vedere, queste due fattispecie più che contratti di partenariato pubblico privato in senso stretto, si caratterizzano per costituire forme di partecipazione della cittadinanza a interventi di rigenerazione urbana (gestione di aree riservare a verde pubblico, pulizia e manutenzione di aree verdi) in cambio di una riduzione della tassazione.

In particolare, gli interventi in sussidiarietà orizzontale prevedono che aree riservate a verde pubblico urbano e immobili di origine rurale, ad attività collettive sociali e culturali di quartiere possano essere affidati in gestione, per la loro manutenzione, ai cittadini residenti nelle zone su cui insistono tali beni. Le amministrazioni possono prevedere incentivi economici consistenti anche nella riduzione di tributi. Inoltre, cittadini organizzati possono formulare all'ente locale proposte per la realizzazione di opere di interesse locale la cui realizzazione darà diritto a ulteriori vantaggi di carattere tributario.

Nel baratto amministrativo viene il rilievo l'attività di pulizia, manutenzione, abbellimento di aree verdi, piazze e strade o la loro valorizzazione tramite iniziative culturali, interventi di decoro urbano, recupero e riuso di aree e beni immobili inutilizzati. Gli interventi sono presentati da singoli cittadini o da loro associazioni. Il contratto, che viene stipulato con l'amministrazione (contratti di partenariato sociale), prevede che a fronte delle descritte attività i privati possano usufruire di riduzioni o esenzioni tributarie.

5.4. La concessione di lavori e servizi

La concessione, di lavori e di servizi, rientra tra i contratti di partenariato pubblico privato e, anzi, ne rappresenta il modello più significativo.

Si è detto che le operazioni di collaborazione tra pubblico e privato si esplicano attraverso contratti più o meno complessi, eppure nell'ordinamento italiano l'antesignano della categoria del partenariato pubblico privato è costituito da un istituto tradizionalmente pubblicistico quale la concessione. L'evoluzione legislativa, poi, ha portato a una radicale trasformazione della sua natura giuridica da provvedimento a contratto.

L'inquadramento iniziale della concessione tra i provvedimenti amministrativi ha innescato un dibattito sulla natura giuridica degli atti del concessionario e dei suoi poteri. L'esigenza sottesa alla creazione dell'istituto concessorio era quella di fornire alle pubbliche amministrazioni uno strumento che, a differenza dell'appalto, consentisse di realizzare programmi costruttivi con procedimenti snelli e derogatori rispetto alla disciplina dell'evidenza pubblica. Al privato concessionario, quindi, si attribuivano poteri consistenti nel reperimento dei fondi, nella progettazione, nella attivazione delle procedure necessarie per la realizzazione dell'opera e nella gestione della stessa. Tale istituto si rivelava vantaggioso sia per il privato sia per la p.a. Il privato, infatti, conseguiva una remunerazione ulteriore rispetto a quella percepita per la semplice realizzazione dell'opera, consistente nei frutti della gestione. Per la p.a. si trattava di sopperire alle carenze di fondi e all'assenza di personale tecnico particolarmente qualificato per fornire il servizio collegato all'opera che si intendeva realizzare. Ciò non ha evitato distorsioni applicative dell'istituto. Basti pensare che il nostro ordinamento ha previsto la concessione di sola costruzione avente a oggetto la mera realizzazione dell'opera. In tal modo, si nascondeva sotto una foglia di fico un vero e proprio appalto, che riusciva a fuggire alle norme sull'evidenza pubblica in quanto queste non erano applicabili alle concessioni in quanto provvedimenti. Per porre fine a tale anomalia il diritto comunitario, fin dall'adozione delle prime direttive in materia di contratti, ha equiparato la concessione di sola costruzione all'appalto (si veda la l. 8 agosto 1977, n. 584, art. 3, c. 1, lett. *a*), attuativa della direttiva 1971/71/CE del 26 luglio 1971, la quale esclude dall'ambito di applicazione della direttiva solo le concessioni di costruzione e gestione dell'opera), sottoponendola alla normativa comunitaria dell'evidenza pubblica. Per il diritto comunitario, infatti, era inammissibile che un appalto dissimulato, quale quello della concessione di sola costruzione, fosse disciplinato in deroga alla normativa sull'evidenza pubblica, a scapito del principio della libera concorrenza. La progressiva equiparazione delle concessioni ai contratti si è avuta con il recepimento delle direttive di prima e seconda generazione (direttiva 1971/71/CE, recepita dalla l. 8 agosto 1977, n. 584, direttiva 1989/440/CE dell'18 luglio 1989, recepita con il d.lgs. 19 dicembre 1991, n. 406; direttiva 1993/37/CE del 14 giugno 1993, recepita con la l. 11 febbraio 1994, n. 109).

Il problema era rappresentato dal fatto che, con l'inquadramento in termini pubblicisti della concessione, il principio della concorrenza veniva eluso sia per l'individuazione del concessionario sia per la scelta del contraente da parte dei concessionari. Infatti, a monte, l'individuazione del concessionario da parte della p.a. avveniva direttamente con il provvedimento senza alcun confronto competitivo. A valle, i concessionari, in quanto soggetti privati, non ritenevano di dover seguire le norme dell'evidenza pubblica per selezionare i propri contraenti, poiché tale scelta si sarebbe dovuta effettuare tramite la libera negoziazione privatistica senza alcun obbligo di un confronto concorrenziale.

Al fine di porre rimedio al problema della scelta dei contraenti da parte dei concessionari alcune impostazioni giurisprudenziali hanno collocato tale soggetto nell'ambito della organizzazione amministrativa. I concessionari sono stati definiti come organi indiretti dell'amministrazione, in considerazione del trasferimento di poteri e funzioni pubblicistiche realizzato con il provvedimento concessorio. In tal modo il concessionario, inquadrato all'interno dell'organizzazione amministrativa, avrebbe posto in essere atti amministrativi e, conseguentemente, avrebbe dovuto utilizzare le norme pubblicistiche per la selezione dei contraenti (Cass., sez. I, 21 marzo 2003, n. 4145).

Successivamente, questa ricostruzione è stata superata. Infatti, al concessionario non vengono trasferiti poteri pubblicistici e che esso non si sostituisce all'amministrazione, in quanto svolge attività di carattere materiale. La giurisprudenza amministrativa ha chiarito che la semplice qualifica di concessionario di opera pubblica non vale *ex se* a conferire agli atti emanati da questo la natura di provvedimenti amministrativi in quanto la forza cogente del principio di legalità, cristallizzato dall'art. 97 Cost., prevede che la fonte del potere pubblico sia sempre la legge e, di conseguenza, non tollera che un'amministrazione pubblica, nei casi non previsti dalla normativa, si arroghi il potere di trasferire le proprie funzioni istituzionali a un soggetto privato. La concessione traslativa di funzioni è figura organizzativa concepibile nei soli casi espressamente previsti dalla legge (Cons. Stato, sez. VI, 20 dicembre 1996, n. 1577). Ulteriori perplessità circa l'identificazione del concessionario come organo indiretto della p.a. derivano dal fatto che il meccanismo del rapporto organico comporta l'imputazione a un soggetto del comportamento di un altro soggetto e delle relative responsabilità, mentre nel caso del concessionario questo agisce esclusivamente nel proprio interesse e a esso solo si riferiscono le fattispecie e le relative responsabilità (Cons. Stato, sez. VI, 28 ottobre 1998, n. 1478). A ulteriore conferma delle perplessità in merito alla configurazione di una concessione traslativa, in assenza di una specifica previsione normativa è intervenuta la normativa in materia di lavori pubblici che escludeva espressamente la possibilità da parte delle amministrazioni di trasferire funzioni e attività di stazione appaltante a soggetti privati (art. 19, c. 3, l. 109/1994). In questo modo, perdeva definitivamente consistenza la tesi del concessionario come organo indiretto della p.a. Il concessionario, infatti, pone in essere le prestazioni finalizzate all'acquisizione delle aree, al rilascio delle autorizzazioni, dei permessi e dei nulla osta necessari per l'esecuzione dell'intervento, ma non adotta mai il provvedimento di esproprio o altri provvedimenti autorizzativi: in sostanza, non esercita funzioni pubblicistiche.

Ciò ha comportato una sfumatura del rilievo pubblicistico della concessione sino ad arrivare alla configurazione dell'istituto in termini contrattuali, in ossequio alle indicazioni del diritto europeo. Tale evoluzione ha comportato la piena affermazione del principio della evidenza pubblica. Infatti, la natura contrattuale della concessione implica che la scelta del concessionario debba essere effettuata tramite procedure a evidenza pubblica. Inoltre, i concessionari sono stati inseriti dalle norme europee fra quei soggetti che, svolgendo attività di pubblico interesse, hanno l'obbligo di seguire procedure concorrenziali per la scelta dei propri contraenti. Si tratta nella sostanza di un allargamento della nozione di p.a., operata dal diritto europeo, che ricomprende anche soggetti privati eroganti servizi pubblici imponendo loro di applicare lo statuto pubblicistico per una parte consistente della loro attività.

A livello europeo, quindi, la concessione non viene concepita in termini pubblicistici ma come manifestazione dell'attività consensuale delle pubbliche amministrazioni. Le concessioni di lavori sono da considerarsi contratti tra il soggetto pubblico e il soggetto privato caratterizzati dall'allocazione in capo al privato del rischio economico finanziario dell'operazione. Si tratta, quindi, di un contratto che presenta le medesime caratteristiche dell'appalto, a eccezione del fatto che la controprestazione consiste unicamente nel diritto di gestire l'opera o in tale diritto accompagnato dal pagamento di un prezzo. Il diritto europeo si è concentrato su una definizione dell'istituto di carattere economico finanziario, non preoccupandosi del problema della natura giuridica dell'atto di conferimento o del trasferimento dei poteri pubblicistici ai soggetti privati, non solo per esigenze di armonizzazione dei diritti nazionali, ma anche per il timore che una classificazione in termini pubblicistici avrebbe in qualche modo ristretto l'ambito applicativo dell'istituto, favorendo discipline speciali e discriminatorie che avrebbero creato ostacoli alla libertà di trasferimento e di prestazione di servizi.

L'impostazione è stata confermata dalla comunicazione interpretativa della Commissione delle Comunità europee sulle concessioni nel diritto comunitario del 12 aprile 2000 che si sofferma specificamente sulla differenziazione tra le concessioni e gli appalti.

Il criterio distintivo è individuato nella diversa allocazione del rischio finanziario. La peculiarità del contratto di appalto risiede nel fatto che lo scopo (la costruzione dell'opera o la fornitura del servizio) viene raggiunto con risorse esclusivamente pubbliche, mentre nella concessione il rischio economico e finanziario dell'intervento ricade sul privato che viene remunerato con il diritto a gestire il servizio o l'opera.

Questa concezione dell'istituto non è stata modificata dalla successiva evoluzione del diritto europeo in materia di contratti pubblici contenuta nelle direttive 18 del 2004 e 23 del 2014 relative al coordinamento delle procedure di aggiudicazione degli appalti e concessioni di lavori, forniture e servizi.

Dalla normativa citata si evince chiaramente la natura privatistica attribuita alla concessione, considerata un contratto e non un provvedimento amministrativo, con la conseguenza che il concessionario non può esercitare poteri pubblicistici.

Nella concessione, l'alea del mancato funzionamento dell'intervento pubblico ricade, interamente o in parte, sul soggetto privato e il diritto di gestione implica il trasferimento di responsabilità in capo al concessionario per gli aspetti tecnici, finanziari e gestionali dell'opera. Il concessionario, infatti, non solo sopporta il rischio connesso all'attività di costruzione ma anche quello connesso all'uso abituale dell'impianto. Questi sono rischi diversi, in quanto l'attività di gestione è distinta da quella di utilizzazione e da quella di erogazione del servizio pubblico collegato all'opera realizzata. Nell'attività di gestione prevale la manutenzione dell'opera, mentre nell'attività di utilizzazione e di erogazione del servizio prevale l'attività di impresa del gestore che può consistere nell'effettuazione di prestazioni a terzi ovvero nell'erogazione dei servizi pubblici ad altri utenti.

Al di là di queste precisazioni si rileva che la tipicità della concessione di costruzione e gestione di un'opera pubblica risiede nell'interesse pubblico di conseguire un bene di natura mista, costituito dalla realizzazione dei lavori e dalla loro gestione. Il profilo gestorio, di natura funzionale ed economica, presenta un connotato ambivalente, costituendo una componente del bene su cui si incentra l'interesse pubblico e, contemporaneamente, la controprestazione a favore del concessionario. Pertanto, la mera esecuzione dei lavori, quand'anche di fatto avvenuta con piena rispondenza del risultato al pattuito, non è idonea a realizzare l'oggetto della gara, poiché l'opera in sé è soltanto una delle componenti (e neppure necessariamente la più significativa) dell'oggetto contrattuale.

La natura contrattuale della concessione è confermata nel nostro ordinamento, il quale ha recepito l'evoluzione della normativa europea sin dalla legge quadro sui lavori pubblici (l. 109/1994).

Il codice dei contratti definisce sia la concessione di lavori sia quella di servizi.

In particolare, la prima, viene definita come il contratto concluso in forma scritta fra imprenditore e amministrazione, avente a oggetto la progettazione esecutiva e l'esecuzione o la progettazione definitiva, esecutiva e l'esecuzione dei lavori riconoscendo a titolo di corrispettivo unicamente il diritto di gestire le opere o tale diritto accompagnato da un prezzo, con l'assunzione in capo al concessionario del rischio operativo legato alla gestione delle opere. La concessione di servizi, invece, ha a oggetto l'affidamento della fornitura e della gestione di servizi differenti dall'esecuzione di lavori riconoscendo a titolo di corrispettivo unicamente il diritto di gestire i servizi o tale diritto accompagnato da un prezzo con l'assunzione in capo al concessionario del rischio operativo legato alla gestione del servizio.

La natura contrattuale della concessione non ha eliso del tutto la possibilità che vi sia un trasferimento al concessionario, in tutto o in parte, dell'esercizio di attività oggettivamente pubbliche proprie del concedente e necessarie per la realizzazione delle opere. Infatti, spesso il concessionario deve compiere tutte le operazioni materiali, tecniche e giuridiche occorrenti per la realizzazione del programma edilizio, ancorché comportanti l'esercizio di poteri di carattere pubblicistico, quali quelli inerenti all'espletamento delle procedure di espropriazione, all'offerta, al pagamento o al deposito delle indennità di esproprio. Ciò che il concessionario non può fare è adottare i provvedimenti amministrativi finali relativi a tali procedure. Ne consegue che il concessionario, acquistando poteri e facoltà trasferitigli dall'amministrazione concedente, si sostituisce a quest'ultima nello svolgimento dell'attività organizzativa e direttiva necessaria per realizzare l'opera pubblica e diviene, in veste di soggetto attivo del rapporto attuativo della concessione, l'unico titolare di tutte le obbligazioni che a esso si ricollegano.

Da queste considerazioni di carattere generale emergono i tratti salienti dell'istituto: la sua natura contrattuale, la stabilità del legame tra soggetto pubblico e privato, le modalità di finanziamento dell'operazione, la partecipazione del soggetto privato alle varie fasi di realizzazione dell'intervento, l'allocazione del rischio di gestione dell'infrastruttura.

L'istituto della concessione ha avuto alterna fortuna nell'ordinamento italiano in quanto il legislatore ha oscillato da posizioni di assoluto sfavore nei confronti dell'istituto a posizioni di favore, allorché, attraverso una condivisibile opera di riforma, ha liberato l'istituto concessorio dai molteplici vincoli che erano stati previsti dalla legislazione dei primi anni novanta del ventesimo secolo. La filosofia complessiva della prima versione della l. 109/1994 (c.d. legge Merloni) era influenzata dalla questione morale che in quegli anni si imponeva in tutta la sua drammaticità. Soprattutto nel settore degli appalti si sentiva l'esigenza di creare un sistema di regole che non permettesse lo spostamento dei rischi contrattuali delle imprese alle pubbliche amministrazioni e, quindi, l'istituto concessorio, che vedeva il privato in una posizione centrale nella gestione dell'intervento, era visto come sintomatico di un eccessivo *favor* per l'imprenditore. Tale posizione privilegiata del privato avrebbe potuto favorire fenomeni corruttivi. Da ciò è scaturita una disciplina particolarmente rigida delle concessioni volta a non agevolarne l'utilizzazione. Lo sviluppo della normativa, invece, è stato ispirato a un'ottica totalmente diversa (la l. 1° agosto 2002, n. 166, c.d. collegato infrastrutture, e nel campo delle infrastrutture strategiche la l. 21 dicembre 2001, n. 443, c.d. legge obiettivo, e la sua attuazione, il d.lgs. 20 agosto 2002, n. 190), finalizzata a superare l'impianto precedente per rilanciare un adeguato programma per la realizzazione di infrastrutture, così cercando di sviluppare il mercato delle commesse pubbliche. Peraltro, le modifiche liberalizzatrici della legge Merloni si imponevano anche per ragioni di coerenza sistematica con la disciplina delle grandi infrastrutture strategiche. Infatti, quest'ultima è caratterizzata da regole più elastiche per la realizzazione di interventi pubblici di particolare consistenza e, di conseguenza, non era possibile concepire che gli appalti meno rilevanti, quelli di piccole e medie dimensioni, fossero disciplinati da norme più rigide.

Il codice dei contratti, nel definire le concessioni, precisa che al privato deve essere trasferito il rischio operativo. L'eventuale prezzo o il contributo versato dalla p.a. non può essere tale da annullare qualsiasi alea inerente alla gestione economica dell'intervento. Il codice chiarisce, quindi, che il riconoscimento del prezzo, sommato al valore di eventuali garanzie pubbliche o di ulteriori meccanismi di finanziamento a carico della p.a., non può essere superiore al quarantanove per cento del costo dell'investimento complessivo, comprensivo di eventuali oneri finanziari. Il concetto di rischio operativo è stato chiarito dalla direttiva 2014/23/UE. Infatti, l'art. 5, c. 1 della direttiva prescrive che "l'aggiudicazione di una concessione di lavori o di servizi comporta il trasferimento al concessionario di un rischio operativo legato alla gestione dei lavori o dei servizi, comprendente un rischio sul lato della domanda o sul lato dell'offerta, o entrambi. Si considera che il concessionario assuma il rischio operativo nel caso in cui, in condizioni operative normali, non sia garantito il recupero degli investimenti effettuati o dei costi sostenuti per la gestione dei lavori o dei servizi oggetto della concessione. La parte del rischio trasferita al concessionario comporta una reale esposizione alle fluttuazioni del mercato tale per cui ogni potenziale perdita stimata subita dal concessionario non sia puramente nominale o trascurabile".

Tale descrizione è stata ripresa dal codice dei contratti.

Anche per le concessioni, così come in generale per i contratti di partenariato, l'equilibrio economico finanziario rappresenta il presupposto per la corretta allocazione dei rischi. Per mantenere tale equilibrio è possibile che la p.a. stabilisca un prezzo consistente in un contributo pubblico o nella cessione di beni immobili. Comunque, il prezzo riconosciuto non può essere superiore al quarantanove per cento dell'investimento complessivo, altrimenti si ridurrebbe fortemente l'alea relativa alla gestione dell'intervento realizzato e, quindi, si snaturerebbe la funzione della concessione.

La durata della concessione non ha limiti prestabiliti dalla legge (come, invece, accadeva in passato che poteva avere una durata trentennale). Infatti, l'art. 168 del codice dei contratti prevede che questa sia determinata dal bando di gara in funzione dei lavori o servizi richiesti al concessionario e sia commisurata al valore della concessione e alla complessità organizzativa dell'oggetto della stessa. Comunque la durata non può essere superiore al periodo di tempo necessario al recupero degli investimenti da parte del concessionario e alla remunerazione del capitale investito come da piano economico finanziario.

Il tema della durata della concessione è stato oggetto di dibattito in quanto poneva un delicato problema di compatibilità con il diritto europeo e, in particolare, con il rispetto del principio di concorrenza. Non è possibile, infatti, concepire una durata della concessione tale da annullare del tutto l'alea del concessionario e sottrarre definitivamente il servizio al mercato concorrenziale. È necessario che le amministrazioni trovino un giusto equilibrio tra la definizione della durata della concessione e le legittime aspettative del mercato, nel rispetto del principio di proporzionalità. Per tale ragione in passato è stato previsto un limite di durata della concessione. Con il nuovo codice tale limite è stato eliminato per favorire l'utilizzo del contratto. La durata della concessione, quindi, deve essere stabilita caso per caso in relazione al raggiungimento del complessivo equilibrio dell'operazione.

Proprio con riferimento all'equilibrio economico finanziario dell'operazione, il legislatore ha previsto una serie di garanzie che gli operatori economici devono fornire per aggiudicarsi il contratto di concessione. Infatti, è previsto che il contratto si può concludere solo a seguito dell'approvazione del progetto definitivo e alla presentazione da parte del concessionario di idonea documentazione inerente al finanziamento dell'opera; l'obbligo da parte del concessionario di vincolarsi all'attuazione del piano finanziario; l'obbligo che il bando di gara preveda la risoluzione del contratto in caso di mancata sottoscrizione del contratto di finanziamento.

Sempre al fine di raggiungere un'adeguata previsione dell'equilibrio economico finanziario, viene prevista la possibilità che, prima della scadenza del termine per la presentazione delle domande, l'amministrazione concedente possa esperire una consultazione preliminare con gli operatori invitati a presentare offerte relativamente ai profili della finanziabilità dell'operazione e a seguito di tale consultazione si possano adeguare i documenti di gara.

Le procedure di affidamento della concessione sono caratterizzate da elementi di flessibilità non presenti in passato. L'amministrazione può utilizzare le procedure previste dal codice (procedure aperte o ristrette) oppure operare la scelta del contraente attraverso metodi più flessibili sempre sulla base dei principi dell'evidenza pubblica di cui all'art. 30 del codice. L'amministrazione può condurre liberamente le negoziazioni con i candidati e gli offerenti senza, però, modificare nel corso di tali negoziazioni l'oggetto della concessione, i criteri di aggiudicazione e i requisiti minimi previsti dal bando.

Per l'affidamento degli appalti da parte di concessionari di lavori e di servizi si prevede l'applicazione delle norme del codice dei contratti sia nell'ipotesi che il concessionario sia amministrazione aggiudicatrice (categoria nella quale rientra anche l'organismo di diritto pubblico) sia nell'ipotesi non che riesta tale qualificazione. Per i concessionari di servizi che aggiudicano lavori non si applicano le norme sulla programmazione e sugli obblighi pubblicitari di preinformazione. Inoltre, nella fase di esecuzione si applicano solo le norme in materia di collaudo dell'opera.

Accanto allo strumento della concessione di opera pubblica, il diritto europeo e quello nazionale disciplinano la concessione di servizi. Questa viene definita dalla direttiva comunitaria 2004/18/CE (art. 1, c. 4), come il contratto che presenta le stesse caratteristiche dell'appalto di servizi, ad eccezione del fatto che la remunerazione del concessionario avviene attraverso l'attribuzione del diritto di gestire il servizio, eventualmente accompagnato da un prezzo. La definizione è stata recepita dal d.lgs. 163/2006. Ma la normativa non prevedeva una disciplina compiuta di tale contratto. Ciò è avvenuto solo con la direttiva 2014/23/EU la quale ha previsto modelli di gara identici alle concessioni di lavori.

Anche in questo caso il successo della collaborazione tra pubblico e privato si basa sul reciproco vantaggio che i soggetti traggono dalla formula adottata: il soggetto pubblico trasferisce il rischio della gestione, spesso onerosa, del servizio al privato e utilizza le conoscenze tecniche dello stesso per erogare nel modo migliore la prestazione alla collettività; mentre il privato consegue i suoi guadagni dal pagamento delle tariffe da parte degli utenti.

Si è, quindi, in presenza di una concessione di servizi quando l'operatore assume i rischi di gestione del servizio stesso rifacendosi sull'utente per mezzo della riscossione di qualsiasi tipo di canone. Proprio la modalità di riscossione è un elemento che, come avviene nel caso delle concessioni di lavori, permette di stabilire se si è in presenza di una vera assunzione di rischio con conseguente trasferimento di responsabilità per il privato (emblematica è una decisione del Consiglio di Stato che ha chiarito che un servizio di trasporto pubblico di linea ha la natura di un mero appalto di servizi quando, come nel caso di un servizio di "scuolabus", il suo onere sia interamente a carico dell'amministrazione, mentre, se il servizio viene reso non a favore dell'amministrazione ma di una collettività indifferenziata di utenti e viene, almeno in parte, pagato da questi all'operatore del servizio, si rientra nello schema della concessione di servizio pubblico, Cons. Stato, sez. VI, 15 maggio 2002, n. 2634).

Tale profilo, comune alle concessioni di lavori e di servizi, crea certamente difficoltà in relazione alla distinzione dei due istituti, anche perché, nella quasi totalità dei casi, il concessionario di lavori pubblici presta un servizio all'utenza nell'ambito dell'opera da lui eseguita.

Il criterio distintivo per distinguere le due fattispecie è quello funzionale che si basa sulla verifica delle prestazioni oggetto del contratto. Se l'oggetto del contratto di concessione riguarda la costruzione, l'esecuzione o la realizzazione di lavori per conto del concedente, si è in presenza di una concessione di lavori mentre, se i lavori o la costruzione di un'opera sono meramente accessori rispetto all'oggetto principale del contratto, ossia il servizio, si tratta di una concessione di servizi. Quindi, la differenza tra concessione di costruzione ed esercizio e la concessione di servizi deve essere individuata avendo di mira il nesso di strumentalità che lega la gestione del servizio all'esecuzione dei lavori; si avrà concessione di costruzione ed esercizio se la gestione del servizio è strumentale alla costruzione dell'opera, in quanto diretta a consentire il reperimento dei mezzi finanziari necessari alla realizzazione dell'intervento, mentre si avrà concessione di servizi quando l'espletamento dei lavori è strumentale, sotto i profili della manutenzione, del restauro e dell'implementazione, alla gestione di un servizio il cui funzionamento è già assicurato da un'opera esistente (Cons. Stato, sez. V, 14 aprile 2008, n. 1600).

A ben vedere l'esigenza di differenziare le due tipologie di concessioni poteva avere una notevole importanza in passato in quanto si trattava di individuare la specifica procedura di aggiudicazione. Infatti, per l'aggiudicazione delle concessioni di servizi non era prevista una disciplina specifica e alle procedure si applicavano esclusivamente i principi di derivazione europea. Ora, invece, che anche per tali contratti si applica la disciplina prevista per l'aggiudicazione delle concessioni di lavori l'esigenza di una distinzione, almeno sotto questo profilo, appare meno rilevante.

Ulteriore distinzione che viene in rilievo è quella tra gli appalti di servizi e la concessione di servizi. Un tratto distintivo riguarda il criterio della gestione: nell'appalto gli oneri e l'alea della gestione gravano sull'amministrazione e nessun rapporto giuridico si instaura tra l'appaltatore e i fruitori del servizio. Un secondo tratto distintivo consiste nella diversità del destinatario della prestazione: nel caso dell'appalto il destinatario della prestazione è l'amministrazione appaltante mentre nel caso della concessione di servizio pubblico il destinatario è l'utente.

Nella sostanza, quando l'operatore privato si assume i rischi della gestione del servizio, rifacendosi sostanzialmente sull'utente mediante la riscossione di un qualsiasi tipo di canone, tariffa o diritto, si ha concessione.

Dati questi criteri l'analisi sull'esatto inquadramento di un contratto deve essere effettuata caso per caso. A titolo esemplificativo si segnalano alcuni casi controversi. Con riferimento alla ristorazione presso le mense scolastiche comunali è stato affermato che il servizio è oggetto di un vero e proprio contratto di appalto, per effetto del quale l'appaltatore percepisce dall'amministrazione il compenso pattuito e non è invece inquadrabile in una concessione di servizio pubblico, sebbene in concreto il soggetto che usufruisce dell'erogazione del servizio sia un terzo, ossia l'utente del servizio mensa. Più complesso appare il caso della gestione del servizio di custodia dei parcheggi a pagamento. Esso è da qualificarsi concessione di servizio pubblico in quanto la prestazione è resa a terzi e non all'amministrazione, il corrispettivo è a carico degli utenti e la remunerazione rientra nel rischio della gestione.

5.5. Il *project financing*: la realizzazione di opere pubbliche da parte di soggetti privati

Il *project financing* costituisce una delle principali manifestazioni del partenariato pubblico privato. Il soggetto privato propone, progetta, finanzia e realizza l'intervento, assumendo i rischi inerenti alla gestione dello stesso e le relative responsabilità.

La finanza di progetto si è affermata in Gran Bretagna negli anni settanta del secolo ventesimo per rispondere all'esigenza di contenere il debito pubblico, mantenendo inalterata l'efficienza nell'erogazione dei servizi. Il finanziamento delle opere pubbliche con capitali privati, senza oneri a carico della p.a., è divenuto l'espressione di una nuova cultura che si fonda sulla collaborazione tra il soggetto pubblico e quello privato, in contesti contraddistinti da situazioni finanziarie deficitarie.

Con le medesime caratteristiche, il *project financing* si è sviluppato in Italia divenendo uno degli strumenti fondamentali della finanza innovativa per le pubbliche amministrazioni.

Dell'istituto si può fornire una definizione economica e una giuridica.

Sul versante economico esso si definisce come l'operazione di finanziamento di una particolare unità economica, il progetto. La sorgente dei fondi, che consente il rimborso degli investimenti effettuati dal privato, è costituita dal flusso di cassa e dagli utili dell'attività economica che derivano dalla realizzazione del progetto, mentre la garanzia collaterale del prestito è fornita dal patrimonio dell'impresa finanziata. Si tratta di una tecnica finanziaria che si basa sulla capacità del progetto di generare flussi di cassa sufficienti a ripagare i costi operativi dell'impresa e a reintegrare il finanziamento. Attraverso tale tecnica si incentivano gli investimenti privati per interventi pubblici di particolare complessità.

Nella sua forma "pura" tale pratica finanziaria consiste nel finanziamento del singolo progetto, "unità economica", in grado da solo di produrre redditi idonei a rimborsare il soggetto promotore per gli investimenti effettuati.

Altro elemento che qualifica il *project financing* è la netta cesura, sia giuridica sia economica, tra il soggetto promotore e il progetto: si assiste a un vero e proprio isolamento del secondo dalle altre attività del primo. Mentre nelle tradizionali operazioni di finanziamento le attività e le passività relative a un nuovo progetto vanno a confluire nel patrimonio dell'imprenditore, nella finanza di progetto si realizza il *ring fence*, ossia l'isolamento del progetto. La logica del finanziamento cambia radicalmente: si passa da una prospettiva statica, nella quale è centrale il soggetto finanziato, la sua capacità patrimoniale e, di conseguenza, le garanzie di un recupero dell'investimento erogato, a una dinamica, nella quale il finanziamento viene erogato, non in proporzione a quanto il soggetto possiede, bensì facendo affidamento solo sulla capacità del progetto e sulla sua idoneità a produrre un flusso di cassa che nel tempo comporti il recupero e la remunerazione del capitale investito. Le garanzie dei soggetti finanziatori consistono essenzialmente nel diritto di *step in*, che corrisponde al diritto di assumere il controllo del progetto o della sua gestione nel caso di crisi del soggetto promotore. Si tratta del c.d. *security package*, cioè di un apparato di sicurezza del sistema di finanziamento destinato a entrare in funzione nel caso di anomalie di funzionamento dello stesso.

L'operazione si fonda sulla valutazione delle prospettive di reddito che potranno derivare dalla gestione dell'intervento, rilevando, in primo luogo l'attitudine del progetto ad attrarre i finanziatori. Generalmente, il soggetto promotore non è idoneo a garantire totalmente il finanziamento, per cui è necessaria un'accurata valutazione dei rischi dell'intervento per allocarli adeguatamente tra differenti soggetti.

Di contro, ai soggetti finanziatori, che si accollano il rischio imprenditoriale dell'intervento, è riconosciuto il diritto di subentrare nel progetto al fine di impedirne la risoluzione nel caso di insufficienza dei flussi di cassa generati.

Sul versante giuridico, la definizione si rivela piuttosto problematica. La difficoltà deriva anche dalla circostanza che si tratta di un istituto giuridico di origine anglosassone che presenta una duttilità sconosciuta al nostro ordinamento e che dà vita a singole relazioni negoziali, strettamente connesse, tendenti ad avere una consistente stabilità. Tuttavia, ciò non impedisce di arrivare a un efficace inquadramento giuridico del fenomeno, sulla base delle categorie proprie dell'ordinamento italiano.

Il problema della natura giuridica della finanza di progetto è stato studiato approfonditamente dalla dottrina civilistica la quale si è preoccupata di dare una chiara definizione della fitta rete negoziale che si instaura tra i vari soggetti coinvolti nell'operazione, anche al fine di stabilire l'influenza della patologia di un contratto sugli altri negozi ovvero le eventuali prerogative riservate al soggetto formalmente terzo rispetto all'intera operazione.

La dottrina pubblicistica, invece, si è occupata soprattutto delle procedure con le quali si aggiudica la concessione, elemento fondante la finanza di progetto. Si deve rilevare che il soggetto pubblico non limita la sua azione alla fase di aggiudicazione della concessione, potendo partecipare alla società di progetto ed essere coinvolto, a vario titolo, nella stipulazione di negozi collaterali e funzionali alla realizzazione dell'intervento. Quindi, è di fondamentale importanza stabilire se la finanza di progetto sia una operazione negoziale unitaria ovvero una serie di contratti aventi cause differenti. In sostanza, occorre verificare la possibilità di ricondurre i vari contratti alla categoria del collegamento negoziale, accertando se essi siano legati da un unico scopo o funzione, cosicché le conseguenze invalidanti dell'uno si trasferiscono agli altri.

Secondo la giurisprudenza, il collegamento negoziale è un meccanismo che consente alle parti di perseguire un risultato unitario e complesso grazie a una pluralità coordinata di contratti che conservano una causa autonoma, sebbene ciascuno sia finalizzato a un unico regolamento di interessi. Peraltro, tale collegamento può essere tipico o atipico, frutto della autonomia negoziale delle parti.

Sulla base di questa definizione, parte della dottrina nega che la finanza di progetto rientri nella categoria del collegamento negoziale, ritenendo che si tratti, piuttosto, di un'operazione economica contraddistinta da una rete di negozi e rapporti contrattuali fra loro variamente connessi. In particolare, l'operazione economica si caratterizza per essere una sequenza unitaria e composita che comprende in sé il regolamento di interessi, tutti i comportamenti che con esso si collegano per il conseguimento dei risultati voluti e la situazione oggettiva nella quale il complesso delle regole e gli altri comportamenti si collocano. Il concetto di operazione economica, sicuramente più duttile e flessibile rispetto a quello di collegamento negoziale, in quanto consentirebbe di comprendere una pluralità di negozi non legati da un vero e proprio collegamento funzionale, non si adatta, però, alla finanza di progetto nella quale sussiste un collegamento funzionale tra vari negozi.

Secondo altro orientamento, il *project financing* non è configurabile come collegamento negoziale in quanto quest'ultimo si riferisce solo alle ipotesi di contratti di scambio, mentre la finanza di progetto si colloca in una prospettiva del tutto diversa, realizzando un equilibrato sistema di dosaggio dei rischi correlati alla iniziativa imprenditoriale finanziata. Per tale interpretazione, la finanza di progetto sarebbe il risultato di nessi relazionali, autonomi, organizzati non per uno scopo comune o per realizzare una pluralità di interessi concatenati, bensì per consentire la mera traslazione dei differenti rischi, relativi al singolo contratto, fra i vari soggetti protagonisti dell'intervento.

Anche questo orientamento non sembra convincente per due ragioni: in primo luogo, non tiene in debito conto che la realizzazione dell'intervento pubblico è il fine unitario di tutti i soggetti coinvolti nell'operazione. In secondo luogo, non considera che "atomizzando" l'operazione di *project financing* non si permette ai soggetti coinvolti di avere adeguata tutela in caso di fallimento dell'iniziativa.

L'interesse unitario nell'iniziativa rappresenta la funzione complessiva dell'intera operazione negoziale, mentre la corretta allocazione dei rischi permette soltanto di realizzare lo scopo comune con un elevato grado di certezza per ogni soggetto coinvolto ed è, quindi, un aspetto che non caratterizza la causa dell'operazione.

Ciò porta ad affermare che il *project financing* è espressione di collegamento negoziale, unica ricostruzione che permette di superare le perplessità appena esposte. Tale ricostruzione consente di fornire un'adeguata tutela ai soggetti non direttamente coinvolti nella esecuzione dell'opera.

Nell'ottica del collegamento negoziale è possibile applicare alla finanza di progetto i principi elaborati in materia dalla giurisprudenza civile, come quello *simul stabunt simul cadent*, in virtù del quale gli effetti delle vicende che investono un contratto si propagano a cascata su quelli collegati. Basti pensare alle vicende relative alla concessione, che, se viene dichiarata nulla, comporta la nullità di tutti i negozi collegati.

La ricostruzione della fattispecie in termini di collegamento negoziale, pur essendo la più convincente, non rende certamente facile l'opera di codificazione dell'istituto, se non per aspetti peculiari e in riferimento a specifiche materie. Lo dimostra il fatto che la finanza di progetto ha trovato una regolamentazione, nel nostro ordinamento, soprattutto con riguardo alla fase di individuazione del soggetto promotore da parte della p.a. Tale disciplina si trova nel codice dei contratti.

Le disposizioni del codice si limitano a dettare norme di carattere procedurale, che stabiliscono le modalità di aggiudicazione della gara per realizzare l'intervento. Il promotore, o colui che si aggiudica la gara, esegue l'opera con lo strumento della concessione di costruzione e di gestione.

La circostanza che il legislatore abbia preso in considerazione la sola concessione non è frutto di un errato approccio alla disciplina della finanza di progetto. Il *project financing* è una operazione complessa, tendente a regolare una serie di rapporti privatistici tra loro collegati che, tuttavia, non interessano al legislatore dal momento che riguardano essenzialmente la ripartizione del rischio nell'operazione. Al legislatore, piuttosto, interessa la fase pubblicistica di scelta del contraente da parte dell'amministrazione.

Tra la disciplina generale della concessione e quella della concessione nel *project financing* vi è una differenza sostanziale. Nella prima la p.a. svolge un ruolo fondamentale, essendo chiamata a decidere se e quando avviare il procedimento per l'aggiudicazione del contratto e la costruzione dell'opera. Nel *project financing*, invece, i ruoli possono essere capovolti, in quanto è data la possibilità al soggetto privato di promuovere la realizzazione dell'opera e di convogliare su di sé altri soggetti privati i quali interverranno nell'operazione a vario titolo, al fine di trarre vantaggi economici, diretti e indiretti, sia dalla costruzione dell'opera sia dalla successiva gestione della stessa da parte del soggetto promotore.

Infine, si può osservare che il ricorso del legislatore alla tecnica della finanza di progetto risponde alla esigenza di dare nuovo impulso a un cospicuo programma di infrastrutture accantonato in ragione della scarsa disponibilità di risorse finanziarie e a quella di porre in essere un rapporto più equilibrato tra enti pubblici e mercato, laddove ai primi è affidato il compito di soddisfare le necessità collettive tramite l'elaborazione di progetti, mentre al secondo quello di valutare, dal punto di vista finanziario, la redditività degli stessi per intraprenderne l'eventuale gestione economica.

L'art. 183 del codice prevede che presupposto dell'avvio di un'operazione di *project financing* consista nell'inserimento dell'opera nella programmazione triennale o negli strumenti di programmazione approvati dall'amministrazione. Quindi, il soggetto promotore può individuare tra le opere inserite in programmazione quelle realizzabili attraverso la finanza di progetto.

L'amministrazione pone a base di gara il progetto di fattibilità da essa predisposto.

Viene, quindi, pubblicato un bando di gara il quale può contenere la previsione di richiedere al promotore prescelto di apportare al progetto definitivo da esso predisposto le modifiche ritenute necessarie in fase di approvazione e che in tal caso la concessione è aggiudicata al promotore solo successivamente all'accettazione, da parte di quest'ultimo, delle modifiche progettuali nonché del conseguente eventuale adeguamento del piano economico-finanziario. Inoltre, il bando può prevedere che, nel caso di mancata accettazione da parte del promotore di apportare modifiche al progetto, l'amministrazione possa chiedere progressivamente ai concorrenti successivi in graduatoria l'accettazione delle modifiche da apportare al progetto preliminare presentato dal promotore alle stesse condizioni proposte al promotore e non accettate dallo stesso.

Le offerte devono contenere un progetto definitivo, una bozza di convenzione, un piano economico-finanziario asseverato da una banca nonché la specificazione delle caratteristiche del servizio e della gestione. Il piano economico-finanziario comprende l'importo delle spese sostenute per la predisposizione delle offerte, comprensivo anche dei diritti sulle opere dell'ingegno.

Le amministrazioni aggiudicatrici valutano le offerte presentate con il criterio dell'offerta economicamente più vantaggiosa e il bando indica i criteri, secondo l'ordine di importanza loro attribuita, in base ai quali si procede alla valutazione comparativa tra le diverse proposte.

Alla procedura sono ammessi solo i soggetti in possesso dei requisiti previsti per il concessionario anche associando o consorziando altri soggetti.

L'amministrazione aggiudicatrice dopo aver valutato le offerte redige una graduatoria e nomina promotore il soggetto che ha presentato la migliore offerta; la nomina del promotore può aver luogo anche in presenza di una sola offerta. A questo punto si apre il sub procedimento di approvazione del progetto definitivo presentato dal promotore, attraverso l'indizione di un'apposta conferenza di servizi. In tale fase è onere del promotore procedere alle modifiche progettuali necessarie ai fini dell'approvazione del progetto, nonché a tutti gli adempimenti di legge, anche ai fini della valutazione di impatto ambientale, senza che ciò comporti alcun compenso aggiuntivo, né incremento delle spese sostenute per la predisposizione delle offerte. Se il progetto non necessita di modifiche progettuali, si procede direttamente alla stipula della concessione. Se, invece, il progetto necessita di modifiche e il promotore non accetti di modificalo, come visto, l'amministrazione ha la facoltà di scorrere la graduatoria e, quindi, richiedere progressivamente ai concorrenti l'accettazione delle modifiche al progetto presentato dal promotore.

In questo caso il promotore ha diritto al pagamento delle spese sostenute per la predisposizione del progetto e dell'offerta (non superiore al 2.5 per cento dell'investimento effettuato).

Ulteriore ipotesi viene in rilievo allorché l'opera da realizzare con capitali privati non sia stata inserita nella programmazione.

Infatti, nell'ottica del partenariato pubblico privato è di estrema importanza la previsione secondo cui il soggetto privato propone un intervento da realizzare e inserire nel programma (art. 183, c. 15).

In quest'ultimo caso, il soggetto privato, prima di assumere il ruolo di promotore dell'intervento, può assumere quello di proponente dello stesso. Mentre in precedenza l'iniziativa propositiva del privato incontrava il limite della programmazione da parte del soggetto pubblico, che scoraggiava il ricorso al *project financing*, ora il privato può incidere sugli interventi da realizzare già nella fase della programmazione.

L'amministrazione ha l'obbligo di valutare la proposta adottando nell'ambito della programmazione gli studi di fattibilità riconosciuti di pubblico interesse. L'approvazione dell'intervento proposto, però, non determina alcun diritto del proponente al compenso per le prestazioni compiute o alla realizzazione dei lavori, né alla gestione dei relativi servizi.

Attraverso tale meccanismo, il soggetto privato diventa un centro decisionale delle politiche infrastrutturali.

La proposta di inserimento nel programma triennale, sia che provenga da un soggetto pubblico sia che provenga da un soggetto privato, deve essere corredata da un progetto di fattibilità che ne dimostri l'effettiva utilità sociale, da una bozza di convenzione e da un .piano economico finanziario asseverato. Inoltre, devono essere precisate le caratteristiche tecniche, gestionali ed economico-finanziarie dell'opera da eseguire. Tale documentazione consente una prima valutazione delle prospettive di redditività dell'intervento. In sostanza, questa attiene alle variabili e ai fattori che rilevano ai fini delle decisioni sull'investimento e indica la struttura, la consistenza, le prospettive e le possibili evoluzioni del progetto. Attraverso tale valutazione si verifica innanzitutto la fattibilità tecnica del progetto, con riferimento alle caratteristiche ingegneristiche del progetto produttivo, del prodotto o del servizio offerto e delle tecnologie necessarie. L'analisi riguarda anche la fattibilità giuridica del progetto con l'esame degli schemi contrattuali da utilizzare, lo studio delle modalità e del rilascio dei permessi necessari. Infine, tende a verificare la capacità del progetto di generare risorse idonee a rimborsare gli investimenti effettuati.

L'amministrazione aggiudicatrice è obbligata a esaminare la proposta del privato, nel termine perentorio di tre mesi, per decidere se inserirla o meno nel programma. Tale decisione, in ossequio ai principi generali dell'azione amministrativa, deve essere adeguatamente motivata. D'altra parte, l'istanza del soggetto proponente, essendo diretta a promuovere la decisione dell'am-ministrazione sulla opportunità dell'inserimento della proposta nell'ambito della programmazione, si può configurare come un atto di iniziativa procedimentale. Dunque, una norma che, nell'ambito di un procedimento amministrativo, rimetta la decisione all'arbitrio della p.a. sembra violare palesemente i principi fondamentali dell'azione amministrativa, primo fra tutti l'obbligo di una pronuncia espressa e motivata dell'amministrazione.

La decisione sulla proposta non può considerarsi alla stregua di un provvedimento a carattere generale, al contrario del provvedimento finale di programmazione triennale. Infatti, avendo come destinatario il proponente, ossia un soggetto determinato, non è soggetta alla deroga all'obbligo di motivazione degli atti generali prevista dall'art. 3, l. 241/1990.

Pertanto, in capo al privato deve riconoscersi una posizione giuridica tutelabile nei confronti dell'amministrazione, soprattutto in previsione dell'assunzione del ruolo di promotore e di partecipante alla gara per l'aggiudicazione della concessione.

L'interesse del privato proponente a una valutazione positiva del "suo" intervento nella fase di programmazione si spiega anche alla luce del fatto che una volta valutato positivamente, vi sono concrete possibilità che arrivi alla fase di realizzazione.

Infatti, la norma sulla programmazione attribuisce carattere di priorità alla realizzazione delle opere finanziate con i capitali privati, per cui una valutazione positiva sull'intervento proposto comporta che lo stesso assuma il carattere prioritario rispetto agli altri inseriti nel programma. Inoltre, come si vedrà, il promotore ha il diritto di prelazione sull'aggiudicazione della concessione.

Il provvedimento conseguente alla valutazione della proposta, pur essendo un atto ampiamente discrezionale, non si può sottrarre al sindacato del giudice amministrativo.

L'amministrazione può invitare il proponente ad apporre modifiche ritenute necessarie in sede di valutazione e se tali modifiche non vengono accettate il progetto non potrà essere approvato.

Il progetto approvato viene posto a base di gara. A tale gara viene invitato anche il proponente. Nel bando è specificato che il proponente/promotore può esercitare un diritto di prelazione in caso non risulti aggiudicatario. In sostanza, il proponente se dichiara di impegnarsi ad adempiere alle obbligazioni contrattuali alle medesime condizioni offerte dall'aggiudicatario si aggiudicherà la concessione.

L'introduzione del diritto di prelazione pone il delicato problema della sua compatibilità con il principio di concorrenza garantito a livello comunitario poiché di fatto, agevola un soggetto rispetto ad altri concorrenti, determinando una discriminazione fra i partecipanti, in contrasto con i principi della *par condicio* e della piena concorrenzialità. Sul punto però si deve osservare che la c.d. prelazione viene attribuita comunque a seguito di una procedura di selezione oggettiva e trasparente per cui il principio della concorrenzialità sembra essere adeguatamente tutelato.

Semmai la previsione di una prelazione potrebbe andare a discapito della qualità dei progetti presentati, visto che il competitore, consapevole della eventualità di non aggiudicarsi la gara, ben difficilmente presenterà il progetto migliore, che potrebbe essere sfruttato da un altro concorrente.

Soggetto centrale della complessa operazione di *project financing* è la società di progetto.

Essa è un autonomo centro di imputazione di fattispecie giuridiche e di concentrazione del finanziamento: è l'entità appositamente costituita (con personalità giuridica e propria capacità economica e patrimoniale) che ha come oggetto sociale la realizzazione e la gestione dell'intervento ed è preposta alla raccolta dei mezzi finanziari necessari per l'esecuzione dell'opera pubblica e per la gestione del servizio e, dunque, rappresenta, da una parte, il veicolo finanziario per la realizzazione dell'intervento (*special purpose vehicle*) e, dall'altra, la modalità di gestione ottimale del servizio.

La costituzione di una società di progetto può trovare una giustificazione nell'esigenza di tutelare i soggetti finanziatori dell'intervento, in quanto attraverso di essa si isola, sia dal punto di vista contabile sia da quello organizzativo, l'attività di realizzazione dell'opera dalle vicende imprenditoriali del concessionario (viene utilizzata la tecnica del patrimonio separato). Si garantisce, così, che le risorse dei soggetti finanziatori vengano destinate unicamente alla realizzazione del progetto e non ad altre finalità.

La società di progetto, quindi, non svolge altra attività di natura commerciale o industriale e a essa viene trasferita un'attività rischiosa per i promotori. Una volta avvenuta l'aggiudicazione e costituita la società di progetto, la stessa diviene concessionaria, subentrando nel rapporto di concessione all'aggiudicatario, senza la necessità di autorizzazione o di approvazione. Il subentro non costituisce cessione di contratto e non è subordinato a un atto permissivo da parte della amministrazione aggiudicatrice. La società di progetto diventa la concessionaria a titolo originario, sostituendo l'aggiudicatario in tutti i rapporti con l'amministrazione. In questo modo viene sancita la netta separazione tra la figura dell'aggiudicatario e quella della società di progetto. Ma tale costruzione viene criticata da parte della dottrina che considera difficilmente compatibili il subentro con l'acquisto a titolo originario. In realtà, sebbene l'aggiudicatario ponga in essere un negozio abdicativo con il quale rinuncia a stipulare il contratto di concessione, rimane problematica la configurazione del diritto della società di progetto alla stipula di quest'ultimo contratto di concessione. Non potendosi configurare una vicenda traslativo-derivativa né un contratto a favore di terzi, è arduo comprendere come l'effetto della rinuncia comporti un subentro a titolo originario. La soluzione risiede nel costruire la vicenda come una fattispecie complessa costituita da un negozio abdicativo al quale è collegato un effetto *ex lege*, ossia il diritto di subentro da parte della società di progetto.

Con riguardo ai rapporti tra la società di progetto e la stazione appaltante si deve rilevare che quest'ultima possiede utili strumenti di controllo per porsi al riparo da inaspettati mutamenti dell'assetto azionario della società di progetto. Infatti, il contratto di concessione stabilisce le modalità per l'eventuale cessione di quote della società di progetto e l'eventuale inadempimento a tali clausole contrattuali fa scattare i poteri di autotutela della p.a. che consistono nell' immediata revoca della concessione. La circolazione delle quote azionarie deve essere limitata ai soci che non hanno concorso a formare i requisiti di ammissione. Al contrario, i soci che hanno concorso a formare tali requisiti sono tenuti a partecipare alla società di progetto e ad assicurare il buon adempimento degli obblighi del concessionario, fino alla data di emissione del certificato di collaudo. Resta ferma la possibilità per le banche e gli altri investitori istituzionali, che non abbiano concorso a formare i requisiti di qualificazione, di fare ingresso nel capitale sociale e smobilizzare il loro intervento in qualsiasi momento.

La società di progetto, quindi, rappresenta l'elemento cardine dell'operazione di *project financing*, in quanto consente di realizzare il *ring fence*, istituto che permette di passare da una valutazione che si esaurisce nell'indagine sulla capacità patrimoniale del soggetto finanziato a una ponderazione sulla validità del progetto e, quindi, sulla sua idoneità a remunerare il capitale investito.

5.6. La locazione finanziaria di opere pubbliche o di pubblica utilità

Il contratto di *leasing*, o locazione finanziaria, può essere utilizzato dalle amministrazioni per la realizzazione di opere pubbliche (art. 187 codice). La locazione finanziaria viene qualificata come una particolare tipologia di appalto avente a oggetto, oltre che la sola esecuzione, anche la progettazione e l'esecuzione con qualsiasi mezzo dell'opera. Il *leasing* immobiliare rientra nella nozione di "esecuzione con qualsiasi mezzo" di lavori pubblici, ed essendo ricompreso nella categoria dell'appalto ne deve seguire le regole con riferimento all'aggiudicazione tramite procedure a evidenza pubblica.

L'amministrazione, normalmente nelle vesti di locataria, mediante il *leasing* può predisporre programmi di opere pubbliche la cui realizzazione avverrà attraverso il c.d. appalto indiretto.

Il *leasing* immobiliare può rivestire varie forme contrattuali: il *leasing* "in costruendo", allorché sia finalizzato alla realizzazione o al completamento dei beni oggetto di intervento; *leasing* immobiliare "costruito", quando sia diretto alla sola acquisizione di opere pubbliche.

Il *leasing* in tutte e due le forme genera un rapporto trilaterale tra il *lesee* (utilizzatore), ossia la p.a. interessata al godimento di un bene, il *lessor* (concedente) che è il soggetto costruttore o quello che aliena il bene e la società di *leasing* (finanziatore) che acquista il bene e ne mantiene la proprietà fino al momento del riscatto da parte dell'utilizzatore.

Nell'ipotesi di *leasing* "in costruendo" la p.a. seleziona i soggetti privati (il finanziatore e il costruttore) attraverso una procedura di gara e svolge essenzialmente la funzione di controllare la corretta esecuzione dei lavori nonché di pagare i canoni dovuti alle scadenze prestabilite.

La società di *leasing* finanzia l'operazione anticipando i costi relativi alla sua realizzazione e pagando il corrispettivo alla società di costruzione che ha il compito di realizzare l'opera.

L'opera pubblica, quindi, viene costruita (indirettamente) dalla società di *leasing* che contestualmente l'affitta alla p.a. che ha facoltà di riscattarla, al termine della locazione.

In altri termini, con la locazione finanziaria l'ente pubblico che intende realizzare un determinato intervento, acquisisce il bene, la cui utilità concorre in via diretta o strumentale al raggiungimento del fine pubblico prefissato, senza impegnare tutte le risorse necessarie al suo acquisto, ma dietro pagamento di un canone periodico. Da questo punto di vista, la locazione finanziaria pubblica si può considerare una forma di finanziamento, in quanto viene ripartito l'onere collegato alla disponibilità di un bene, su un arco di tempo pluriennale lungo quanto il periodo di utilizzo del bene, così come avviene per altre forme di finanziamento (si pensi al mutuo dove gli oneri sono distribuiti per tutta la durata del periodo di ammortamento). Ma a differenza di altre operazioni di finanziamento, con la locazione finanziaria non si mette a disposizione una somma ma un bene a fronte del pagamento di un canone. È stato chiarito dalla giurisprudenza che il *leasing* finanziario immobiliare soddisfa il triplice interesse della p.a.: a reperire capitali di rischio sul mercato (funzione creditizia), a finanziare opere pubbliche o di pubblica utilità (funzione finanziaria) e ad assicurarsi rispetto ai rischi inerenti alla costruzione e alla gestione dell'opera (funzione assicurativa) (Corte conti, sez. reg. contr., Lombardia, 24 ottobre 2008, n. 87).

Il *leasing* pubblico offre molteplici vantaggi, i più evidenti sono: l'utilizzazione del bene senza dover anticipare tutta la somma necessaria per comprarlo (questo può essere utile soprattutto nel caso di attività che producano utili una volta avviate e che consentono, quindi, di rimborsare parte dei canoni); lo snellimento delle procedure burocratiche connesse alle decisioni di investimento; l'eliminazione dei rischi e degli oneri derivanti dalle perizie suppletive e dalle "revisioni prezzi"; la semplificazione della contabilità e l'eliminazione dei residui passivi; la tempestività nell'esecuzione di opere pubbliche.

A limitare alcuni indiscutibili vantaggi del *leasing* deve essere tuttavia considerato l'elevato costo dell'operazione. Infatti, occorre tenere ben presenti le principali variabili di una operazione di *leasing* pubblico, quali la configurazione dell'eventuale importo da corrispondere in sede di stipulazione del contratto, sotto forma di primo canone o di canoni anticipati; il numero, l'ammontare e le modalità di corresponsione dei canoni periodici e della relativa fatturazione; l'introduzione di clausole di prevedibilità o indicizzazione dei canoni; le penalità e/o altri adempimenti eventualmente previsti in relazione al ritardo nella corresponsione dei canoni, o alla possibilità di rescindere anticipatamente il contratto, a un utilizzo più intenso del bene.

Dovrebbe, quindi, essere attentamente valutata la convenienza del ricorso al *leasing* in alternativa all'assunzione di un mutuo.

La scelta della società di *leasing* deve essere effettuata con procedura a evidenza pubblica (art. 187 *bis* codice). Il bando, ferme le altre indicazioni previste dal codice, determina i requisiti soggettivi, funzionali, economici, tecnico-realizzativi e organizzativi di partecipazione, le caratteristiche tecniche ed estetiche dell'opera, i costi, i tempi e le garanzie dell'operazione, nonché i parametri di valutazione tecnica ed economico-finanziaria dell'offerta economicamente più vantaggiosa. L'offerente può essere anche una associazione temporanea costituita dal soggetto finanziatore e dal soggetto realizzatore, responsabili, ciascuno, in relazione alla specifica obbligazione assunta, ovvero un contraente generale. Il finanziatore che partecipi individualmente alla gara deve dimostrare alla stazione appaltante che dispone, anche avvalendosi delle capacità di altri soggetti, ovvero in associazione temporanea con un soggetto realizzatore, dei mezzi necessari per eseguire l'opera. In tal senso, quindi, può fare ingresso nelle procedure per l'aggiudicazione del leasing finanziario anche il contratto di avvalimento.

Alla base della procedura di aggiudicazione deve essere posto almeno un progetto di fattibilità mentre spetta all'aggiudicatario provvedere alla predisposizione dei successivi livelli progettuali nonché alla realizzazione dell'opera. Il bando di gara dovrà individuare l'area sulla quale realizzare l'opera, che potrà essere di proprietà della stazione appaltante, da espropriare oppure già nella disponibilità dei concorrenti.

Più problematica è l'individuazione della disciplina da applicare per la scelta del costruttore da parte della società di *leasing*. Sul punto la norma non dice nulla per cui appare difficile affermare che la società di *leasing* sia tenuta al rispetto della normativa a evidenza pubblica in quanto opererebbe in regime di diritto privato senza alcuna sostituzione o inserimento nell'organizzazione dell'ente.

La questione della scelta del fornitore o del costruttore potrebbe essere risolta in conformità alle indicazioni contenute nelle direttive europee. In sostanza la società di *leasing* dovrebbe essere tenuta al rispetto dei principi comunitari di *par condicio*, trasparenza, proporzionalità e mutuo riconoscimento nella scelta del costruttore. Comunque, il soggetto attuatore dell'intervento deve essere in possesso dei requisiti di qualificazione necessari per la realizzazione dell'opera.

Nell'ipotesi, invece, che il *leasing* assista un contratto di compravendita di un immobile già esistente e ben determinato nella proprietà è da ritenersi possibile il ricorso ad una procedura negoziata, più semplice e flessibile, in quanto il bene si deve considerare infungibile.

Il *leasing* può essere utilizzato anche per la fornitura di beni: macchine per ufficio, veicoli e autoveicoli per la prestazione di servizi alla comunità (es. scuolabus, automezzi per il servizio di nettezza urbana, automezzi di assistenza sanitaria, eccetera), veicoli da utilizzare nel trasporto pubblico. Per queste ipotesi, però, non viene in rilievo la norma di cui all'art. 187 del codice, che si occupa esclusivamente dell'acquisizione di beni immobili, ma devono applicarsi le norme sulle forniture. Infatti, tale contratto ha a oggetto la fornitura del bene, il servizio finanziario collegato al pagamento dei canoni periodici e talvolta anche il servizio (aggiuntivo) di assistenza e manutenzione.

5.7. Il contratto di disponibilità

Il contratto di disponibilità ha per oggetto l'affidamento a un operatore privato, a proprio rischio e spese, della costruzione e della messa a disposizione in favore dell'amministrazione aggiudicatrice di un'opera di proprietà privata. La messa a disposizione consiste nell'onere assunto a proprio rischio dall'affidatario di assicurare all'amministrazione aggiudicatrice la costante fruibilità dell'opera nel rispetto dei parametri previsti dal contratto, garantendo la manutenzione e la risoluzione di eventuali vizi anche sopravvenuti.

L'amministrazione ha, quindi, la disponibilità di un'opera privata per l'esercizio di un servizio pubblico. La controprestazione consiste nel pagamento di un corrispettivo che può assumere differenti caratteristiche (art. 188 codice): può consistere nel pagamento di un canone di disponibilità, da versare per l'effettiva disponibilità dell'opera; può essere riconosciuto al privato un contributo in corso d'opera, non superiore al cinquanta per cento del costo di costruzione dell'opera, nell'ipotesi in cui si preveda un trasferimento di proprietà dell'opera all'amministrazione. Infine, può essere previsto un prezzo di trasferimento, parametrato ai canoni di disponibilità già versati, al contributo erogato, al valore di mercato residuo dell'opera, da corrispondere al termine del contratto in caso di trasferimento della proprietà dell'opera all'aggiudicatario.

Il vantaggio per l'amministrazione consiste nell'evitare rischi connessi alla costruzione e manutenzione dell'opera. Il privato, infatti, mette a disposizione dell'amministrazione aggiudicatrice un bene, di cui assicura la costante fruibilità, garantendone la relativa manutenzione e la risoluzione dei vizi sopravvenuti.

A differenza del contratto di locazione finanziaria, il contratto di disponibilità ha come oggetto la costruzione e la messa a disposizione di un'opera di proprietà privata che può entrare nel patrimonio pubblico eventualmente in un secondo momento. In questo caso, poi, non viene in rilievo la figura del soggetto finanziatore così come previsto per la locazione finanziaria.

Il contratto di disponibilità si può accostare allo schema contrattuale del *leasing* operativo, nel quale alla causa di godimento, che ha un ruolo centrale nell'intera operazione, si aggiungono una serie di servizi accessori di assistenza e manutenzione del bene locato che il concedente è tenuto a prestare, con la conseguenza che il canone locato è commisurato non solo al godimento ma anche ai servizi offerti.

Nel concetto di messa a disposizione rientra la prestazione di servizi accessori che consentano la "costante fruibilità" del bene in modo che l'amministrazione non risenta dei vizi che potrebbero precludere il godimento del bene.

Il grado di fruizione dell'opera influenza anche il pagamento del canone di disponibilità: questo, infatti, può essere proporzionalmente ridotto o annullato nei periodi di ridotta o nulla disponibilità dell'opera per manutenzione, vizi o qualsiasi altro motivo rientrante tra i rischi a carico dell'amministrazione aggiudicatrice.

L'affidatario deve redigere il progetto in tutti i suoi livelli e assume il rischio della costruzione e della gestione tecnica dell'opera.

È da rilevare che, a differenza del contratto di concessione, l'alea contrattuale del privato non si concentra nella fase di gestione economica dell'intervento ma nella fase di progettazione e costruzione dell'opera.

L'affidamento del contratto avviene attraverso una procedura a evidenza pubblica che prevede la pubblicazione di un bando di gara al quale è allegato un capitolato prestazione che indica le caratteristiche tecniche e funzionali che deve assicurare l'opera e le modalità per determinare la riduzione del canone. Le offerte devono già prevedere un progetto di fattibilità. La valutazione dell'offerta deve avvenire attraverso il criterio dell'offerta economicamente più vantaggiosa. In particolare, l'amministrazione dovrà prestare attenzione alla verifica della funzionalità dell'opera progettata allo svolgimento del servizio cui è finalizzata. Il progetto definitivo ed esecutivo vengono redatti dall'aggiudicatario così come le eventuali varianti in corso d'opera. Tutti questi atti devono essere approvati dall'amministrazione.

Il contratto di disponibilità presuppone che l'opera in quanto privata insista su un terreno privato. Il terreno sarà di proprietà del costruttore oppure dovrà essere oggetto di esproprio in favore del costruttore (all'espropriazione dovrà seguire la cessione dei terreni in proprietà al costruttore considerato che l'opera è privata).

Nel caso in cui l'amministrazione opti per la soluzione di un'area già di proprietà del privato si può presentare il problema della eccessiva compressione del principio della concorrenza: la gara, infatti, si svolgerà fra soggetti che hanno la proprietà di terreni sui quali edificare l'opera e non tra meri costruttori. Peraltro, la scelta dell'area influenzerà notevolmente la procedura di aggiudicazione.

Un vantaggio conseguente alla stipula di un contratto di disponibilità consiste nel fatto che non determina indebitamento per la p.a., poiché la disciplina legislativa prevede che i rischi di costruzione e di disponibilità devono essere a carico della parte privata; pertanto, la spesa per l'infrastruttura può essere contabilizzata fuori bilancio e, quindi, non incidere sui saldi dell'amministrazione (Corte conti reg., Emilia-Romagna, sez. contr., 26 ottobre 2012, n. 432).

5.8. Le sponsorizzazioni

Il contratto di sponsorizzazione rappresenta un mezzo alternativo all'appalto per la realizzazione di lavori, servizi e forniture (art. 19 codice). Il vantaggio per le pubbliche amministrazioni consiste nel reperire fondi per finanziare la propria attività, mentre il privato consegue un ritorno pubblicitario che scaturisce dall'accostamento della propria immagine all'evento o all'intervento pubblico.

Nella prassi applicativa si assiste a un fenomeno di contaminazione dello schema negoziale della sponsorizzazione. È sufficiente considerare come esempio l'abbinamento del servizio di tesoreria al contratto di sponsorizzazione e, nel campo dei beni culturali, la gestione dei servizi aggiuntivi da parte dello sponsor, per rendersi conto che a quest'ultimo possono essere affidate attività legate alla gestione economica dell'intervento sponsorizzato. Allo sponsor può essere attribuito, inoltre, il compito di organizzare e gestire l'evento per conto della p.a. In queste ipotesi, la responsabilità della buona riuscita dell'evento ricade sullo sponsor che si remunera attraverso la gestione dello stesso (per esempio, mediante la vendita dei biglietti e dei *gadget* ovvero la gestione di servizi, quali la ristorazione durante l'evento).

Più in generale, con il contratto di sponsorizzazione il soggetto privato trae vantaggio dal ritorno pubblicitario nonché dalla remunerazione dell'investimento derivante dalla gestione dell'opera o del servizio, mentre la p.a. può migliorare la gestione dei propri servizi e realizzare eventi di particolare importanza senza incidere sulle proprie risorse.

Tale negozio, quindi, ha acquisito una crescente importanza quale strumento alternativo al provvedimento amministrativo per attuare le finalità istituzionali dei soggetti pubblici.

La disciplina della sponsorizzazione è ampiamente derogatoria rispetto a quella degli appalti per quanto riguarda le modalità di aggiudicazione. Infatti, se un'amministrazione aggiudicatrice o ente aggiudicatore intende concludere un contratto di sponsorizzazione al fine di realizzare un intervento, a cura e spese dello sponsor, deve porre in essere una procedura comparativa nel rispetto dei principi europei come quello della concorrenza e del divieto di discriminazione e deve rispettare le disposizioni in materia di requisiti soggettivi dei progettisti e degli esecutori del contratto. Però, pur nel pieno rispetto del principio della gara pubblica, non si applicano le puntuali disposizioni del codice.

Per quanto riguarda le sponsorizzazioni di lavori, servizi e forniture mediante dazione di denaro, accollo del debito o altre modalità di assunzione del pagamento dei corrispettivi dovuti, l'amministrazione ha l'obbligo di pubblicare un avviso per la ricerca dello sponsor indicando sinteticamente il contenuto del contratto. Il contratto, poi, potrà essere liberamente negoziato nel rispetto dei principi di imparzialità e parità di trattamento fra gli operatori economici che abbiano manifestato interesse.

I principi sull'evidenza pubblica si applicano anche alle sponsorizzazioni per la fornitura di beni e servizi. Si tratta di contratti non gratuiti dove la controprestazione è rappresentata dal ritorno pubblicitario per il privato derivante dalla fornitura.

Il ruolo dell'amministrazione aggiudicatrice o dell'ente aggiudicatore è molto limitato.

Dopo aver effettuato la scelta dello sponsor, la stazione appaltante può impartire le prescrizioni che ritiene più opportune in relazione alla progettazione, direzione ed esecuzione del contratto.

Il caso più frequente è quello in cui l'amministrazione riveste il ruolo di soggetto sponsorizzato per cui la sponsorizzazione diviene strumento di finanziamento dell'attività dell'ente.

Le sponsorizzazioni sono da considerare, in senso atecnico, strumenti di finanziamento per le attività del soggetto sponsorizzato. Esse, infatti, non rientrano nella categoria dei negozi di finanziamento poiché nelle sponsorizzazioni il finanziamento non si realizza attraverso il rapporto contrattuale, ma soltanto sul piano economico, con la semplice disponibilità del corrispettivo pattuito da parte del soggetto sponsorizzato.

Ogni tipo di attività amministrativa può essere oggetto di sponsorizzazione, sia essa autoritativa o contrattuale, istituzionale o strumentale. L'essenza del contratto di sponsorizzazione risiede nell'impatto dal punto di vista pubblicitario che l'evento o l'iniziativa sponsorizzata può avere nei confronti del pubblico. Se l'evento o l'iniziativa posta in essere dall'amministrazione è in grado di avere un forte impatto nei confronti del pubblico, il contratto di sponsorizzazione può divenire appetibile per l'operatore privato, che potrà godere di un adeguato ritorno pubblicitario.

Come visto, è possibile che l'operazione di sponsorizzazione preveda la realizzazione dell'intervento pubblico direttamente dal soggetto privato. In questi casi il privato diviene finanziatore e realizzatore dell'opera, servizio o fornitura e ciò consente di affermare che si realizza quella forma di collaborazione tra le parti tipica dei contratti di partenariato pubblico privato.

5.9. I contratti misti

Le amministrazioni possono stipulare contratti atipici nell'osservanza delle regole procedurali pubblicistiche circa la formazione della volontà negoziale e l'individuazione del contraente, per rispettare i parametri di buon andamento e imparzialità di cui all'art. 97 Cost.

Tra le ipotesi di contratti atipici possono rientrare i contratti misti, ossia contratti che possiedono elementi causali propri di due o più contratti. Il contratto misto si caratterizza per la presenza di elementi propri di differenti tipologie contrattuali e, quindi, genera un nuovo contratto derivante dalla combinazione di tali elementi.

Il contratto misto ha un'autonoma causa unitaria a differenza delle ipotesi di collegamento negoziale (di cui è manifestazione la disciplina della finanza di progetto) caratterizzata dalla combinazione di più contratti fra loro autonomi per la realizzazione di una funzione unitaria.

Il problema principale dei contratti misti risiede nell'individuazione della disciplina applicabile. In campo civilistico sono state proposte varie teorie: una prima tesi ritiene applicabile la disciplina relativa al tipo prevalente; una seconda ritiene applicabile alle singole clausole la disciplina del tipo contrattuale a cui appartengono; una terza tesi ha proposto il criterio dell'analogia che si fonda sull'individuazione della disciplina applicabile al contratto misto con quella relativa a fattispecie analoghe o a casi simili.

Nell'ambito del diritto pubblico i contratti misti vengono in rilievo non solo per le ipotesi di combinazione di più tipi negoziali ma anche e soprattutto nei casi in cui un contratto sia caratterizzato dalla combinazione di prestazioni (lavori, servizi e forniture). In tali situazioni si presenta il problema della individuazione della disciplina applicabile per l'aggiudicazione del contratto (considerato che la disciplina per l'aggiudicazione di lavori è differente da quella per l'aggiudicazione di servizi e forniture, si pensi alle differenze di procedure, di regime di qualificazione dei partecipanti e di soglie comunitarie).

Quindi, nell'ambito dei contratti pubblici possono venire in rilievo sia contratti misti che contengono elementi di appalti e concessioni o altri contratti, sia appalti o concessioni miste, in cui vengono in rilievo combinazioni di prestazioni soggette a regimi giuridici differenti (lavori, servizi e forniture, oppure contratti relativi a settori ordinari e speciali).

I criteri per individuare la disciplina applicabile ai contratti misti sono indicati dall'art. 28 del codice.

Nell'ipotesi di contratti aventi a oggetto più prestazioni, comprese quelle di lavori, l'aggiudicazione deve avvenire secondo le disposizioni applicabili al tipo di contratto che caratterizza l'oggetto principale del negozio misto; in tali casi, quindi, occorre verificare la prevalenza funzionale assolta dal contratto. Tale criterio funzionale è sostituito da un criterio quantitativo allorché il contratto misto preveda prestazioni esclusivamente inerenti a servizi e forniture. In tali casi, infatti, l'oggetto principale del contratto si individua sulla base del valore stimato più elevato tra le prestazioni relative a servizi e forniture.

L'applicazione del criterio funzionale (e non meramente quantitativo) in presenza di contratti misti aventi a oggetto anche lavori si giustifica con il fatto che nella prassi le prestazioni relative a lavori hanno un valore economico superiore a quello di servizi e forniture per cui l'utilizzo del criterio della prevalenza economica porterebbe ad applicare quasi sempre la disciplina relativa ai lavori.

Un differente criterio, c.d. della combinazione, riguarda i requisiti di qualificazione e capacità dei concorrenti. I concorrenti, infatti, devono possedere i requisiti di qualificazione e capacità prescritti per ciascuna prestazione di lavori, servizi e forniture. Sul punto occorre rilevare che la disciplina relativa ai requisiti di qualificazione è differente fra lavori, servizi e forniture, per cui un operatore che volesse partecipare a una gara comprensiva di prestazioni relative a lavori dovrebbe anche possedere un certificato SOA relativo alle categorie di lavori previste nel bando (la certificazione SOA è obbligatoria per i lavori di importo superiore a centocinquantamila euro).

Nelle ipotesi in cui il contratto misto preveda prestazioni oggettivamente separabili è demandata alla discrezionalità dell'amministrazione decidere se procedere all'aggiudicazione di contratti distinti o unitariamente.

Vi può essere anche il caso di un contratto misto con prestazioni rientranti nella disciplina del codice ed alcune escluse da tale regolamentazione. In questi casi, comunque, si deve applicare la normativa del codice dei contratti.

Un particolare ipotesi di contratto misto è quella del *global service*.

Il *global service* è un contratto atipico che consiste nel trasferire unitariamente a terzi, in possesso di una specifica qualificazione professionale e di una organizzazione aziendale, la realizzazione di una pluralità di prestazioni miranti alla conduzione o manutenzione di un bene o di un complesso di beni di proprietà della p.a. Il contraente privato sceglie le modalità che ritiene idonee all'espletamento dell'attività oggetto del contratto con l'obbligo di individuare le soluzioni migliori per realizzare risparmi di spesa ed innalzamento delle prestazioni. Il privato si assume la responsabilità relativamente ai risultati in termini di raggiungimento dei livelli prestazionali prestabiliti dall'amministrazione. Le obbligazioni di questo contratto, quindi, sono di risultato e al privato sono affidati i compiti relativi alla gestione complessiva di un bene di proprietà dell'amministrazione con conseguente trasferimento di responsabilità. Il privato assume una pluralità di ruoli, da quello del progettista a quello di realizzatore del servizio e gestore dello stesso. In tal modo, l'amministrazione può concentrarsi sulle proprie attività istituzionali, lasciando al privato i compiti meramente operativi da svolgere sotto il suo indirizzo e controllo.

Il contratto di *global service* si caratterizza per avere a oggetto prestazioni tra loro non omogenee e rientranti sia nell'ambito dell'appalto dei lavori, sia in quello di forniture sia in quello di servizi. Si pensi all'ipotesi di un contratto che contiene prestazioni di lavori come la manutenzione ordinaria e straordinaria di opere e impianti, di servizi come la realizzazione di sistemi informatici, la pulizia di locali o servizi di giardinaggio, di fornitura come quella del combustibile per il riscaldamento dell'immobile.

Si può, quindi, affermare che il contratto di *global service* rappresenta una significativa manifestazione del fenomeno delle esternalizzazioni (o *outsourcing*) di attività da parte della amministrazione.

6. Le amministrazioni aggiudicatrici

L'impatto del diritto europeo sulla legislazione dei contratti pubblici ha avuto come conseguenza anche quella di dilatare notevolmente l'ambito soggettivo di applicazione della normativa a evidenza pubblica. Sono tenuti all'applicazione delle norme pubblicistiche in materia contrattuale una serie di soggetti che si collocano al di fuori del concetto di amministrazione pubblica intesa in senso tradizionale. Si tratta di soggetti spesso privati che svolgono attività di rilievo pubblicistico o beneficiano di finanziamenti pubblici per la realizzazione di opere o servizi che sono obbligati alla scelta dei propri contraenti attraverso norme riconducibili al principio generale della gara pubblica. L'intento del diritto europeo è stato quello di favorire il principio della concorrenza estendendo il più possibile l'applicazione dell'evidenza pubblica.

La nozione allargata di p.a. derivante dal diritto europeo è stata recepita dalla normativa nazionale e, in particolare, dal codice dei contratti che prevede diverse categorie di soggetti tenuti all'applicazione delle sue regole. Tali soggetti vengono definiti stazioni appaltanti.

Innanzitutto, viene in rilievo la nozione di "amministrazioni aggiudicatrici". Si tratta di una nozione di carattere generale nella quale rientrano sia soggetti pubblici sia soggetti privati. Sono amministrazioni aggiudicatrici: le amministrazioni dello Stato; gli enti pubblici territoriali; gli altri enti pubblici non economici; gli organismi di diritto pubblico; le associazioni, unioni, consorzi, comunque denominati, costituiti da detti soggetti (art. 3, c. 1, lett. *a*).

Tra questi soggetti particolare interesse suscita l'organismo di diritto pubblico.

Si tratta di una figura introdotta dal diritto europeo proprio con la finalità di ampliare l'ambito di applicabilità della disciplina pubblicistica sui contratti pubblici.

L'organismo di diritto pubblico deve possedere tre requisiti: la personalità giuridica; essere istituito per soddisfare esigenze di interesse generale, aventi carattere non industriale o commerciale; l'attività deve essere finanziata in modo maggioritario dallo Stato, dagli enti pubblici territoriali o da altri organismi di diritto pubblico, oppure la sua gestione deve essere soggetta al controllo di questi ultimi, oppure il suo organo di amministrazione, di direzione o di vigilanza deve essere costituito da membri dei quali più della metà è designata dallo Stato, dagli enti pubblici territoriali o da altri organismi di diritto pubblico. I tre requisiti hanno carattere cumulativo.

Il requisito che ha suscitato maggiori problemi interpretativi è quello della istituzione "per soddisfare specificamente esigenze di interesse generale, aventi carattere non industriale o commerciale". Tale carattere dell'organismo di diritto pubblico indica che la sua attività è funzionalizzata al soddisfacimento di un bisogno della collettività. I "bisogni di interesse generale" sono quelli riferibili a una collettività di soggetti, di ampiezza e contenuto tali da giustificare la creazione di un apposito organismo, sottoposto all'influenza dominante dell'autorità pubblica, deputato alla loro soddisfazione e che non abbiano, peraltro, carattere commerciale e industriale, nel senso che non devono essere suscettibili di soddisfacimento mediante attività, di produzione o scambio di beni o servizi, connotata da imprenditorialità o scopo di lucro (Cons. Stato, sez. VI, 13 febbraio 2009, n. 795).

Parte della giurisprudenza ha affermato che la definizione di un soggetto come organismo di diritto pubblico comporti la doverosità dell'utilizzo del regime pubblicistico anche con riferimento alle attività non strettamente riferibili a interessi pubblici. Una volta riconosciuta a un ente la qualifica di organismo di diritto pubblico in ragione della sua finalizzazione prevalente a perseguire interessi generali, lo svolgimento di attività "minoritaria" a carattere industriale non farebbe venir meno la qualificazione stessa con la conseguenza di non esonerare l'ente dall'osservanza delle regole dell'evidenza pubblica le volte in cui a tale attività minoritaria decidesse di provvedere in regime di affidamento a terzi. Il ruolo dell'organismo di diritto pubblico nasce, infatti, dalla sua istituzione per il soddisfacimento di interessi generali e le conseguenze della attribuzione di tal ruolo, segnatamente quelle che impongono l'adozione dei moduli di massima trasparenza e garanzia nell'affidamento a terzi di segmenti delle proprie attività, restano un dato ineliminabile del suo agire come imposto dall'impegno di pubbliche risorse per la costituzione e l'attività dell'ente stesso, impegno che si iscrive in una logica che non pare proprio possa tollerare un'alternanza di garanzie procedimentali e libertà di selezione a seconda della intensità o del grado di interesse pubblico sotteso alle attività svolte (Cass. civ., sez. un., 4 novembre 2009, n. 23322). Più recentemente, però, la giurisprudenza del Consiglio di Stato ha chiarito che l'organismo di diritto pubblico e sì equiparato all'ente pubblico quando aggiudica i contratti ma rimane di regola un soggetto che opera secondo il diritto privato nello svolgimento di altre attività. Si tratta di una giurisprudenza che riconosce la c.d. figura dell'organismo di diritto pubblico *in parte qua* nel senso che le attività non strettamente funzionali all'espletamento di compiti pubblicistici dovrebbero essere disciplinate dalle norme di diritto privato e non da quelle pubblicistiche sull'evidenza pubblica (Cons. Stato, sez. V, ord. 12 febbraio 2019, n. 1106).

Tendenzialmente si può affermare che un soggetto che opera in condizioni normali di mercato, mira a realizzare un profitto e sostiene le perdite che risultano dall'esercizio delle sue attività non dovrebbe essere considerato organismo di diritto pubblico, in quanto è lecito supporre che sia stato istituito allo scopo o con l'incarico di soddisfare esigenze di interesse generale che sono di natura commerciale o industriale.

Categoria più ampia delle amministrazioni aggiudicatrici è quella degli enti aggiudicatori che comprende le amministrazioni aggiudicatrici, le imprese pubbliche e i soggetti che, non essendo amministrazioni aggiudicatrici o imprese pubbliche, operano in virtù di diritti speciali o esclusivi concessi loro dall'autorità competente secondo le norme vigenti (art. 3, c. 1, lett. *e*). I settori nei quali operano questi ultimi sono quelli del gas, energia termica, elettricità, acqua, trasporti, servizi postali e dello sfruttamento di area geografica. A questi soggetti si applicano solo in parte le norme del codice dei contratti.

Le imprese pubbliche sono quelle su cui le amministrazioni aggiudicatrici possono esercitare, direttamente o indirettamente, un'influenza dominante o perché ne sono proprietarie, o perché vi hanno una partecipazione finanziaria.

L'influenza dominante è presunta quando le amministrazioni aggiudicatrici, direttamente o indirettamente: detengono la maggioranza del capitale sottoscritto; controllano la maggioranza dei voti cui danno diritto le azioni emesse dall'impresa; hanno il diritto di nominare più della metà dei membri del consiglio di amministrazione, di direzione o di vigilanza dell'impresa.

I soggetti aggiudicatori, invece, sono quei soggetti privati tenuti all'osservanza delle disposizioni del codice in misura minore rispetto ai soggetti in precedenza individuati.

Tra questi soggetti rientrano i concessionari di lavori pubblici e di servizi nonché i soggetti privati che debbano realizzare lavori di edilizia relativi a ospedali, impianti sportivi, ricreativi e per il tempo libero, edifici scolastici e universitari, edifici destinati a funzioni pubbliche amministrative, di importo superiore a un milione di euro, per la cui realizzazione sia previsto un contributo pubblico, in conto interessi o in conto capitale, che superi il cinquanta per cento dell'importo dei lavori. Rientrano, inoltre, in tale categoria i soggetti privati titolari di permesso di costruire, che assumono in via diretta l'esecuzione delle opere di urbanizzazione a scomputo, totale o parziale, del contributo previsto per il rilascio del permesso.

In questi ultimi casi, l'amministrazione che rilascia il permesso di costruire può prevedere che, in relazione alla realizzazione delle opere di urbanizzazione, il richiedente il titolo abilitativo presenti all'amministrazione unitamente all'istanza di permesso di costruire, un progetto preliminare delle opere da eseguire, con l'indicazione del tempo massimo in cui devono essere completate, allegando lo schema del relativo contratto di appalto. L'amministrazione, sulla base del progetto preliminare, indice una gara con procedura aperta o ristretta. I concorrenti offrono il progetto definitivo e si impegnano a elaborare il progetto esecutivo nonché a eseguire i lavori.

Altra categoria di soggetti che si considerano stazioni appaltanti sono le centrali di committenza (art. 3, c. 1, lett. *i*; art. 37).

La disciplina delle centrali di committenza è funzionale alla semplificazione e razionalizzazione degli acquisti da parte della p.a. Infatti, al fine di rendere omogenei gli acquisti e ridurre il numero delle stazioni appaltanti, il legislatore ha previsto la possibilità che alcune strutture agiscano direttamente come acquirenti e, quindi, possano aggiudicare appalti, stipulare ed eseguire i contratti per conto delle amministrazioni aggiudicatrici e degli enti aggiudicatori; stipulare accordi quadro e aggiudicare appalti destinati ad altre amministrazioni; gestire sistemi dinamici di acquisizione e mercati elettronici.

La normativa prevede differenti modelli di attività delle centrali di committenza.

Le singole amministrazioni acquisiscono direttamente dalle centrali di committenza i beni, servizi e, talvolta, anche prestazioni relative ai lavori, senza dovere provvedere allo svolgimento della relativa gara. Ovvero la centrale di committenza può procedere alla stesura e alla pubblicazione della documentazione di gara, ricevere le offerte, nominare la commissione di gara e una volta effettuata la valutazione delle offerte da parte della commissione, la centrale può procedere alla verifica dei requisiti e, quindi, all'aggiudicazione mentre all'amministrazione spetta il compito di seguire direttamente la fase dell'esecuzione del contratto.

In alcuni casi, gli approvvigionamenti tramite centrali di committenza sono obbligatori. Si pensi all'approvvigionamento tramite le convenzioni-quadro Consip (società pubblica del Ministero dell'economia e finanze con funzioni di centrale di committenza) che è obbligatorio per le amministrazioni statali, centrali e periferiche, ivi compresi gli istituti e le scuole di ogni ordine e grado, le istituzioni educative e le istituzioni universitarie, nonché gli enti nazionali di previdenza e assistenza sociale pubblici e le agenzie fiscali. La normativa prevede che nel caso dell'assenza di convenzioni, vi sia comunque l'obbligo di approvvigionamento tramite il mercato elettronico nella p.a. o ad altri mercati elettronici. I contratti stipulati in violazione di tali norme sono nulli.

Nelle ipotesi in cui non sia previsto l'obbligo di ricorrere alle centrali di committenza, il prezzo delle convenzioni Consip funge da parametro di riferimento per la stipula dei contratti da parte delle amministrazioni (a esempio i Comuni mantengono la possibilità e non l'obbligo di utilizzare le convenzioni Consip senza incorrere in nullità. La nullità dei contratti stipulati dall'ente locale viene in rilievo solo se, pur in presenza di idonea convenzione Consip comparabile, questo non vi aderisca o, in alternativa, non ne utilizzi i parametri prezzo/qualità come limiti massimi).

Alcune centrali di committenza possono svolgere attività di supporto, assistenza e consulenza agli enti pubblici (c.d. committenza ausiliaria). Tali attività possono tra l'altro consistere nella messa a disposizione di infrastrutture tecniche per aggiudicare contratti, consulenza sullo svolgimento di procedure di aggiudicazione; preparazione di procedure di aggiudicazione per conto della stazione appaltante richiedente; gestione di procedure di aggiudicazione per conto di amministrazioni.

Il nostro ordinamento prevede centrali di committenza operative a livello nazionale, regionale, provinciale ed interprovinciale, comunale e intercomunale.

Al fine di ridurre il numero delle stazioni appaltanti, il codice prevede anche l'obbligo per i comuni non capoluogo di provincia, di ricorrere a forme di aggregazione o centralizzazione delle committenze, a livello di unioni dei comuni, ove esistenti.

La normativa in materia di contratti ha introdotto, quale ulteriore strumento per la razionalizzazione delle procedure di spesa, la qualificazione delle stazioni appaltanti (art. 38 codice). Infatti, per procedere autonomamente ad acquisiti, senza far ricorso alle centrali di committenza, le stazioni appaltanti devono dimostrazione di saper gestire con professionalità le procedure a evidenza pubblica alla luce di principi di qualità, efficacia e professionalità.

L'obiettivo è quello di valutare le capacità delle amministrazioni, qualificarle per classi di importo e per tipologia di contratti in modo tale che le stazioni appaltanti gestiscano autonomamente solo ed esclusivamente le procedure per le quali abbiano dimostrato la loro idoneità, mentre per procedure che vanno al di là delle loro capacità si dovrà ricorrere ad acquisti tramite centrali di committenza o a forme di acquisti aggregati.

La qualificazione ha per oggetto la verifica della capacità di programmazione e progettazione; della capacità di affidamento; della capacità di verifica sull'esecuzione e controllo dell'intera procedura, incluso il collaudo e la messa in opera. La qualificazione è conseguita in base alla tipologia e complessità del contratto e per fasce d'importo.

L'amministrazione che rilascia l'attestazione (nello specifico l'ANAC che tiene anche il registro delle stazioni appaltanti qualificate) valuta la stazione appaltante sulla base di requisiti di base (l'esistenza di strutture amministrative per la gestione delle procedure di gara; la presenza di dipendenti aventi specifiche competenze; sistema di formazione del personale; numero di gare svolte nel precedente quinquennio; tempi di pagamento dei fornitori; rispetto degli obblighi di comunicazione all'ANAC; monitoraggio sullo stato di attuazione delle opere). Altri parametri valutativi attengono a requisiti premiali (presenza di sistemi di gestione della qualità; attuazione delle misure anticorruzione; disponibilità di tecnologie telematiche per la gestione delle procedure di gara; livello di soccombenza in giudizio; applicazione di criteri di sostenibilità ambientale e sociale).

La qualificazione ha una durata temporale limitata a un quinquennio che può essere rinnovata per le stesse categorie e per gli stessi importi ovvero può essere rivista per importi superiori e categorie differenti. Nell'ipotesi in cui a seguito di verifica da parte dell'ANAC si dovesse riscontrare la perdita dei requisiti che hanno giustificato la qualificazione, questa dovrebbe essere revocata ovvero modificata alla luce dei requisiti effettivamente posseduti dalla stazione appaltante.

Le stazioni appaltanti possono acquistare direttamente e autonomamente, anche senza apposita qualificazione forniture e servizi di importo inferiore a quarantamila euro e lavori di importo inferiore a centocinquantamila euro. Per gli acquisti superiori agli importi indicati le stazioni appaltanti devono possedere apposita qualificazione o in alternativa ricorrente alle centrali di committenza o a strumenti di aggregazione.

7. I settori speciali

L'applicazione della normativa in materia di evidenza pubblica trova alcune significative deroghe con riguardo a contratti inerenti particolari settori dell'attività economica. Si tratta dei c.d. settori speciali: gas, energia termica, elettricità, acqua, sfruttamento di area geografica (estrazione ed utilizzazione di idrocarburi e combustibili); trasporti (trasporto ferroviario, marittimo, fluviale ed aereo); servizi postali.

Questi settori originariamente erano stati esclusi dalla disciplina generale in materia di appalti poiché all'interno di essi operavano sia enti pubblici sia imprese private che agivano in regime concorrenziale. Il legislatore europeo, infatti, aveva considerato la compresenza di enti così differenti un ostacolo insormontabile all'applicazione della normativa in materia di appalti. L'indiscriminata estensione delle regole ordinarie a questi settori, infatti, avrebbe determinato differenze sostanziali tra i regimi giuridici applicabili nei diversi stati proprio in dipendenza della natura pubblica o privata del soggetto aggiudicatore (a dire il vero tale timore risulta del tutto ingiustificato in quanto, oramai anche nel settore degli appalti ordinari, con l'introduzione della figura dell'organismo di diritto pubblico, soggetti formalmente privati sono assoggettati alle regole dell'evidenza pubblica e, quindi, si riscontra una eterogeneità di enti, pubblici e privati, che rivestono la qualifica di soggetti aggiudicatori).

Peraltro, la circostanza che si trattava di soggetti erogatori di servizi pubblici essenziali, spesso monopolisti, aveva costituito un ulteriore motivo per indurre a non applicare le stesse regole degli appalti ordinari.

Escludere questi settori dall'ambito applicativo degli appalti ordinari, non significava, però, rinunciare a regolare la materia. Ci si rendeva conto, infatti, che le situazioni nelle quali si trovavano i soggetti operanti nei mercati dei servizi pubblici aveva provocato effetti negativi sulla concorrenza, in quanto gli operatori tendevano a porre in essere politiche antieconomiche e discriminatorie favorendo essenzialmente i fornitori nazionali. Ciò anche perché essi erano soggetti influenzati notevolmente dal settore pubblico, che, come noto, opera al di fuori delle logiche concorrenziali.

Al fine di creare i presupposti per una effettiva concorrenza nel mercato dei settori esclusi, il legislatore europeo ha adottato nei primi anni novanta del secolo scorso una disciplina *ad hoc* che tiene conto della particolare natura dei soggetti aggiudicatori e della attività di servizio pubblico svolta da questi.

Nel corso degli anni si è ritenuto di mantenere una specifica disciplina dei settori speciali in virtù del fatto che le autorità nazionali continuano a essere in grado di influenzare il comportamento degli enti operanti in quei settori, tramite partecipazione al capitale sociale o con propri rappresentanti nei loro organi di vertice. Un ulteriore motivo che ha spinto a mantenere una specifica disciplina dei contratti in questi settori si lega alla natura chiusa dei mercati ove agiscono gli enti, dovuta all'esistenza di diritti speciali o esclusivi concessi dagli Stati membri agli operatori stessi per erogare questi specifici servizi. La permanente distinzione dipende, cioè, dal fatto che i soggetti attivi nei settori speciali per quanto abbiano natura privatistica operano comunque sotto pesante controllo e influenza pubblica e dal fatto che questi sono spesso titolari di diritti speciali assegnati e regolati dal potere pubblico, agendo in mercati non soggetti *ab origine* a regole concorrenziali pure.

In tali settori l'intervento di privatizzazioni e liberalizzazioni ha spesso comportato l'apertura dei mercati alla concorrenza e tale circostanza non ha reso più necessario assoggettare ai vincoli delle procedure di gara gli enti operanti in tali ambiti. Infatti, la ragion d'essere di tali vincoli si doveva ricercare proprio nell'assenza di concorrenza derivante da un intervento dello Stato che accorda un monopolio o una situazione di privilegio a un operatore, per cui la contropartita a questa situazione di privilegio è consistita nell'imposizione degli obblighi di pubblicità e dei vincoli per l'aggiudicazione delle gare. Nel momento in cui la concorrenza diviene effettiva viene meno l'esigenza di crearla artificialmente. Ecco perché il codice dei contratti prevede che non sono soggette alla sua disciplina le attività direttamente esposte alla concorrenza su mercati liberamente accessibili (art. 8). La valutazione sull'esposizione alla concorrenza di tali settori è operata dalla Commissione europea.

Il principio che, quindi, viene in rilievo è che l'ambito oggettivo di applicazione della normativa sull'evidenza pubblica si può considerare flessibile a seconda del grado di liberalizzazione dell'attività in essa prevista.

Si deve, infatti, rilevare che lo scopo della disciplina comunitaria in materia di appalti pubblici, ivi compresi gli appalti nei c.d. speciali, è appunto quello di assicurare a tutti gli imprenditori, fornitori e prestatori di servizi la possibilità di vendere i propri beni e prestare in propri servizi in condizioni di reale concorrenzialità.

CAPITOLO 2

LA NORMATIVA E L'ORGANIZZAZIONE SUI CONTRATTI PUBBLICI

1. La pluralità di fonti nella disciplina dei contratti

La materia dei contratti pubblici è caratterizzata da una spiccata eterogeneità delle fonti di disciplina.

Infatti, se in un primo momento la disciplina dei contratti pubblici era affidata alla sola normativa statale, sia di rango primario sia di rango secondario, a partire dagli anni settanta del secolo scorso, tale materia è stata oggetto di una consistente produzione normativa a livello europeo.

Fin dagli albori dei tempi le popolazioni hanno sentito la necessità di intervenire sul territorio per realizzare opere di interesse per la collettività, basti pensare alle civiltà dei grandi fiumi con l'uso delle acque, ovvero opere per la difesa militare degli insediamenti e dei confini (per es. le mura). E ben presto si individuò nell'"ente pubblico" il soggetto deputato a realizzare le opere di interesse collettivo. Basti pensare all'intensa politica di opere pubbliche avviata e consolidata durante il prosperare della civiltà romana che ebbe come conseguenza quella di dar vita, nel periodo imperiale, a una apposita disciplina per le opere pubbliche. Con l'affermarsi degli Stati nazione le opere pubbliche ebbero come scopo quello di accrescere la prosperità e la dinamica sociale delle popolazioni. La politica delle opere pubbliche ebbe sempre come protagonista il pubblico potere, al quale venivano assegnati sempre maggiori compiti e funzioni al fine di creare le condizioni per uno sviluppo della propria collettività di riferimento. Con l'evoluzione dallo stato liberale a quello sociale, tale tendenza venne confermata e le politiche delle opere pubbliche diventano un mezzo attraverso il quale il pubblico potere interviene nell'economia; il settore delle opere pubbliche, quindi, ha rappresentato una delle forme più evidenti dell'attività sociale dello Stato poiché tesa a realizzare le condizioni essenziali per lo sviluppo della vita della collettività, per il progresso e il benessere sociale.

La prima disciplina speciale in materia di appalti pubblici di lavori si rinviene nella l. 2248/1865, all. F (con il regolamento r.d. 350/1895), rientrante nel *corpus* normativo delle leggi di unificazione dello Stato. Proprio con tale disposizione fu confermata l'importanza per lo Stato unitario di avere una forte politica sulle opere pubbliche. A tal fine, infatti, fu istituito un apposito ministero.

La circostanza chc la costruzione di opere pubbliche avesse effetti economici di particolare rilievo ha avuto conseguenze importanti sul versante della disciplina giuridica. L'attività relativa all'esecuzione delle opere pubbliche fu assoggettata ai principi dell'azione amministrativa e alle regole dell'evidenza pubblica proprio al fine sottoporre a un rigido controllo la spendita del denaro pubblico. Non è, quindi, un caso che la disciplina generale sulle modalità di formazione della volontà contrattuale della p.a. si rinvenga nelle disposizioni sull'amministrazione del patrimonio e della contabilità dello Stato (r.d. 2440/1923 con il relativo regolamento r.d. 827/1924). Tale normativa riguarda tutte le tipologie contrattuali (lavori, servizi e forniture) delineando con puntualità le procedure di selezione dei contraenti pubblici. Le norme sulla contabilità di Stato si applicano, infatti, a tutti i contratti che l'amministrazione pone in essere, senza alcuna particolare esclusione. L'art. 3, r.d. 2440/1923, ha una portata generale e prescrive l'applicazione delle procedure concorsuali sia nel caso di contratti attivi sia in quello di contratti passivi, indipendentemente dal *nomen juris* del contratto. L'ottica nella quale si muovevano le norme sulla contabilità di Stato era quella individuare, attraverso procedure di valutazione comparativa, il contraente migliore, ossia quello più affidabile per la p.a.

La materia dei contratti ha successivamente interessato il diritto europeo ed anzi questo ne ha influenzato notevolmente la disciplina, fungendo spesso da veicolo per l'introduzione nel nostro ordinamento di istituti innovativi, sia di carattere sostanziale sia di carattere processuale.

Accanto alla normativa statale di stampo prettamente contabilistico si è, quindi, affiancata la disciplina europea che ha guardato la materia dei contratti della p.a. con un'ottica differente da quella nazionale. Infatti, la disciplina sovranazionale ha come scopo primario quello di garantire il corretto funzionamento del mercato europeo nel rispetto del principio di libertà di circolazione ed evitare la violazione o l'elusione del principio della concorrenza. Il rispetto dei principi di concorrenza e di libertà di circolazione si garantiscono attraverso il divieto di operare discriminazioni fra gli operatori economici europei. Questo obiettivo si raggiunge con la valorizzazione del principio della gara pubblica come metodo di scelta del contraente, aprendo alla partecipazione delle imprese europee ed allargando al maggior numero possibile di soggetti (pubblici e privati) l'obbligo di applicazione delle norme sull'evidenza pubblica. Proprio con riferimento alle procedure di aggiudicazione, la giurisprudenza comunitaria ha individuato alcuni fondamentali principi che devono presiedere all'attività dell'amministrazione in tale ambito. In primo luogo, viene in rilievo il principio di parità di trattamento, che, secondo la costante giurisprudenza della Corte di giustizia, si sostanzia in quello di eguaglianza e di non discriminazione, sancendo il divieto di trattare situazioni analoghe in modo diverso, salvo che la diversità di trattamento sia giustificata. Strettamente connesso a tale principio è quello di trasparenza, da garantirsi anche tramite forme di pubblicazione dei bandi di gara a livello europeo. Ciò significa che devono essere fornite tutte le informazioni necessarie affinché i potenziali contraenti possano decidere se partecipare o meno alla procedura. In particolare, devono essere resi noti i criteri di scelta e di attribuzione dei punteggi, l'oggetto del contratto e le prestazioni richieste. Rileva, poi, il principio di proporzionalità, in base al quale, ai fini della selezione dei candidati, un'amministrazione appaltante non può esigere capacità tecniche o finanziarie del tutto sproporzionate rispetto all'obiettivo da raggiungere, ossia con l'oggetto del contratto. Infine, il principio del mutuo riconoscimento comporta che la stazione appaltante sia tenuta ad accettare le specifiche tecniche, i controlli, le certificazioni, le qualifiche e i titoli acquisiti da un candidato in un altro Stato membro.

Le prime direttive comunitarie vedono la luce negli anni settanta del secolo scorso e hanno avuto a oggetto singole tipologie contrattuali: in materia di lavori sono state adottate le direttive 71/305/CEE del 26 luglio 1971 e 72/277/CEE del 26 luglio 1972, recepite nel nostro ordinamento dalla l. 584/1977; per le forniture la direttiva 77/62/CEE del 21 dicembre 1976 recepita dalla l. 113/1981. Il processo di comunitarizzazione della disciplina contrattuale si è poi sviluppato durante gli anni novanta del secolo scorso, con la direttiva 93/37/CEE del 14 giugno 1993, relativa agli appalti di lavori pubblici e attuata dalla l. 109/1994, con le successive e numerose modificazioni e integrazioni; la direttiva 93/36/CEE del 14 giugno 1993, relativa agli appalti pubblici di forniture, attuata dal d.lgs. 358/1995; la direttiva 92/50/CEE del 18 giugno 1992, la prima relativa agli appalti pubblici di servizi, attuata dal d.lgs. 157/1995; e, infine, le direttive 90/531/CEE del 17 settembre 1990 e

93/38/CEE del 14 giugno 1993, relative agli appalti pubblici nei settori speciali o esclusi attuate dal d.lgs. 158/1995.

Con queste norme si è abbandonato l'impianto normativo sino ad allora in vigore a favore di un ordinamento ispirato ai principi europei.

Occorre rilevare che la disciplina europea non si applica a tutti i contratti della p.a. ma esclusivamente a quelli che superano un determinato importo (c.d. soglia comunitaria). Ciò perché le norme, che vietano qualsiasi discriminazione in ordine alla partecipazione delle imprese europee, richiedono adempimenti, anche da parte delle amministrazioni (si pensi alla pubblicazione dei bandi a livello europeo), che sono adatti solo per contratti di importo elevato. È inutile prevedere una gara europea per contratti con importi bassi, in quanto non sarebbe conveniente né per le amministrazioni né per le imprese effettuare procedure molto costose e impegnative in questi casi.

Tale sistema, con intreccio di norme europee e nazionali differenti per singoli contratti, risultava eccessivamente frastagliato. Da un lato disposizioni concernenti i contratti di appalto comunitari, dall'altro disposizioni concernenti i contratti sotto la soglia comunitaria, caratterizzati pur sempre dalla applicazione dei principi dell'evidenza pubblica ma con alcune semplificazioni procedimentali (per esempio le relative procedure non dovevano essere soggette a forme di pubblicità a livello sovranazionale). Mentre la l. 109/1994 disciplinava unitariamente gli appalti di lavori sopra e sotto la soglia comunitaria, le forniture sotto soglia erano disciplinate dal d.p.r. 573/1994. Gli appalti di servizi, invece, non avevano una specifica disciplina per cui si continuava a utilizzare le norme della di legge di contabilità di Stato del 1923 e il relativo regolamento di attuazione. Vi erano, inoltre, normative riguardanti i contratti in economia (ossia quelli di importi molto basso): il d.p.r. 384/2001 disciplinava, in generale, i servizi e le forniture in economia, mentre i lavori in economia erano disciplinati dal regolamento di attuazione della l. 109/1994, d.p.r. 554/1999.

Un primo tentativo di razionalizzazione normativa si è operato con la l. 109/1994 (c.d. legge quadro in materia di lavori pubblici o legge Merloni; modificata più volte sia dalla l. 1° giugno 1995, n. 216, c.d. Merloni *bis* sia dalla l. 18 novembre 1998, n. 415, c.d. Merloni *ter*). È la prima norma che disciplina in maniera organica e unitaria l'intero settore dei lavori pubblici. Inoltre, prevede alcuni istituti innovativi che rispondono alle esigenze sempre più pressanti di un maggiore coordinamento e razionalizzazione delle risorse finanziarie e di individuazione di nuove modalità di finanziamento delle opere attraverso capitali privati. Per cui vengono introdotti gli istituti della programmazione triennale delle opere pubbliche e quello della finanza di progetto. Ma la filosofia complessiva della prima versione della l. 109/1994 era notevolmente influenzata dalla questione morale che in quegli anni si imponeva in tutta la sua rilevanza. Soprattutto nel settore degli appalti si sentiva l'esigenza di creare un sistema di regole che non permettesse lo spostamento dei rischi contrattuali delle imprese alle pubbliche amministrazioni. La centralità della questione morale ha determinato un approccio di diffidenza nei confronti delle imprese e delle stesse pubbliche amministrazioni, nonché una diffidenza verso l'utilizzo di alcuni strumenti contrattuali che coinvolgevano in modo consistente i privati come, per esempio, le concessioni.

La normativa, comunque, continuava a essere caratterizzata da una forte frammentazione per cui a livello europeo si è sentita l'esigenza di riorganizzare l'intera materia semplificando e razionalizzando la normativa al fine di riunire le varie disposizioni in una disciplina organica. Tale obiettivo è stato raggiunto con l'approvazione della direttiva 2004/17/CE che ha unificato in un unico testo normativo tutta la disciplina concernente gli appalti pubblici di lavori, di servizi e di forniture nei settori ordinari, abrogando le tre previgenti direttive che dettavano discipline separate. La stessa operazione è stata effettuata con i settori "speciali" attraverso la direttiva 2004/18/CE.

Con la legge comunitaria per il 2004 (l. 65/2005) il Governo venne delegato ad adottare uno o più decreti legislativi per recepire le citate direttive comunitarie.

La legge di delega individuava alcuni criteri direttivi ai quali si sarebbe dovuto attenere il governo nell'emanazione del decreto delegato (art. 25, l. 65/2005): in particolare, il Governo avrebbe dovuto provvedere alla compilazione di un unico testo normativo recante le disposizioni legislative in materia di procedure di appalto disciplinate dalle due direttive coordinando anche le altre disposizioni in vigore nel rispetto dei principi del Trattato istitutivo dell'Unione europea; avrebbe dovuto procedere a una semplificazione delle procedure di affidamento che non costituiscono diretta applicazione delle normative comunitarie, finalizzata a favorire il contenimento dei tempi e la massima flessibilità degli strumenti giuridici; la normativa avrebbe dovuto prevedere il conferimento all'Autorità per la vigilanza sui lavori pubblici, in attuazione della normativa comunitaria, dei compiti di vigilanza non più nel solo settore dei lavori ma anche in quello dei servizi e delle forniture.

In attuazione della legge di delega è stato emanato il d.lgs. 12 aprile 2006, n. 163 recante il "codice dei contratti pubblici relativo a lavori, servizi e forniture in attuazione delle direttive 2004/17/CE e 2004/18/CE". Nel 2010 è stato adottato il regolamento unico di esecuzione del codice dei contratti con d.p.r. 5 ottobre 2010, n. 207.

Dopo un periodo di dieci anni di applicazione delle citate direttive, l'Unione europea ha riorganizzato la materia dei contratti pubblici con tre nuove direttive (direttive 2014/23/UE, 2014/24/UE e 2014/25/UE, concernenti i settori ordinari, i settori speciali e le concessioni).

Le direttive comunitarie del 2014, proiettando la politica pubblica dei contratti nell'ambito della c.d. strategia Europa 2020, si pongono come obiettivi fondamentali quelli di: rendere più efficiente l'uso dei fondi pubblici allocati attraverso contratti, con procedure improntate a canoni di semplificazione, flessibilità, correttezza; garantire la dimensione europea del mercato dei contratti pubblici di lavori servizi e forniture, assicurando la tutela della concorrenza, vietando pratiche discriminatorie, tutelando anche le piccole e medie imprese; fare un uso strategico degli appalti pubblici, come strumento di politica economica e sociale, promuovendo l'innovazione tecnologica, la crescita sostenibile, la tutela ambientale, obiettivi sociali, quali la tutela dei lavoratori impiegati nell'esecuzione dei contratti pubblici e l'impiego nel lavoro dei soggetti svantaggiati; promuovere la lotta alla corruzione attraverso procedure semplici e trasparenti, rimuovendo le incertezze normative.

Occorre rilevare che, rispetto alla normativa del 2004, le direttive di ultima generazione tengono in particolare considerazione non solo le politiche volte alla tutela della concorrenza ma anche quelle ambientali e sociali correlate al mercato dei contratti pubblici. Inoltre, viene valorizzato l'utilizzo di procedure flessibili e semplificate per l'aggiudicazione dei contratti.

La disciplina europea è stata recepita dal nostro ordinamento con un nuovo codice dei contratti d.lgs. 19 aprile 2016, n. 50 in esecuzione della legge di delega 28 gennaio 2016, n. 11. Con tale legge di delega è stato abrogato il precedente codice dei contratti.

Una scelta strategica effettuata dal legislatore nazionale è stata quella di ridurre il numero delle norme contenute del codice rispetto al precedente, di abrogare il regolamento del 2010 e di devolvere la gran parte della disciplina di esecuzione del codice ad atti amministrativi adottati dall'Autorità Nazionale Anticorruzione (ANAC) che nel frattempo ha assorbito le funzioni in materia di regolazione e vigilanza del settore attribuite all'Autorità di Vigilanza sui contratti pubblici (AVCP). La scelta è stata quella di attribuire a strumenti di c.d. *soft law* (linee guida) l'attuazione del codice dei contratti ritenendo che la strada del regolamento unico fosse poco flessibile e farraginosa.

Tra le innovazioni più rilevanti nel nuovo codice si possono annoverare: l'apertura dell'istituto dell'*in house providing* a capitali privati; una chiarificazione del rapporto fra aggiudicazione e approvazione eliminando la differenziazione fra aggiudicazione provvisoria e definitiva; l'introduzione di un sistema di qualificazione per le stazioni appaltanti; l'introduzione di procedure flessibili di aggiudicazione come la procedura competitiva con negoziazione e il partenariato per l'innovazione; la previsione come regola generale dell'aggiudicazione di un contratto di lavori dopo aver già predisposto il progetto esecutivo; la previsione come criterio ordinario di selezione delle offerte quello dell'offerta economicamente più vantaggiosa.

Anche il nuovo codice dei contratti è stato oggetto di numerose modifiche e integrazioni e recentemente è mutata ulteriormente la modalità di attuazione del codice. Infatti, il legislatore nel 2019 (con la l. 14 giugno 2019, n. 35) ha ritenuto di dover ritornare sui suoi passi prevedendo la reintroduzione del regolamento unico che attualmente è in fase di definizione. Si è, evidentemente, preso atto che il sistema delle linee guida per argomenti singoli, non aveva il carattere della sistematicità necessaria per poter fugare incertezze e dubbi interpretativi in questa materia.

Nel 2020, scoppiata la pandemia sanitaria dovuta al virus Covid-19, è apparso subito chiaro che uno dei problemi principali da affrontare era quello della rapidità degli approvvigionamenti di materiale sanitario e dispositivi medici idonei a fronteggiare la malattia. Si è immediatamente proposto il tema della adeguatezza delle procedure di aggiudicazione dei contratti pubblici spesso troppo farraginose, poco flessibili e, quindi, inidonee ad affrontare situazioni emergenziali. Da tali considerazioni si è, poi, rinvigorito il dibattito circa la funzionalità in generale della normativa sui contratti pubblici, fino a ricomprendervi il tema delle semplificazioni affrontate con il d.l. 16 luglio 2020, n. 76 convertito con l. 11 settembre 2020, n. 120 ("misure urgenti per la semplificazione e l'innovazione digitale") che introduce forti elementi di innovazione nella disciplina del codice dei contratti. Ma tale ultimo intervento non individua soluzioni di sistema in quanto introduce significativi regimi derogatori alla disciplina codicistica che possono contribuire ad aumentare le incertezze applicative in un settore che avrebbe, invece, necessità di una seria opera di sistemazione definitiva, poiché il settore dei contratti risulta uno dei punti qualificanti di ogni progetto finalizzato alla ripresa economica del Paese.

A seguito della crisi economica derivante da quella sanitaria, l'Unione Europea ha adottato un pacchetto di misure funzionali alla ripresa per il periodo 2021-2027. Gli obiettivi sono quelli aiutare l'economica europea a ripartire dopo la pandemia soprattutto attraverso gli investimenti nella transizione verde e in quella digitale che rappresentano pilastri fondamentali per lo sviluppo economico. È stata concordata l'istituzione di un fondo speciale per la ripresa denominato *Next Generation EU* della portata di settecentocinquanta miliardi le cui somme sono destinate a finanziare (sia attraverso sovvenzioni a fondo perduto sia attraverso prestiti agli Stati) programmi e piani per la ripresa conseguenti alla pandemia. A tal fine gli Stati hanno presentato "piani nazionali per la ripresa e la resilienza" (PNRR) con lo scopo di promuovere la crescita e la creazione di posti di lavoro e rafforzare la "resilienza sociale ed economica". Il PNRR italiano ha tra gli obiettivi fondamentali quello di promuovere l'innovazione e l'efficienza nelle pubbliche amministrazioni e ciò anche attraverso la semplificazione delle norme in materia di commesse pubbliche. Per consentire un'efficace attuazione del piano è stato approvato il d.l. 31 maggio 2021, n. 77 (c.d. "decreto semplificazioni" conv. in l. 29 luglio 2021, n. 108). Tale normativa ha previsto una specifica struttura di *governance* per l'attuazione dei progetti del PNRR nonché alcune modifiche al codice dei contratti. Per rendere più efficace l'azione delle stazioni appaltanti è previsto il rafforzamento delle funzioni della Consip s.p.a. come centrale di committenza ausiliaria ed è stato consentito alle amministrazioni di avvalersi per la definizione e l'avvio delle procedure di aggiudicazione dei contratti del supporto tecnico e operativo di società *in house* qualificate.

La maggior di queste modifiche sono funzionali alla realizzazione dei progetti del PNRR altre, invece, hanno carattere sistematico. Inoltre sono state prorogate fino al 2023 le deroghe al codice previste nella disciplina del 2020.

Certamente tali norme vanno nella direzione di contribuire a semplificare la disciplina dei contratti pubblici, tuttavia prevedono vari regimi normativi. Infatti, come si avrà modo di rilevare, accanto al regime ordinario, la normativa citata introduce un regime speciale e temporaneo (fino al 2023) con riferimento agli affidamenti sopra e sotto la soglia comunitaria; un regime totalmente derogatorio con riferimento a consistenti categorie di opere; un regime totalmente derogatorio per le infrastrutture strategiche affidate a commissari straordinari e un regime per i progetti del PNRR.

La normativa in materia di contratti è comunque destinata a subite ulteriori cambiamenti. Infatti, il Governo ha approvato, in data 30 giugno 2021, un disegno di legge delega volto a prevedere una riforma sistematica della disciplina dei contratti pubblici. I criteri del disegno di legge delega prevedono tra l'altro: la valorizzazione delle procedure flessibili previste dalle direttive comunitarie; la semplificazione delle procedure di aggiudicazione; la semplificazione delle norme in materia di progettazione e programmazione; la razionalizzazione della normativa in materia di partenariato pubblico privato.

Si tratta, quindi, di una riscrittura dell'intera disciplina del codice dei contratti.

2. Il riparto delle competenze tra Stato e regioni

Il rapporto tra la normativa statale e quella regionale costituisce un nodo problematico della disciplina dei contratti pubblici.

Il problema nasce dal mutato assetto del rapporto tra la potestà normativa statale e quella regionale alla luce delle modifiche del titolo V della Costituzione apportate dalla l. 18 ottobre 2001, n. 3. In particolare, la l. 3/2001 è intervenuta sulla materia della potestà legislativa regionale riscrivendo l'art. 117 Cost. riguardante le materie nelle quali può legiferare la regione. La potestà legislativa regionale si suddivide in potestà esclusiva o residuale e potestà concorrente o ripartita. Con la potestà esclusiva la regione può disciplinare liberamente una determinata materia con il limite, comune anche alla legislazione statale, del rispetto delle disposizioni costituzionali, dei vincoli comunitari e degli obblighi internazionali. Con la potestà concorrente, oltre ai limiti indicati, la disciplina regionale di una materia si deve attenere anche ai principi fondamentali determinati dalla legislazione statale.

La riforma del 2001 ha rivoluzionato il criterio di ripartizione stabilito dalla originaria formulazione dell'art. 117 Cost. Infatti, mentre in precedenza le materie nelle quali sussisteva la competenza legislativa regionale erano enumerate analiticamente dall'art. 117 e tutto ciò che non era previsto spettava alla competenza statale, ora il criterio di riparto prevede l'enumerazione delle materie la cui disciplina è demandata alla competenza esclusiva statale seguita da una serie di materie di competenza concorrente. Su tutte le altre materie, invece, interviene la potestà legislativa esclusiva delle regioni.

In sostanza, con la riforma si è affermato il principio che le regioni sono i soggetti a competenza legislativa generale, mentre lo Stato è un soggetto a competenza legislativa limitata (a seguito della enumerazione delle materie).

Dato questo nuovo assetto della ripartizione del potere legislativo, si è posto immediatamente il problema della disciplina dei contratti della p.a. Infatti, l'art. 117 Cost. non prevede tra le materie di competenza esclusiva statale o tra quelle di competenza concorrente né l'attività contrattuale della p.a. né la materia specifica degli appalti. Per cui, alla luce di una interpretazione letterale del dettato costituzionale, si sarebbe dovuto concludere che la materia dei contratti e degli appalti sarebbe spettata alla competenza esclusiva delle regioni. Quindi, ogni regione avrebbe potuto adottare normative generali sui contratti. Ciò, però, avrebbe comportato storture nel sistema. Basti pensare all'ipotesi di norme sulla qualificazione delle imprese differenti da regione a regione con evidenti implicazioni sui principi, anche di derivazione comunitaria, del divieto di porre in essere discriminazioni e del rispetto della concorrenza.

Occorreva allora superare il dato letterale della Costituzione per recuperare il carattere statale della disciplina della materia. Il problema si poneva in quanto il codice dei contratti pubblici del 2006 era normativa statale per cui le regioni avrebbero potuto impugnarlo per violazione dei limiti previsti dall'art. 177 Cost. Questa circostanza si è puntualmente verificata e la Corte costituzione con alcune decisioni ha dovuto, attraverso una complessa interpretazione dell'art. 117 Cost., affermare la legittimità della disciplina nazionale in materia di contratti pubblici.

Innanzitutto, si è recuperata la centralità della disciplina delle grandi infrastrutture a rete. L'art. 117, al c. 3, inserisce tra le materie di potestà concorrente "i porti e aeroporti civili, le grandi reti di trasporto e navigazione, l'ordinamento della comunicazione", "il trasporto e la distribuzione dell'energia elettrica". Da ciò deriva che le grandi opere infrastrutturali e i lavori che riguardano l'erogazione di servizi sono sottoposte a una disciplina concorrente Stato regioni nella quale allo Stato spetta il compito di fissare i principi fondamentali, mentre alle regioni la normativa di dettaglio.

Inoltre, la Corte ha fatto leva sulla previsione dell'art. 117 Cost. di alcune materie c.d. trasversali di competenza statale. Queste non hanno una estensione certa e delimitata, ma definiscono funzioni o compiti che intersecano una pluralità di interessi rientranti anche in sfere di competenza regionale. Quindi si tratta di materie che intercettano anche la normativa sui contratti pubblici. Una di queste è la tutela della concorrenza (art. 117, c. 2, lett. *e*). Nel campo dei contratti pubblici l'obiettivo della tutela della concorrenza si realizza attraverso la disciplina delle procedure a evidenza pubblica. Per cui tutta la normativa relativa alle procedure di selezione dei contraenti può essere oggetto di legislazione esclusiva statale in quanto tendente alla tutela della concorrenza.

Altra materia trasversale è quella dell'"ordinamento civile" (art. 117, c. 2, lett. *l*), per cui tutta la disciplina dell'esecuzione del contratto di appalto, governata dalle norme del codice civile, può essere disciplinata a livello nazionale.

Alla luce di queste considerazioni, per evitare ulteriori problemi interpretativi, il codice dei contratti del 2006 ha previsto alcune norme con le quali si è indicato puntualmente il riparto di competenza fra Stato e regioni. In particolare, l'art. 4, c. 2, prevedeva che relativamente alle materie oggetto di competenza concorrente, le regioni e le province autonome di Trento e di Bolzano esercitano la potestà normativa nel rispetto dei principi fondamentali contenuti nel codice. Queste materie sono: programmazione di lavori pubblici (che rientra nella materia del governo del territorio), approvazione dei progetti ai fini urbanistici ed espropriativi (anch'essa rientrante nella materia del governo del territorio), organizzazione amministrativa, compiti e requisiti del responsabile del procedimento, sicurezza del lavoro (che rientra nell'ambito della competenza ripartita *ex* art. 117, c. 2, Cost.). Il c. 3, invece, indicava le materie per le quali le regioni non potevano discostarsi dalla disciplina statale. Si trattava, in particolare, della qualificazione e selezione dei concorrenti; delle procedure di affidamento, esclusi i profili di organizzazione amministrativa; dei criteri di aggiudicazione; del subappalto; dei poteri di vigilanza sul mercato degli appalti affidati all'Autorità per la vigilanza sui contratti pubblici di lavori, servizi e forniture; delle attività di progettazione e dei piani di sicurezza; della stipulazione e dell'esecuzione dei contratti, ivi compresi direzione dell'esecuzione, direzione dei lavori, contabilità e collaudo, ad eccezione dei profili di organizzazione e contabilità amministrative; del contenzioso. Restava, poi, ferma la competenza esclusiva dello Stato a disciplinare i contratti relativi alla tutela dei beni culturali, i contratti nel settore della difesa, i contratti segretati o che esigono particolari misure di sicurezza relativi a lavori, servizi, forniture.

Il codice del 2016 ha semplificato il quadro limitandosi a prescrivere che tutte le sue disposizioni sono adottate nell'esercizio della competenza legislativa esclusiva dello Stato in materia di tutela della concorrenza e di ordinamento civile nonché nelle altre materie cui è riconducibile lo specifico contratto.

Nella sua opera di delimitazione delle competenze legislative in materia di contratti pubblici, la Corte costituzionale ha precisato alcuni concetti fondamentali come quello della concorrenza.

Infatti, è stato affermato, con la decisione 21 novembre 2007, n. 401, che nel settore dei contratti pubblici il principio della tutela della concorrenza si estrinseca principalmente nell'individuazione di misure volte a creare quella che viene definita la concorrenza "per" il mercato. Si tratta di una nozione di tutela della concorrenza che si concretizza, in primo luogo, nell'esigenza di assicurare la più ampia apertura del mercato a tutti gli operatori economici del settore in ossequio ai principi comunitari della libera circolazione delle merci, della libertà di stabilimento e della libera prestazione dei servizi. Ciò si estrinseca nell'assicurare l'adozione di uniformi procedure di evidenza pubblica nella scelta del contraente, idonee a garantire, in particolare, il rispetto dei principi di parità di trattamento, di non discriminazione, di proporzionalità e di trasparenza. La Corte chiarisce il rapporto tra questi principi e la legislazione nazionale affermando che sul piano interno, l'osservanza di tali principi costituisce, tra l'altro, attuazione delle stesse regole costituzionali della imparzialità e del buon andamento, che devono guidare l'azione della p.a. ai sensi dell'art. 97 Cost. Da questo punto di vista, proprio l'esigenza di uniformare la normativa interna a quella europea, sul piano della regolazione del procedimento di scelta del contraente, ha determinato il definitivo superamento della concezione che qualificava la disciplina sull'evidenza pubblica come posta nell'interesse dell'amministrazione, focalizzata su una visione "contabilistica" mirante a perseguire esclusivamente lo scopo del risparmio di risorse pubbliche. Invece, l'osservanza delle prescrizioni europee garantisce il rispetto delle regole dell'efficacia dell'attività dei pubblici poteri, in quanto la selezione della migliore offerta assicura la piena attuazione degli interessi pubblici in ordine alla qualità del bene o del servizio pubblico oggetto dell'aggiudicazione.

3. L'esecuzione del codice dei contratti: regolamenti, linee guida, capitolati

La disciplina di rango primario in materia di contratti pubblici necessita di ulteriori disposizioni normative per essere eseguita.

La precedente normativa prevedeva l'esecuzione delle sue disposizioni tramite un regolamento unico (d.p.r. 5 ottobre 2010, n. 207). Tale regolamento si occupava sia dei contratti relativi a lavori e opere pubbliche, sia dei contratti di forniture e servizi, sopra e sotto la soglia comunitaria, compresi quelli nei settori speciali.

Il nuovo codice dei contratti ha previsto di demandare la disciplina esecutiva a numerose fonti di natura differente. Accanto a regolamenti ministeriali e interministeriali, l'attuazione del codice è attribuita all'adozione di linee guida dell'Autorità Nazionale Anticorruzione (ANAC). Queste possono essere di natura vincolante (per cui le amministrazioni devono attenersi a quanto ivi previsto) o non vincolante (meri atti di indirizzo o istruzioni operative, analogamente alle circolari amministrative). Nel caso in cui le amministrazioni intendano discostarsi dalle linee guida non vincolanti devono adeguatamente motivare la loro scelta differente.

Le linee guida hanno natura giuridica di atti amministrativi non puntuali ma a carattere generale e, di conseguenza, ne seguono il relativo regime giuridico.

L'intento del legislatore è stato quello di rendere più flessibile la disciplina attuativa del codice. Infatti, le linee guida per essere approvate e modificate seguono procedimenti più snelli rispetto a quelli previsti per l'adozione di regolamenti. In tal modo si tende a garantire un aggiornamento costante e coerente con i mutamenti del sistema. Tale scelta, però, può avere come effetto quello della relativa instabilità della disciplina di attuazione del codice che può essere facilmente oggetto di modifiche ingenerando incertezza negli operatori economici.

Proprio il rischio di creare instabilità nel sistema ha portato il legislatore (con la l. 35/2019) a ritornare sui suoi passi, imponendo l'abbandono dell'utilizzo generalizzato delle linee guida e prevedendo l'adozione di un nuovo regolamento unico di esecuzione (attualmente ancora non approvato).

Altra fonte della disciplina contrattuale è rappresentata dai capitolati.

Questi si distinguono in capitolati generali e capitolati speciali, possono essere adottati dalle singole stazioni appaltanti e contengono la disciplina di dettaglio e tecnica sia della generalità dei contratti sia di contratti specifici. I capitolati devono rispettare le norme del codice e degli atti di attuazione.

In particolare, i capitolari generali contengono le condizioni che possono applicarsi indistintamente a un determinato genere di appalto.

Il capitolato speciale, invece, si riferisce a un singolo contratto che l'amministrazione intende aggiudicare. Attraverso il capitolato speciale la stazione appaltante fissa le particolari condizioni del contratto. Il capitolato speciale costituisce, con il bando di gara, la *lex specialis* della procedura. Mentre il bando disciplina le modalità di espletamento della procedura a evidenza pubblica, il capitolato disciplina aspetti tecnici del contratto e della esecuzione delle prestazioni. Nel caso di contrasto il bando prevale sul capitolato poiché le disposizioni di quest'ultimo possono integrare ma non modificare quelle del bando. Se il capitolato viene menzionato nel bando o nella lettera di invito questo sarà parte integrante del contratto.

La natura giuridica dei capitolati è stata discussa. Si è, infatti, dibattuto se questi avessero natura regolamentare o negoziale. Per quanto riguarda il capitolato generale per le opere di competenza del Ministero dei lavori pubblici (d.m. 19 aprile 2000, n. 145) è pacifico che abbia natura regolamentare e, conseguentemente, valore normativo e vincolante solo per i contratti stipulati dallo Stato. Per i contratti stipulati da enti pubblici diversi dallo Stato, il capitolato generale statale assume efficacia vincolante solo a seguito di un espresso richiamo nei documenti di gara ovvero dalla legge. Per gli enti non statali, dunque, il capitolato assume natura negoziale.

Il capitolato speciale, invece, ha sicuramente natura contrattuale e forma parte integrante del contratto stipulato: esso, infatti, è costituito da un complesso di clausole contrattuali predisposte dall'amministrazione e applicabili al privato solo per effetto della stipulazione.

Infine, ulteriori atti che possono incidere sull'attuazione del codice dei contratti sono i bandi tipo, capitolati tipo e contratti tipo che possono essere adottati dall'ANAC. Si tratta di indicazioni che le stazioni appaltanti possono seguire nella predisposizione di specifici atti della procedura per evitare applicazione disomogenee della disciplina in materia di contratti. I bandi tipo hanno una particolare natura vincolante alla luce dell'art. 71 del codice che obbliga le stazioni appaltanti a redigere i bandi secondo gli schemi predisposti dall'ANAC. Le stazioni appaltanti se intendono derogare al bando tipo devono espressamente motivare tale decisione nella deliberazione a contrarre.

4. La *governance* in materia di contratti pubblici

Poiché il mercato dei contratti pubblici, siano essi lavori, servizi e forniture, è di assoluto rilievo nell'ambito dell'economia del Paese, è essenziale che il settore pubblico esprima una domanda di "qualità" per agevolare lo sviluppo corretto del mercato. Per cui, oltre alla definizione di regole (europee e nazionali) per assicurare il principio di trasparenza e di concorrenzialità, si è sviluppato un sistema di *governance* piuttosto complesso. Accanto a organi centrali che si possono definire "tradizionali", come il Ministero delle infrastrutture e dei trasporti e il Consiglio superiore dei lavori pubblici, nel tempo sono stati istituiti nuovi organismi come la Cabina di regia, con compiti di indirizzo o coordinamento e di raccordo con gli organismi sovranazionali, novità del nuovo codice dei contratti pubblici, e l'Autorità nazionale anticorruzione, che ha ereditato le funzioni dell'Autorità di vigilanza sui contratti pubblici. Si deve notare la significativa circostanza che le funzioni di autorità di settore siano svolte da un soggetto nato per contrastare fenomeni corruttivi. Spesso, infatti, l'aggiudicazione di commesse pubbliche ha dato luogo a fenomeni patologici che hanno indotto il legislatore ad attribuire significativi poteri in materia all'ANAC. Infatti, questa ricopre un ruolo strategico nel settore svolgendo differenti funzioni che vanno dalla regolazione, alla vigilanza, anche con poteri sanzionatori, alla determinazione dei costi e prezzi standard, fino a compiti gestori riconducibili all'esercizio di funzioni amministrative.

Infine, nella *governance* si ricomprende anche l'Osservatorio dei contratti pubblici relativi a lavori, servizi e forniture, struttura di supporto all'ANAC, che ha la funzione di gestore della Banca dati nazionale dei contratti pubblici.

La direttiva 2014/24/UE dedica un apposito articolo alla *governance* in materia. L'art. 83, infatti, stabilisce che, al fine di garantire in maniera effettiva un'attuazione corretta e efficace delle disposizioni della direttiva, gli Stati membri predispongano uno o più organismi, autorità o strutture che devono essere espressamente indicate alla Commissione europea.

I compiti o le funzioni di cui si devono occupare gli organismi degli Stati membri consistono nel controllo dell'applicazione delle norme in materia di appalti; nel potere di segnalazione delle violazioni della normativa ai competenti organi nazionali e comunitari; nella pubblicazione dei risultati dell'attività di controllo e nella comunicazione degli stessi alla Commissione. La Commissione, inoltre, può chiedere informazioni sulle politiche strategiche nazionali in materia di appalti strategici e pubblica periodicamente relazioni sull'attuazione delle politiche nazionali in materia di appalti e sulle migliori prassi nel mercato interno.

Gli Stati membri devono indicare l'organismo che funge da punto di riferimento per la cooperazione con la Commissione riguardante l'applicazione delle norme in materia di appalti.

È utile rilevare che la direttiva comunitaria lascia assolutamente liberi gli Stati membri di individuare le soluzioni organizzative ritenute più efficienti ed efficaci per la gestione della *policy* in materia di contratti richiedendo, però, che vi sia un assiduo monitoraggio dell'esecuzione della disciplina comunitaria e un continuo raccordo con la Commissione per la valutazione degli esiti applicativi in materia di affidamenti pubblici.

Ovviamente, la normativa europea non si poteva spingere oltre, stante l'estrema complessità della individuazione di concrete modalità per la realizzazione di strategie globali in materia di contratti pubblici. L'unica vera strategia comunitaria consiste nella programmazione dei fondi strutturali e, quindi, nelle modalità di finanziamento delle grandi reti infrastrutturali europee.

La normativa europea, quindi, pone dei precisi obblighi di monitoraggio, controllo e trasparenza nella materia dei contratti pubblici anche al fine di predisporre un sistema di continuo scambio di informazioni tra gli organi nazionali e quelli europei.

Sarebbe stato impossibile imporre a livello sovranazionale un sistema di *governance* sia in considerazione dell'autonomia nella materia organizzativa degli Stati membri sia per l'estrema differenziazione delle situazioni nazionali. Per esempio, nel nostro Paese le difficoltà di *governance* sono acutizzate dalla circostanza che nel sistema della gestione degli appalti pubblici sono coinvolti innumerevoli soggetti a partire dalle stazioni appaltanti che si indentificano in enti pubblici nazionali, territoriali, locali nonché soggetti privati. Come noto, infatti, in Italia sono state stimate almeno trentaduemila stazioni appaltanti, circostanza che ha comportato notevoli problemi di coordinamento sull'applicazione uniforme della normativa e sulla razionalizzazione della spesa pubblica.

Per ovviare a tali difficoltà gli strumenti più rilevanti individuati dal legislatore nazionale sono quelli della implementazione del sistema di centralizzazione degli acquisti nonché della programmazione degli acquisti stessi da parte delle stazioni appaltanti, istituto reso obbligatorio non solo per i lavori, ma anche per i servizi e le forniture.

In attuazione della citata direttiva comunitaria, la legge delega 28 gennaio 2016, n. 11, prevedeva in materia di assetto organizzativo una *governance* efficiente ed efficace attraverso l'istituzione di una Cabina di regia presso la Presidenza del Consiglio dei Ministri e il rafforzamento del ruolo dell'ANAC.

In particolare, le norme della legge delega prevedevano, tra le misure più significative in materia di *governance*: l'unificazione delle banche dati esistenti nel settore presso l'ANAC, con la definizione di misure quali la previsione di poteri di vigilanza e controllo sull'applicazione delle norme in materia di appalti pubblici e di contratti di concessione, con particolare riguardo alla fase di esecuzione della prestazione, finalizzati a evitare la corruzione e i conflitti d'interesse e a favorire la trasparenza nonché la promozione della digitalizzazione delle procedure stesse, in funzione della loro tracciabilità; la definizione di indirizzi generali da parte del Ministero delle infrastrutture e dei trasporti, d'intesa con l'ANAC, al fine di garantire adeguati livelli di trasparenza e di conoscibilità prevedendo la pubblicazione su un'unica piattaforma digitale presso l'ANAC di tutti i bandi di gara; l'attribuzione all'ANAC di più ampie funzioni di promozione dell'efficienza, di sostegno allo sviluppo delle migliori pratiche, di facilitazione allo scambio di informazioni tra stazioni appaltanti e di vigilanza nel settore degli appalti pubblici e dei contratti di concessione, comprendenti altresì poteri di controllo, raccomandazione, intervento cautelare, di deterrenza e sanzionatorio, nonché di adozione di atti di indirizzo quali linee guida, bandi-tipo, contratti-tipo e altri strumenti di regolamentazione flessibile, anche dotati di efficacia vincolante e fatta salva l'impugnabilità di tutte le decisioni e gli atti assunti dall'ANAC innanzi ai competenti organi di giustizia amministrativa; la creazione, presso l'ANAC, di un albo nazionale obbligatorio dei componenti delle commissioni giudicatrici di appalti pubblici e contratti di concessione; la creazione, presso il Ministero delle infrastrutture e dei trasporti, di un albo nazionale obbligatorio dei soggetti che possono ricoprire rispettivamente i ruoli di responsabile dei lavori, di direttore dei lavori e di collaudatore. Inoltre, come già rilevato, la legge delega prevedeva la centralizzazione obbligatoria della committenza, che muove dalla specificità del contesto italiano, connotato da un elevatissimo numero di stazioni appaltanti.

Il nuovo codice dei contratti, nella consapevolezza che la previsione di una disciplina organica dell'organizzazione avrebbe avuto sicuramente effetti positivi sull'efficienza dell'intera materia dei contratti pubblici, ha dedicato un apposito titolo alla *governance* del settore regolamentando la struttura e le funzioni degli organi centrali deputati alla gestione della materia (artt. 212-215).

Vengono, così, disciplinati la Cabina di regia, istituita presso la Presidenza del Consiglio di Ministri con compiti di indirizzo e coordinamento, l'ANAC, considerata l'istituzione "regina" del sistema degli appalti pubblici, il Ministero delle infrastrutture e dei trasporti, con funzioni essenzialmente di promozione di attività tecniche e amministrative relative alla progettazione e approvazione delle infrastrutture nonché di pianificazione strategica nel campo delle opere prioritarie, e il Consiglio superiore dei lavori pubblici come organo tecnico di assoluto rilievo nell'ambito del sistema degli appalti pubblici. A latere di questi soggetti potrebbe considerarsi organi di *governance* del settore anche il Comitato interministeriale per la programmazione economica e lo sviluppo sostenibile (Cipess), con competenze, però, limitate alla gestione dei finanziamenti per le opere c.d. prioritarie o strategiche.

Il sistema della *governance* è caratterizzato da pesi e contrappesi volti a riequilibrare, nei rapporti esterni, l'accentramento di molteplici competenze in mano all'ANAC. In particolare, sarebbero da considerare fattori di bilanciamento l'istituzione della Cabina di regia, la cogestione fra ANAC e Ministero di alcune tipologie di linee guida, strumenti di *soft law* cardine della disciplina attuativa del codice dei contratti.

5. Il Ministero delle infrastrutture e dei trasporti e il CIPESS

Nell'ambito dell'organizzazione dei contratti pubblici, il primo soggetto pubblico che viene in rilievo è il Ministero delle infrastrutture, che nel tempo ha perso la sua centralità nella regolazione del sistema per la sempre maggiore rilevanza delle funzioni attribuite all'ANAC e, ora, anche alla Cabina di regia istituita presso la Presidenza del Consiglio dei Ministri.

Il Ministero delle infrastrutture ha la funzione di occuparsi della realizzazione delle grandi opere strategiche e di organizzare le grandi linee di comunicazione ferroviaria, stradale, aerea e marittima.

Con riferimento alle infrastrutture prioritarie (artt. 200 ss.), il Ministero valuta l'inserimento degli interventi da realizzare negli appositi strumenti di pianificazione e programmazione. Tra gli strumenti di pianificazione previsti rientra il piano generale dei trasporti e della logistica nonché il documento pluriennale di pianificazione ai sensi del d.lgs. 29 dicembre 2011, n. 228, avente a oggetto la valutazione degli investimenti relativi ad opere pubbliche. Tale normativa prevede che ogni Ministero, al fine di migliorare la qualità della programmazione e ottimizzare il riparto delle risorse di bilancio, predisponga un documento pluriennale di pianificazione che includa e renda coerenti tutti i piani e i programmi d'investimento per opere pubbliche di propria competenza, compreso il programma triennale dei lavori pubblici. Il documento di programmazione deve essere inviato al CIPESS per l'approvazione.

In particolare, il documento di programmazione del Ministero delle infrastrutture contiene l'elenco degli interventi e delle infrastrutture ritenuti necessari per lo sviluppo del Paese, compresi gli interventi relativi al settore dei trasporti e della logistica. Partecipano al processo di predisposizione del documento programmatico anche le regioni, le province autonome, le città metropolitane, che trasmettono al Ministero proposte di interventi da inserire nel documento. Tali proposte sono valutate dal Ministero ai fini dell'inserimento.

In tale procedimento relativo alla programmazione delle infrastrutture prioritarie, il CIPESS riveste un ruolo fondamentale sia con riferimento all'approvazione dei documenti programmatici sia con riferimento all'assegnazione dei fondi per la realizzazione degli interventi. Si può, quindi, affermare che anche il CIPESS, ricopre un ruolo rilevante nella *governance* del sistema delle infrastrutture nel nostro Paese.

Al Ministero è attribuita, inoltre, una funzione di regolamentazione della materia in quanto provvede all'individuazione delle norme tecniche costruttive per ogni settore infrastrutturale; questo, infatti, adempie a un delicatissimo compito in ordine alla vigilanza e al controllo sulle modalità costruttive delle opere strategiche di diretta competenza delle amministrazioni o di quelle delle società vigilate. Il Ministero, peraltro, indirizza e coordina la produzione normativa in materia di contratti pubblici di servizi e forniture nei settori ordinari e speciali, svolgendo anche attività di supporto e consulenza in materia alle amministrazioni aggiudicatrici e ai soggetti aggiudicatori.

Il Ministero può proporre la nomina di commissari straordinari per la fase istruttoria e di realizzazione delle infrastrutture e gli insediamenti prioritari. I commissari sono, innanzitutto, figure di supporto, indirizzo e di raccordo fra i soggetti pubblici, privati e le comunità locali in chiave di prevenzione del contenzioso. A tale scopo, il commissario può stipulare intese con soggetti pubblici e privati.

I commissari straordinari sono soggetti alle direttive del Presidente del consiglio dei ministri, dal quale sono nominati, e a quelle del Ministero delle infrastrutture, e possono essere autorizzati all'adozione degli atti delle procedure di affidamento in sostituzione dei soggetti competenti o di tutti i provvedimenti e degli atti di qualsiasi natura necessari per la sollecita progettazione, istruttoria, affidamento e realizzazione delle infrastrutture prioritarie. Occorre rilevare che la possibilità di nominare i commissari straordinari per la realizzazione di interventi ritenuti prioritari è stata prevista recentemente dalla l. 55/2019 (c.d. sblocca cantieri), dalla l. 120/2020 e dalla l. 108/2021 (c.d. decreto semplificazione) intervenuto per arginare gli effetti dannosi della emergenza sanitaria e permettere l'attuazione del PNRR. Per gli interventi ritenuti prioritari il Presidente del consiglio dei ministri può nominare uno o più commissari che possono essere abilitati ad assumere direttamente le funzioni di stazione appaltante e operare in deroga alle disposizioni di legge in materia di contratti pubblici, fatto salvo il rispetto delle disposizioni del codice delle leggi antimafia e delle misure di prevenzione, di cui al d.lgs. 6 settembre 2011, n. 159, nonché dei vincoli inderogabili derivanti dall'appartenenza all'Unione europea.

Sono organi decentrati del Ministero i provveditorati interregionali delle opere pubbliche.

Questi assicurano in sede decentrata, l'esercizio delle funzioni e dei compiti di spettanza statale con riferimento alle opere pubbliche di competenza del Ministero. Provvedono all'attività di vigilanza sulle opere pubbliche finanziate dal Ministero e da altri enti pubblici; all'attività di supporto su base convenzionale nella programmazione, progettazione ed esecuzione di opere anche di competenza di amministrazioni non statali, anche ad ordinamento autonomo, economico e non, nonché di enti ed organismi pubblici; all'attività di competenza statale di supporto alla repressione dell'abusivismo edilizio; supporto all'attività di vigilanza sull'ANAS e sui gestori delle infrastrutture autostradali; supporto alla attività di gestione dei programmi di iniziativa comunitaria; attività di vigilanza per l'edilizia economica e popolare; supporto alle attività della direzione generale per la vigilanza e la sicurezza nelle infrastrutture; supporto alla direzione generale per le infrastrutture stradali, per le attività di competenza; espletamento del servizio di polizia stradale.

6. La Cabina di regia

Nell'ambito della *governance* sui contratti pubblici, l'istituzione della Cabina di regia presso la Presidenza del Consiglio dei Ministri costituisce una novità. Questa riveste un ruolo fondamentale nel sistema della *governance* in quanto deve assicurare un'attuazione tempestiva, ordinata e coordinata delle disposizioni del codice data anche la situazione di eccessiva frammentazione in molteplici atti, non aventi la medesima natura giuridica, della disciplina esecutiva. A tal fine sarebbe stata necessaria una *governance* con una visione strategica del "quomodo" e "quando" dell'attuazione della normativa, e tale visione strategica poteva essere attribuita solo a un organismo, come la Cabina di regia, costituita presso la Presidenza del Consiglio dei Ministri.

In linea generale, il termine "Cabina di regia" evoca alla mente la stagione delle programmazioni economiche che caratterizzavano, fino agli anni '70 del secolo scorso, l'intervento pubblico nell'economia. Il concetto di programmazione, infatti, richiama quello di indirizzo e, più genericamente, di regia in un determinato settore. Venuta meno la stagione delle programmazioni economiche, le "cabine di regia" svolgono la funzione di organismi di raccordo fra istituzioni pubbliche per assicurare unità di indirizzo con riferimento a particolari settori di attività pubbliche. Solo per indicare recenti esempi, il d.lgs. 3 luglio 2017, n. 117, recante il "Codice del Terzo settore", prevede (art. 97), che presso la Presidenza del Consiglio dei Ministri sia istituita una cabina di regia con il compito di coordinare, in raccordo con i Ministeri competenti, le politiche di governo e le azioni di promozione e di indirizzo delle attività degli enti del terzo settore. In particolare, questa cabina di regia coordina l'attuazione del codice al fine di assicurarne la tempestività, l'efficacia e la coerenza, esprimendo il proprio orientamento in ordine ai relativi decreti e linee guida di attuazione; promuove le attività di raccordo con le amministrazioni pubbliche interessate, nonché la definizione di accordi, protocolli di intesa o convenzioni, anche con enti privati, finalizzati a valorizzare l'attività degli enti del terzo settore e a sviluppare azioni di sistema; monitora lo stato di attuazione del codice del terzo settore anche al fine di segnalare eventuali soluzioni correttive e di miglioramento.

Nell'ambito dei contratti pubblici, la Cabina di regia istituita presso la Presidenza del Consiglio dei Ministri ha funzioni analoghe a quelle appena illustrate. Essa svolge funzioni di indirizzo e coordinamento con riferimento all'attuazione del codice degli appalti. In particolare ha la funzione di effettuare la ricognizione sullo stato di attuazione del codice ai vari livelli istituzionali e sulle difficoltà riscontrate dalle stazioni appaltanti nella fase di applicazione, anche al fine di proporre eventuali soluzioni correttive e migliorative; curare la fase di attuazione del codice, anche attraverso la predisposizione di un apposito piano di azione, da parte dei soggetti competenti, nonché favorire la raccolta delle linee guida e dei decreti di attuazione in appositi testi unici; esaminare eventuali proposte di modifiche normative nella materia disciplinata dal codice al fine di valutarne l'impatto sulla legislazione vigente, garantire omogeneità e certezza giuridica; promuovere la diffusione dell'utilizzo degli strumenti informatici e della digitalizzazione delle fasi del processo di acquisto; segnalare eventuali specifiche violazioni o problemi sistemici all'ANAC presentare le relazioni di controllo previste dalla normativa europea.

Le funzioni di tale organo si svolgono, anche a livello sovranazionale. Infatti, la Cabina di regia è individuata come referente interno per i rapporti con la Commissione europea in tema di attuazione della disciplina sui contratti pubblici e per l'adempimento degli obblighi in materia di assistenza e cooperazione specifica con gli altri Stati membri.

Anche con riferimento ai progetti finanziati per l'attuazione del PNRR, la l. 108/2021 prevede l'istituzione di una Cabina di regia presso la Presidenza del Consiglio dei Ministri con poteri di indirizzo, impulso e coordinamento generale sull'attuazione degli interventi previsti.

7. Il Consiglio superiore dei lavori pubblici

Il Consiglio superiore dei lavori pubblici è il massimo organo tecnico consultivo dello Stato a cui è garantita l'indipendenza di giudizio e di valutazione, in materia di opere pubbliche (art. 215 codice).

Tale organo esercita funzioni consultive ed esprime pareri di carattere obbligatorio sui progetti definitivi, ovvero, nei casi previsti dalla legge, sui progetti preliminari, di lavori pubblici di competenza statale, o comunque finanziati per almeno il cinquanta per cento dallo Stato, di importo superiore ai cinquanta milioni di euro; di carattere facoltativo, su richiesta delle amministrazioni competenti, sulle linee fondamentali dell'assetto del territorio nazionale, sulle linee generali della programmazione delle grandi reti di interesse nazionale, sui piani aeroportuali e sulle vie di navigazione di interesse nazionale, sui programmi di lavori pubblici, sui progetti delle opere pubbliche o di interesse pubblico, sui progetti delle altre amministrazioni pubbliche (per i progetti delle opere strategiche e di preminente interesse nazionale, il parere del Consiglio superiore è espresso sui progetti preliminari); esprime pareri obbligatori sui testi delle norme tecniche predisposte in attuazione del testo unico delle disposizioni legislative e regolamentari in materia di edilizia, di cui al d.p.r. 6 giugno 2001, n. 380; attraverso il Servizio tecnico centrale, cura la predisposizione delle norme tecniche fondamentali sulla sicurezza minima delle costruzioni da osservarsi su tutto il territorio nazionale; esercita il coordinamento tecnico-scientifico dell'attività normativa, nazionale e in ambito europeo, nel settore dell'ingegneria civile e dei materiali e dei prodotti da costruzione; esprime, parere sulle questioni comunque pertinenti alla materia dei lavori pubblici, sottoposte al suo esame dagli organi costituzionali, dal Presidente del consiglio dei ministri, da singoli ministri, da presidenti delle regioni e delle province autonome di Trento e di Bolzano, dagli enti locali, da altri enti pubblici, dall'ANAC e dalle altre autorità indipendenti e può redigere norme tecniche particolari su richiesta degli stessi soggetti. Su richiesta del ministro delle infrastrutture e dei trasporti, il Consiglio superiore altresì può svolgere specifiche missioni tecniche in merito a problematiche di particolare complessità; il Consiglio superiore dei lavori pubblici svolge altresì attività di consulenza per l'Autorità in ordine a questioni tecniche e per ogni altra questione per la quale l'Autorità ritiene di richiedere il parere del Consiglio superiore; predispone annualmente una relazione al Parlamento sull'attività svolta, nonché sulle principali tematiche emerse nel corso dell'anno nei diversi settori dell'ingegneria.

La normativa emergenziale del 2020 ha previsto deroghe significative al codice dei contratti sulle competenze del Consiglio superiore dei lavori pubblici. Si prevede, infatti, che fino al 30 giugno 2023, il Consiglio superiore dei lavori pubblici esprime il parere obbligatorio esclusivamente sui progetti di fattibilità tecnica ed economica di lavori pubblici di competenza statale, o comunque finanziati per almeno il cinquanta per cento dallo Stato, di importo pari o superiore ai cento milioni di euro. Per i lavori pubblici di importo inferiore a cento milioni di euro e fino a cinquanta milioni di euro, le competenze del Consiglio superiore sono esercitate dai comitati tecnici amministrativi presso i Provveditorati interregionali per le opere pubbliche. Per i lavori pubblici di importo inferiore a cinquanta milioni di euro si prescinde dall'acquisizione di qualsiasi parere.

La l. 108/2021, inoltre, prevede l'istituzione di un comitato speciale del Consiglio superiore per l'esame dei progetti relativi a specifici interventi infrastrutturali previsti dal PNRR (si tratta di alcune opere ritenute particolarmente rilevanti che godono, quindi, di un regime ampiamente derogatorio rispetto a quello del codice dei contratti). Tale comitato esamina il progetto di fattibilità tecnica ed economica, indicando alla stazione appaltante eventuali modifiche o integrazioni ai fini dell'approvazione definitiva in sede di conferenza di servizi.

8. L'Autorità Nazionale Anticorruzione (ANAC)

L'organo certamente più rilevante in materia di *governance* dei contratti pubblici è l'Autorità Nazionale Anticorruzione (ANAC).

L'autorità è organo collegiale costituito da cinque membri nominati con decreto del Presidente della Repubblica, previa deliberazione del Consiglio di Ministri (successivamente al parere favorevole delle commissioni parlamentari competenti), fra personalità che operano in settori tecnici, economici e giuridici con riconosciuta professionalità. Essa svolge la sua attività con indipendenza funzionale, di giudizio e di valutazione e con autonomia organizzativa per cui si configura come una vera autorità regolatrice del settore e del mercato ai fini della concorrenza.

L'autorità ha funzioni di regolazione, di vigilanza, di proposta e di segnalazione cui si riferiscono poteri di ispezione, istruzione e di sanzione. Infine, l'autorità svolge anche attività di precontenzioso. Si può affermare che a tale organo sono attribuite funzioni che si possono ricondurre sia al potere legislativo (con atti di normazione anche se di rango secondario), sia funzioni esecutive, sia funzioni paragiurisdizionali.

Con riferimento all'attività di regolazione viene in evidenza il potere di adottare linee guida, bandi tipo, capitolati tipo e contratti tipo. Tutti questi atti, come già illustrato, svolgono un ruolo di primaria importanza nell'attuazione del codice dei contratti pubblici.

La vigilanza si esplica sia nella sua forma c.d. "successiva" sia in quella "collaborativa".

La vigilanza "successiva" si estrinseca in attività di controllo sulla regolarità delle procedure a evidenza pubblica e sulla fase di esecuzione dei contratti. In particolare, l'autorità vigila sui contratti pubblici, anche di interesse regionale, di lavori, servizi e forniture nei settori ordinari e nei settori speciali al fine di garantire l'osservanza e il rispetto dei principi di correttezza e trasparenza delle procedure di scelta del contraente e di economica ed efficiente esecuzione dei contratti.

Non si tratta, quindi, solo di un'attività di verifica meramente formale della correttezza degli atti e delle procedure di affidamento, ma un'attività tesa a fare beneficiare le amministrazioni dei vantaggi del mercato concorrenziale.

L'ANAC vigila sull'osservanza della disciplina legislativa e regolamentare, verificando, anche con indagini a campione, la regolarità delle procedure di affidamento; vigila sui contratti di lavori, servizi, forniture, esclusi in tutto o in parte dal codice, verificando, il rispetto dei principi in tema di aggiudicazione; vigila affinché sia assicurata l'economicità di esecuzione dei contratti; accerta che dall'esecuzione dei contratti non sia derivato pregiudizio per il pubblico erario (si pensi all'attività di controllo previsto a seguito della comunicazione degli obblighi di variante).

Ulteriore articolazione dell'attività di vigilanza, che può considerarsi al confine con la funzione di controllo, è quella sul sistema delle qualificazioni. Infatti, l'autorità può annullare, in caso di constatata inerzia degli organismi di attestazione, le attestazioni rilasciate in difetto dei presupposti stabiliti dalle norme vigenti, nonché sospendere, in via cautelare, gli atti di attestazione rilasciati.

L'attività di vigilanza si sostanzia in determinazioni, deliberazioni e atti di regolazione.

In particolare, le determinazioni sono atti a portata generale attraverso i quali l'autorità svolge la funzione di vigilanza sulla corretta applicazione della normativa attraverso l'interpretazione della stessa. Non sono adottati a seguito di esposti sui singoli casi, bensì si tratta di atti con i quali l'autorità intende fornire un'interpretazione della normativa fornendo, quindi, alle amministrazioni un supporto ermeneutico.

L'attività di vigilanza può anche essere svolta attraverso atti istruttori o ispettivi. L'autorità può richiedere alle stazioni appaltanti, agli operatori economici esecutori dei contratti, alle SOA, nonché a ogni altra p.a. e a ogni ente, anche regionale, operatore economico o persona fisica che ne sia in possesso, documenti, informazioni e chiarimenti relativamente ai lavori, servizi e forniture, in corso o da avviare, al conferimento di incarichi di progettazione, agli affidamenti. Inoltre, può disporre perizie e analisi economiche e statistiche nonché la consultazione di esperti in ordine a qualsiasi elemento rilevante ai fini dell'istruttoria.

All'esito di questa attività, l'autorità può irrogare sanzioni pecuniarie allorché i soggetti ai quali sia stato richiesto di fornire gli elementi di cui sopra rifiutino od omettano, senza giustificato motivo, di fornire le informazioni o di esibire i documenti, richiesti.

Le stesse sanzioni si applicano anche agli operatori economici che non ottemperano alla richiesta della stazione appaltante o dell'ente aggiudicatore di comprovare il possesso dei requisiti di partecipazione alla procedura di affidamento, nonché agli operatori economici che forniscono dati o documenti non veritieri, circa il possesso dei requisiti di qualificazione, alle stazioni appaltanti o agli enti aggiudicatori o agli organismi di attestazione.

Qualora accerti l'esistenza di irregolarità, l'autorità trasmette gli atti e i propri rilievi agli organi di controllo e, se le irregolarità hanno rilevanza penale, agli organi giurisdizionali competenti. Se accerta che dall'esecuzione dei contratti pubblici derivi pregiudizio per il pubblico erario, i rilievi sono trasmessi anche ai soggetti interessati e alla procura generale della Corte dei conti.

All'ANAC è anche attribuita la legittimazione straordinaria ad agire in giudizio per l'impugnazione di bandi, di atti generali e provvedimenti relativi a contratti di rilevante importo emessi da qualsiasi stazione appaltante; può, quindi, proporre ricorso avverso tali atti allorché ritenga che questi violino le norme in materia di contratti pubblici.

Oltre a vigilanza "successiva", l'autorità può svolgere anche funzioni di vigilanza "collaborativa" stipulando protocolli di intesa con stazioni appaltanti al fine di supportarle nella predisposizione di atti di gara e nell'attività di gestione della procedura di aggiudicazione e di esecuzione del contratto. In particolare, tale attività si estrinseca nell'invitare la stazione appaltante a modificare o sostituire l'atto in conformità ai rilievi formulati. Se la stazione appaltante ritiene di non condividere i rilievi dell'autorità può comunque adottare l'atto di propria competenza assumendosi le correlate responsabilità.

Altra funzione significativa, che rientra nell'alveo della vigilanza o regolazione, è quella precontenziosa. Tale funzione ha lo scopo di cercare soluzioni immeditate a contestazioni che possono sorgere in merito al procedimento di aggiudicazione. La finalità è quella di evitare la proposizione di ricorsi giurisdizionali che potrebbero influenzare rallentare o bloccare i procedimenti di aggiudicazione. L'autorità, infatti, su iniziativa della stazione appaltante e di una o più delle altre parti (quindi, anche dei concorrenti), esprime parere non vincolante relativamente a questioni insorte durante lo svolgimento delle procedure di gara, eventualmente formulando un'ipotesi di soluzione. Il parere può essere vincolante se le parti abbiano preventivamente acconsentito ad attenersi a quanto stabilito. Tale valore vincolante del parere è temperato dalla circostanza che l'atto possa comunque essere impugnato dinanzi al giudice amministrativo.

Non si tratta di un mezzo alternativo di tutela, ma di un'ulteriore possibilità offerta alle parti per poter accelerare i tempi in ordine alla realizzazione di un contratto. Resta ferma la possibilità per gli operatori economici coinvolti in questa fase di poter presentare ricorso giurisdizionale se all'esito della procedura si ritengano lesi nelle loro posizioni giuridiche soggettive.

Questo può comunque considerarsi un meccanismo di deflazione del contenzioso: i problemi interpretativi circa la procedura si dovrebbero risolvere prima dell'adozione del provvedimento finale e l'autorevolezza dell'organo che li risolve dovrebbe indurre le parti alla condivisione delle soluzioni proposte.

Altra funzione è quella di proposta e segnalazione.

L'autorità segnala al Governo e al Parlamento, con apposita comunicazione, fenomeni particolarmente gravi di inosservanza o di applicazione distorta della normativa sui contratti pubblici; formula al Governo proposte in ordine alle modifiche occorrenti in relazione alla legislazione che disciplina i contratti pubblici di lavori, servizi, forniture; predispone e invia al Governo e al Parlamento una relazione annuale nella quale si evidenziano le disfunzioni riscontrate nel settore dei contratti pubblici.

L'autorità svolge anche compiti meramente esecutivi e di gestione (c.d. amministrazione attiva). Tra questi rilevano la gestione del sistema di qualificazione delle stazioni appaltanti; la gestione dell'albo nazionale obbligatorio dei componenti delle commissioni aggiudicatrici; la gestione del sistema di *rating* d'impresa; la gestione dell'elenco delle stazioni appaltanti che operano mediante affidamenti diretti; la gestione della banca dati nazionale e del casellario informatico; la gestione dell'elenco dei soggetti aggregatori nell'ambito dell'anagrafe unica delle stazioni appaltanti; la gestione della Banca dati nazionale dei contratti pubblici.

In particolare, nella Banca dati nazionale confluiscono tutte le informazioni relative alle procedure a evidenza pubblica per garantire l'accessibilità unificata, trasparenza, pubblicità e tracciabilità delle procedure di gara e delle fasi a esse prodromiche e successive, compresa l'esecuzione del contratto. Attraverso la Banca dati nazionale, inoltre, vengono acquisiti tutti i documenti comprovanti il possesso da parte degli operatori economici dei requisiti di carattere generale, tecnico-professionale ed economico e finanziario, per poter partecipare alle procedure di gara; ogni operatore economico, infatti, è titolare di un fascicolo virtuale contenente tutte le informazioni che lo riguardano. Per la gestione della Banca dati nazionale, l'autorità si avvale dell'Osservatorio dei contratti pubblici che ha il compito di raccogliere i dati relativi ai contratti pubblici, a quelli dei programmi triennali e biennali, ai bandi e avvisi di gara, aggiudicazioni, al numero e alla natura degli operatori economici partecipanti alle procedure, al rispetto delle misure di sicurezza, ai costi e scostamenti dei costi rispetto a quelli preventivati; nel monitoraggio sull'applicazione dei criteri ambientali. Presso l'Osservatorio è istituito il Casellario informatico dei contratti pubblici il quale contiene tutte le notizie, le informazioni e i dati relativi agli operatori economici con riferimento alle iscrizioni di cui all'art. 80 del codice, nonché le informazioni riguardanti le nuove cause di esclusione di cui al correttivo e quelle relative al *rating* di impresa.

CAPITOLO 3

I PRESUPPOSTI PER LA REALIZZAZIONE DI CONTRATTI PUBBLICI

1. Il responsabile unico del procedimento

La l. 241/1990 ha disciplinato in via generale l'istituto del responsabile del procedimento per soddisfare l'esigenza di trasparenza dell'azione amministrativa, rendendo conoscibile ai privati la struttura e il soggetto che si occupano del procedimento al quale sono interessati, nonché al fine di responsabilizzare i dipendenti pubblici in ordine al rispetto del principio di buon andamento dell'azione amministrativa.

Il responsabile del procedimento è il soggetto che "governa" l'istruttoria procedimentale sino ad arrivare a formulare una proposta di provvedimento amministrativo che potrà essere accolta o rigettata dall'organo decidente (salvo le ipotesi in cui il responsabile sia anche il soggetto al quale la norma attribuisce il potere di adottare la decisione finale). Inoltre, il responsabile del procedimento tiene i contatti con i soggetti interessati curando le comunicazioni, le pubblicazioni e le notificazioni. Trattandosi di un istituto di carattere generale il responsabile del procedimento deve essere previsto per qualsiasi attività amministrativa.

Tale figura è disciplinata in maniera peculiare dal codice dei contratti (art. 31). Per i contratti viene nominato un responsabile unico del procedimento (Rup). L'aggettivo "unico" vuol significare che al responsabile del procedimento è attribuita la competenza e la responsabilità del coordinamento e del controllo di tutte le fasi di attuazione di ogni intervento (programmazione, progettazione, affidamento ed esecuzione). La nomina del responsabile unico è anche prevista dalla normativa speciale relativa ai contratti per l'attuazione del PNRR (l. 108/2021). Infatti, per ogni procedura, il responsabile unico, con propria determinazione adeguatamente motivata, valida e approva ciascuna fase progettuale o di esecuzione del contratto, anche in corso d'opera.

Le prerogative del responsabile unico del procedimento possono essere suddivise in compiti di vigilanza (verifica di conformità dell'opera rispetto alle prescrizioni imposte nelle singole fasi), di amministrazione attiva (adozione di atti di propria competenza ed esercizio del potere di proposta, redazione di documenti), di coordinamento (nell'attività di progettazione) e di accertamento (per es. in ordine alle condizioni che legittimano l'affidamento all'esterno di incarichi di progettazione).

Il responsabile del procedimento deve essere un dipendente della p.a. appaltante, possedere un titolo di studio e competenza adeguati all'intervento da realizzare in relazione ai compiti per cui è nominato. Nel caso di comprovata e accertata carenza di personale tecnico i compiti di supporto alla attività del responsabile possono essere affidati all'esterno.

Il Rup, nell'esercizio delle sue funzioni, è qualificabile come pubblico ufficiale.

Per i lavori di particolare complessità, il responsabile unico deve possedere anche la qualifica di *project manager*. In tal senso, la normativa vuole enfatizzare che il responsabile deve possedere le competenze di pianificazione e gestione dello sviluppo di specifici progetti, anche attraverso il coordinamento di tutte le risorse a disposizione per il raggiungimento degli obiettivi nei tempi e ai costi previsti, assicurando la qualità della prestazione e il controllo dei rischi.

Un problema particolarmente rilevante riguarda la compatibilità del responsabile con il ruolo di presidente o componente di una commissione di aggiudicazione di un contratto.

Nella fase dell'affidamento, il Rup si può occupare della verifica della documentazione amministrativa presentata dai concorrenti ovvero, se questa è affidata a un seggio di gara istituito *ad hoc* oppure a un apposito ufficio/servizio a ciò deputato, esercita una funzione di coordinamento e controllo, e adotta le decisioni conseguenti alle valutazioni effettuate. Si tratta, però di funzioni che non attengono alle valutazioni tecniche relative alle offerte presentate. Queste operazioni valutative, infatti, devono essere effettuate solo ed esclusivamente dalla commissione di gara. Di conseguenza, si può affermare che il responsabile unico non possa esercitare le funzioni di commissario o di presidente della commissione.

Se questa è la regola generale, l'art. 77, c. 4, del codice prevede che la nomina del Rup quale membro delle commissioni possa essere valutata con riferimento alle singole procedure. Poiché in generale la norma prescrive che i commissari non devono aver svolto né possono svolgere alcuna altra funzione, incarico tecnico o amministrativo relativamente al contratto è chiaro, quindi, che la valutazione in relazione alla partecipazione del Rup alla commissione deve essere effettuata sulla scorta delle funzioni che questo ha concretamente esercitato in relazione al contratto da aggiudicare.

2. La programmazione dell'attività contrattuale della p.a.

L'istituto della programmazione ha acquisito una posizione di assoluto rilievo nell'ambito dell'attività contrattuale dell'amministrazione. Nel corso degli anni la programmazione è diventata fase imprescindibile sia per la realizzazione di lavori e opere sia per l'acquisizione di servizi e forniture da parte delle pubbliche amministrazioni. Il codice dei contratti, recependo l'evoluzione normativa sul punto, infatti, prevede l'obbligatorietà della programmazione al fine di procedere alla aggiudicazione di lavori, servizi e forniture.

Una deroga a tale principio generale è stata prevista dalla normativa emergenziale di cui alla l. 120/2020 e poi confermata dalla l. 108/2021, sull'attuazione del PNRR che ha previsto, in deroga al principio della obbligatorietà della programmazione, che fino al 30 giugno 2023 le procedure di affidamento di lavori, servizi e forniture possono essere avviate anche in mancanza di una specifica previsione nei documenti di programmazione già adottati, a condizione che entro trenta giorni decorrenti dalla data di entrata in vigore della legge si provveda a un aggiornamento dei programmi in conseguenza degli effetti dell'emergenza da Covid-19.

In generale, si può affermare che l'attività programmatoria si pone una serie di obiettivi che consistono nella razionalizzazione delle scelte e nella corretta allocazione delle risorse, e, in particolare, nell'ambito dell'attività contrattuale si arricchisce anche della finalità di favorire l'apertura alla concorrenza tra operatori privati nella delicata fase della scelta strategica delle opere da realizzare e degli acquisti da effettuare.

Con la previsione di una disciplina generale sulla programmazione delle acquisizioni delle stazioni appaltanti, il legislatore ha puntato al conseguimento dell'obiettivo della razionalizzazione delle scelte della p.a., possibile solo attraverso un'attenta valutazione della situazione nella sua globalità, che porta a individuare misure coordinate per intervenire nel settore dei contratti. Ciò si concretizza attraverso la predeterminazione degli obiettivi e la predisposizione di una strategia realizzativa attraverso una seria coordinata di atti. Tale modalità di azione consente di fare concreta applicazione dei principi di efficienza, efficacia ed economicità ai quali deve essere improntata qualsiasi attività della p.a.

All'obiettivo della razionalizzazione delle scelte strategiche si è affiancato quello della corretta allocazione delle risorse finanziarie, divenuto primario in funzione della oramai cronica situazione deficitaria delle casse pubbliche. Occorre rilevare che tale obiettivo è posto alla base anche dell'accresciuto ruolo delle centrali di committenza e dei soggetti aggregatori. Anche tali soggetti devono svolgere un'adeguata attività di pianificazione.

Alla base della programmazione vi è l'intento di scardinare il fenomeno della programmazione rovesciata in virtù del quale spesso in passato si capovolgeva il rapporto tra opere, forniture e servizi e finanziamento, per cui la scelta dell'opera da realizzare era consequenziale alla disponibilità di specifici finanziamenti, in un'ottica di scelte estemporanee e non finalizzate alla soddisfazione delle esigenze della collettività.

L'attività di programmazione era prevista originariamente dalla legge quadro sui lavori pubblici (art. 14, l. 109/1994) come obbligatoria e preliminare alla progettazione e alla realizzazione dell'opera pubblica. L'impostazione della legge quadro non è stata modificata dal primo codice sui contratti pubblici (art. 128, d.lgs. 163/2006). Per i servizi e le forniture il d.p.r. 207/2010 (art. 271) prevedeva, invece, la mera facoltà da parte delle amministrazioni di approvare ogni anno un programma per l'acquisizione di beni e servizi relativo all'esercizio successivo, senza alcuna previsione di livelli di programmazione. La l. 28 dicembre 2015, n. 208, art. 1, c. 505, ha reso obbligatoria l'approvazione di un programma biennale di acquisti di beni servizi con il relativo aggiornamento annuale per gli acquisti di beni e di servizi di importo superiore a un milione di euro. Tale previsione è stata confermata dal nuovo codice dei contratti.

La programmazione, quindi, si configura come un *prius* logico giuridico rispetto all'aggiudicazione di un contratto da parte della p.a. ed esprime un'attività fondamentale di individuazione degli obiettivi concreti da raggiungere da parte degli organi di governo dell'ente pubblico. Ciò è anche confermato dell'art. 32, c. 1 del codice, il quale prevede che "le procedure di affidamento dei contratti pubblici hanno luogo nel rispetto degli atti di programmazione delle stazioni appaltanti previsti dal presente codice o dalle norme vigenti".

La programmazione si colloca come atto autonomamente rilevante rispetto alla procedura di affidamento del contratto con una sua valenza esterna, non si può, quindi, considerare atto interno alla procedura di affidamento, ma ne è presupposto imprescindibile.

La *ratio* dell'attività di programmazione è quella di evitare che vengano stipulati contratti inutili o al di fuori delle linee programmatiche assunte per la soddisfazione dei bisogni della collettività. Con l'attività di programmazione l'amministrazione si vincola alle proprie scelte e questo rappresenta una garanzia in ordine alla soddisfazione delle esigenze sociali e degli interessi pubblici ai quali l'amministrazione deve attendere.

Si deve, quindi, rilevare che le difficoltà affrontate dalla dottrina in relazione all'inquadramento della funzione di programmazione oscillante tra l'attività politica e amministrativa, non sono riscontrabili nell'attività di programmazione dei contratti pubblici.

In questo caso ci si trova, sia formalmente sia sostanzialmente, di fronte a un'attività amministrativa che, come tale, può essere sottoposta ad alcune regole in materia di procedimento e può essere sindacata dal giudice amministrativo. Più precisamente, l'attività di programmazione dei contratti pubblici si caratterizza per essere un momento di collegamento tra scelte politiche e scelte propriamente amministrative. Essa costituisce il territorio di confine tra il momento di determinazione delle scelte e quello di realizzazione delle stesse.

Si tratta, quindi, di un'attività complessa. In una prima fase, l'amministrazione procede all'identificazione dei bisogni della collettività e all'individuazione degli interventi che ritiene funzionali al soddisfacimento degli stessi, compiendo in tal modo un'attività sostanzialmente di indirizzo. In una seconda fase, l'amministrazione elabora studi di fattibilità, sulla base delle valutazioni tecniche, finanziarie, economiche, sociali e giuridiche, attraverso la propria discrezionalità tecnica per predisporre gli strumenti attuativi più idonei rispetto alla scelta effettuata.

A tali obiettivi si affianca quello dell'apertura alla concorrenza di soggetti privati già nella fase delle scelte degli interventi da realizzare. Ciò avviene attraverso la previsione della possibilità da parte di operatori privati di presentare proposte di intervento per opere già inserite nella programmazione triennale ovvero di farsi proponenti di interventi da inserire in tale elenco. Tale possibilità è prevista nella disciplina dei contratti di partenariato pubblico privato e, in particolare, nella finanza di progetto. La normativa prevede anche la possibilità che gli operatori privati possano trovarsi in competizione tra di loro, allorché presentino progetti relativi a uno stesso intervento. L'introduzione di tale elemento di competitività consente alla p.a. di sfruttare l'inventiva e la competenza dei soggetti privati nell'individuazione di aree di intervento rilevanti per lo sviluppo della comunità che potevano essere sfuggite all'attenzione del soggetto pubblico.

L'apertura alla concorrenza nell'ambito della programmazione è pienamente in linea con il primo obiettivo della razionalizzazione delle risorse, anzi si potrebbe affermare che proprio la competizione tra privati consente alla p.a. di prevedere la realizzazione di significativi risparmi già nella fase di predeterminazione delle scelte da effettuare.

In via generale, si rileva che l'innesto di disposizioni che permettono l'apertura ai privati nell'ambito della disciplina della programmazione è in consonanza con il processo evolutivo dell'attività programmatoria delle pubbliche amministrazioni. Tale evoluzione è consistita nel graduale abbandono della visione autoritativa dell'attività programmatoria, sviluppatasi nell'ambito di una concezione dirigistica dell'attività economica. Il risultato è quello di una concezione in linea con i fenomeni della dequotazione del potere pubblico e della progressiva affermazione del principio della concorrenza.

2.1. L'ambito oggettivo e soggettivo di applicazione: i soggetti tenuti alla programmazione

La disciplina è stata completata con l'adozione da parte del ministero delle infrastrutture del regolamento di attuazione sulla programmazione (d.m. 16 gennaio 2018, n. 14). Il regolamento contiene anche gli schemi tipo degli atti di programmazione.

Il codice prevede alcune rilevanti innovazioni con riferimento al rapporto tra l'attività di programmazione degli acquisti e i documenti di bilancio (art. 21).

Di sicuro rilievo è la prescrizione legislativa secondo la quale i programmi sono approvati in coerenza con il bilancio e con le norme che disciplinano la programmazione economico finanziaria degli enti locali. Il legislatore ha voluto raccordare la fase dell'adozione del programma (triennale per i lavori e biennale per i servizi e le forniture) con la tempistica prevista per l'adozione del bilancio da parte delle amministrazioni. Altra importante innovazione si riferisce all'inserimento nel documento di programmazione delle opere incompiute ai fini del loro completamento, per l'individuazione di soluzioni alternative quali il riutilizzo, la cessione a titolo di corrispettivo per la realizzazione di altra opera pubblica, la vendita o la demolizione.

Il precedente codice si riferiva esclusivamente al "completamento dei lavori già iniziati" concetto sicuramente più restrittivo di quello di opere incompiute.

Le amministrazioni, quindi, hanno l'obbligo di monitorare le opere incompiute e inserirle nella programmazione unitamente all'intervento ritenuto più efficace per ripristinare le stesse.

È prevista l'obbligatorietà dell'inserimento nell'ambito dei documenti programmatori delle opere e dei lavori il cui valore sia superiore a centomila euro (art. 21, c. 3, codice e art. 3 regolamento). La programmazione biennale degli acquisti di forniture e servizi riguarda i contratti che hanno un importo unitario stimato pari o superiore a quarantamila di euro (art. 21, c. 4, codice e art. 6 regolamento). Mentre non è obbligatoria per i contratti di importo modesto e ciò nell'ottica di semplificare i procedimenti relativi a tali acquisti.

Con riguardo all'ambito di applicazione soggettivo, la disciplina della programmazione è obbligatoria per le amministrazioni aggiudicatrici. Nell'ambito delle amministrazioni aggiudicatrici rientrano le amministrazioni dello Stato, gli enti pubblici territoriali, gli altri enti pubblici non economici, gli organismi di diritto pubblico, le associazioni, le unioni, i consorzi, comunque denominati, costituiti dai predetti soggetti.

Restano, invece, esclusi dall'obbligo di programmazione dei lavori i concessionari di lavori pubblici che non sono amministrazioni aggiudicatrici, le imprese pubbliche non organismi di diritto pubblico, le società con capitale pubblico che non rientrano nella categoria degli organismi di diritto pubblico.

La disciplina della programmazione rientra nell'ambito della materia del "governo del territorio" che spetta alla potestà legislativa concorrente Stato regioni.

2.2. I tre livelli della programmazione

L'introduzione della programmazione nella disciplina dei lavori pubblici ha mutato radicalmente l'ottica con la quale si realizzano gli interventi infrastrutturali. Se in precedenza l'esecuzione dei lavori si caratterizzava essenzialmente per essere strutturata in tre fasi, quella della deliberazione, della progettazione e della esecuzione, la legge quadro ha innovato tale sequenza procedimentale introducendo la fase preliminare della programmazione che costituisce il *prius* logico giuridico e, quindi, adempimento preliminare obbligatorio alla realizzazione dell'opera. Il codice dei contratti, non muta la funzione e la struttura di tale attività e ne prevede l'articolazione in tre livelli: programmazione preliminare, programmazione triennale ed elenco annuale.

Il primo livello della fase di programmazione consiste nella redazione di una documentazione preliminare denominato documento di fattibilità delle alternative progettuali (Docfap, nel precedente codice tale documento veniva denominato “studio di fattibilità”). Questo documento è obbligatorio per i lavori di importo pari o superiore alla soglia comunitaria; è anche redatto ai fini dell’espletamento della procedura di dibattito pubblico o per i concorsi di progettazione e di idee. Nelle altre ipotesi, la redazione del documento preliminare è facoltativa. Attraverso tale documento le amministrazioni elaborano studi per individuare il quadro dei bisogni e per identificare gli interventi necessari per soddisfarli e, successivamente, predispongono specifici studi di fattibilità degli interventi individuati. Il documento di fattibilità può prendere in considerazione anche l’“opzione zero” ossia l’ipotesi di non realizzare l’intervento, al fine di consentire l’effettivo confronto comparato tra le diverse opzioni alternative.

Si tratta, evidentemente, di atti di indirizzo che, in quanto tali, devono essere espressi dagli organi politici dell’ente e non dai dirigenti responsabili, invece, della gestione dell’ente stesso.

Lo studio preliminare è finalizzato a individuare gli interventi e i lavori strumentali al soddisfacimento del bisogno.

In tale fase, l’ampia discrezionalità di cui gode l’amministrazione sembra essere parzialmente limitata dalla disposizione secondo cui gli enti pubblici, in via prioritaria, devono individuare i bisogni che possono essere soddisfatti tramite la realizzazione di interventi con capitali privati. Sembrerebbe, quindi, che la valutazione politico sociale del bisogno sia superata da una valutazione meramente economica. Ma ciò non corrisponde all’effettiva volontà del legislatore. Quello economico non può certamente assurgere a primario criterio di valutazione del bisogno che deve essere necessariamente contemperato da una valutazione che metta al primo posto le reali esigenze della collettività, pur in presenza di infrastrutture interamente finanziabili con capitali privati.

Prima di redigere lo studio di fattibilità, la p.a. deve procedere a una ricognizione dei mezzi finanziari di cui dispone e quantificare il *budget* da destinare alle opere pubbliche, ovvero definire le somme da iscrivere nel bilancio per realizzare gli obiettivi che si è posta. Il documento di fattibilità rappresenta il documento tecnico posto alla base della programmazione triennale e va effettuato su ogni singolo intervento individuato. Sulla base di tale studio l’amministrazione decide definitivamente se inserire o meno il lavoro nell’ambito del programma triennale.

Scopo ultimo di questa valutazione è, quindi, eliminare le ipotesi che si rivelano non soddisfacenti sia sotto il profilo economico finanziario sia sotto il profilo della utilità sociale.

In considerazione di quanto sopra esposto, potrebbero verificarsi problemi in caso di mancata redazione dello studio di fattibilità. Infatti, la norma prevede che il documento di fattibilità sia presupposto ineliminabile per l’inserimento dell'intervento nel programma triennale. Non è possibile inserire un intervento nella programmazione senza che preventivamente ne siano state valutate le caratteristiche tecniche, funzionali, gestionali ed economico finanziare. Il documento di fattibilità deve essere redatto secondo i criteri con i quali si redige il progetto di fattibilità (art. 23 codice) per cui per ogni singolo intervento si devono prendere in considerazione le peculiari componenti storico-artistiche, architettoniche, paesistiche al fine di valutare la sostenibilità ambientale, socio economico, amministrativa e tecnica.

Da ciò emerge che l'omissione dello studio di fattibilità rappresenta una palese violazione della norma e, di conseguenza, vizia il procedimento e l'atto di programmazione triennale.

Acquisite tutte le informazioni necessarie dagli studi di fattibilità, l'amministrazione adotta uno schema di programma triennale che ha natura di atto di impulso e di proposta. Esso è reso pubblico sul profilo del committente per trenta giorni. Tale adempimento consente alla collettività di realizzare un controllo ed esprimere un giudizio sullo schema di piano attraverso la presentazione di osservazioni. Così vengono garantite modalità partecipative anche per questo atto di programmazione (si ricorda che in generale l'art. 3 della l. 241/1990 non prevede la partecipazione nei procedimenti programmatori).

L'amministrazione ha, ovviamente, l'obbligo di esaminare e rispondere alle osservazioni pervenute.

La programmazione non è attività di razionalizzazione della spesa meramente interna agli organi amministrativi, ma è un atto fondamentale di individuazione degli obiettivi da raggiungere da parte degli organi di governo dell'ente a cui corrisponde la facoltà di verifica dei cittadini, singoli o associati, sulla congruità e sulla correttezza delle scelte effettuate. L'inserimento di un'opera non realizzabile nell'ambito del programma triennale non è questione che riguarda solo gli amministratori, ma anche e soprattutto le comunità locali, che possono vedere frustrate le loro legittime aspettative a migliori condizioni di vita determinate dalla realizzazione delle opere programmate. Alla luce di tale considerazione si deve ritenere applicabile a tali fattispecie anche la normativa sul diritto di accesso per gli atti istruttori della programmazione.

Alcuni privati possono svolgere un ruolo attivo nell'elaborazione dello schema di programma e ciò è funzionale a un loro maggior coinvolgimento sotto il profilo del finanziamento delle opere. Infatti, il soggetto privato può presentare proposte relative a progetti già inseriti nella programmazione triennale o, addirittura, proporre esso stesso interventi da inserire nel programma (art. 183, c. 1 e c. 15, codice). In quest'ultimo caso il soggetto privato prima di assumere il ruolo di promotore di un intervento assume quello di proponente dello stesso. Mentre in precedenza l'iniziativa propositiva del privato incontrava il limite della programmazione da parte del soggetto pubblico, limite che scoraggiava il ricorso al *project financing*, oramai il privato può incidere sugli interventi da realizzare già nella fase della programmazione, divenendo così un centro decisionale delle politiche infrastrutturali. In ogni caso, una volta pervenute le proposte, l'amministrazione avrà il quadro completo degli interventi da realizzare e potrà inserirli nell'ambito della programmazione triennale secondo priorità da stabilire. La proposta deve essere corredata da un progetto di fattibilità, da una bozza di convenzione, da un piano economico-finanziario asseverato e deve indicare le caratteristiche del servizio e della gestione.

L'amministrazione è obbligata a esaminare la proposta per inserirla o meno nel programma nel termine perentorio di tre mesi. Questa è una significativa novità rispetto al passato poiché in precedenza non era prevista alcuna obbligatorietà in merito alla valutazione della proposta da parte della amministrazione. Quest'ultima può invitare il proponente ad apportare al progetto di fattibilità le modifiche necessarie per la sua approvazione. Se il proponente non apporta le modifiche richieste, la proposta non può essere valutata positivamente. Occorre osservare che una volta concepito il sistema della programmazione triennale come sistema aperto, volto al possibile recepimento delle istanze del privato, non è pensabile configurare l'attività decisionale della amministrazione in termini arbitrari. Tale decisione, in ossequio ai principi generali dell'azione amministrativa, deve essere adeguatamente motivata. Una volta inserito l'intervento nel programma triennale il privato avrà concrete possibilità di aggiudicarsene l'esecuzione (si pensi al diritto di prelazione nell'ambito del *project financing*).

L'approvazione del piano triennale non si configura come una mera conferma di quanto esposto nello schema, ma avviene dopo un'attenta valutazione degli interventi inseriti anche alla luce delle osservazioni eventualmente presentate dai privati.

Il codice e il regolamento prevedono alcuni precisi presupposti per l'approvazione dello schema.

Innanzitutto, il programma triennale deve essere predisposto nel rispetto dei documenti programmatori e della normativa urbanistica e, quindi, deve, essere coordinato con questi.

La conformità agli strumenti urbanistici non deve sussistere all'atto di redazione dello schema di programma, ma deve essere perfezionata entro la data di approvazione del programma e del relativo elenco annuale. In caso contrario, il lavoro non può essere incluso nell'elenco annuale e deve essere riferito agli anni successivi del programma triennale. Invece, il progetto inserito nell'elenco annuale deve aver ottenuto la conformità urbanistica e ambientale.

La scelta degli interventi da includere nel programma triennale si fonda su un ordine di priorità ricavabile dall'art. 3, c. 12 del regolamento.

Sono prioritari i lavori di ricostruzione, riparazione e ripristino conseguenti a calamità naturali, di manutenzione, di recupero del patrimonio esistente, di completamento delle opere incompiute, i progetti definitivi o esecutivi già approvati, i lavori cofinanziati con fondi europei nonché i lavori per i quali ricorra la possibilità di finanziamento con capitale privato maggioritario. I lavori di recupero a seguito di calamità naturali e quelli relativi alle opere incompiute hanno priorità massima sugli altri lavori.

Una volta individuate le opere prioritarie, salve le ipotesi di eventi imprevedibili e di sopravvenienze normative, l'amministrazione ha l'obbligo di rispettare la sequenza degli interventi stabiliti.

Il regolamento prevede ipotesi tassative di modifica del programma triennale, previa deliberazione dell'organo competente (art. 5, c. 8).

Oltre ai casi in cui il privato promotore dell'opera può impugnare la decisione della amministrazione di non inserire l'intervento proposto nel programma, si deve affermare che il programma può essere oggetto di impugnativa da parte di enti e associazioni portatori di interessi diffusi. Come già rilevato, l'approvazione del programma triennale delle opere pubbliche di un ente non costituisce un'attività meramente interna, ma rappresenta, invece, un atto fondamentale di individuazione degli obiettivi concreti da raggiungere, cui corrisponde la facoltà di verifica dei cittadini, singoli o associati, sulla congruità e correttezza delle scelte effettuate.

L'elenco annuale delle opere caratterizza il terzo livello del procedimento di programmazione.

Attraverso l'elenco annuale si rende concreto quanto stabilito dal programma. Esso indica i lavori da eseguire in ogni anno del programma triennale. L'inserimento dei lavori nell'elenco è subordinato, per i lavori di importo inferiore a un milione di euro, all'approvazione del documento di fattibilità, mentre per i lavori superiori a tale importo è necessario che sia approvato anche il progetto di fattibilità tecnica ed economica.

Problema delicato è quello dell'inserimento nell'elenco annuale di lavori suddivisi in lotti. Il regolamento prevede che un lavoro possa essere inserito nel programma triennale limitatamente a un lotto o a più lotti funzionali purché per l'intero lavoro sia stato approvato il documento di fattibilità delle alternative progettuali, ovvero, ove previsto, il progetto di fattibilità tecnico economica, quantificando le risorse finanziarie necessarie alla realizzazione dell'intero lavoro. Per l'inserimento nell'elenco annuale di uno o più lotti, le amministrazioni devono aver approvato il progetto di fattibilità dell'intero lavoro se si tratta di lotti funzionali a lavori di importo complessivo pari o superiore a un milione di euro e il documento di fattibilità delle alternative progettuali se si tratta di lotti funzionali per un lavoro inferiore a tale soglia.

La ripartizione dell'opera deve essere eseguita per lotti funzionali ossia per parti dell'opera la cui progettazione ed esecuzione sia tale da assicurarne la funzionalità, fruibilità e fattibilità indipendentemente dalla realizzazione del resto del lavoro. La programmazione delle opere pubbliche si trova in stretta correlazione con la programmazione finanziaria dell'amministrazione e ciò è dimostrato dalla circostanza che la normativa non solo prevede l'elenco annuale come parte integrante del bilancio preventivo unitamente al quale è approvato, ma richiede l'indicazione dei mezzi finanziari stanziati nello stato di previsione o nel bilancio ovvero disponibili in base a contributi e risorse dello Stato, delle regioni a statuto ordinario o di altri enti pubblici. Viene, quindi, imposto l'obbligo di precisare sia l'entità delle risorse finanziarie da utilizzare sia le tipologie di tali risorse.

Logica conseguenza di questa previsione è che un lavoro non inserito nell'elenco annuale non può essere realizzato a meno che non si fondi su un autonomo piano finanziario e non utilizzi risorse già previste tra i mezzi finanziari dell'amministrazione al momento della formazione dell'elenco, a eccezione delle risorse che si sono rese disponibili a seguito dei ribassi d'asta o di economie. In sostanza, il mancato inserimento dell'opera non implica l'illegittimità della sua esecuzione quando essa sia finanziata con fondi diversi da quelli previsti in sede di redazione del programma medesimo.

Ciò consente di affermare che i lavori finanziati esclusivamente con il capitale privato possono essere sempre effettuati anche se non inseriti nell'elenco annuale.

2.3. La programmazione biennale dei servizi e delle forniture

La programmazione dei servizi e delle forniture è divenuta obbligatoria per gli acquisti superiori a quarantamila di euro.

Così come per i lavori, anche per i servizi e le forniture sono previsti, oltre al programma biennale, l'elenco annuale e i relativi aggiornamenti sulla base degli schemi approvati con il regolamento.

È possibile anche per gli acquisti di forniture e servizi l'inserimento nel programma di interventi su più lotti funzionali purché sia stata approvata la progettazione e sia state quantificate le risorse complessivamente necessarie. Il regolamento (art. 6, c. 9) prevede un ordine di priorità di inserimento nel programma: sono considerati prioritari i servizi e le forniture necessari in conseguenza di eventi calamitosi, per garantire gli interessi pubblici primari, gli acquisti aggiuntivi per il completamento di forniture o servizi nonché gli acquisti cofinanziati con fondi europei e finanziati dai privati. Le priorità possono essere riviste in caso di eventi imprevedibili o calamitosi o per sopravvenute disposizioni normative o atti amministrativi adottati da autorità statali o regionali. Le ipotesi tassative di modifica del programma ricalcano quelle previste per i lavori (art. 7, c. 7 reg.).

La disciplina della programmazione si intreccia con quella delle centrali di committenza. Infatti, nell'atto di programmazione, le amministrazioni devono indicare se per un determinato acquisto sussista l'obbligo di utilizzare centrali di committenza ovvero se comunque si intenda utilizzarle. A tal fine le amministrazioni consultano la pianificazione dei soggetti aggregatori e ne acquisiscono il preventivo assenso o ne verificano la capienza per il soddisfacimento del bisogno.

2.4. La patologia della fase di programmazione

L'attività di programmazione delle opere pubbliche è caratterizzata da momenti nei quali viene in rilievo l'esercizio di un'attività ampiamente discrezionale della p.a., attività che si concretizza nell'individuazione delle priorità da realizzare in funzione degli interessi della collettività attraverso specifici interventi. Solo in una seconda battuta viene in rilievo un'attività espressione della discrezionalità tecnica della amministrazione, consistente nella predisposizione di tutti gli studi e progetti funzionali all'inserimento dell'opera nel programma triennale e nella predisposizione dell'elenco annuale.

Una volta individuati gli interventi secondo le priorità prestabilite, la legge impone alle pubbliche amministrazioni di dare esecuzione al programma. Si può derogare al programma solo in casi eccezionali, ossia allorché interventi non previsti siano giustificati da eventi imprevedibili o calamitosi, da modifiche dipendenti da sopravvenute disposizioni di legge o regolamentari ovvero da altri atti amministrativi adottati a livello statale o regionale.

Si tratta, quindi, di casi tassativamente previsti la cui sussistenza deve essere esternata nella delibera che approva il progetto preliminare dell'opera da realizzare.

Le patologie che possono affliggere il programma triennale riguardano sia la fase di predisposizione del programma sia la fase di esecuzione dello stesso.

Poiché la fase di predisposizione è rigidamente regolata da norme sul procedimento, ogni deviazione da quanto stabilito dalla legge può consistere in un vizio dell'atto finale ossia del programma triennale.

Con riferimento all'applicazione della modalità di partecipazione tramite le osservazioni vengono in rilievo specifici problemi che possono essere risolti richiamando le soluzioni giurisprudenziali in materia di piani regolatori.

La giurisprudenza ha chiarito la natura della partecipazione dei cittadini al procedimento di pianificazione urbanistica e ha affermato che le osservazioni presentate dai privati nei confronti di un piano regolatore *in itinere* consentono che il punto di vista del soggetto potenzialmente leso assuma rilevanza e venga adeguatamente considerato, in modo che l'amministrazione si determini correttamente e compiutamente in ossequio ai principi di imparzialità e di buon andamento dell'azione amministrativa. Le osservazioni, però, non costituiscono mezzi di gravame, ma sono strumenti di collaborazione procedimentale che si inseriscono nell'iter di formazione dello strumento urbanistico. Ciò permette di affermare che i vizi relativi al mancato recepimento delle osservazioni o al loro rigetto possono essere fatti valere esclusivamente in sede di approvazione del piano regolatore generale, momento in cui diviene attuale la lesione e in cui scatta la facoltà di impugnativa.

Conseguentemente, un'eventuale delibera di reiezione delle osservazioni presentate dagli interessati al piano triennale non è immediatamente impugnabile.

Inoltre, il fatto è che le osservazioni costituiscono un apporto critico o collaborativo nel procedimento di formazione del piano regolatore non muta l'ambito e l'estensione dell'obbligo di motivazione, né comporta l'esigenza di un'analitica confutazione con riguardo alle singole situazioni evidenziate dai privati, essendo al contrario sufficiente che le osservazioni siano state esaminate e ritenute, sia pure succintamente e collettivamente, in contrasto con le linee guida del piano e con gli interessi pubblici che richiedano il sacrificio dei contrapposti interessi privati coinvolti.

Tali principi possono essere applicati anche alle osservazioni nella programmazione dei contratti pubblici.

Nella fase di esecuzione può verificarsi l'ipotesi che le priorità stabilite nel piano non vengano rispettate. In questa eventualità la determinazione dell'amministrazione di aggiudicare un contratto per un'opera che non rispetti le priorità previste dal bando si configura illegittima.

Infatti, l'inserimento di un'opera nel programma costituisce la valutazione decisiva dell'amministrazione sull'utilità e fattibilità dell'opera e ne rende doverosa la realizzazione. L'approvazione del programma, e del suo ordine di esecuzione, vincola la successiva attività amministrativa e comporta l'impegno delle risorse necessarie alla realizzazione dell'intervento programmato.

La violazione dell'ordine di esecuzione rappresenta un'ipotesi di illegittimità dei provvedimenti funzionali alla realizzazione del contratto. Pertanto, possono essere impugnate le determinazioni a contrarre ed i successivi bandi di gara da parte dei soggetti che si ritengano lesi dalla violazione delle priorità.

Tuttavia, risulta problematica l'individuazione del soggetto legittimato a impugnare l'atto amministrativo attuativo che non rispetti il programma triennale o l'elenco annuale. Sicuramente sono legittimati a impugnare i soggetti privati che hanno proposto l'inserimento dell'opera nel programma triennale nonché i soggetti privati, interessati a realizzare l'opera attraverso capitali privati, la cui soluzione in ordine all'intervento da realizzare sia stata considerata di pubblico interesse ma scavalcata illegittimamente. La legittimazione si può rinvenire anche in capo ai portatori di interessi diffusi, allorché la violazione delle priorità comporti uno slittamento di opere funzionali alla realizzazione degli interessi di cui sono portatori.

Infine, con riferimento alle opere delle amministrazioni locali, potrebbe venire in rilievo il principio secondo cui ogni cittadino può far valere le azioni spettanti al comune o alla provincia. Il cittadino, infatti, potrebbe essere legittimato a impugnare l'attuazione di un programma difforme da quanto previsto in relazione alla legittimazione di carattere generale che gli viene accordata.

3. I livelli della progettazione

Nell'ambito della realizzazione dei contratti pubblici in generale e dei lavori pubblici, in particolare, la fase della progettazione ha da sempre rivestito un ruolo fondamentale: infatti, proprio le carenze progettuali si riflettono immediatamente sulle successive fasi del procedimento costruttivo provocando spesso ritardi nell'esecuzione delle opere e lievitazione dei costi.

Uno dei limiti del sistema previgente riguardava l'eccessiva marginalità del ruolo del progetto nel procedimento complessivo di realizzazione che si traduceva in un'approssimazione e insufficienza delle prescrizioni, con la conseguenza che molto spesso l'aumento dei costi e la dilatazione dei tempi di realizzazione dovevano essere imputati a deficienze dello schema progettuale. Con la legge quadro prima e con il codice dei contratti poi, la fase della progettazione ha acquisito una rilevanza fondamentale divenendo uno dei presupposti indefettibili (insieme alla programmazione) per la realizzazione di un'opera pubblica.

Tale ruolo fondamentale della fase progettuale è stato confermato dal nuovo codice dei contratti che ne innova la disciplina rafforzando la prima fase considerata, a ragione, strategica per il prosieguo dell'attività progettuale. D'altra parte senza la compilazione del progetto non è possibile la realizzazione coordinata di alcun intervento pubblico.

L'attività di progettazione delle opere rappresenta il momento decisivo delle scelte in quanto la p.a. deve valutare la sussistenza o meno dell'interesse pubblico alla realizzazione dell'intervento; le caratteristiche dell'opera stessa; la localizzazione più idonea con riferimento a parametri urbanistici e ambientali; il suo costo; la soluzione progettuale migliore; la procedura idonea per conferire l'attività di progettazione.

L'attività di progettazione, quindi, ha la finalità di realizzare un intervento di qualità e tecnicamente valido, cercando di raggiungere il miglior rapporto benefici e costi globali di costruzione, manutenzione e gestione. Infatti, l'art. 23 del codice prevede che i livelli di progettazione debbano assicurare: il soddisfacimento dei fabbisogni della collettività; la qualità architettonica e tecnica dell'opera; la conformità alle norme ambientali, urbanistiche e di tutela dei beni culturali e paesaggistici; un limitato consumo del suolo; il rispetto dei vincoli idrogeologici e sismici; l'efficientemente energetico; la compatibilità con le preesistenze archeologiche; la razionalizzazione dell'attività di progettazione attraverso l'uso di metodi e strumenti elettronici specifici quali quelli di modellazione per l'edilizia e l'infrastruttura. Inoltre, l'attenzione del legislatore nell'ambito dell'attività di progettazione si rivolge in modo particolare allo sviluppo di tale attività secondo il principio della sostenibilità ambientale. Infatti, le norme relative agli elaborati progettuali prevedono misure atte a evitare effetti negativi sull'ambiente, sul paesaggio e sul patrimonio storico artistico anche in relazione all'attività di cantiere.

In tale chiave deve anche leggersi l'istituto del dibattito pubblico ulteriore importante novità sulla quale ci si soffermerà in seguito.

La fase della progettazione non riceve dal codice una compiuta disciplina in quanto demanda al regolamento, in elaborazione, l'individuazione del contenuto dei vari livelli di progettazione.

La nuova disciplina della progettazione tenta di risolvere alcuni nodi cruciali che in passato avevano provocato notevoli problemi. Si tratta della preventiva esecuzione delle indagini, di problemi relativi ai profili ambientali e paesaggistici e alle interferenze, al profilo dei vincoli, ai problemi inerenti alla fase della progettazione definitiva agli aspetti strutturali e impiantistici, all'inserimento di misure per la mitigazione e la compensazione ambientale e alla quantificazione dei relativi costi.

La novità più rilevante in materia è rappresentata dalla sostituzione del progetto preliminare con il progetto di fattibilità tecnica ed economica. Il progetto di fattibilità supera sia lo studio di fattibilità sia il progetto preliminare previsti nella precedente disciplina. Il progetto di fattibilità ha la funzione di evitare il rilevante problema della proliferazione delle varianti progettuali che incidono notevolmente sui tempi di realizzazione e sui i costi delle opere pubbliche.

Rimane, invece, sostanzialmente invariata la disciplina del progetto definitivo e di quello esecutivo. Questi tre livelli progressivi di progettazione interagiscono tra loro e si sviluppano senza soluzione di continuità. Accanto ai documenti progettuali deve essere sviluppato il quadro economico dell'opera o dell'intervento predisposto con progressivo approfondimento in rapporto al livello di progettazione di cui fa parte; tale documento presenta le necessarie specificazioni e variazioni in relazione alla tipologia e categoria dell'opera o dell'intervento stesso, nonché alle specifiche modalità di affidamento. Il quadro economico, quindi, specifica il costo complessivo dell'opera o dell'intervento individuando le varie tipologie di spese che caratterizzano la realizzazione del contratto.

Occorre preliminarmente rilevare che il precedente codice e il relativo regolamento prevedevano un atto antecedente alla fase di progettazione: il documento preliminare. Questo si poteva considerare l'atto di individuazione delle scelte di base condizionanti la successiva progettazione. In generale, il documento preliminare doveva accertare che l'opera si realizzasse nel rispetto dei vincoli preesistenti nonché nel rispetto dei limiti di spesa previsti. Tale documento, da redigere a cura del responsabile del procedimento, indicava la situazione iniziale e la possibilità di far ricorso alle tecniche di ingegneria naturalistica; gli obiettivi generali da perseguire e le strategie per raggiungerli; le esigenze e bisogni da soddisfare; le regole e norme tecniche da rispettare; i vincoli di legge relativi al contesto in cui l'intervento è previsto; le funzioni che deve svolgere l'intervento; i requisiti tecnici che deve rispettare; gli impatti dell'opera sulle componenti ambientali e, nel caso degli organismi edilizi, delle attività ed unità ambientali; le fasi di progettazione da sviluppare e la loro sequenza logica nonché i relativi tempi di svolgimento; i livelli di progettazione e gli elaborati grafici e descrittivi da redigere; i limiti finanziari da rispettare, la stima dei costi e delle fonti di finanziamento; il sistema di realizzazione da impiegare.

Il nuovo regolamento in fase di elaborazione introduce un documento simile al documento preliminare che viene denominato documento di indirizzo alla progettazione (Dip). Ulteriore atto propedeutico alla progettazione è il documento di fattibilità delle alternative progettuali (Docfap) nelle ipotesi in cui è previsto come obbligatorio (art. 23, c. 5, codice).

In chiave di razionalizzazione dell'attività di progettazione questi contenuti possono confluire nel progetto di fattibilità che ha la funzione, strategica, di individuare tra più soluzioni quella che rappresenta il miglior rapporto costi benefici per la collettività in relazione alle specifiche esigenze da soddisfare e alle prestazioni da fornire.

Tale primo elaborato progettuale deve essere redatto solo dopo l'effettuazione da parte delle amministrazioni di tutte le indagini necessarie per l'individuazione delle caratteristiche qualitative e funzionali dei lavori, nonché delle esigenze da soddisfare e delle specifiche prestazioni da fornire, comprese quelle relative alla mitigazione o limitazione dell'impatto ambientale.

Il progetto di fattibilità, alla luce del regolamento in fase di predisposizione, si articola sui seguenti documenti: relazione generale; relazione tecnica, corredata da rilievi, accertamenti, indagini e studi specialistici; studi di fattibilità ambientale e paesaggistica; relazione tecnica e relativi elaborati di applicazione dei criteri minimi ambientali (CAM); calcolo sommario della spesa (con un computo metrico estimativo di massima) e quadro economico; elaborati grafici relativi all'intervento; cronoprogramma di massima dei lavori; capitolato prestazionale; piano particellare preliminare delle aree da espropriare o da acquisire; primc indicazioni e misure per la stesura del piano di sicurezza dei lavoratori; prime indicazioni per la stesura dell'elaborato progettuale della sicurezza; piano di utilizzo delle terre e rocce da scavo; elenco delle autorizzazioni, concessioni, licenze, pareri, intese, nulla osta e atti di assenso comunque denominati, necessari alla realizzazione dell'intervento. Nei casi di affidamento dei lavori sulla base del progetto di fattibilità, questo deve contenere tutte le informazioni utili per la predisposizione dell'offerta e deve essere corredato dallo schema di contratto.

Il progetto di fattibilità deve consentire, già in sede di approvazione, l'individuazione della localizzazione o del tracciato dell'infrastruttura nonché delle opere compensative o di mitigazione dell'impatto ambientale e sociale necessarie.

Il progetto di fattibilità mira a fornire l'indicazione delle linee generali dei lavori da realizzare e deve, in particolare, essere tale da consentire l'avvio della procedura espropriativa.

L'art. 23, c. 5, del codice prevede che la redazione del progetto di fattibilità possa avvenire anche in due fasi successive di elaborazione ai fini della attività di programmazione e della predisposizione del dibattito pubblico. La complessità della fase di progettazione di fattibilità può, quindi, variare in relazione al tipo e alla dimensione dell'intervento. L'elaborazione in due fasi si caratterizza per la preliminare predisposizione del documento di fattibilità delle alternative progettuali e per il successivo sviluppo delle indagini e degli elaborati grafici.

Attraverso il progetto di fattibilità si tende a individuare immediatamente gli aspetti problematici capaci di influire sulla realizzabilità dell'intervento, sui tempi e sui costi.

Di particolare rilevanza nell'ambito della progettazione preliminare è la previsione dello studio di preliminare ambientale. Si tratta di un elaborato che accerta la compatibilità ambientale dell'intervento. Nel caso di opere soggette a Via (Valutazione di impatto ambientale) questa analisi rappresenta uno degli elementi sui quali imperniare il successivo studio di impatto ambientale funzionale alla acquisizione della Via favorevole.

Nel caso di opere non soggette a Via, invece, lo studio di prefattibilità e la sua evoluzione nel progetto definitivo rappresentano il momento fondamentale per la valutazione della compatibilità ambientale dell'opera.

Il codice dei contratti non prevede particolari innovazioni con riferimento al progetto definitivo o esecutivo.

Il progetto definitivo individua compiutamente i lavori nel rispetto dei vincoli e criteri derivanti dall'applicazione dei principi e delle indicazioni contenute nel progetto di fattibilità. Esso contiene, quindi, tutti gli elementi necessari al fine di ottenere i necessari titoli abilitativi e accertare la conformità urbanistica dell'opera; inoltre, sviluppa gli elaborati grafici e descrittivi nonché i calcoli a un livello di definizione tale che nella successiva progettazione esecutiva non si abbiano significative differenze tecniche e di costo.

Il progetto consiste in una relazione descrittiva dei criteri utilizzati per le scelte progettuali nonché delle caratteristiche dei materiali prescelti e dell'inserimento delle opere sul territorio; relazioni tecniche e relazioni specialistiche (es. relazione geologica; geotecnica; idrologica e idraulica; analisi di risposta sismica; relazione archeologica; relazione sulle strutture); rilievi planoaltimetrici; studio di inserimento urbanistico ove pertinente; disegni generali nelle opportune scale delle "principali caratteristiche" delle opere, delle superfici e dei volumi da realizzare; studi e indagini "preliminari" occorrenti con riguardo alla natura e alle caratteristiche dell'opera; dei calcoli delle strutture e degli impianti; disciplinare descrittivo degli elementi prestazionali, tecnici ed economici previsti in progetto; un computo metrico estimativo; censimento e progetto di risoluzione delle interferenze; piano particellare di esproprio; elenco dei prezzi unitari ed eventuali analisi; piano di sicurezza e coordinamento finalizzato alla tutela della salute e sicurezza dei lavoratori nei cantieri; elaborato progettuale della sicurezza, qualora non sia prevista la redazione del piano di sicurezza e coordinamento; quadro economico con l'indicazione dei costi della sicurezza; cronoprogramma delle fasi dell'intervento aggiornato rispetto al livello del progetto di fattibilità tecnica ed economica; piano economico e finanziario; elenco aggiornato dei provvedimenti di assenso, comunque denominati, necessari per la realizzazione dell'intervento.

Il progetto definitivo, dando attuazione alle prescrizioni contenute nel progetto preliminare presenta tutti gli elementi formali e sostanziali necessari per il rilascio delle prescritte autorizzazioni e approvazioni.

Il progetto definitivo contiene anche lo studio definitivo ambientale, elaborato che illustra le risultanze degli accertamenti e delle valutazioni istruttorie e sul quale verrà pronunciata la Via stessa.

L'approvazione del progetto definitivo da parte dell'amministrazione aggiudicatrice equivale a dichiarazione di pubblica utilità (d.p.r. 327/2001).

Il progetto esecutivo deve essere redatto rispettando, non solo quanto precedentemente stabilito in sede di progettazione definitiva, ma anche tutte le ulteriori ed eventuali prescrizioni imposte in sede di rilascio del titolo abilitativi all'esecuzione dell'opera (conferenza di servizi, compatibilità ambientale). Tale livello di progettazione deve definire in modo dettagliato i lavori da realizzare e i costi da sostenere, in modo che ciascun elemento sia identificabile per forma, tipologia, qualità, dimensione e prezzo. Esso cioè costituisce l'ingegnerizzazione di tutte le lavorazioni. In questa fase ha rilievo l'aspetto eminentemente tecnico dell'attività di progettazione in quanto tutte le valutazioni di opportunità, ambientale, territoriali ed urbanistiche sono state già effettuate. Il progetto esecutivo è redatto sulla base degli studi e delle indagini compiuti nelle fasi precedenti e degli eventuali ulteriori studi e indagini, di dettaglio o di verifica delle ipotesi progettuali che risultino necessari e sulla base di rilievi planoaltimetrici, di misurazioni e picchettazioni, di rilievi della rete dei servizi del sottosuolo.

È costituito dall'insieme delle relazioni, dei calcoli esecutivi delle strutture e degli impianti e degli elaborati grafici in scale adeguate, compresi gli eventuali particolari costruttivi; dal capitolato speciale di appalto, prestazionale o descrittivo; dal computo metrico estimativo e dagli elenchi dei prezzi unitari; dall'aggiornamento del piano della sicurezza; dal cronoprogramma; dal piano particellare di esproprio aggiornato; dalla relazione tecnica e relativi elaborati di applicazione dei criteri minimi ambientali (CAM) di riferimento. Per le opere assoggettate a Via e comunque ove espressamente richiesto, il progetto esecutivo comprende il Manuale di gestione ambientale del cantiere, redatto conformemente a quanto previsto dalla Norma ISO 14001 o dal Sistema EMAS o da altri sistemi asseverati dal Ministero dell'ambiente.

Il progetto esecutivo è il documento che viene di regola posto a base d'asta (altri documenti sono il capitolato speciale, il computo metrico estimativo e l'elenco dei prezzi unitari). Il grado di specificità e compiutezza del progetto esecutivo deve essere tale da consentire l'applicazione nelle gare del criterio del massimo ribasso. Ciò comporta che agli offerenti non può essere data la possibilità di determinare neppure parzialmente le soluzioni progettuali suscettibili di valutazione secondo criteri diversi di adeguatezza e vantaggiosità.

Una delle innovazioni più rilevanti del nuovo codice dei contratti è rappresentata dal divieto di appalto integrato. Infatti, l'art. 59 del codice prevede che non sia possibile l'affidamento congiunto della progettazione e esecuzione a eccezione dell'affidamento a contraente generale, delle opere a scomputo o dei contratti di partenariato pubblico privato.

L'affidamento, quindi, dovrebbe di regola avvenire sulla base di un progetto esecutivo posto a base di gara. La deroga relativa ai contratti di partenariato pubblico privato si giustifica alla luce della particolare complessità dell'intervento che vede un consistente coinvolgimento del privato in tutte le fasi dell'intervento. Il privato che dovrà finanziare e gestire economicamente l'intervento deve avere anche la possibilità di individuare le soluzioni progettuali che ritiene più in linea con gli scopi che intende raggiungere. In questi casi, la gara si potrebbe svolgere solo sulla base del progetto di fattibilità.

Successivamente, però, il legislatore ha attenuato la regola del divieto di affidamento congiunto affermando la possibilità di affidamento della progettazione esecutiva e della esecuzione sulla base del progetto definitivo per i contratti in cui l'elemento tecnologico o innovativo sia nettamente prevalente rispetto all'importo del contratto. Tale valutazione deve essere effettuata in sede di deliberazione a contrarre. L'atto deve motivare puntualmente in merito alla rilevanza dei presupposti tecnici che hanno portato all'affidamento congiunto e deve effettuare un confronto comparativo circa l'eventuale incidenza sui tempi di realizzazione tra la soluzione dell'affidamento congiunto e quella dell'affidamento della sola esecuzione.

Con riferimento ai servizi e alle forniture la progettazione è articolata su un solo livello ed è predisposta dalla stazione appaltante mediante propri dipendenti in servizio.

Come detto, nella progettazione vengono in rilievo importanti studi di carattere ambientale e territoriale. Di particolare rilevanza nell'ambito del progetto di fattibilità tecnico economica è la previsione dello studio preliminare sull'impatto ambientale. Si tratta di un elaborato che accerta, in via di prima approssimazione, la compatibilità ambientale dell'intervento e individua le condizioni che consentono un miglioramento della qualità ambientale e paesaggistica del contesto territoriale. Il nuovo codice (art. 23, c. 6) prevede che il progetto di fattibilità sia redatto sulla base dell'avvenuto svolgimento di indagini geologiche e geognostiche, di verifiche preventive dell'assetto archeologico, di studi preliminari sull'impatto ambientale. Lo studio deve indicare le aree impegnate, le relative eventuali fasce di rispetto e le occorrenti misure di salvaguardia, le caratteristiche prestazionali, le specifiche funzionali, le esigenze di compensazioni e di mitigazione dell'impatto ambientale; deve essere di un livello tale da consentire l'individuazione della localizzazione dell'opera o del tracciato dell'infrastruttura nonché delle opere compensative o di mitigazione dell'impatto ambientale e sociale necessarie.

Nel caso di opere soggette a Via questa analisi preliminare rappresenta uno degli elementi sui quali imperniare il successivo studio di impatto ambientale funzionale all'acquisizione della Via favorevole. Nel caso di opere non soggette a Via, invece, lo studio preliminare sull'impatto ambientale e la sua evoluzione nel progetto definitivo rappresentano il momento fondamentale per la valutazione della compatibilità ambientale dell'opera.

Ulteriori studi di impatto e di fattibilità ambientale caratterizzano la progettazione definitiva. In particolare, lo studio di impatto ambientale viene in rilievo nel caso in cui l'opera sia suscettibile di provocare notevoli variazioni sull'ambiente circostante e indica le misure necessarie alla riqualificazione ambientale e territoriale dell'area in seguito alla costruzione di una determinata opera, partendo dalle indicazioni fornite nel progetto di fattibilità. Questo studio deve, quindi, permettere il rilascio di tutte le approvazioni e autorizzazioni ambientali. Si tratta di un approfondimento e una verifica delle analisi sviluppate nel progetto preliminare. La valutazione degli interessi sensibili in materia di progettazione passa ovviamente per la sottoposizione del progetto dell'opera al procedimento di valutazione di impatto ambientale. L'essenza di tale valutazione consiste nel fatto che questa non si sostanzia in una mera verifica di natura tecnica circa l'astratta compatibilità ambientale dell'opera, ma implica una complessa e approfondita analisi comparativa tesa a valutare il sacrificio ambientale imposto rispetto all'utilità socio-economica, tenuto conto anche delle alternative possibili e dei riflessi sulla stessa opzione-zero; per tale motivo è stato chiarito che la Via non può che essere effettuata sulla progettazione definitiva, dovendo individuare in concreto tutte le problematiche ambientali dell'intervento, inclusi gli effetti cumulativi dei diversi profili ambientali. In questo senso, la natura discrezionale della decisione finale, sul versante tecnico e amministrativo, rende fisiologico che si pervenga a una soluzione negativa tutte le volte in cui l'intervento proposto cagioni un sacrificio ambientale superiore a quello necessario per il soddisfacimento dell'interesse diverso sotteso all'iniziativa. L'analisi in materia va, quindi, svolta considerando l'unitarietà dell'intervento nel suo complesso, essendo l'opera finale a incidere sul bene ambiente. La giurisprudenza comunitaria conferisce alla procedura di Via, nel quadro dei mezzi e modelli positivi preordinati alla tutela dell'ambiente, un ruolo strategico che evidenzia come la politica europea dell'ambiente consista, innanzitutto, nell'evitare fin dall'inizio inquinamenti e altri danni all'ambiente, anziché combatterne successivamente gli effetti; in pratica, si tratta di mettere in campo misure preventive finalizzate alla tutela dell'ambiente. La Via, quando, è una chiara manifestazione dei principi di prevenzione e precauzione fondamentali per la legislazione ambientale.

La valutazione di impatto ambientale può essere preceduta da un istituto anch'esso espressione del principio di precauzione, la valutazione ambientale strategica (Vas).

La valutazione ambientale di piani e programmi (Vas) e la valutazione di progetti (Via) hanno entrambe la finalità di assicurare che l'attività antropica sia compatibile con le condizioni per uno sviluppo sostenibile. La Vas, in particolare, ha la finalità di garantire un elevato livello di protezione dell'ambiente, contribuendo all'integrazione delle relative previsioni, con considerazioni specificamente ambientali, che siano tali da guidare l'amministrazione nell'effettuazione delle scelte discrezionali, tipiche, per l'appunto, dei piani e dei programmi; la valutazione di singoli progetti avviene invece sulla base della progettazione di fattibilità ed ha l'obiettivo di verificare l'impatto sull'ambiente dell'opera progettata. Queste valutazioni sono effettuate da apposite commissioni sia nazionali (presso il Ministero della transizione ecologica) sia regionali a seconda della portata del progetto.

In sintesi, la Vas concerne la pianificazione e la programmazione ed ha la funzione di favorire l'emersione e l'evidenziazione dell'interesse ambientale di modo che esso venga considerato in via prioritaria dall'amministrazione; la Via concerne i singoli progetti ed è necessaria ai fini della verifica dell'entità dell'impatto ambientale dell'opera proposta, in modo da stimolare soluzioni mitigative da valutare secondo il principio dello sviluppo sostenibile, sino all'opzione zero, qualora l'impatto non sia evitabile neanche con l'adozione di cautele.

4. La verifica e la validazione dei progetti

Prima di avviare le procedure per l'affidamento dei lavori, le stazioni appaltanti devono verificare, attraverso il responsabile del procedimento, la rispondenza degli elaborati progettuali ai documenti prescritti.

Ciascun progetto deve essere approvato nelle sue tre fasi differenti o dal responsabile del procedimento o da appositi organismi di certificazione, in modo tale da assicurare il rispetto del livello di qualità previsto e la prescritta conformità alle indicazioni deliberate.

L'obiettivo perseguito con tale procedura è quello di prevenire eventuali lacune ed errori dei progetti durante il loro sviluppo che potrebbero riflettersi negativamente sulla realizzazione dell'opera.

In particolare, assumono rilievo due forme di controllo: quella della verifica e quella della validazione (art. 26 codice).

La prima è volta a verificare la qualità concettuale, sociale, economica, ecologica e ambientale dell'opera realizzanda così come definita nel progetto preliminare; la seconda, invece, con riferimento al progetto esecutivo è volta ad accertare la conformità di tale segmento progettuale al progetto di fattibilità dal punto di vista della concreta possibilità di eseguire l'opera.

In particolare, la verifica è finalizzata ad accertare la conformità della soluzione progettuale prescelta alle specifiche disposizioni funzionali, prestazionali, normative e tecniche contenute nello studio di fattibilità, nel documento preliminare alla progettazione ovvero negli elaborati progettuali dei livelli già approvati. L'attività di verifica dei progetti può essere svolta dalle strutture e dal personale tecnico dell'amministrazione oppure da strutture tecniche di altre amministrazioni di cui la stazione appaltante si può avvalere.

Per gli appalti di importo inferiore alla soglia comunitaria e fino a un milione di euro la verifica può essere effettuata dalla stessa stazione appaltante se il progetto sia stato redatto da progettisti esterni o se le stazioni appaltanti dispongano di un sistema interno di controllo di qualità ove il progetto sia stato realizzato da progettisti interni. Per gli appalti inferiori a un milione di euro la verifica è effettuata dal responsabile unico del procedimento. Per appalti di importo molto elevato (superiori a venti milioni di euro) tale attività è svolta da organismi di controllo appositamente accreditati; per gli appalti di importi inferiore a venti milioni di euro fino alla soglia comunitaria da società di ingegneria o dalle stesse stazioni appaltanti ove siano in possesso di un sistema interno di controllo di qualità.

La verifica accerta in particolare: la completezza della progettazione; la coerenza e completezza del quadro economico in tutti i suoi aspetti; l'appaltabilità della soluzione progettuale prescelta; i presupposti per la durabilità dell'opera nel tempo; la minimizzazione dei rischi di introduzione di varianti e di contenzioso; la possibilità di ultimazione dell'opera entro i termini previsti; la sicurezza delle maestranze e degli utilizzatori; l'adeguatezza dei prezzi unitari utilizzati; la manutenibilità delle opere, ove richiesto.

La validazione, invece, è l'atto formale che deve riportare gli esiti della verifica progettuale.

Quindi la verifica è l'attività maggiormente rilevante e si incentra su tutto il contenuto del progetto, sulla base di una serie di indici dettagliatamente indicati dal regolamento e in contraddittorio con i progettisti. La validazione del progetto posto a base di gara è l'atto formale che riporta gli esiti delle verifiche. È sottoscritta dal responsabile del procedimento e fa preciso riferimento al rapporto conclusivo del soggetto preposto alla verifica e alle eventuali controdeduzioni del progettista.

Nel caso di validazione positiva sarà possibile procedere con la fase di selezione del contraente mentre nel caso di validazione negativa, anche se sul punto la norma tace, si deve presumere che il progetto non possa passare alla fase di approvazione amministrativa che precede l'avvio della gara; il progetto, quindi, deve essere modificato o integrato al fine di superare in maniera positiva la fase della validazione.

L'art. 26, c. 7, del codice prevede che l'attività di verifica sia incompatibile con lo svolgimento per il medesimo progetto dell'attività di progettazione, di coordinamento della sicurezza, di direzione lavori e di collaudo.

Il soggetto incaricato della verifica risponde a titolo di inadempimento del mancato rilievo di errori o omissioni del progetto verificato che ne pregiudichino in tutto o in parte la realizzabilità o l'utilizzazione. L'incaricato della verifica è altresì responsabile degli accertamenti previsti in tale sede compresi quelli relativi all'avvenuta acquisizione nei necessari provvedimenti per la realizzazione dell'intervento. Resta comunque ferma la responsabilità del progettista circa le scelte progettuali e i procedimenti di calcolo adottati.

I soggetti esterni alla stazione appaltante inadempienti agli obblighi derivanti dall'attività di verifica sono tenuti a risarcire alla stazione appaltante i danni conseguenti all'inadempimento e sono esclusi per tre anni dalla attività di verifica.

Al procedimento di verifica e validazione dei progetti si affianca il subprocedimento di verifica preventiva dell'interesse archeologico dell'intervento (art. 25 codice). Si tratta di un'attività di competenza delle soprintendenze del Ministero dei beni e delle attività culturali che può avere notevoli conseguenze operative sulla progettazione delle opere pubbliche. Infatti, è necessario che tale verifica venga compiuta nella prima fase della progettazione in modo tale da impedire rinvenimenti archeologici in corso d'opera con conseguenti rallentamenti nella realizzazione dell'intervento, varianti progettuali e inevitabili aumento di costi e tempi di realizzazione. La giurisprudenza ha precisato che la valutazione preventiva della soprintendenza sul progetto preliminare costituisce obbligo generale per tutti i progetti di opere e non solo per quelle ricadenti in zone caratterizzate da un accertato vincolo archeologico o per le quali il piano particolareggiato preveda l'obbligo di acquisire il previo nulla osta della soprintendenza. Dalla mancata osservanza di tale obbligo deriva la responsabilità erariale del responsabile unico del procedimento e del progettista che non abbiano preventivamente trasmesso il progetto alla soprintendenza per la valutazione del rischio archeologico allorché si riscontrino danni alle casse pubbliche da mancata realizzazione dell'opera conseguentemente al ritrovamento di reperti storici e archeologici.

La verifica preventiva dell'interesse archeologico si pone in una fase antecedente alla approvazione del progetto di fattibilità. Il problema che sorge è quello di stabilire se tale subprocedimento debba concludersi prima o dopo la verifica di tale progettazione. Poiché il subprocedimento di verifica archeologica si può concludere con una serie di prescrizioni riguardanti misure di tutela dei beni di interesse da inserire nel progetto di fattibilità tecnico economica, occorre che il progetto preliminare sia inviato prima della sua verifica. L'indagine archeologica completa, quindi, la progettazione e consente di operare la verifica e la sua successiva validazione avendo effettuato una esaustiva istruttoria su tutti gli aspetti che investono l'intervento.

5. La progettazione interna ed esterna

Il codice dei contratti pone sullo stesso piano la progettazione interna alle amministrazioni e quella esterna affidata a professionisti, a società di professionisti, a società di ingegneria, raggruppamenti temporanei di progettisti e consorzi stabili di società (art. 24).

In precedenza, veniva attribuita assoluta priorità alla progettazione interna. Ma spesso accadeva che l'attività di progettazione si rivelasse dispendiosa e antieconomica così da indurre alcune stazioni appaltanti ad avvalersi di uffici di altre amministrazioni o a esternalizzare l'attività di progettazione a professionisti esterni.

L'affidamento all'esterno si poteva giustificare nelle ipotesi di carenza di personale tecnico nell'organico delle stazioni appaltanti, di difficoltà di rispettare i tempi della programmazione dei lavori o di svolgere le funzioni di istituto; nell'ipotesi di lavori di speciale complessità o di rilevanza architettonica o ambientale; nel caso di progetti richiedenti l'apporto di una pluralità di competenze. La sussistenza di queste ragioni giustificative della necessità di affidamento esterno dell'attività di progettazione doveva essere adeguatamente accertata e certificata dal responsabile del procedimento.

Attualmente, invece, vige la regola dell'equiparazione tra progettazione interna ed esterna, per cui la decisione di affidare a professionisti esterni la progettazione non è soggetta ad alcuna particolare motivazione.

Con riferimento alla progettazione interna rimane confermato il principio che il progetto debba essere firmato da dipendenti abilitati all'esercizio della professione anche se non iscritti agli ordini, mentre i dipendenti che hanno un rapporto di lavoro a tempo parziale non possono espletare nell'ambito territoriale dell'ufficio di appartenenza, incarichi professionali per conto di altre pubbliche amministrazioni, se non conseguenti ai rapporti d'impiego (art. 24, c. 3).

Sono a carico delle stazioni appaltanti le polizze assicurative per la copertura dei rischi di natura professionale a favore dei dipendenti incaricati della progettazione, mentre nell'ipotesi di affidamenti esterni le polizze sono a carico dei soggetti affidatari (art. 24, c. 4).

L'art. 24, c. 7, prevede però una deroga a tale divieto laddove i soggetti ivi indicati dimostrino che l'esperienza acquisita nell'espletamento degli incarichi di progettazione non è tale da determinare un vantaggio che possa falsare la concorrenza con gli altri operatori.

Per quanto riguarda i corrispettivi per le attività di progettazione e di altri servizi tecnici da porre a base di gara, l'art. 24, c. 8, dispone che il Ministro della Giustizia, di concerto con il Ministro delle Infrastrutture e dei Trasporti, adotti un decreto con l'indicazione delle tabelle dei corrispettivi, commisurati al livello qualitativo delle prestazioni, delle attività di progettazione e degli altri servizi tecnici come il coordinamento della sicurezza in fase di progettazione, direzione dei lavori, coordinamento della sicurezza in fase di esecuzione, collaudo, supporto al Rup (decreto adottato il 17 giugno 2016).

La progettazione esterna può essere affidata: a liberi professionisti singoli o associati; a società tra professionisti; a società di ingegneria, organizzate secondo le forme della società di capitali, alla quale possono partecipazione come soci che apportano capitali anche soggetti che non hanno lo status di liberi professionisti; a raggruppamenti temporanei costituiti dai soggetti predetti; a consorzi stabili di società di professionisti e di società di ingegneria anche in forma mista in numero non inferiore a tre. Particolarmente rigido è il regime delle incompatibilità tra i soggetti affidatari di incarichi di progettazione e quelli realizzatori dell'opera. Infatti, gli affidatari di incarichi di progettazione non possono partecipare agli appalti o alle concessioni di lavori pubblici nonché ad eventuali subappalti o cottimi per i quali abbiamo svolto l'attività di progettazione. A tali appalti non può neppure partecipare un soggetto controllato, controllante o collegato all'affidatario dell'incarico di progettazione. Gli incarichi di progettazione sono affidati tramite procedure a evidenza pubblica che seguono le norme del codice dei contratti per i contratti sopra la soglia europea. Per gli incarichi sotto la soglia, da quarantamila fino a centomila euro, l'affidamento avviene a cura del responsabile del procedimento nel rispetto dei principi di non discriminazione, parità di trattamento, proporzionalità e trasparenza con invito rivolto ad almeno cinque soggetti.

L'affidamento all'esterno della progettazione può avvenire anche attraverso il concorso di progettazione (art. 152 codice) e il concorso di idee (156 codice). Queste forme possono essere utilizzate nel caso in cui l'amministrazione debba intraprendere lavori di particolare rilevanza sotto il profilo architettonico, ambientale, storico artistico, tecnologico.

Il concorso di progettazione consiste in una procedura che mira a fornire all'amministrazione, soprattutto nel settore della pianificazione territoriale, dell'urbanistica, dell'architettura, dell'ingegneria, un piano o progetto che viene selezionato da una apposita commissione aggiudicatrice in base a una gara con o senza premio. La finalità del concorso di progettazione è, quindi, quella di far acquisire alle amministrazioni un piano o un programma in tutte quelle fattispecie in cui lo sviluppo progettuale presuppone una peculiare elaborazione e un significativo apporto creativo del professionista. Con specifico riferimento alla materia dei lavori pubblici, l'amministrazione, attraverso tale procedura, vuole acquisire un elaborato progettuale con livello di approfondimento pari a quello di un progetto di fattibilità tecnico ed economica. L'oggetto del concorso di progettazione è differente da quello dell'affidamento di incarichi di progettazione ad esterni. Il concorso di progettazione è un'offerta al pubblico con la quale l'amministrazione promette di acquistare una idea progettuale, o un progetto, ritenuti migliori sul piano qualitativo ed economico, da una apposita commissione; la procedura si conclude con una compravendita di un prodotto di ingegno ossia di un progetto. Nell'affidamento di incarichi di progettazione, oggetto del contratto è una prestazione professionale tesa a un risultato e cioè alla redazione di un progetto, per cui la procedura tende alla selezione del relativo progettista. In questo caso, quindi, si tratta di individuare un soggetto in possesso di predefiniti requisiti tali da garantire al committente la professionalità con cui adempirà all'incarico. Il concorso di progettazione, invece, ha come principio cardine quello dell'anonimato. Infatti, la commissione di gara deve esaminare e confrontare gli elaborati senza conoscere la paternità degli stessi. Quindi, oggetto della valutazione deve essere solo ed esclusivamente il progetto senza che assuma rilevanza il progettista.

Al vincitore del concorso è attribuito un premio, il cui pagamento comporta l'acquisto dell'elaborato da parte della stazione appaltante. Qualora vi sia apposita previsione nel bando, al vincitore del concorso sono affidati con procedura negoziata i successivi livelli di progettazione. In caso di intervento di particolare rilevanza e complessità può procedersi all'esperimento di un concorso articolato in due gradi di cui il secondo, che ha a oggetto la presentazione del progetto di fattibilità, si svolge tra i soggetti individuati attraverso la valutazione di proposte di idee presentate nella prima fase e selezionate senza formazione di graduatorie di merito né assegnazione di premi.

In via generale, ai professionisti esterni può essere richiesta l'ideazione di soluzioni convenienti per la p.a., per esempio per ottimizzare l'uso di aree o immobili, ancor prima della fase di progettazione. Infatti, attraverso il concorso di idee, l'amministrazione vuole ottenere dai concorrenti soluzioni di carattere creativo per soddisfare le proprie esigenze. Il concorso di idee ha la finalità di fornire alle amministrazioni più soluzioni possibili tra cui possa scegliere quelle da porre a base dell'attività di progettazione e di realizzazione dell'opera. I partecipanti espongono le rispettive proposte creative nella forma più idonea mentre l'amministrazione non può richiedere che gli elaborati abbiano livello pari o superiore ai progetti di fattibilità. La valutazione è effettuata da una commissione nominata dall'amministrazione secondo criteri e metodi stabiliti dal bando di gara. L'attività della commissione giudicatrice, per interventi di particolare rilevanza, può essere preceduta da un'analisi degli aspetti formali e tecnici definiti nel bando. Tale analisi è svolta da una commissione istruttoria composta da almeno tre soggetti dipendenti della stazione appaltante o consulenti esterni. Gli elaborati ritenuti più confacenti alle esigenze dell'amministrazione ricevono un congruo premio mentre l'idea è acquisita in proprietà della stazione appaltante che, previa eventuale definizione dei suoi aspetti tecnici, può porla a base di un concorso di progettazione o di un appalto di servizi di progettazione. La stazione appaltante può affidare al vincitore del concorso di idee la realizzazione dei successivi livelli di progettazione con procedura negoziata senza bando, a condizione che detta possibilità sia espressamente prevista nel bando e che il soggetto sia in possesso dei requisiti richiesti per il progetto da sviluppare.

6. La procedura di approvazione del progetto di opera pubblica

L'approvazione del progetto costituisce una fase di notevole delicatezza nell'ambito della complessa procedura di realizzazione di un'opera pubblica. Infatti, dall'atto di approvazione del progetto derivano rilevanti conseguenze sia con riferimento alla prosecuzione del procedimento di aggiudicazione (ovviamente, il progetto non approvato non può essere posto a base di gara), sia con riguardo alle procedure di rilievo urbanistico (si pensi agli effetti dell'approvazione in funzione di variante ai piani urbanistici), sia con riferimento alle eventuali procedure espropriative (apposizione del vincolo preordinato all'esproprio e dichiarazione di pubblica utilità, indifferibilità e urgenza), infine, con riferimento alle procedure relative alla valutazione dell'impatto ambientale dell'opera pubblica. Essendo uno snodo di estrema rilevanza con riferimento a procedimenti amministrativi di varia natura, la fase di approvazione del progetto prevede il coinvolgimento di numerose amministrazioni. Per tale motivo il modulo procedimentale scelto dal legislatore per svolgere tale attività è quello della conferenza di servizi, così come prescritto dall'art. 27 del codice dei contratti.

L'atto di approvazione del progetto interviene a seguito dei relativi controlli sullo stesso (verifiche e validazioni), si tratta di un atto attraverso il quale l'amministrazione fa ufficialmente proprio il progetto. È, quindi, atto di amministrazione attiva e non di controllo. Poiché, come si è accennato, dall'approvazione del progetto derivano molteplici effetti che possono comportare lesioni nelle sfere giuridiche soggettive dei privati coinvolti nel procedimento di realizzazione dell'opera pubblica (si pensi alla apposizione di un vincolo preordinato all'esproprio), occorre chiedersi se l'approvazione possa considerarsi atto immediatamente impugnabile dinanzi al giudice amministrativo. La giurisprudenza, occupandosi degli effetti dell'approvazione sulle procedure espropriative, ne ha affermato l'immediata impugnabilità. Infatti, è stato precisato che gli atti presupposti al decreto di esproprio, come la dichiarazione di pubblica utilità contenuta nell'approvazione del progetto si possono considerare autonomamente lesivi della sfera giuridica del destinatario per cui debbano essere tempestivamente impugnati, mentre il decreto di esproprio conclusivo della procedura, non svolgendo (a differenza degli atti terminali della procedure concorsuali) un ruolo approvativo di tali pregressi provvedimenti, non può consentire la deduzione per la prima volta di censure, ormai tardive, di atti presupposti di apposizione del vincolo o di approvazione del progetto che siano divenuti inoppugnabili.

Il problema della impugnabilità riguarda anche la suddivisione in vari livelli della progettazione e l'efficacia di ognuno di essi. Nell'iter di approvazione di opera pubblica non sono impugnabili gli atti concernenti il progetto di fattibilità in quanto solo con quello definitivo l'opera pubblica assume una stabile connotazione che consente di valutare appieno i profili di interferenza e, quindi, di lesività, con le posizioni giuridiche dei confinanti o vicini, mentre al livello di progettazione preliminare la stessa è ancora a uno stadio iniziale, abbozzato, suscettibile di modifiche per radicare un interesse concreto all'impugnazione.

Sempre con riferimento alle procedura espropriativa, è stato chiarito che se la dichiarazione di pubblica utilità è implicita nell'approvazione del progetto definitivo, il successivo livello di progettazione, quello esecutivo, costituisce una fase accessoria e irrilevante ai fini della lesività per l'espropriando nei cui confronti è stato già adottato il vincolo espropriativo; in tali ipotesi, quindi, non può pretendersi un onere di impugnativa anche del progetto esecutivo a pena di improcedibilità dell'impugnazione proposta nei confronti dell'atto comportante la dichiarazione di pubblica utilità.

Da quanto precisato dalla giurisprudenza deriva che, nell'ambito della serie procedimentale degli atti di approvazione di un progetto, devono considerarsi impugnabili solo quelli effettivamente dotati di lesività nei confronti dei cittadini danneggiati dall'attività della p.a. Tra questi possono annoverarsi l'approvazione del progetto definitivo dei lavori da realizzare che, contenendo la dichiarazione di pubblica utilità, indifferibilità e urgenza, imprime al bene privato quella particolare qualità (o utilità pubblica) che lo rende assoggettabile alla procedura espropriativa, il decreto di occupazione temporanea e d'urgenza che realizza lo spossessamento del bene in capo al privato e il decreto di espropriazione che attua, il trasferimento coattivo del bene dal privato alla p.a. ovvero all'espropriante. Gli altri atti, come l'approvazione del progetto preliminare e l'approvazione del progetto esecutivo, non possono considerarsi immediatamente lesivi, salvo che, per un'eventuale alterazione dell'iter procedimentale, siano essi stessi a incidere immediatamente e direttamente sul bene oggetto della procedura espropriativa, recando, quindi, un *vulnus* alla posizione del cittadino proprietario.

Se l'atto di approvazione del progetto immediatamente lesivo, contenente la dichiarazione di pubblica utilità, non viene impugnato nei termini, non è più possibile per il privato contestare le scelte progettuali operate e correlate alla dichiarazione di pubblica utilità dell'opera così come progettata, con la conseguenza che l'approvazione del progetto, divenuta inoppugnabile, rende automaticamente legittimi tutti gli atti successivi, attuativi delle scelte progettuali contenute nel progetto dichiarato di pubblica utilità. La mancata impugnazione della dichiarazione di pubblica utilità non impedisce però l'impugnazione degli atti successivi non legati alle scelte progettuali o alla dichiarazione di pubblica utilità.

7. La conferenza di servizi sulle opere pubbliche: la conferenza preliminare

Il codice individua la conferenza di servizi come modalità per l'approvazione dei progetti di opera pubblica. Si tratta di un modulo procedimentale che consente alle amministrazioni interessate di poter adottare contestualmente decisioni secondo le rispettive competenze. In questo modo non solo si riducono i tempi delle decisioni ma si coordinano al meglio gli interessi rappresentati dalle amministrazioni partecipanti. Come noto l'istituto ha profondamente innovato le modalità attraverso le quali le amministrazioni determinano la loro volontà provvedimentale, alterando la tradizionale regola dell'esercizio dei poteri discrezionali, e ha, inoltre, avuto come obiettivo quello di adeguare la funzionalità dell'amministrazione alla "sfida della complessità", con l'evidente scopo di snellire i tempi del procedimento. Ma proprio tali innovative caratteristiche sono state causa della vita travagliata della conferenza di servizi. Infatti, si è dimostrato difficoltoso prevedere efficaci meccanismi di coordinamento e composizione delle posizioni delle pubbliche amministrazioni coinvolte nei complessi procedimenti amministrativi in conferenza di servizi.

Da ciò sono derivate incertezze normative in relazione all'individuazione delle modalità per la conclusione della conferenza e per il superamento dei dissensi espressi dalle amministrazioni interessate. I continui innesti normativi, ultimo dei quali attuato nel 2016 con la c.d. "riforma Madia" (d.lgs. 30 giugno 2016, n. 127), nel creare una disciplina sovrabbondante dell'istituto, stanno trasformando quello che doveva essere il paradigma di un nuovo modo di concepire i rapporti tra i pubblici poteri in chiave di semplificazione e coordinamento tra interessi in esempio di "complicazione". L'evoluzione normativa in materia ha tentato di prevedere delle semplificazioni dell'iter procedimentale della conferenza di servizi per recuperare la *ratio* originaria dell'istituto.

Vi sono varie tipologie di conferenza di servizi: decisoria, nella quale le amministrazioni adottano i provvedimenti di competenza (pareri, intese, concerti, nulla osta o assensi comunque denominati); istruttoria nella quale le amministrazioni sono invitate per essere consultate in vista dell'adozione parte dell'amministrazione procedente del provvedimento. In questo secondo caso le amministrazioni non adottano alcun provvedimento specifico e il loro apporto è meramente partecipativo.

La l. 241/1990 si occupa anche della disciplina della peculiare tipologia di conferenza di servizi che viene in rilievo nell'approvazione di progetti di opere pubbliche. Infatti, accanto alla conferenza di servizi istruttoria e decisoria, l'art. 14 c. 3, l. 241/1990 prevede la c.d. conferenza di servizi preliminare.

Si tratta di una conferenza di servizi dal carattere endoprocedimentale, per cui quanto stabilito in conferenza preliminare non ha l'idoneità a ledere posizioni giuridiche soggettive e, conseguentemente, non può oggetto di immediata impugnazione. Tale conferenza si esprime sul progetto di fattibilità tecnica ed economica al fine di indicare quali siano le condizioni per ottenere sul progetto definitivo tutti gli atti di assenso, di qualsiasi natura (intese, pareri, concessioni, autorizzazioni, licenze, nulla osta, assensi) richiesti per procedere.

A differenza della conferenza preliminare su progetti di particolare complessità e relativi alla realizzazione di insediamenti produttivi di beni e servizi, ossia di progetti che devono essere realizzati da soggetti privati, la conferenza di servizi preliminare su opera pubblica o su opera di interesse pubblico è obbligatoria. Essa, inoltre, ha un carattere onnicomprensivo, nel senso che a questa conferenza devono essere invitate tutte le amministrazioni coinvolte a vario titolo nella realizzazione dell'intervento, sia quelle che dovranno in seguito adottare provvedimenti amministrativi di assenso sia quelle che dovranno esprimersi con pareri, ossia con atti di natura consultiva a carattere prettamente amministrativo o tecnico.

La peculiarità di tale conferenza risiede nella circostanza che la sua natura istruttoria si tinge di contenuti predecisori. Infatti, in questa sede ciascuna amministrazione coinvolta deve chiaramente indicare le condizioni rispetto alle quali il progetto otterrà i provvedimenti di assenso necessari. Ogni amministrazione deve, quindi, prendere una precisa posizione sul provvedimento di competenza. Si potrebbe affermare che le amministrazioni adottino uno schema di decisione vincolando la propria discrezionalità con riguardo al futuro provvedimento. Ciò significa che l'amministrazione partecipante potrà decidere in maniera differente da quanto stabilito solo in caso di radicale modifica delle condizioni concordate che possono derivare da un mutamento della situazione di fatto, della normativa disciplinante la fattispecie, nell'ipotesi di eventi imprevedibili o allorché emergano risultanze istruttorie differenti in sede di conferenza di servizi decisoria. In presenza delle condizioni concordate, invece, l'amministrazione dovrà adottare il provvedimento di competenza, così come concordato. Si può anche affermare che la decisione in sede di conferenza preliminare assuma i connotati di un accordo fra amministrazioni integrativo del contenuto del provvedimento che poi dovrà essere adottato in seno alla conferenza decisoria sul progetto definitivo.

Una decisione differente da quanto stabilito in conferenza preliminare senza alcuna valida motivazione renderebbe un eventuale provvedimento negativo successivo del tutto illegittimo.

D'altra parte, non attribuire alcun effetto giuridico vincolante alla decisione adottata dalla conferenza preliminare renderebbe la previsione di tale istituto inutile in quanto la sua funzione ben potrebbe essere assolta in seno a una delle riunioni nelle quali si articola la conferenza decisoria sul progetto.

La l. 241/1990, prevede in via generale che la conferenza di servizi si svolga in modalità semplificata o asincrona. Si deve, però, osservare che tale conferenza di servizi non rispetta la *ratio* dell'istituto. Infatti, la conferenza di servizi si caratterizza per essere un modulo procedimentale ove i molteplici interessi coinvolti in un procedimento amministrativo complesso, vengono ponderati in un unico contesto temporale. Tale contestuale ponderazione ha il duplice scopo di semplificare l'azione amministrativa e di coordinare le decisioni. La conferenza semplificata, invece, non possiede le caratteristiche sopra individuate. Infatti, in questi casi l'amministrazione procedente deve comunicare ai soggetti coinvolti l'avvio del procedimento e il termine entro il quale queste ultime devono adottare i provvedimenti di competenza, anche attraverso il meccanismo semplificatorio del silenzio assenso. Non vi è, quindi, alcuna ponderazione contestuale di interessi, si tratta di un procedimento "a navetta" semplificato e condotto con modalità telematiche. Tale tipologia di conferenza di servizi, secondo l'art. 14 *bis*, è quella da utilizzare anche con riferimento all'approvazione di progetti di opera pubblica, mentre la conferenza “simultanea”, ossia la vera conferenza di servizi, può venire in rilievo nelle ipotesi di determinazioni particolarmente complesse da adottare (art. 14, c. 7, l. 241/1990).

Ulteriore problema riguarda l’applicazione dell’istituto del silenzio assenso e il coordinamento con l’art. 17 *bis*, l. 241/1990 (silenzio assenso tra p.a.). Tale problema è particolarmente delicato allorché si tratti di amministrazioni preposte alla tutela degli interessi sensibili, che sono sempre coinvolte in procedimenti riguardanti le opere pubbliche (amministrazioni preposte alla tutela ambientale, paesaggistico-territoriale, dei beni culturali, o alla tutela della salute dei cittadini).

Viene, infatti, prevista l’applicazione dell’istituto del silenzio assenso sia nella ipotesi di conferenza semplificata (art. 14 *bis*, c. 4) sia nella fattispecie di conferenza simultanca (art. 14 *ter*, c. 7). In particolare, è previsto che la conferenza di servizi possa procedere comunque anche attraverso la sola acquisizione dell’assenso delle amministrazioni coinvolte, comprese quelle preposte alla tutela di interessi sensibili il cui rappresentante, all’esito dei lavori della conferenza, non abbia espresso definitivamente la volontà dell’amministrazione rappresentata. Quindi, la mancata comunicazione della determinazione entro il termine previsto per la conclusione della conferenza equivale ad assenso senza condizioni. Il silenzio assenso non si applica nei casi in cui disposizioni del diritto dell’Unione europea richiedano l’adozione di provvedimenti espressi.

In queste ipotesi, la protezione dell’interesse sensibile consiste esclusivamente nell’allungamento dei tempi per la formazione del silenzio (novanta giorni rispetto ai trenta previsto per le altre amministrazioni). Pur essendo il silenzio assenso un fatto inerziale a cui la legge attribuisce un valore legale tipico, rappresentando, quindi, una “deviazione dalle linee maestre del sistema di produzione giuridica del diritto amministrativo”, esso non è di per sé incompatibile con la realizzazione di un’adeguata ponderazione degli interessi sensibili. Il meccanismo semplificatorio non è strumento per aggirare una corretta istruttoria che, anzi, viene favorita dalla circostanza che per gli interessi sensibili il legislatore abbia previsto un termine più lungo per la maturazione del silenzio assenso. Da ciò si può affermare che gli interessi sensibili ricevano un’adeguata protezione anche nel caso del silenzio assenso.

Ulteriore innovazione riguarda le modalità di rappresentanza delle amministrazioni statali. Infatti, l’art. 14 *ter* prevede che ove alla conferenza partecipino anche amministrazioni non statali, le amministrazioni statali siano rappresentate da un unico soggetto abilitato a esprimere definitivamente, in modo univoco e vincolante, la posizione di tutte le predette amministrazioni. Il rappresentante è nominato dal Presidente del Consiglio dei ministri, ovvero, ove si tratti soltanto di amministrazioni periferiche, dal Prefetto. Tale norma è funzionale all'obiettivo della semplificazione dei meccanismi decisionali in sede di conferenza di servizi. La previsione di un rappresentante unico pone, però, ancora delicati problemi con particolare riferimento alla tutela degli interessi sensibili. L'art. 14 *ter*, c. 4, che disciplina l'ipotesi del rappresentante unico, chiarisce che le amministrazioni portatrici di interessi sensibili, prima della conclusione dei lavori della conferenza possono esprimere al rappresentante unico il proprio dissenso al fine di poter proporre i rimedi previsti nell'art. 14 *quinquies*. In caso di dissenso, espresso immediatamente da parte di queste amministrazioni, il rappresentante unico dovrà rappresentare anche gli interessi di tali soggetti senza che questi ultimi siano impeditivi della conclusione del procedimento avviato con la conferenza di servizi. Ne consegue che la norma coglierebbe l'obiettivo della semplificazione e celerità solo nelle ipotesi in cui vi sia il pieno consenso anche delle amministrazioni portatrici di interessi sensibili. È ragionevole pensare che, opportunamente, si debba verificare preventivamente l'assenza da parte di tutte le amministrazioni di eventuali dissensi per consentire la nomina del rappresentante unico o se ciò non sia possibile, perché il rappresentante sia stato preventivamente nominato, che sia egli stesso a sentire le amministrazioni dissenzienti per avere una posizione univoca. Per far funzionare tale meccanismo previsto dalla riforma è auspicabile che il rappresentante unico intervenga in conferenza con la soluzione già acquisita di tutti i possibili dissensi. Ove ciò non sia possibile, il rappresentante unico dovrà, tra l'altro, indicare in sede di conferenza di servizi il dissenso motivato delle amministrazioni portatrici degli interessi sensibili, oltre che la posizione univoca delle altre amministrazioni.

La conferenza di servizi dovrà concludersi in ogni caso con una determinazione motivata ai sensi dell'art. 14 *quater*.

Il tema della ponderazione degli interessi sensibili e della soluzione dei dissensi è rilevante nell'ambito delle conferenze di servizi sui lavori pubblici. Spesso tali interessi (fra i quali si possono annoverare quello all'ambiente e alla salute) si confrontano o, meglio si scontrano, con altrettanti costituzionalmente protetti come quello al lavoro e alla libertà di iniziativa economica. L'esasperazione di tale scontro può essere potenzialmente dannosa per lo sviluppo economico e, certamente, non porta a una semplificazione dell'azione amministrativa. Si pensi alla protezione dell'ambiente: è chiaro che lo sviluppo economico di una società non può più prescindere da una visione attenta alla protezione ambientale e ciò anche a salvaguardia delle generazioni future. Per questo sono di fondamentale importanza i principi dello sviluppo sostenibile, della prevenzione e della precauzione. È anche vero, però, che i citati principi non possono essere gli unici a informare l'azione dell'amministrazione, altrimenti ragionando si arriverebbe a uno sterile blocco di iniziative produttive spesso strategiche per il Paese in termini sociali e di sviluppo economico.

Il punto di equilibrio rispetto alla ponderazione dei citati interessi è stato ben individuato dalla Corte costituzionale con decisioni particolarmente rilevanti come quella resa sul caso Ilva (Corte cost., 9 maggio 2013, n. 85). In quel caso, la Corte ha affermato che ogni decisione sia legislativa sia amministrativa deve realizzare un ragionevole bilanciamento tra diritti fondamentali tutelati dalla Costituzione, come quello alla salute (art. 32 Cost.) da cui deriva il diritto all'ambiente salubre e quello al lavoro (art. 4 Cost.) da cui deriva l'interesse costituzionalmente rilevante al mantenimento dei livelli occupazionali e il dovere delle istituzioni pubbliche di spiegare ogni sforzo in tal senso. La precisazione più rilevante del giudice delle leggi è che tutti i diritti fondamentali tutelati dalla Costituzione si trovano in rapporto di integrazione reciproca e non è possibile individuare uno di essi che abbia la prevalenza assoluta sugli altri. La tutela deve essere sempre sistemica e non frazionata in una serie di norme non coordinate e in potenziale conflitto tra loro e se così non fosse, si verificherebbe l'illimitata espansione di uno dei diritti, che diverrebbe "tiranno" nei confronti delle altre situazioni giuridiche costituzionalmente riconosciute e protette che costituiscono, nel loro insieme, espressione della dignità della persona. Pertanto, la qualificazione come "primari" dei valori dell'ambiente e della salute significa che gli stessi non possono essere sacrificati ad altri interessi, ancorché costituzionalmente tutelati, non già che gli stessi siano posti alla sommità di un ordine gerarchico assoluto. Da ciò deriva che il punto di equilibrio, proprio perché dinamico e non prefissato in anticipo, deve essere valutato dal legislatore nella statuizione delle norme e dalla p.a. nell'attuazione delle stesse secondo criteri di proporzionalità e di ragionevolezza, tali da non consentire un sacrificio del loro nucleo essenziale. Nella sostanza, gli interessi sensibili come quello all'ambiente o alla salute non si devono considerare resistenti in assoluto rispetto ad altre valutazioni che hanno alla base ulteriori interessi costituzionalmente protetti.

Questo problema in seno alla conferenza di servizi ha trovato una adeguata soluzione nella gestione "politica" dei dissensi qualificati. Infatti, il precedente sistema era fondato sulla deliberazione del Consiglio dei ministri.

La riforma, però, modifica radicalmente tale procedimento e si dovrà valutare attentamente se le nuove modalità di gestione dei dissensi qualificati saranno funzionali all'individuazione della loro migliore composizione. In precedenza, la norma di cui all'art. 25, l. 164/2014, modificando la l. 241/1990, aveva esplicitato la natura di atto di alta amministrazione della deliberazione del Consiglio dei ministri a cui l'amministrazione procedente rimetteva la decisione conclusiva nei casi di dissenso qualificato. La circostanza che la decisione finale fosse adottata a livello politico aveva destato non poche perplessità poiché il dissenso spesso è fondato su dati di fatto e su valutazioni tecniche di norma non cedevoli di fronte a considerazioni di indole politica. Ma in questi casi, proprio perché vengono in rilievo interessi sensibili, si è di fronte a ipotesi in cui la politica deve assumersi le proprie responsabilità. La qualificazione dell'atto come di alta amministrazione non ha però mai comportato una retrocessione degli oneri motivazionali di tali delibere e, quindi, un pericolo di minore ponderazione in relazione alla tutela di interessi di primaria rilevanza costituzionale. La giurisprudenza ha precisato che le delibere del Consiglio dei ministri, sostitutive dei provvedimenti delle conferenze di servizi, devono essere adeguatamente e congruamente motivate tenendo conto delle ragioni specifiche per cui gli elementi del giudizio di compatibilità assunti dall'amministrazione dissenziente vanno, in quel concreto caso, diversamente valutati. Tale valutazione non può disapplicare i parametri del giudizio tecnico, e, quindi, prescindere da essi anche se, comunque, non si esaurisce in un giudizio tecnico.

L'avere qualificato l'atto come di alta amministrazione non aveva inciso sulla sostanza della delibera del Consiglio né sulla tutela nei suoi confronti che non è stata in alcun modo limitata.

L'assetto previgente, però, è mutato radicalmente. Se, precedentemente, la manifestazione del dissenso qualificato in conferenza di servizi provocava la modifica del livello del confronto degli interessi e faceva cessare il titolo dell'amministrazione procedente a trattare il procedimento, dovendo essere rimessa la questione dall'amministrazione procedente alla deliberazione del Consiglio dei ministri, la nuova normativa ha imposto di ridefinire tale meccanismo prevedendo, innanzitutto, che in qualunque caso la conferenza dovesse pervenire a una decisione. Tale principio è stato attuato con l'art. 14 *quinquies*. La decisione della conferenza è immediatamente esecutiva nell'ipotesi di dissenso di amministrazioni non preposte alla tutela di interessi sensibili (la determinazione finale della conferenza viene adottata sulla base del principio della prevalenza), mentre nell'ipotesi di dissenso qualificato la decisione viene comunque adottata, ma ne sono sospesi gli effetti per il periodo utile all'esperimento dei rimedi previsti per la risoluzione di tale conflitto. Tale soluzione evita ulteriori dibattiti in relazione alla natura di atto di alta amministrazione della delibera del Consiglio dei ministri, riportando la decisione finale nei limiti della disciplina della "ordinaria" attività amministrativa discrezionale. In chiave semplificatoria, la fase di risoluzione del conflitto assume una natura meramente eventuale: le amministrazioni dissenzienti, preposte alla tutela ambientale, paesaggistico-territoriale, del patrimonio storico-artistico o alla tutela della salute e della pubblica incolumità, entro dieci giorni dalla comunicazione della determinazione motivata di conclusione della conferenza devono decidere se proporre opposizione al Presidente del Consiglio dei ministri. L'atto di opposizione può essere proposto solo se le amministrazioni abbiano espresso in modo inequivoco il motivato dissenso prima della conclusione dei lavori della conferenza, anche comunicandolo al rappresentante unico. Chiaramente, non rientra in questa fattispecie l'essersi formato il silenzio assenso. Non è ammissibile, invece, che un'amministrazione esprima un parere negativo o un dissenso postumo o proponga opposizione al di fuori del termine previsto per legge. A seguito della proposizione dell'opposizione, le amministrazioni coinvolte nel procedimento si riuniscono presso la Presidenza del Consiglio e i partecipanti formulano proposte, in attuazione del principio di leale collaborazione, per l'individuazione di una soluzione condivisa, che sostituisca la determinazione motivata di conclusione della conferenza con i medesimi effetti. Nell'ipotesi di dissenso da parte delle amministrazioni delle regioni o delle province autonome di Trento e Bolzano, e l'intesa non venga raggiunta può essere indetta una seconda riunione. Se viene raggiunta un'intesa tra le amministrazioni partecipanti, quella procedente adotta una nuova determinazione motivata di conclusione della conferenza. Nel caso contrario, la questione è rimessa al Consiglio dei ministri, il quale può respingere l'opposizione e, quindi, la determinazione motivata di conclusione della conferenza acquisisce definitivamente efficacia o può accogliere parzialmente l'opposizione, modificando il contenuto delle determinazioni della conferenza di servizi anche sulla base delle riunioni svolte in precedenza.

Tale innovativo meccanismo sembra, comunque, consentire un'accurata valutazione delle ragioni del dissenso evidenziate da amministrazioni preposte alla tutela di interessi sensibili e al tempo stesso rappresenta una soluzione che potrebbe comportare una semplificazione delle decisioni. Infatti, il rimedio oppositivo, eventuale e successivo, potrebbe consentire di semplificare l'attività in quanto interviene a deliberazione già acquisita. È, quindi, da salutare con favore tale innovazione, anche se possono venire in rilievo alcuni dubbi sulla funzionalità e sull'ambito applicativo della procedura. Innanzitutto, sulla funzionalità si osserva che sarebbe veramente difficile da parte della p.a. preposta alla tutela di interessi sensibili che abbia dissentito in conferenza di servizi non proporre l'opposizione alla decisione con nuove e motivate valutazioni dell'interesse in questione giustificanti la mancata proposizione del rimedio. Il dissenso si era espresso sulla soluzione che la conferenza intendeva adottare per cui, una volta emanato il provvedimento da parte della conferenza di servizi, l'opposizione si configura, *rebus sic stantibus*, come atto dovuto da parte dell'amministrazione dissenziente, anche ai fini di responsabilità individuali.

Ciò, però, sconfesserebbe la *ratio* della soluzione adottata che si fonda sulla semplificazione e sulla celerità del procedimento.

Alla riunione parteciperà, ove nominato, il rappresentante unico e l'amministrazione o le amministrazioni che hanno formulato il dissenso e hanno proposto opposizione. In tale riunione si potrà giungere a una soluzione condivisa che sostituisca la determinazione motivata della conferenza e che avrà i medesimi effetti. Ove ciò non sia possibile, la delibera del Consiglio dei ministri viene in rilievo esclusivamente per respingere l'atto di opposizione o in caso di accoglimento parziale che consente modifiche alle decisioni adottate in seno alla conferenza mentre, a seguito dell'accoglimento dell'opposizione, non sembra che sia previsto alcun pronunciamento dell'organo politico sulla determinazione dell'amministrazione procedente. Infatti, non è prevista quale determinazione dovrà assumere l'amministrazione procedente in attuazione dell'accoglimento della opposizione. Probabilmente, si è voluta lasciare alla discrezionalità dell'amministrazione procedente la valutazione degli effetti sostanziali della delibera di accoglimento di opposizione, tenuto conto della motivazione nella stessa adottata, al fine del proseguimento o meno dell'attività amministrativa per l'esercizio dell'interesse pubblico che l'amministrazione procedente voleva perseguire, in coerenza con l'interesse sensibile ritenuto meritevole di considerazione con l'accoglimento del ricorso. Proprio l'attuazione pratica del modello procedimentale proposto, quindi, potrebbe finire per complicare ulteriormente la vicenda tenendo presente tutte le inevitabili conseguenze legate al richiamo a una particolare tipologia di ricorsi amministrativi.

Per tentare di fornire un minimo grado di certezza agli operatori economici in tale settore è certamente da salutare con favore la norma introdotta dal decreto correttivo al codice dei contratti secondo la quale nei casi di "ritiro, revoca o annullamento di un precedente appalto" (si deve notare la infelice formulazione utilizzata in quanto un appalto, ossia un contratto, non si revoca e non si ritira, ma questi termini possono essere utilizzati in maniera appropriata per i provvedimenti amministrativi a monte della sottoscrizione dell'appalto come l'aggiudicazione) basati su progetti per i quali risultino scaduti i pareri, le autorizzazioni e le intese acquisiti ma non vi siano variazioni nel progetto o nelle prescrizioni ambientali, paesaggistiche, antisismiche né in materia urbanistica, i citati pareri, autorizzazioni o intese restano confermati per un periodo massimo di cinque anni. La norma ha certamente la *ratio* di semplificazione dell'azione amministrativa, in quanto rende agevole per l'amministrazione procedente riproporre l'iniziativa relativa alla realizzazione dell'intervento anche attraverso una nuova procedura a evidenza pubblica senza dover avviare *ex novo* l'iter di approvazione dei progetti.

Allorché l'amministrazione, attraverso la conferenza di servizi, si pronunci sul progetto di fattibilità, ossia con riferimento al primo livello della progettazione, tutte le amministrazioni, compresi gli enti gestori di servizi pubblici a rete per i quali possono riscontrarsi interferenze con il progetto, sono obbligati a pronunciarsi sulla localizzazione e sul tracciato dell'opera. In quella sede le amministrazioni interessate possono presentare proposte modificative, nonché a comunicare l'eventuale necessità di opere mitigatrici e compensative dell'impatto.

Evidentemente la *ratio* della norma è quella di evitare errori nella fase di progettazione che inevitabilmente comportano, se non risolti immediatamente, rallentamenti nella fase di esecuzione dei lavori con conseguente lievitazione dei prezzi e contenziosi costosi per la p.a.

La scelta di affrontare il tema della soluzione delle interferenze nella fase di progettazione di fattibilità, ossia in una fase di progettazione non dettagliata, manifesta l'intento del legislatore di fornire al progettista il quadro completo delle problematiche che potranno riscontrarsi nelle successive fasi della progettazione e, quindi, permettere uno sviluppo della stessa con un quadro istruttorio completo.

Per tali motivi nella fase di approvazione del progetto di fattibilità, gli enti gestori di servizi pubblici a rete forniscono, contestualmente al proprio parere, il cronoprogramma di risoluzione delle interferenze.

Le decisioni assunte in questa sede, quindi, assumono un certo grado di stabilità, in quanto vincolano le procedure di approvazione dei successivi livelli progettuali, salvo circostanze imprevedibili.

L'inadempimento all'obbligo di indicazione delle interferenze e di sviluppare nuove soluzioni progettuali da parte degli enti gestori di servizi è sanzionato con la previsione di un regime di "responsabilità patrimoniale" nei confronti della stazione appaltante. La normativa configura due ipotesi di responsabilità del soggetto gestore delle interferenze: la prima riguarda la mancata indicazione delle stesse in sede di conferenza sul progetto di fattibilità e la seconda il mancato rispetto del cronoprogramma di risoluzione delle interferenze a seguito dell'approvazione del progetto. Nel caso in cui la violazione degli obblighi prescritti dalla legge sia stata causa di ritardato avvio o anomalo andamento dei lavori si ha responsabilità patrimoniale dell'ente gestore per i danni subiti dal soggetto aggiudicatore.

La disciplina dell'approvazione del progetto di opera pubblica ha indubbiamente dei risvolti in materia ambientale. Al di là delle tipologie di studi di tipo ambientale, che sono richiesti per ogni livello di progettazione, il procedimento di approvazione del progetto si intreccia con quello delle autorizzazioni ambientali.

In una fase del tutto preliminare viene in rilievo il rapporto fra l'approvazione del progetto e l'innovativo istituto del dibattito pubblico (art. 22) che si applica alla procedura di approvazione dei progetti di fattibilità relativi alle grandi opere infrastrutturali e di architettura di rilevanza sociale.

In particolare, le grandi opere infrastrutturali aventi impatto rilevante sull'ambiente, sulle città e sull'assetto del territorio vengono sottoposte obbligatoriamente a un dibattito pubblico che ha come sbocco quello di raccogliere le osservazioni da parte delle amministrazioni interessate e dei soggetti pubblici e privati portatori di interessi. Gli esiti del dibattito pubblico e le osservazioni raccolte sono valutati in sede di predisposizione del progetto definitivo e sono discussi in sede di conferenza di servizi relativa all'approvazione del progetto dell'opera.

Ciò induce a ritenere che la conferenza di servizi per l'approvazione del progetto si dovrà espressamente pronunciare in merito alle osservazioni emerse nel dibattito pubblico.

Questo istituto è il frutto del processo di innovazione che in materia ambientale è stato introdotto con la fondamentale Convenzione di Arhus del 1998 riguardante "l'accesso alle informazioni, la partecipazione dei cittadini e l'accesso alla giustizia in materia ambientale" secondo la quale il pubblico interessato deve essere esaustivamente e tempestivamente informato nella fase iniziale del processo decisionale, può presentare osservazioni e, quindi, partecipare alle decisioni pubbliche e costituisce un passo molto rilevante verso l'effettiva partecipazione dei cittadini alle scelte decisionali di forte impatto ambientale. Il legislatore, infatti, si è reso conto che i costi sociali ed economici relativi alla realizzazione di un'infrastruttura strategia di forte impatto ambientale risultano essere sicuramente maggiori allorché il progetto non sia stato condiviso dalla comunità locale dei cittadini insistenti sul territorio.

La disciplina del dibattito pubblico ha trovato una sua definitiva sistemazione nel il d.m. 10 maggio 2018, n. 76. Si deve, però rilevare che la l. 120/2020 ha previsto la possibilità per le amministrazioni di non ricorrere al dibattito pubblico durante il periodo emergenziale per favorire la rapida approvazione dei progetti (fino al 30 giugno 2023). In senso contrario, la l. 108/2021 prevede che per le opere riguardanti il PNRR si adotti un decreto che possa abbassare le soglie dimensionali del progetto superate le quali scatta l'obbligatorietà del dibattito pubblico. Ciò con lo scopo di favorire la concreta applicazione di tale istituto che, a dire il vero, fino a questo momento è stato poco utilizzato.

Una vera compenetrazione fra procedure in materia ambientale e in materia di opere pubbliche si riscontra allorché vengano in rilievo progetti da sottoporre a valutazione di impatto ambientale. Infatti, l'art. 14, c. 4, l. 241/1990 prevede che se il progetto sia sottoposto a valutazione di impatto ambientale, la conferenza si deve svolgere nell'ambito di quel procedimento e secondo le disposizioni di cui all'art. 25, c. 3, d.lgs. 3 aprile 2006, n. 152. Quindi, l'approvazione del progetto avviene in sede di conferenza sulla valutazione di impatto ambientale. Si tratta di una norma da considerare con favore in quanto comporta una sostanziale unificazione dei procedimenti altrimenti distinti e ciò consente di valutare effettivamente in un unico contesto logico, temporale e giuridico tutte le implicazioni derivanti dalla realizzazione dell'opera pubblica.

8. Gli effetti urbanistici dell'approvazione del progetto

Dall'approvazione del progetto discendono rilevanti effetti anche dal punto di vista urbanistico.

Il principio di carattere generale in materia di regime urbanistico delle opere pubbliche è che queste devono essere localizzate in conformità alle prescrizioni degli strumenti urbanistici. Le opere pubbliche devono essere previste nei piani territoriali di coordinamento (art. 5, l. 1150/1942), nei piani regolatori comunali (art. 7) e nei piani particolareggiati. Nel caso in cui l'esigenza di realizzare l'opera sia successiva all'approvazione del piano regolatore o nel caso in cui essa non sia conforme allo strumento urbanistico, la localizzazione dell'opera deve avvenire attraverso l'introduzione di una variante al piano regolatore. Di norma tale variante segue il procedimento per l'adozione e l'approvazione del piano.

Si stabilisce in tal modo una stretta correlazione tra gli strumenti di pianificazione urbanistica, i procedimenti di localizzazione e la realizzazione dell'opera.

Nella materia delle opere pubbliche sono previste deroghe all'ordinaria disciplina urbanistico-edilizia; infatti, le decisioni sulla localizzazione e sulla realizzazione dell'opera sostituiscono i titoli abilitativi (come il permesso di costruire) e acquisiscono il valore di varianti al piano regolatore e di dichiarazione di pubblica utilità per l'avvio dei procedimenti espropriativi.

La necessità di introdurre discipline derogatorie si deve all'esigenza di realizzare in tempi brevi le opere spesso legate a finanziamenti da utilizzare immediatamente. Quindi, lo strumento urbanistico si deve adattare velocemente ai nuovi interessi pubblici tutte le volte in cui questi siano considerati prevalenti rispetto a quelli posti originariamente a base del piano.

In particolare, le opere statali, ossia quelle realizzate dalle amministrazioni dello Stato, devono essere conformi agli strumenti urbanistici del comune nel quale verranno realizzate. Ciò vale anche per le opere di interesse statale, che sono quelle eseguite dagli enti pubblici non facenti parte dell'organizzazione dello Stato, ma anche da privati, a esempio i concessionari di servizi pubblici, destinate a un pubblico servizio che abbia rilevanza per le finalità statali (basti pensare agli elettrodotti, ferrovie, autostrade ecc.). Sono sottoposte al medesimo regime le opere che lo Stato e gli enti pubblici intendono costruire su aree del demanio statale.

Per queste opere esiste un regime derogatorio in relazione all'accertamento di conformità agli strumenti urbanistici. Il d.p.r. 18 aprile 1994, n. 383 prevede che l'accertamento di conformità alle prescrizioni urbanistiche ed edilizie viene fatto dallo Stato d'intesa con la regione interessata, entro sessanta giorni dalla richiesta dell'amministrazione statale competente. Nel caso in cui l'amministrazione regionale esprima una intesa favorevole è il Ministero delle infrastrutture ad esaminare ulteriormente la documentazione per l'eventuale definitiva approvazione. L'intesa e la conseguente approvazione (ossia l'accertamento della conformità) sostituiscono a ogni effetto il permesso edilizio. Per queste opere non è necessario tale titolo abilitativo (tale principio è espresso ora nell'art. 7, c. 1, lett. *b*, d.p.r. 380/2001).

Nel caso in cui l'intesa non si perfezioni entro il termine predetto o nel caso in cui l'accertamento di conformità dia esito negativo, viene convocata una conferenza di servizi di tipo decisorio, alla quale partecipano tutte le amministrazioni interessate (Stato, regione e anche il comune che era escluso dalla procedura dell'intesa) tenute ad adottare qualsiasi atto autorizzatorio o comunque di assenso previsto dalla legislazione.

La conferenza di servizi valuta i progetti definitivi e si esprime su di essi, apportando le opportune modifiche senza che ciò comporti la necessità di ulteriori deliberazioni da parte dell'amministrazione procedente. L'approvazione dei progetti da parte della conferenza all'unanimità sostituisce a ogni effetto gli atti di intesa, pareri e concessioni (nonché i necessari titoli abilitativi per gli interventi edilizi). In mancanza di unanimità si applica il procedimento di cui all'art. 81, d.p.r. 616/1977 che prevede un'apposita deliberazione del Consiglio dei ministri. Il provvedimento governativo, configurabile come atto di alta amministrazione, determina la variante automatica al piano urbanistico.

Attraverso la conferenza di servizi si modifica automaticamente il piano regolatore in sostituzione della procedura ordinaria. Anche in questo caso non sarà necessario il permesso di costruire. L'atto di approvazione del progetto definitivo in sede di conferenza di servizi può avere l'effetto di dichiarazione di pubblica utilità ai fini espropriativi nonché di apposizione del vincolo preordinato all'esproprio.

Nel caso in cui l'opera sia di interesse comunale innanzitutto si deve rilevare che non è necessario il permesso di costruire se il progetto abbia superato la verifica (con conseguente validazione) della conformità alla normativa vigente e, quindi, anche agli strumenti urbanistici (art. 7, c. 1, lett. *c*, d.p.r. 380/2001). Se, invece, si riscontri la difformità dallo strumento urbanistico è necessaria la procedura della variante al piano regolatore.

Nel caso di difformità, la variante può essere approvata alla luce di un apposito procedimento semplificato sulla base dell'art. 19, d.p.r. 327/2001: l'approvazione del progetto preliminare o definitivo da parte del Consiglio comunale costituisce adozione della variante allo strumento urbanistico e tale delibera si intende approvata anche dalla regione se la stessa non manifesta il proprio dissenso entro il termine di novanta giorni dalla ricezione della determinazione consiliare.

L'acquisizione dell'efficacia di variante dipende da una successiva presa d'atto da parte del comune del silenzio assenso della regione. Se oggetto dell'approvazione è il progetto definitivo tale atto assume anche valore di dichiarazione di pubblica utilità ai fini espropriativi.

Come già rilevato, dall'approvazione del progetto scaturiscono notevoli effetti sul procedimento espropriativo. Innanzitutto, dall'approvazione del progetto può derivare l'apposizione del vincolo preordinato all'esproprio (art. 10, d.p.r. 8 giugno 2001, n. 327). Infatti, se l'opera pubblica non è prevista nello strumento urbanistico, il vincolo preordinato all'esproprio può essere apposto in sede di conferenza di servizi relativa all'approvazione del progetto di opera pubblica che ha anche il valore di variante al piano regolatore.

L'approvazione del progetto definitivo costituisce dichiarazione di pubblica utilità, presupposto indefettibile del procedimento di espropriazione, ai sensi dell'art. 12, d.p.r. 327/2001. Il collegamento della dichiarazione di pubblica utilità all'approvazione del progetto definitivo, ossia a uno stadio precedente alla realizzazione dell'opera che è possibile solo a seguito della aggiudicazione sulla base di un progetto esecutivo, consente all'amministrazione di avviare tempestivamente la procedura di acquisizione degli immobili sui quali insisterà l'opera. Infatti, è presupposto indefettibile per la realizzazione dell'opera la piena disponibilità del bene da parte della p.a. Ciò comporta che fisiologicamente la procedura di espropriazione si deve concludere prima dell'espletamento della procedura a evidenza pubblica per l'aggiudicazione del contratto.

Con riferimento alla dichiarazione di pubblica utilità assume una particolare rilevanza la norma di cui all'art. 27, c. 2, del codice secondo la quale le amministrazioni aggiudicatrici possono sottoporre al procedimento di approvazione dei progetti un livello progettuale di maggior dettaglio, al fine di ottenere anche le approvazioni proprie delle precedenti fasi progettuali eventualmente non effettuate. Da ciò deriva che la dichiarazione di pubblica utilità può essere disposta anche quando l'autorità espropriante approvi il progetto esecutivo dell'opera pubblica o di pubblica utilità.

L'utilità dell'approvazione in un unico momento della progettazione viene in rilievo nelle ipotesi di opere di piccole o medie dimensioni o di modesta complessità tecnica, con un conseguente notevole risparmio di risorse pubbliche e di tempo.

CAPITOLO 4

I SOGGETTI PARTECIPANTI ALLE GARE. REQUISITI E SISTEMA DI QUALIFICAZIONE

SOMMARIO: 1. I soggetti partecipanti alle gare. – 2. I requisiti di partecipazione. – 3. I requisiti speciali. – 4. Il sistema di qualificazione. – 5. Il *rating* di impresa. – 6. L'avvalimento.

1. I soggetti partecipanti alle gare

I soggetti a cui possono essere affidati contratti pubblici sono individuati con la nozione di operatore economico (art. 3, c. 1, lett. *p* e art. 45 codice).

Per il codice è operatore economico una persona fisica o giuridica, un ente pubblico, un raggruppamento di tali persone o enti, compresa qualsiasi associazione temporanea di imprese, un ente senza personalità giuridica ivi compreso il gruppo europeo di interesse economico (GEIE), che offre sul mercato la realizzazione di lavori o opere, la fornitura di prodotti o la prestazione di servizi.

Il legislatore europeo, al fine di favorire la più ampia partecipazione possibile alle procedure di gara, ha sostenuto il principio dell'indifferenza della forma giuridica dei partecipanti per cui la nozione di "operatore economico" oltrepassa i limiti che, tradizionalmente, nel diritto nazionale erano individuati ai fini della partecipazione a una gara pubblica, ossia quelli di rivestire necessariamente la qualità di imprenditore (soggetti che esercitano professionalmente un'attività organizzata al fine della produzione o dello scambio di beni o servizi *ex* art. 2082 c.c.).

Tale principio è stato recepito nel codice dei contratti che all'art. 45 prevede un elenco dei soggetti che possono partecipare a una gara dal valore meramente esemplificativo prevedendo, quindi, una nozione aperta di "operatore economico".

In particolare, la norma prevede che possano partecipare alle gare: a) gli imprenditori individuali, anche artigiani, le società commerciali, le società cooperative; b) i consorzi fra società cooperative di produzione e lavoro costituiti a norma della l. 25 giugno 1909, n. 422 e del decreto legislativo del Capo provvisorio dello Stato 14 dicembre 1947, n. 1577, e successive modificazioni, e i consorzi tra imprese artigiane di cui alla l. 8 agosto 1985, n. 443; c) i consorzi stabili, costituiti anche in forma di società consortili ai sensi dell'art. 2615 *ter* c.c., tra imprenditori individuali, anche artigiani, società commerciali, società cooperative di produzione e lavoro; d) i raggruppamenti temporanei concorrenti, costituiti di dai soggetti di cui alle lett. *a*), *b*) e *c*), i quali, prima della presentazione dell'offerta, abbiano conferito mandato collettivo speciale con rappresentanza a uno di essi, qualificato mandatario, il quale esprime l'offerta in nome e per conto proprio e dei mandanti; e) i consorzi ordinari di concorrenti di cui all'art. 2602 c.c., costituiti tra i soggetti di cui alle lett. *a*), *b*) e *c*), anche in forma di società ai sensi dell'art. 2615 *ter* c.c.; f) le aggregazioni tra imprese aderenti al contratto di rete ai sensi del d.lgs. 23 luglio 1991, n. 240; g) i soggetti che abbiano stipulato il contratto di gruppo europeo di interesse economico (GEIE) ai sensi del d.lgs. 23 luglio 1991, n. 240.

Per il diritto europeo, l'operatore economico è qualunque soggetto che eserciti un'attività economica e sia presente sul mercato anche se non in modo continuativo e sistematico. L'ampia nozione di operatore economico è stata precisata dalla giurisprudenza comunitaria secondo la quale deve essere consentito anche a soggetti che non perseguono un preminente scopo di lucro, non dispongono della struttura organizzativa di un'impresa e non assicurano una presenza regolare sul mercato, di partecipare a un appalto pubblico; per cui il diritto europeo osta all'interpretazione di una normativa nazionale che vieti a soggetti che non perseguono un preminente scopo di lucro di partecipare a una procedura di aggiudicazione di un appalto pubblico, benché siffatti soggetti siano autorizzati dal diritto nazionale a offrire sul mercato i servizi oggetto dell'appalto (Corte giustizia CE, sez. IV, 23 dicembre 2009, n. 305, con la quale è stato riconosciuto alle università e agli istituti di ricerca nonché i raggruppamenti costituiti da università e amministrazioni pubbliche la possibilità di partecipare a gare per appalti di servizi).

Da tale impostazione deriva che l'elenco dei soggetti di cui all'art. 45 non è tassativo e ciò è confermato dalla giurisprudenza nazionale secondo la quale, con particolare riferimento alla partecipazione di un'università in un raggruppamento temporaneo di imprese, il legislatore comunitario non ha inteso, restringere la nozione di "operatore economico che offre servizi sul mercato" a quegli operatori che siano dotati di un'organizzazione d'impresa, né introdurre condizioni particolari atte a porre una limitazione a monte dell'accesso alle procedure di gara in base alla forma giuridica e all'organizzazione interna degli operatori economici, essendo nell'interesse del diritto comunitario garantire la partecipazione più ampia possibile di offerenti a una gara. Il principio è, quindi, quello che depone per l'apertura alla concorrenza anche in casi in cui acquisiscano la veste di "operatori economici" taluni enti pubblici astrattamente beneficiari di finanziamenti statali, allorché non vi sia alcuna prova di connessione tra il sostegno pubblico e la partecipazione e l'aggiudicazione di una gara d'appalto (Cons. Stato, sez. V, 21 novembre 2014, n. 5767). In tal senso si è affermato che anche gli enti pubblici economici possono partecipare alle gare che abbiano a oggetto prestazioni corrispondenti ai loro fini istituzionali, con la conseguente necessità di operare una valutazione in concreto dello statuto al fine di verificare la conformità delle prestazioni oggetto dell'appalto agli scopi istituzionali.

Un'impresa può partecipare a una gara sia in forma singola sia in forma consorziata sia attraverso raggruppamenti temporanei d'impresa, a seconda del grado di stabilità dell'associazione tra le imprese.

Le aggregazioni di imprese rispondono al principio generale del *favor partecipationis* e della neutralità delle forme giuridiche dei partecipanti alle procedure a evidenza pubblica. Infatti, prevedendo forme di aggregazione di imprese per la partecipazione alle gare si consente a soggetti che singolarmente non avrebbero i requisiti per competere di poter partecipare alle procedure selettive e, quindi, si favorisce la massima partecipazione e concorrenza (si pensi all'ingresso nel mercato di imprese di minore dimensione o specializzate in determinati settori produttivi e tecnologici).

Il consorzio è una forma di aggregazione di imprese disciplinata dall'art. 2602 c.c. In base a tale norma con il contratto di consorzio più imprenditori istituiscono un'organizzazione comune per la disciplina o per lo svolgimento di determinate fasi delle rispettive imprese.

Si tratta, quindi, di un soggetto differente rispetto alle imprese che lo costituiscono, per cui il consorzio acquista una propria soggettività che gli permette di stipulare contratti sia in nome del consorzio stesso sia in nome delle singole imprese consorziate. Peraltro, il rapporto organico che lega le consorziate, compresa quella incaricata dell'esecuzione dei lavori, non è dissimile da quello che lega i singoli soci a una società, ed è tale che le attività compiute dalle consorziate viene imputata organicamente al consorzio, come unico e autonomo centro di imputazione e di riferimento di interessi (secondo la giurisprudenza ciò ha comportato che la responsabilità per inadempimento degli obblighi contrattuali nei confronti della p.a. si appunta esclusivamente in capo al consorzio senza estendersi, in via solidale, alla consorziata incaricata dell'esecuzione). Comunque, a garanzia della p.a., nel caso di partecipazione di un consorzio di imprese a una gara, i requisiti di carattere generale, morale e di affidabilità necessari alla partecipazione devono essere posseduti e comprovati da ciascuna impresa consorziata. Per ogni impresa consorziata, infatti, si deve verificare il possesso dei requisiti generali di partecipazione che riguardano la regolarità della gestione sotto il profilo dell'ordine pubblico, quello economico e morale. Altrimenti ragionando le stringenti garanzie di serietà e moralità professionale richieste inderogabilmente agli imprenditori singoli possono essere eluse attraverso la costituzione di un consorzio, che riuscirebbe a conseguire l'aggiudicazione di gare cui i singoli non sarebbero mai stati ammessi. Se il possesso dei requisiti generali di partecipazione alla gara va verificato non solo in capo al consorzio ma anche alle singole imprese, i requisiti di natura tecnica relativi alla disponibilità delle attrezzature e dei mezzi d'opera e all'organico medio annuo, sono da ritenersi cumulabili o imputabili al consorzio (art. 47 codice). Si comprende, quindi, il favore del legislatore per questa particolare forma di aggregazione che consente la partecipazione a operatori che singolarmente non avrebbero i requisiti di idoneità tecnica o finanziarie per poter partecipare alla gara.

Le imprese singole non possono partecipare alla gara in più di consorzio ordinario di concorrenti, e non possono partecipare in forma individuale qualora abbiano partecipato alla gara medesima con un consorzio.

I consorzi possono costituire una società consortile per l'esecuzione unitaria, totale o parziale dei lavori. La società consortile subentra nell'esecuzione del contratto, senza che vi sia bisogno di alcuna autorizzazione da parte della amministrazione.

Una forma di consorzio, previsto dall'art. 47 del codice, è quello "stabile". Il consorzio stabile costituisce un soggetto giuridico che, non identificandosi con le imprese consorziate, è munito di autonoma ed esclusiva legittimazione a interloquire con la stazione appaltante sia nella fase della procedura di affidamento, sia nella successiva fase di esecuzione del contratto.

Tra le due tipologie di aggregazione vi sono differenze consistenti. Innanzitutto, i consorzi stabili sono formati da non meno di tre consorziati mentre nei consorzi tra concorrenti sono sufficienti due consorziati; i consorzi stabili si formano con decisione assunta dai rispettivi organi deliberativi, i quali hanno stabilito di operare in modo congiunto nel settore dei contratti pubblici, per un periodo di tempo non inferiore a cinque anni, mentre per i consorzi tra concorrenti non è previsto alcun termine minimo per il vincolo; infine, elemento più rilevante, con il consorzio stabile le imprese istituiscono un'autonoma struttura di impresa laddove nel caso del consorzio di concorrenti le imprese pongono in essere una "organizzazione comune" in vista della aggiudicazione e della esecuzione del contratto.

Il consorzio stabile ha la finalità di creare una struttura stabile per la realizzazione in forma comune dell'appalto, mentre il consorzio di concorrenti prevede un'organizzazione comune dei concorrenti finalizzata al miglioramento dell'attività autonoma di ciascuna impresa consorziata. Quindi, i consorzi stabili sono destinati per loro natura allo svolgimento di attività permanenti nel tempo e certamente non legate all'appalto. I consorzi stabili sono tenuti a indicare in sede di offerta per quali consorziati il consorzio concorre; a questi ultimi è fatto divieto di partecipare, in qualsiasi altra forma, alla medesima gara; in caso di violazione sono esclusi dalla gara sia il consorzio sia il consorziato; inoltre, è vietata la partecipazione a più di un consorzio stabile.

Il raggruppamento temporaneo di imprese è una forma di aggregazione che si può considerare per certi versi simile a quella del consorzio tra concorrenti, anche se sono differenti i negozi giuridici sui quali si fondano queste aggregazioni. In tutti e due i casi non si ha la formazione di una struttura societaria stabilizzata, bensì un'aggregazione temporanea funzionale alla realizzazione del contratto.

Il raggruppamento temporaneo di imprese (o associazione temporanea di imprese, Rti) è istituto conosciuto da tempo nel nostro ordinamento (l. 8 agosto 1977, n. 584); la sua *ratio* è quella di favorire la partecipazione a una gara di imprese associate che tra loro integrano e coordinano le risorse tecniche e finanziarie per acquisire maggiori possibilità di aggiudicazione del contratto. Il raggruppamento temporaneo è funzionale alla realizzazione del principio della concorrenza in quanto può consentire a imprese, che singolarmente non avrebbero i requisiti per poter partecipare a una gara, di parteciparvi in forma associata cumulando i propri requisiti con gli associati. Se questa è la funzione principale che si riconosce ai raggruppamenti, può, però, accadere che questi possano in concreto avere effetti anticoncorrenziali. Si pensi al caso di un raggruppamento costituito da operatori economici che singolarmente hanno i requisiti per poter svolgere le prestazioni oggetto di contratto. La partecipazione associata di fatto consentirebbe accordi finalizzati a eludere la leale concorrenza fra imprese nella procedura. Si tratta della figura del c.d. raggruppamento "sovrabbondante". Ma tale fattispecie non è vietata dalla legge e nel concreto, per escludere tale raggruppamento dalla gara, si deve dimostrare che la sua costituzione abbia avuto un evidente intento anticoncorrenziale frutto di un accordo collusivo tra le imprese.

Il raggruppamento ha il carattere dell'occasionalità e della temporaneità in quanto viene costituito in vista dell'aggiudicazione e dell'esecuzione del contratto e cessa o con la mancata aggiudicazione o con l'esecuzione del contratto stesso. Per cui con il raggruppamento non si crea un nuovo soggetto o un patrimonio autonomo, non vi è una struttura organizzativa stabile (a differenza del consorzio stabile). Una volta concluso il contratto, il raggruppamento è destinato allo scioglimento.

Tale figura si può accostare al consorzio tra concorrenti. Solo che la creazione del consorzio avviene con un apposito atto costitutivo e il soggetto deve avere un proprio statuto, mentre il raggruppamento temporaneo si costituisce attraverso un mandato con rappresentanza che viene conferito collettivamente dalle imprese mandanti a un'impresa che viene individuata come mandataria (o capogruppo).

La mandataria, per il potere di rappresentanza conferitole con il mandato collettivo, assume il ruolo di soggetto legittimato a stipulare il contratto in nome e per conto proprio e delle mandanti. Quindi, il mandato conferito all'impresa capogruppo dalle altre imprese riunite attribuisce alla società mandataria la rappresentanza esclusiva, anche processuale, delle imprese mandanti per tutte le operazioni e gli atti di qualsiasi natura dipendenti dal contratto fino all'estinzione del rapporto. La stazione appaltante, tuttavia, può far valere direttamente le responsabilità facenti capo ai mandanti.

Il principio della esclusività della rappresentanza in campo alla mandataria è stato attenuato dalla giurisprudenza limitatamente a quella processuale. Infatti, nel caso di impugnativa di un atto della procedura pubblica di appalto, sussiste la legittimazione attiva dell'impresa singola facente parte di un raggruppamento temporaneo, anche quando quest'ultimo debba costituirsi all'esito dell'aggiudicazione, atteso che il conferimento del mandato speciale all'impresa capogruppo non preclude la facoltà delle partecipanti di agire singolarmente mancando un'espressa previsione in tal senso nella normativa.

Non è necessario che il mandato venga conferito prima della partecipazione alla gara; infatti, è possibile che in sede di gara si presenti un'associazione temporanea ancora non formalmente costituita (art. 48, c. 8, codice). In tal caso, l'offerta deve essere sottoscritta da tutti gli operatori economici che costituiranno il raggruppamento e deve contenere l'impegno che, in caso di aggiudicazione della gara, gli stessi operatori conferiranno mandato collettivo speciale con rappresentanza a uno di essi da indicare in sede di offerta, il quale stipulerà il contratto in nome e per conto proprio e dei mandanti. È fatto divieto ai concorrenti di partecipare alla gara in più di un raggruppamento temporaneo, ovvero di partecipare alla gara anche in forma individuale qualora faccia parte di un raggruppamento (le medesime disposizioni si applicano ai consorzi ordinari di concorrenti), ciò per non eludere il principio della concorrenzialità tra gli operatori economici partecipanti.

È previsto il divieto di qualsiasi modificazione alla composizione dei raggruppamenti temporanei (e dei consorzi ordinari di concorrenti) rispetto a quella risultante dall'impegno presentato in sede di offerta. L'inosservanza di tale divieto comporta *ex lege* l'annullamento dell'aggiudicazione o la nullità del contratto, nonché l'esclusione dei concorrenti riuniti in raggruppamento o consorzio ordinario di concorrenti, concomitanti o successivi alle procedure di affidamento relative al medesimo appalto. Il principio della immodificabilità soggettiva dei partecipanti, una volta aggiudicato il contratto, fornisce le necessarie garanzie all'amministrazione circa il mantenimento dei requisiti dei concorrenti accertati in sede di gara; nella sostanza, l'amministrazione deve avere una piena conoscenza dei soggetti con i quali contratta al fine di consentire un controllo preliminare e compiuto dei requisiti.

Il principio della immodificabilità, però, è stato attenuato dalla giurisprudenza nazionale ed europea.

Innanzitutto, si è affermato che nelle procedure di gara che prevedono una fase di prequalificazione, quindi in un momento anteriore alla presentazione dell'offerta, tale divieto di modificabilità può essere derogato. Nelle procedure ristrette, la fase di prequalificazione ha lo scopo di fare acquisire all'amministrazione la conoscenza del mercato del settore di riferimento, al fine di verificare il possesso dei requisiti da parte degli operatori economici per la partecipazione alla successiva gara, senza alcuna conseguenza sullo svolgimento di quest'ultima. La validità della costituzione di un raggruppamento temporaneo di imprese deve essere valutata al momento della presentazione dell'offerta. Quindi, se un componente del raggruppamento viene meno tra la fase di prequalificazione e quella di presentazione dell'offerta tale evento non può integrare causa di esclusione del raggruppamento per modificazione dello stesso.

Certamente più complesso è il problema della modificabilità a seguito della presentazione dell'offerta, quindi, in corso di svolgimento della gara o in fase di esecuzione. Il recesso da parte di una o più imprese dal raggruppamento è possibile se quelle rimanenti siano in possesso da sole dei requisiti necessari per l'esecuzione delle prestazioni oggetto del contratto. Infatti, le modificazioni soggettive ritenute elusive delle norme sono quelle che comportano l'aggiunta o la sostituzione delle imprese partecipanti in quanto verrebbe impedito all'amministrazione un controllo tempestivo e completo dei requisiti della nuova compagine societaria. Nel caso di recesso, invece, la finalità antielusiva non risulta frustrata poiché l'amministrazione, nel momento in cui avviene il mutamento soggettivo, ha già controllato i requisiti delle imprese che restano in gara. Questa limitata modificabilità in senso riduttivo della Rti deve essere giustificata da esigenze organizzative proprie del raggruppamento (o del consorzio) e non per evitare una sanzione di esclusione dalla gara per difetto dei requisiti in capo al componente che recede.

Ulteriori modifiche soggettive possono intervenire a seguito di vicende patologiche riguardanti il mandatario e il mandante. Tali ipotesi sono la liquidazione coatta amministrativa, l'amministrazione straordinaria, il concordato preventivo o la liquidazione, mentre per l'imprenditore individuale la morte, l'interdizione, l'inabilitazione, la liquidazione giudiziale, la perdita in corso di esecuzione dei requisiti, i casi di cui alla normativa antimafia. In tali casi la stazione appaltante può proseguire il rapporto contrattuale con un'altra impresa del raggruppamento che sia costituita mandataria, purché abbia i requisiti di qualificazione adeguati ai lavori, servizi o forniture ancora da eseguire. Se nessuna impresa ha i requisiti idonei la stazione appaltante può recedere dall'appalto.

Nella ipotesi in cui le patologie prima indicate riguardino le mandanti, il mandatario deve indicare altro operatore subentrante che sia in possesso dei prescritti requisiti di idoneità. In caso di mancata indicazione, il mandatario è tenuto all'esecuzione, direttamente o a mezzo degli altri mandanti, purché questi abbiano i requisiti di qualificazione adeguati ai lavori, servizi o forniture ancora da eseguire.

I raggruppamenti temporanei di imprese possono essere suddivisi in due categorie disciplinate dal legislatore in funzione della suddivisione e della specializzazione delle associate: il raggruppamento temporaneo verticale e quello orizzontale.

Il raggruppamento verticale consiste in una riunione tra imprese in possesso di differenti specializzazioni. La mandataria esegue le prestazioni relative alla categoria prevalente mentre le mandanti eseguono le prestazioni relative alle opere delle altre categorie che il bando individua come scorporabili. La suddivisione delle opere da realizzare è di carattere qualitativo poiché si è in presenza di opere che prevedono il coinvolgimento di differenti competenze. Il raggruppamento verticale è caratterizzato, quindi, dalla disomogeneità e dalla differenziazione delle capacità e dei requisiti posseduti dai partecipanti.

In particolare, per categoria prevalente si intende la categoria di lavori individuata dalla stazione appaltante di importo più elevato fra le categorie costituenti l'intervento e indicate nei documenti di gara. Per categoria scorporabile si intende la categoria di lavori, individuata dalla stazione appaltante nei documenti di gara, tra quelli non appartenenti alla categoria prevalente e comunque di importo superiore al dieci per cento dell'importo complessivo dell'opera, ovvero di importo superiore a centocinquantamila euro, ovvero appartenente alla categoria di lavori di notevole contenuto tecnologico o di rilevante complessità tecnica.

Nel caso di forniture e servizi, il raggruppamento verticale consiste in un raggruppamento in cui il mandatario esegue le prestazioni indicate come principali anche dal punto di vista economico e i mandanti quelle secondarie. Il bando specifica quali siano le prestazioni principali e quali quelle secondarie. Nel caso in cui non vi sia una specificazione in tal senso è possibile concorrere solo in Rti orizzontale. Di conseguenza, il Rti verticale può venire in rilievo solo laddove la stazione appaltante abbia preventivamente individuato con chiarezza negli atti di gara le prestazioni principali e quelle secondarie, essendo precluso al partecipante alla gara di procedere di sua iniziativa alla scomposizione del contenuto della prestazione distinguendo tra prestazioni principali e secondarie al fine di ripartirle all'interno di un raggruppamento di tipo verticale (Cons. Stato, sez. V, 22 ottobre 2018, n. 6032).

Il raggruppamento orizzontale consiste in una riunione di imprese in possesso della medesima specializzazione che sommano le proprie risorse. In questo caso, la prestazione si suddivide in maniera quantitativa. Le imprese realizzano, quindi, i lavori di una medesima categoria. Per i servizi e le forniture, le imprese eseguono il medesimo tipo di prestazione. Il raggruppamento orizzontale è caratterizzato dal fatto che le imprese sono portatrici delle medesime competenze per l'esecuzione delle prestazioni contrattuali.

Nell'offerta, devono essere specificate le categorie di lavori o le parti del servizio o della fornitura che saranno eseguite dai singoli operatori riuniti (o consorziati).

La differenza fra le due tipologie di raggruppamenti si fonda sulla differenziazione delle competenze e, quindi, anche dei requisiti, delle imprese. Le due tipologie di raggruppamenti sono disciplinate differentemente con riguardo al regime delle responsabilità e dei requisiti.

Nel caso di raggruppamento orizzontale ciascuna impresa risponderà solidalmente dell'intero appalto nei confronti della stazione appaltante e dei terzi (subappaltatori o fornitori). Mentre, nel caso di raggruppamento verticale, la mandataria è responsabile per l'intero appalto ma gli assuntori di prestazioni secondarie, sono responsabili per l'esecuzione delle prestazioni di rispettiva competenza.

Con riferimento ai requisiti di partecipazione (art. 48, c. 6, codice) nel caso di raggruppamento verticale, i requisiti di qualificazione economico-finanziari e tecnico-organizzativi devono essere posseduti dalla mandataria nella categoria prevalente e per il relativo importo, mentre nelle categorie scorporate ciascuna mandante deve possedere i requisiti previsti per l'importo dei lavori della categoria che intende assumere e nella misura indicata per l'impresa singola. I requisiti relativi alle lavorazioni scorporabili non assunte dalle mandanti sono posseduti dalla mandataria con riferimento alla categoria prevalente. Da ciò deriva che le mandanti devono solo comprovare il possesso dei requisiti riguardanti le opere scorporabili. I lavori relativi alla categoria prevalente o a quella scorporabile possono essere assunti anche da imprenditori riuniti in raggruppamenti temporanei di tipo orizzontale. In questo caso viene in rilievo un raggruppamento c.d. "misto".

Per quanto riguarda i servizi e le forniture (per il quali, come si vedrà, è previsto un differente sistema di qualificazione rispetto ai lavori) devono essere specificate le parti del servizio o della fornitura che saranno eseguite dai singoli operatori economici, conseguentemente le singole imprese devono dimostrare di avere i requisiti per l'esecuzione delle parti assegnate.

Per i raggruppamenti orizzontali, i requisiti di qualificazione economico-finanziari e tecnico-organizzativi richiesti nel bando di gara devono essere posseduti dalla mandataria nella misura minima del quaranta per cento dell'importo dei lavori; la restante percentuale è posseduta cumulativamente dalle mandanti ciascuna nella misura minima del dieci per cento dell'importo dei lavori (tale suddivisione vale anche per i consorzi ordinari).

Per le forniture e servizi vale la stessa regola applicata ai raggruppamenti verticali.

Per tutte le tipologie di raggruppamenti il principio fondamentale è che i concorrenti riuniti devono eseguire le prestazioni nella percentuale corrispondente alla quota di partecipazione al raggruppamento stesso. Per cui vi deve essere una corrispondenza tra la quota di partecipazione e la quota di esecuzione dei lavori; le indicazioni circa tali quote di partecipazione e di esecuzione deve essere effettuata in sede di offerta.

Altra forma di aggregazione è il Gruppo europeo d'interesse economico (Geie). Si tratta di una forma di aggregazione di matrice europea alla quale si applicano le norme sui raggruppamenti di imprese. La disciplina di tale forma aggregativa si riscontra nel d.lgs. 23 luglio 1991, n. 241 e si tratta di un'aggregazione che si costituisce con un contratto di collaborazione che ha lo scopo di incrementare l'attività economica dei soggetti partecipanti. Tali soggetti possono essere, oltre a imprese, anche enti pubblici, persone giuridiche private, persone fisiche che esercitano attività industriali, commerciali, artigiane, agricole, libere professioni e servizi. Non si tratta di un soggetto autonomo rispetto alle imprese partecipanti ma può essere considerato un centro di imputazione giuridica in grado di assumere obbligazioni e stipulare contratti.

Ulteriore forma di partecipazione alle gare è il contratto di rete. Due o più imprese si obbligano a esercitare in comune una o più attività economiche rientranti nei rispettivi oggetti sociali allo scopo di accrescere la reciproca capacità innovativa e la competitività sul mercato. Anche a questa peculiare forma di aggregazione si applicano le norme sui raggruppamenti temporanei di imprese.

Tra i soggetti partecipanti a una gara non vi devono essere situazioni tali da alterare il principio della concorrenzialità, della *par condicio* e della segretezza delle offerte. Non può essere consentita, quindi, la presentazione di più offerte sostanzialmente imputabili a un unico centro decisionale. Infatti, il codice contiene specifiche norme che prevedono il divieto di partecipazione in più di un raggruppamento temporaneo o consorzio, oppure la partecipazione in forma individuale qualora l'impresa abbia partecipato alla gara in un raggruppamento temporaneo o consorzio (art. 48, c. 7, codice). Sempre in questo senso deve essere letta la norma che prevede il divieto di partecipazione delle imprese che si trovano in una situazione di controllo *ex* art. 2359 c.c. (sono considerate società controllate le società in cui un'altra società dispone della maggioranza dei voti esercitabili nell'assemblea ordinaria; le società in cui un'altra società dispone di voti sufficienti per esercitare un'influenza dominante nell'assemblea ordinaria; le società che sono sotto influenza dominante di un'altra società in virtù di particolari vincoli contrattuali con essa) o in una qualsiasi relazione, anche di fatto, se la situazione di controllo o la relazione comporti che le offerte siano imputabili a un unico centro di responsabilità (art. 80, c. 5, lett. *m*, codice). Sono assimilate alla fattispecie di controllo anche le imprese tra loro collegate ossia le società sulle quali un'altra società esercita un'influenza notevole (tramite l'esercizio di almeno un quinto dei voti in assemblea ordinaria).

Inoltre, le stazioni appaltanti possono escludere dalla gara i concorrenti per i quali sia accertato che le relative offerte sono imputabili a un unico centro decisionale, sulla base di univoci elementi. Si tratta delle ipotesi del c.d. collegamento sostanziale: si pensi all'ipotesi di imprese con la stessa sede amministrativa; stessa impostazione grafica e sigillatura per tutte le buste, comprese quella dell'offerta economica; i timbri apposti sulle buste e sulle documentazioni aventi la stessa impostazione e recanti lo stesso numero telefonico; la medesima grafia di compilazione della domanda e della documentazione annessa; la spedizione dei plichi dallo stesso ufficio postale che avviene lo stesso giorno e sostanzialmente alla stessa ora; identità delle diciture utilizzate per la dichiarazione di conformità delle copie prodotte e identica impostazione grafica delle stesse; il fatto che la polizza fideiussoria a garanzia della cauzione provvisoria venga rilasciata dalla stessa agenzia di assicurazioni; il medesimo indirizzo di residenza (città, via, numero civico) degli amministratori delle due imprese; identità di oggetto sociale per le imprese, risultante dai certificati di iscrizione alla C.C.I.A.A.

Dalle norme emerge che per l'esclusione non è sufficiente che la situazione di controllo o collegamento sia dichiarata o che vi sia una relazione fra imprese, ma comunque deve essere dimostrato che tali relazioni abbiano comportato una distorsione della gara (si pensi alla circostanza che la media delle offerte è elemento per determinare la soglia di anomalia e che, quindi, un accordo fra imprese nella presentazione delle offerte può alterare tale soglia per avvantaggiare una delle collegate). Ciò perché gli automatismi in materia di esclusione non sono mai stati considerati dal diritto europeo conformi al principio della massima partecipazione, in quanto la circostanza del collegamento non comporta necessariamente la nascita di un autonomo centro di interessi se le società mantengono la propria autonomia e la propria personalità giuridica.

A tale proposito si rileva che con una decisione della Corte di Giustizia (Corte giustizia CE, sez. IV, 19 maggio 2009, n. C-538/07) si è affermata l'incompatibilità con il diritto europeo della normativa del precedente codice dei contratti che vietava in assoluto la partecipazione di imprese collegate. Secondo la giurisprudenza europea, infatti, non sarebbe possibile sanzionare il collegamento tra più imprese mediante l'automatica esclusione dalla procedura selettiva, sulla scorta di una presunzione di "inquinamento" del confronto concorrenziale. Ciò si sostanzierebbe in un'indebita anticipazione della soglia di tutela. Occorre, invece, accertare se in concreto tale situazione abbia influito sul comportamento delle imprese nell'ambito della gara. Il rapporto tra le imprese può giustificare l'esclusione soltanto se la stazione appaltante accerti che tale rapporto abbia influenzato la formulazione delle offerte, in modo che dette imprese siano messe in grado di dimostrare l'insussistenza di rischi di turbative della selezione. Per escludere un'impresa ritenendola in collegamento sostanziale, quindi, non bastano degli indici meramente formali ma occorre che la stazione appaltante dia la prova concreta dell'esistenza di un unico centro decisionale che governi le imprese. In tal modo si è trovato un punto di equilibrio tra le esigenze di evitare possibili collusioni tra imprese tendenti a falsare la concorrenza nelle gare e il principio che favorisce la massima partecipazione alle procedure selettive.

2. I requisiti di partecipazione

Gli operatori economici, compresi quelli che utilizzano forme di aggregazione, per poter partecipare alle procedure a evidenza pubblica devono possedere alcuni requisiti che ne attestino l'affidabilità dal punto di vista dell'ordine pubblico e della moralità (requisiti di ordine generale) nonché dal punto di vista tecnico ed economico (requisiti di ordine speciale).

La *ratio* della disciplina dei requisiti è quella di consentire la partecipazione alle gare di operatori economici affidabili e professionali.

Il mancato possesso dei requisiti di ordine generale comporta l'esclusione dalla procedura di aggiudicazione (art. 80 codice). Le ipotesi di carenza di requisiti che comportano l'esclusione sono tassativamente indicate dal codice.

La circostanza della indicazione tassativa (e, quindi, non suscettibile di interpretazione analogica o estensiva) risiede nel fatto che l'esclusione comporta una drastica limitazione della libertà contrattuale del soggetto privato. Per questo motivo non è possibile che le stazioni appaltanti nei documenti di gara (bandi o avvisi) prevedano ulteriori ipotesi di esclusione non previste dalla legge (l'art. 83, c. 8, del codice commina la sanzione della nullità di tali prescrizioni previste nei documenti di gara).

In primo luogo, un operatore economico deve essere escluso in presenza di condanne per reati espressamente indicati dal codice. L'amministrazione, quindi, non ha alcuna discrezionalità nel prevedere ulteriori tipologie di reato "escludente" che riguardino la "moralità professionale" dell'operatore economico.

Per poter partecipare a una gara l'operatore economico non deve aver subito sentenza di condanna passata in giudicato o decreto penale di condanna divenuto irrevocabile, oppure sentenza di applicazione della pena su richiesta, ai sensi dell'art. 444 c.p.p. (c.d. patteggiamento) per alcuni reati indicati. In particolare, si tratta di reati associazione a delinquere semplice e associazione di stampo mafioso; gravi reati contro la p.a. (es. concussione e corruzione); false comunicazioni sociali; frode alla tutela degli interessi finanziari delle Comunità europee; delitti consumati o tentati commessi con finalità di terrorismo, anche internazionale e di eversione dell'ordine costituzionale; reati di riciclaggio e finanziamento dell'attività terroristica; reati riguardanti la riduzione in schiavitù e il lavoro minorile; ogni altro delitto dal quale derivi, come pena accessoria, l'incapacità di contrarre con la p.a.

L'esclusione deve essere disposta se il provvedimento penale è stato emesso nei confronti degli amministratori, dei titolari di funzioni tecniche e del potere di rappresentanza degli operatori economici. Nella sostanza, il provvedimento deve riguardare qualsiasi soggetto che abbia potere di rappresentanza, di decisione o di controllo del candidato offerente (Cons. Stato, ad. plen., 16 ottobre 2013, n. 23), e opera anche nei confronti dei soggetti cessati dalla carica nell'anno antecedente la data di pubblicazione del bando di gara, qualora l'impresa non dimostri che vi sia stata completa ed effettiva dissociazione della condotta penalmente sanzionata. Per dimostrare la dissociazione occorre che la società abbia adottato atti concreti e tangibili al fine di dissociarsi dalla condotta delittuosa posta in essere dal soggetto cessato dalla carica. La verifica dell'adeguatezza delle misure di dissociazione è operata dalla stazione appaltante ed è connotata da ampi margini di discrezionalità. La condotta dissociativa non si dimostra con un semplice atto con cui l'impresa prende le distanze formalmente da chi ha compiuto il reato, bensì deve essere concreta, piena ed effettiva.

L'esclusione e il divieto di partecipazione in ogni caso non operano quando il reato sia stato depenalizzato, quando sia intervenuta la riabilitazione, quando il reato sia stato dichiarato estinto dopo la condanna ovvero in caso di revoca della condanna medesima.

Per l'operatore economico è possibile dimostrare di essere affidabile nonostante la sussistenza dei citati motivi di esclusione (c.d. *self cleaning*): qualora la sentenza definitiva abbia imposto una pena detentiva non superiore a diciotto mesi ovvero abbia riconosciuto l'attenuante della collaborazione come definita per le singole fattispecie di reato, gli operatori economici possono provare di aver risarcito o di essersi impegnati a risarcire qualunque danno causato dal reato o dall'illecito e di aver adottato provvedimenti concreti di carattere tecnico, organizzativo e relativi al personale idonei a prevenire ulteriori reati o illeciti. Secondo l'ANAC (linee guida 6/2016) possono essere considerati idonei a evitare l'esclusione, oltre la dimostrazione di aver risarcito o essersi impegnato formalmente e concretamente a risarcire il danno causato dall'illecito anche l'adozione di provvedimenti volti a garantire adeguata capacità professionale dei dipendenti, anche attraverso la previsione di specifiche attività formative; l'adozione di misure finalizzate a migliorare la qualità delle prestazioni attraverso interventi di carattere organizzativo, strutturale e/o strumentale; la rinnovazione degli organi societari; l'adozione e l'efficace attuazione di modelli di organizzazione e di gestione idonei a prevenire reati della specie di quello verificatosi e l'affidamento a un organismo dell'ente, dotato di autonomi poteri di iniziativa e di controllo, del compito di vigilare sul funzionamento e l'osservanza dei modelli e di curare il loro aggiornamento; la dimostrazione che il fatto è stato commesso nell'esclusivo interesse dell'agente oppure eludendo fraudolentemente i modelli di organizzazione e di gestione o che non vi è stata omessa o insufficiente vigilanza da parte dell'organismo di controllo. L'adozione delle misure di *self cleaning* deve avvenire entro il termine fissato per la presentazione delle offerte o, nel caso di richiesta di attestazione, entro la data di sottoscrizione del contratto con la SOA. Nel documento unico di gara (Dgue) o nel contratto di attestazione l'operatore economico deve indicare le specifiche misure adottate.

L'adozione delle misure di *self cleaning* e il loro impatto sull'affidabilità dell'operatore devono essere adeguatamente valutate dall'amministrazione e tale valutazione viene effettuata in contraddittorio con l'operatore economico. La decisione assunta deve essere adeguatamente motivata.

Con riferimento all'omessa dichiarazione della sussistenza di condanne penali la giurisprudenza si è divisa tra un indirizzo più rigorista e uno meno formalistico.

Secondo il primo indirizzo, l'esclusione dalla gara deve essere sempre comminata in caso di omessa dichiarazione da parte del concorrente di tutte le condanne penali eventualmente riportate, anche se attinenti a reati differenti da quelli previsti nella norma, in quanto è impedita ogni valutazione in ordine alla gravità del reato da parte del concorrente. Infatti, la completezza della dichiarazione è espressione dei principi di trasparenza, *par condicio* tra i partecipanti e proporzionalità. Comunque, l'esclusione in caso di non veridicità della dichiarazione, a prescindere, quindi, da una valutazione in concreto dei precedenti penali non dichiarati, costituirebbe applicazione dell'art. 75, d.p.r. 445/2000, senza che residuino margini di discrezionalità per la stazione appaltante (secondo la norma citata se emerge dai controlli la non veridicità del contenuto della dichiarazione, il dichiarante decade dai benefici eventualmente conseguenti al provvedimento emanato sulla base della dichiarazione non veritiera).

Secondo un indirizzo meno formalistico occorre prestare attenzione a quanto stabilito dalla *lex specialis*, distinguendo i casi in cui essa richiede di dichiarare tutte le condanne riportate da quelli in cui è genericamente prevista una dichiarazione relativa all'assenza di cause impeditive: nel secondo caso, la pretesa incompletezza della dichiarazione, in cui non siano menzionati tutti i precedenti penali, non potrebbe comportare l'esclusione dalla gara ove non ricorra la sostanziale carenza del requisito, anche in ragione della regola di tassatività delle cause di esclusione improntata a una logica sostanzialistica e al principio del *favor partecipationis*, nonché della disciplina in materia di c.d. soccorso istruttorio.

Ulteriore causa di esclusione consiste nella commissione di violazioni gravi, definitivamente accertate, rispetto agli obblighi relativi al pagamento delle imposte, delle tasse e dei contributi previdenziali, anche non definitivamente accertati. Le gravi violazioni in materia di contribuzione previdenziale sono quelle che impediscono il rilascio del documento unico di regolarità contributiva (Durc), ovvero delle certificazioni rilasciate dagli enti previdenziali. La causa di esclusione non viene in rilievo quando l'operatore economico abbia adempiuto ai propri obblighi pagando o impegnandosi in modo vincolante a pagare i contributi previdenziali dovuti; il pagamento o l'impegno devono essere, però, formalizzati prima della scadenza del termine per la presentazione delle domande di partecipazione alla procedura.

Si è posto il problema della sindacabilità da parte del giudice amministrativo in relazione alle risultanze del Durc nell'ambito di una controversia che riguardi l'esclusione del concorrente proprio per gravi violazioni della normativa in materia di contribuzione previdenziale. È stato affermato che rientra nella giurisdizione del giudice amministrativo l'accertamento inerente alla regolarità del Durc quale atto interno procedimentale di verifica dei requisiti di ammissione dichiarati dal partecipante alla gara. Tale accertamento è incidentale valendo esclusivamente con riferimento alla controversia circa l'affidamento del contratto; di conseguenza è privo di efficacia di giudicato nel rapporto previdenziale.

La regolarità contributiva deve sussistere anche con riferimento alla tutta la fase di esecuzione del contratto.

Ulteriori cause di esclusione riguardano le gravi violazioni in materia di salute e di sicurezza sul lavoro e l'assenza di procedure concorsuali per il partecipante (di fallimento, di liquidazione coatta, di concordato preventivo, o nei cui riguardi sia in corso un procedimento per la dichiarazione di una di tali situazioni). Con tale norma la stazione appaltante dovrebbe essere garantita da eventuali pericoli derivanti da una situazione di difficoltà finanziarie dell'aggiudicatario durante la fase di esecuzione del contratto.

Deve essere escluso l'operatore nei confronti del quale l'amministrazione dimostri con mezzi adeguati la commissione di gravi illeciti professionali tale da rendere dubbia la sua integrità, intesa come moralità professionale, o affidabilità, intesa come reale capacità tecnico professionale, nello svolgimento dell'attività oggetto di affidamento. È da rilevare che in questo caso la normativa non ha tipizzato le ipotesi di gravi illeciti lasciando, quindi, alla p.a. la valutazione di ulteriori casi che evidenziano i comportamenti scorretti dell'appaltatore.

I gravi illeciti professioni possono riguardare le condanne non definitive per i reati di cui all'art. 80, c. 1, nonché per alcuni reati come l'abusivo esercizio di una professione; reati fallimentari (bancarotta semplice e bancarotta fraudolenta, omessa dichiarazione di beni da comprendere nell'inventario fallimentare, ricorso abusivo al credito); reati tributari, i reati societari, i delitti contro l'industria e il commercio; reati urbanistici con riferimento agli affidamenti aventi a oggetto lavori o servizi di architettura e ingegneria; reati previsti dal d.lgs. 231/2001. L'operatore, inoltre, non deve aver tentato di influenzare indebitamente il processo decisionale della stazione appaltante (es. con riferimento alla valutazione del possesso dei requisiti di partecipazione; all'adozione di provvedimenti di esclusione; all'attribuzione dei punteggi); di ottenere informazioni riservate ai fini di proprio vantaggio (es. nominativi degli altri concorrenti; contenuto delle offerte presentate). Non deve aver fornito, anche per negligenza, informazioni false o fuorvianti suscettibili di influenzare le decisioni sull'esclusione, la selezione o l'aggiudicazione ovvero non deve aver omesso informazioni dovute ai fini del corretto svolgimento delle procedure di selezione (es. la presentazione di informazioni fuorvianti in ordine al possesso dei requisiti di partecipazione o ad altre circostanze rilevanti ai fini della gara; la presentazione di informazioni false relative a circostanze diverse dal possesso dei requisiti generali o speciali di partecipazione; omissione di informazioni in ordine alla carenza, sopravvenuta rispetto al momento in cui è stata presentata la domanda, di requisiti o elementi non specificatamente richiesti dal bando di gara ai fini della partecipazione, ma indicati dall'offerente per conseguire un punteggio ulteriore o per fornire le spiegazioni richieste dalla stazione appaltante nel caso in cui l'offerta appaia anormalmente bassa).

Deve essere escluso, inoltre, l'operatore che abbia dimostrato significative e persistenti carenze nell'esecuzione di un precedente contratto che ne hanno causato la risoluzione per inadempimento ovvero la condanna al risarcimento del danno o altre sanzioni comparabili (l'inadempimento di una o più obbligazioni contrattualmente assunte; le carenze del prodotto o servizio fornito che lo rendono inutilizzabile per lo scopo previsto; l'adozione di comportamenti scorretti; il ritardo nell'adempimento; l'errore professionale nell'esecuzione della prestazione; l'aver indotto in errore l'amministrazione circa la fortuità dell'evento che dà luogo al ripristino dell'opera danneggiata per caso fortuito interamente a spese dell'amministrazione stessa; nei contratti misti di progettazione ed esecuzione, qualunque omissione o errore di progettazione imputabile all'esecutore che ha determinato una modifica o variante; negli appalti di progettazione o concorsi di progettazione, qualunque omissione o errore di progettazione imputabile al progettista, che ha determinato, nel successivo appalto di lavori, una modifica o variante). In tali ipotesi, però, l'esclusione non opera automaticamente ma la causa deve essere valutata adeguatamene dall'amministrazione. Infatti, l'amministrazione se adotta il provvedimento di esclusione deve motivare in ordine al tempo trascorso dalla violazione e alla gravità della stessa.

Comporta esclusione anche la circostanza che la partecipazione dell'operatore economico determini una situazione di conflitto di interesse. La disciplina delle ipotesi di conflitto di interesse è stata introdotta dalla normativa anticorruzione incidendo sia sulla disciplina generale dei procedimenti amministrativi, con l'introduzione di una specifica norma nella l. 241/1990, sia con riferimento alla normativa sui contratti pubblici (art. 42 del codice e linee guida ANAC 15/2019).

In particolare, si ha conflitto di interesse nell'ambito della disciplina sui contratti quando si verifica una situazione di sussistenza di un interesse personale in capo a un soggetto operante in nome o per conto della stazione appaltante che interviene a qualsiasi titolo nella procedura di gara o potrebbe in qualsiasi modo influenzarne l'esito. Si tratta di una situazione potenzialmente idonea a minare l'imparzialità e l'indipendenza della stazione appaltante nella procedura di gara. In altre parole, l'interferenza tra la sfera istituzionale e quella personale del funzionario pubblico, si ha quando le decisioni che richiedono imparzialità di giudizio siano adottate da un soggetto che abbia, anche solo potenzialmente, interessi privati in contrasto con l'interesse pubblico. L'interesse personale dell'agente, che potrebbe porsi in contrasto con quello pubblico alla scelta del miglior offerente, può essere di natura finanziaria, economica o dettato da particolari legami di parentela, affinità, convivenza o frequentazione abituale con i soggetti destinatari dell'azione amministrativa. Una situazione di conflitto di interessi dovrebbe comportare l'obbligo di astensione da parte del funzionario pubblico in ordine alle decisioni relative all'affidamento del contratto. L'esclusione del concorrente dalla gara rappresenta l'*extrema ratio*, quando sono assolutamente e oggettivamente impossibili sia la sostituzione del dipendente che versa nella situazione di conflitto di interesse, sia l'avocazione dell'attività al responsabile del servizio, sia il ricorso a formule organizzative alternative. Tale impossibilità di ricorrere a formule alternative deve essere assoluta, oggettiva, puntualmente motivata e dimostrata.

Il provvedimento di esclusione viene adottato anche nell'ipotesi in cui vi sia una distorsione della concorrenza derivante dal precedente coinvolgimento degli operatori economici nella preparazione della procedura di appalto, solo nell'ipotesi in cui tale effetto distorsivo non possa essere rimosso attraverso misure meno gravi. Si pensi alla sottoscrizione di accordi con altri operatori economici intesi a falsare la concorrenza nella procedura di aggiudicazione.

È escluso l'operatore che sia stato colpito da sanzioni interdittive che comportino il divieto di contrattare con le pubbliche amministrazioni. Tali misure riguardano sia i reati previsti espressamente come causa di esclusione sia le violazioni in materia di contrasto al lavoro irregolare e di tutela della salute e sicurezza dei lavoratori.

Ulteriore causa di esclusione riguarda le false dichiarazione rese in sede di gara o negli affidamenti di subappalti. Infatti, è escluso chi abbia presentato documentazione o dichiarazioni non veritiere; chi è iscritto nel casellario informativo tenuto dall'Osservatorio ANAC per aver presentato false dichiarazioni o falsa documentazione nelle procedure di gara, negli affidamenti dei subappalti o ai fini del rilascio della attestazione di qualificazione (la falsa dichiarazione comporta la segnalazione da parte della stazione appaltante all'ANAC la quale avvia un procedimento in contraddittorio che può concludersi con l'iscrizione nel casellario informatico per un periodo massimo di due anni). In questi casi l'esclusione perdura fino a quanto opera l'iscrizione.

Si è posto il problema dell'equiparazione della dichiarazione falsa alla omissione di dichiarazione. L'omissione è da equiparare alla falsa dichiarazione ai fini dell'esclusione. L'omissione, infatti, è equivalente a una dichiarazione reticente in quanto non fornisce un quadro completo della situazione effettivamente esistente e, di conseguenza, non consente il normale svolgersi dell'azione amministrativa di valutazione in merito alla sussistenza o meno dei requisiti di partecipazione anche con particolare riferimento alla sussistenza di illeciti e gravi illeciti professionali. Secondo altro indirizzo, l'esclusione automatica può essere comminata solo in caso di false dichiarazioni poiché da tale fattispecie emerge inequivocabilmente l'inaffidabilità dell'operatore, mentre l'ipotesi di omissione può comportare l'esclusione dalla procedura solo per via di un apprezzamento da parte della stazione appaltante sull'inaffidabilità del partecipante. Tale impostazione è da preferire anche perché le omissioni non sempre sono il frutto di attività fraudolenta e volontaria e, quindi, possono essere superate attraverso l'utilizzo del soccorso istruttorio.

Altra causa di esclusione è la violazione del divieto di intestazione fiduciaria. L'intestazione fiduciaria è il contratto in virtù del quale un soggetto (il fiduciante) trasferisce l'amministrazione di un bene o un diritto a un altro soggetto (il fiduciario) che lo amministrerà in modo professionale o lo eserciterà nell'interesse e nel rispetto delle disposizioni impartite dal trasferente, il quale rimane il titolare sostanziale del bene o del diritto. Il fiduciario, quindi, diviene intestatario dei beni del fiduciante e, come tale, appare e agisce nei confronti dei terzi prestando attività che possono consistere tra l'altro: nell'intestazione a proprio nome e per conto del fiduciante del diritto di proprietà o di altro diritto reale relativo a obbligazioni, quote o azioni di società di capitali; partecipazione alla costituzione di società di capitali per conto del fiduciante; esecuzione di mandati di trasferimento di partecipazione societarie per conto del fiduciante. Le amministrazioni devono avere sempre la certezza sulla reale identità dei propri interlocutori, prevenendo così il rischio di infiltrazioni occulte di organizzazioni criminali nell'esecuzione di contratti pubblici. Per cui in questi casi può essere disposta l'esclusione che ha durata di un anno decorrente dall'accertamento definitivo della violazione.

Le imprese sono escluse se non in regola con la normativa relativa al lavoro ai disabili.

L'esclusione è altresì disposta nel caso in cui l'operatore economico, essendo stato vittima dei reati di cui agli artt. 317 c.p. (concussione) e 629 c.p. (estorsione), aggravati dall'essere stati commessi avvalendosi delle condizioni previste dall'art. 416 *bis* c.p. ovvero al fine di agevolare l'attività delle associazioni previste dallo stesso art. 416 *bis* c.p., non ha denunciato i fatti all'autorità giudiziaria. Si tratta, quindi, di scoraggiare condotte omertose indipendentemente dalla collusione del partecipante con organizzazioni di stampo mafioso. Si punisce la "mancanza di coraggio" che viene ritenuta indice di inaffidabilità dell'operatore economico sebbene l'operatore economico non abbia commesso alcun reato.

Una causa particolare di esclusione è collegata alla disciplina antimafia. Infatti, l'art. 80, c. 2 del codice prevede che costituisce motivo di esclusione la sussistenza di cause di decadenza, di sospensione o di divieto previste dall'art. 67 del codice antimafia (d.lgs. 6 settembre 2011, n. 159, la norma prevede una serie di decadenze da autorizzazioni, concessioni e licenze derivanti dall'applicazione di misure di prevenzione) ovvero di un tentativo di infiltrazione mafiosa di cui all'art. 84, c. 4, dello stesso codice. In quest'ultimo caso, viene in rilievo la documentazione antimafia che si identifica nella comunicazione antimafia e nell'informazione antimafia. In particolare, la comunicazione antimafia consiste nell'attestazione della sussistenza o meno di una delle cause di decadenza, di sospensione o di divieto di cui all'art. 67; l'informazione antimafia consiste nell'attestazione della sussistenza o meno di una delle cause di decadenza, di sospensione o di divieto di cui all'art. 67, nonché, nell'attestazione della sussistenza o meno di eventuali tentativi di infiltrazione mafiosa tendenti a condizionare le scelte e gli indirizzi delle società o imprese.

L'informativa antimafia circa la sussistenza di un'infiltrazione mafiosa può essere desunta da varie circostanze come i provvedimenti che dispongono una misura cautelare o l'istaurarsi di un giudizio, ovvero che recano una condanna anche non definitiva (es. estorsione o truffa su fondi pubblici); dalla proposta o dal provvedimento di applicazione di taluna delle misure di prevenzione; dall'omessa denuncia di alcuni reati. Infine, possono rilevare le informative interdittive del prefetto che hanno lo scopo di prevenire il pericolo di infiltrazioni della criminalità organizzata nel settore degli appalti pubblici, impedendo agli operatori economici contigui ad ambienti malavitosi di avere rapporti contrattuali con la p.a. Il prefetto, sulla base di apposite relazioni acquisite, valuta se dai dati raccolti possano desumersi, in relazione all'impresa oggetto di accertamento e nei confronti dei soggetti che risultano poter determinare in qualsiasi modo le scelte o gli indirizzi dell'impresa stessa, elementi relativi a tentativi di infiltrazione mafiosa. In tal caso, il prefetto emette, entro quindici giorni dall'acquisizione della relazione del gruppo interforze, l'informazione interdittiva. Si tratta di una misura cautelare e preventiva che prescinde dall'accertamento in sede penale di reati connessi all'associazione di tipo mafioso, ma si fonda su indizi ed elementi sintomatici di vicinanza al fenomeno mafioso, la cui rilevanza è rimessa alla valutazione discrezionale del prefetto.

La normativa emergenziale di cui alla l. 20/2020 prevede una semplificazione, sia pure temporanea, in materia. Infatti, fino al 30 giugno 2023, per le verifiche antimafia riguardanti l'affidamento o l'esecuzione dei contratti si procede mediante il rilascio dell'informativa liberatoria provvisoria, immediatamente conseguente alla consultazione della banca dati nazionale unica della documentazione antimafia. A tale informativa provvisoria devono comunque seguire ulteriori verifiche antimafia entro i successivi trenta giorni.

Una novità introdotta dalla l. 108/2021, riguardante i contratti finanziati con il PNRR, attiene alla promozione della parità di genere. In particolare, si prevede che gli operatori economici con più di cento dipendenti debbano allegare all'offerta il rapporto periodico sulla situazione del personale maschile e femminile (*ex* art. 46, d.lgs. 198/2006) per la partecipazione alle gare a pena di esclusione. Tale onere documentale è attenuato per le imprese con meno di cento dipendenti, in quanto la documentazione richiesta può essere depositata successivamente all'aggiudicazione. Il mancato deposito comporta, comunque, l'esclusione dalla procedura.

3. I requisiti speciali

Oltre ai requisiti di ordine generale, i concorrenti sono tenuti a dimostrare il possesso dei requisiti di ordine speciale per l'esecuzione dei lavori pubblici. I requisiti di ordine speciale consistono nel possesso di adeguata capacità economica e finanziaria; adeguata idoneità tecnica e organizzativa; adeguata dotazione di attrezzature tecniche; adeguato organico medio annuo (art. 83 codice).

La disciplina europea e nazionale per agevolare la massima partecipazione alle procedure a evidenza pubblica anche con riferimento alle piccole e medie imprese (Pmi) stabilisce il principio che i requisiti speciali stabiliti nel bando devono essere attinenti e proporzionati all'oggetto dell'appalto.

Innanzitutto, con riferimento al possesso dei requisiti di idoneità professionale i concorrenti devono essere invitati a provare la loro iscrizione nel registro della camera di commercio, industria, artigianato e agricoltura o nel registro delle commissioni provinciali per l'artigianato, o presso i competenti ordini professionali. Se si tratta di un cittadino di altro Stato membro non residente in Italia, può essergli richiesto di provare la sua iscrizione, secondo le modalità vigenti nello stato di residenza. L'utilità della certificazione camerale è quella di filtrare l'ingresso in gara dei soli concorrenti forniti di una professionalità coerente con le prestazioni oggetto dell'affidamento. Tali requisiti non possono essere oggetto di avvalimento.

I requisiti di capacità economica finanziaria sono funzionali alla dimostrazione che l'impresa possa sostenere l'offerta economica presentata in gara, mentre i requisiti di capacità tecnico professionale riguardano l'idoneità dell'operatore economico allo svolgimento delle prestazioni contrattuali e, quindi, sono funzionali alla dimostrazione del possesso delle risorse umane, tecniche e dell'esperienza necessarie per eseguire il contratto con un adeguato standard di qualità.

Con riferimento alla dimostrazione del possesso degli ulteriori requisiti si deve rilevare che vigono differenti regimi tra lavori da un lato e servizi e forniture dall'altro.

Relativamente ai lavori viene in rilievo il sistema unico di qualificazione (SOA) che consiste nella certificazione da parte di un soggetto terzo dell'affidabilità tecnica, economica e finanziaria dell'impresa. Tale certificazione abilita l'impresa a partecipare a tutte le procedure di selezione attinenti alle tipologie e agli importi per le quali sono state qualificati e per tutto il periodo di validità della certificazione. Basta, quindi, depositare il certificato per dimostrare il possesso dei requisiti. Questo è l'unico sistema previsto per i lavori e ciò comporta che l'amministrazione con la *lex specialis* non possa prevedere ulteriori tipologie di requisiti rispetto a quelli che sono certificati con l'attestazione SOA.

Per le forniture e i servizi manca un sistema unico di qualificazione per cui le imprese devono dimostrare il possesso dei requisiti di affidabilità tecnica, economica e finanziaria per singola gara. L'amministrazione, in questi casi, può specificare e dimensionare i requisiti richiesti, nel rispetto del principio di proporzionalità, a seconda della natura, della quantità, dell'importanza o dell'uso della fornitura e dei servizi. In questi casi, emerge la discrezionalità dell'amministrazione con riferimento alle modalità con le quali la capacità può essere misurata.

Per i servizi e le forniture i requisiti di capacità economica e finanziaria consistono: nel fatturato minimo annuo, compreso un determinato fatturato minimo nel settore di attività oggetto dell'appalto; nelle informazioni riguardo i conti annuali che evidenzino in particolare i rapporti tra attività e passività; il livello adeguato di copertura assicurativa.

Tali requisiti possono essere provati attraverso la presentazione di idonee garanzie bancarie o coperture assicurative contro i rischi professionali; presentazione di bilanci o estratti di bilanci; dichiarazioni contenenti il fatturato globale o se richiesto il fatturato per settori di attività. Se l'operatore economico non è in grado di presentare le referenze chieste dall'amministrazione può provare la propria capacità economico e finanziaria con qualsiasi altro documento considerato idoneo dall'amministrazione.

Per quanto riguarda i requisiti tecnico professionali si deve far riferimento: alla presentazione dell'elenco dei principali servizi o delle principali forniture prestati negli ultimi tre anni; all'indicazione dei tecnici e degli organi tecnici; alla descrizione delle attrezzature tecniche; al controllo sul prodotto; ai titoli di studio (servizi); alle misure di gestione ambientale (servizi); al numero medio annuo di dipendenti (servizi); all'attrezzatura, materiale e equipaggiamento tecnico (servizi); all'indicazione della quota di subappalto; alla produzione di campioni (forniture); alla produzione certificati controllo qualità (forniture).

4. Il sistema di qualificazione

Il possesso dei requisiti da parte di un'impresa deve essere certificato da un organismo di diritto privato di attestazione, appositamente autorizzato dall'ANAC: le società organismi di attestazione (SOA).

Le imprese, quindi, stipulano un contratto con le SOA per il rilascio delle attestazioni che avviene successivamente ad attività di verifica e ispezione da parte della società.

Occorre rilevare che le SOA, pur essendo organismi privati, rilasciano attestazioni aventi contenuto vincolato e rilievo pubblicistico, essendo emanati nell'esercizio di una funzione pubblicistica di certificazione come espressamente previsto dall'art. 84 del codice dei contratti. E ciò anche agli effetti della l. 14 gennaio 1994, n. 20 (art. 1) che riguarda la responsabilità dei soggetti sottoposti alla giurisdizione della Corte dei conti in materia di contabilità pubblica. Ciò significa che i funzionari delle SOA, al pari di quelli delle pubbliche amministrazioni, possono essere sottoposti a giudizio per danno erariale dinanzi alla Corte dei conti se dal loro comportamento derivi un danno alle casse dell'ente pubblico.

Nell'esercizio di tale funzione le predette società devono seguire i principi della l. 241/1990 sull'attività amministrativa. Infatti, l'art. 84, c. 1 del codice prescrive che l'attività di attestazione sia esercitata nel rispetto del principio di indipendenza di giudizio "garantendo l'assenza di qualunque interesse commerciale o finanziario che possa determinare comportamenti non imparziali o discriminatori". Le SOA sono, inoltre, tenute a rendere disponibili la documentazione e gli atti ai soggetti interessati, in ossequio al principio di pubblicità e trasparenza. Il c. 9 *ter*, impone l'obbligo alle SOA di comunicare all'ANAC l'avvio del "procedimento di accertamento del possesso dei requisiti nei confronti delle imprese nonché il relativo esito", in ossequio al principio di partecipazione procedimentale dei soggetti interessati. Le stesse hanno l'obbligo di dichiarare la decadenza dall'attestazione di qualificazione qualora accertino che questa sia stata rilasciata in carenza dei requisiti prescritti dalla normativa ovvero sia venuto meno il possesso dei requisiti. Si tratta in questo caso dell'esercizio di un potere di autotutela da parte del soggetto privato.

Il procedimento di qualificazione viene definito come "la sequenza degli atti disciplinati dalle norme del regolamento che permette di individuare in capo a determinati soggetti il possesso di requisiti giuridici, organizzativi, finanziari e tecnici, necessari per realizzare lavori pubblici". Nello svolgimento di questa attività le SOA devono comportarsi con diligenza, correttezza e trasparenza e devono acquisire le informazioni necessarie dai soggetti da qualificare ed operare in modo da assicurare adeguata informazione. Inoltre, devono agire in modo da garantire imparzialità, equo trattamento, assicurare e mantenere l'indipendenza richiesta dalla legge e dal regolamento. Devono disporre di risorse e procedure, anche di controllo interno, idonee ad assicurare efficienza e correttezza e verificare, anche in corso di esecuzione, la veridicità e la sostanza delle dichiarazioni, delle certificazioni e delle documentazioni presentate dai soggetti cui rilasciare l'attestato; devono avere individuato il responsabile o i responsabili delle varie fasi o sottofasi, con l'indicazione dei relativi livelli di competenza nonché delle specifiche attività svolte dal personale coinvolto nella varie fasi e sottofasi del procedimento e ciò in ossequio al principio di individuazione del responsabile del procedimento.

Il regolamento in corso di predisposizione contiene una specifica disciplina dei requisiti delle SOA e della loro attività in esecuzione alle disposizioni del codice dei contratti. Il regolamento, dopo aver affermato che l'impresa che intende ottenere l'attestazione di qualificazione deve stipulare apposito contratto con una SOA autorizzata, impone a quest'ultima di concludere il procedimento entro tempi certi.

Proprio in virtù del particolare rilievo pubblicistico dell'attività svolta dalle SOA queste sono sottoposte alla vigilanza da parte dell'ANAC. Tale attività di vigilanza riguarda sia il rispetto di standard qualitativi sia il mantenimento della posizione di indipendenza da parte delle SOA. L'esito negativo dell'attività di verifica e vigilanza può comportare l'irrogazione di sanzioni che vanno da quelle pecuniarie, alla diffida sino alla sospensione o alla decadenza dall'autorizzazione.

La qualificazione è obbligatoria per chiunque esegua i lavori pubblici affidati dalle stazioni appaltanti, di importo superiore a centocinquantamila euro. Per gli appalti di importo inferiore a tale somma è sufficiente che le imprese siano in possesso dei requisiti dell'importo dei lavori analoghi eseguiti direttamente nei quindici anni precedenti e non inferiore all'importo del contratto da stipulare; che il costo complessivo sostenuto per il personale dipendente non sia inferiore al quindici per cento dell'importo dei lavori eseguiti nei quindici anni precedenti; adeguata attrezzatura tecnica commisurata alla natura e all'entità dei lavori da eseguire. In questi casi, il possesso dei requisiti può essere dimostrato anche attraverso l'attestazione SOA ma non si tratta di un obbligo per cui un bando che preveda esclusivamente tale modalità si deve ritenere illegittimo. Ulteriore deroga alla esclusività del sistema SOA si rinviene con riferimento ai contratti di importo superiore a venti milioni di euro. In tal caso, la stazione appaltante può richiedere requisiti aggiuntivi attestanti la verifica della capacità economico finanziaria (es. certificati di società di revisione) o la verifica della capacità professionale (es. aver eseguito lavori per entità e tipologia compresi nella categoria individuata come prevalente a quelli previsti nel bando tramite la presentazione di certificati di esecuzione lavori).

Il sistema di qualificazione è articolato in rapporto alle tipologie e all'importo dei lavori.

Le SOA attestano l'assenza dei motivi di esclusione di cui all'art. 80; il possesso dei requisiti di capacità economica, finanziaria, tecnica e professionale (tra i requisiti tecnico-organizzativi rientrano i certificati rilasciati alle imprese esecutrici da parte delle stazioni appaltanti); il possesso di certificazioni di sistemi di qualità conformi alle norme europee della serie UNI EN ISO 9000 e alla vigente normativa nazionale, rilasciate da soggetti accreditati; il possesso di certificazione del *rating* di impresa, rilasciata dall'ANAC (art. 83, c. 10).

Le imprese sono qualificate per categorie di opere generali (OG) e di opere specializzate (OS), nonché per prestazioni di sola costruzione o per prestazioni di progettazione ed esecuzione.

Le opere generali sono quelle caratterizzate da una pluralità di lavorazioni, indispensabili per consegnare l'opera o il lavoro finito in ogni sua parte. Le opere specializzate, invece, sono le lavorazioni che, nell'ambito del processo realizzativo dell'opera, necessitano di una particolare specializzazione e professionalità (es. OG 1 edifici civili e industriali; OG 2 restauro e manutenzione; OG 3 strade autostrade pinto; OS 1 lavori in terra; OS3 impianti idrico sanitari ecc.).

La qualificazione per le opere generali o specializzate si ottiene anche con riferimento a livelli di importo (per ciascuna categoria sono previste fasce di classificazione, nel nuovo regolamento sono previste dodici fasce di importo fino ad arrivare alla qualifica per importo illimitato), la qualificazione in una categoria abilita l'impresa a partecipare alle gare e a eseguire i lavori nei limiti del proprio livello incrementato di un quinto. Ciò consente alle imprese di aspirare, una volta aggiudicato l'appalto, a conseguire una qualificazione per un livello di importo maggiore. Tale condizione si applica a ogni impresa raggruppata o consorziata a condizione che sia qualificata per una classifica pari a un quinto dell'importo del contratto posto a base di gara.

L'attestato di qualificazione ha una durata limitata a cinque anni con verifica triennale del mantenimento dei requisiti. Se l'impresa non si sottopone alla verifica triennale non può partecipare alle gare nel periodo decorrente dalla data di scadenza del triennio fino alla data di verifica positiva da parte della SOA.

I requisiti e, di conseguenza, le qualificazioni previste dai documenti di gara devono essere possedute dai concorrenti non solo al momento della scadenza dei termini di presentazione dell'offerta ma anche in ogni successiva fase del procedimento a evidenza pubblica e per tutta la durata della fase esecutiva del contratto. In virtù del principio di necessaria continuità nel possesso delle attestazioni SOA è possibile che fra la scadenza della vecchia e il rilascio della nuova non vi sia soluzione di continuità. L'operatore economico, quindi, deve presentare istanza di rinnovo nel termine di novanta giorni precedenti alla scadenza del termine di validità della SOA. In questi casi, se il procedimento di attestazione o verifica si conclude dopo la scadenza dell'attestazione precedente il possesso dei requisiti non potrà dirsi venuto meno. Se non si rispettano i termini, il possesso dei requisiti non viene meno ma deve essere adottata una nuova attestazione.

La *ratio* di questo principio consiste nel garantire la stazione appaltante in ordine all'instaurazione di un rapporto con un soggetto che, dalla candidatura in sede di gara sino alla stipula del contratto e alla sua esecuzione, sia provvisto di tutti i requisiti generali e speciali.

Oltre al possesso dei requisiti di ordine generale e speciale, le imprese che partecipano a una gara devono provare di avere un sistema di qualità aziendale conforme alle norme comunitarie (UNI EN ISO 9000). Occorre rilevare che tale sistema di gestione della qualità è richiesto anche per ottenere la SOA (in particolare per ottenere la qualificazione dalla quarta fascia di importo in poi, ossia a partire dalla qualificazione per lavori da unmilionecinquecentomila euro).

Per qualità si intende l'insieme delle caratteristiche di un prodotto, processo o di un'organizzazione che ne determinano la capacità di soddisfare determinate esigenze, espresse e implicite del cliente. Nelle discipline aziendalistiche il concetto di qualità si identifica nell'insieme dei fattori che permettono al cliente di avere fiducia nell'azienda stessa e di essere certo che otterrà, nei tempi e nei modi stabiliti, il prodotto il servizio che ha richiesto e quello che potrebbe richiedere in futuro. La certificazione del sistema di qualità aziendale è riferita agli aspetti gestionali dell'impresa nel suo complesso, con riferimento alla globalità delle categorie e classifiche. La valutazione del possesso dei requisiti per conseguire la certificazione di qualità è demandata a un organo di certificazione accreditato presso il Sincert (Sistema nazionale per l'accreditamento degli organismi di certificazione). Tali soggetti possono essere anche SOA, e ciò dimostra la particolare compenetrazione fra sistema SOA e quello della certificazione di qualità.

5. Il *rating* di impresa

Accanto al sistema dei requisiti di ordine generale e speciale, il nostro ordinamento prevede la possibilità che le imprese possano acquisire premialità attraverso il c.d. *rating* di impresa. Tale sistema è finalizzato a valutare, valorizzare e promuovere la *performance* contrattuale degli operatori economici e la qualità nell'esecuzione dei contratti pubblici. I requisiti reputazionali alla base del *rating* di impresa tengono conto dei precedenti comportamenti dell'impresa, con riferimento al mancato utilizzo del soccorso istruttorio, all'applicazione delle disposizioni sulla denuncia obbligatoria di richieste estorsive e corruttive, nonché al rispetto dei tempi e dei costi nell'esecuzione dei contratti e dell'incidenza e degli esiti del contenzioso sia in sede di partecipazione alle procedure di gara sia in fase di esecuzione del contratto.

Si tratta, quindi, di criteri differenti da quelli generali e speciali, senza i quali gli operatori economici non potrebbero neppure partecipare alle gare. Il criterio reputazionale, invece, può essere utilizzato al fine di attribuire maggiori punteggi in sede di offerta economicamente più vantaggiosa.

6. L'avvalimento

Il diritto europeo, al fine di favorire la concreta applicazione dei principi di libera circolazione dei servizi e di libertà di stabilimento, ha disciplinato l'istituto dell'avvalimento. Attraverso l'avvalimento si consente a un operatore singolo o in raggruppamento di soddisfare la richiesta relativa al possesso dei requisiti di carattere economico, finanziario, tecnico e professionale necessari per partecipare a una gara avvalendosi della capacità di altri soggetti purché dimostri all'amministrazione che disporrà dei mezzi necessari per l'esecuzione del contratto. Si tratta di un mezzo attraverso il quale un operatore (c.d. impresa ausiliaria) "presta" ad altro operatore economico (c.d. impresa ausiliata) i requisiti di carattere economico finanziario e tecnico organizzativo in cambio di un corrispettivo in danaro o di altra utilità di natura, direttamente o indirettamente, patrimoniale.

La giurisprudenza europea inizialmente ha ammesso la possibilità di avvalimento di requisiti tra società appartenenti allo stesso gruppo (avvalimento infragruppo: infatti, la prima applicazione giurisprudenziale dell'istituto riguardava la possibilità di consentire ad un'impresa parte di un gruppo, o *holding*, di partecipare a una procedura di gara utilizzando requisiti e capacità di una controllata non partecipante alla gara stessa).

Il diritto europeo, quindi, ha introdotto un istituto che presuppone una visione sostanzialistica e non meramente formalistica del possesso dei requisiti al fine di rafforzare l'applicazione del principio di massima partecipazione alle procedure a evidenza pubblica.

Infatti, se il primo strumento giuridico per raggiungere tale obiettivo è sicuramente quello del raggruppamento temporaneo di imprese ciò non toglie che si possano trovare altre soluzioni. L'avvalimento si caratterizza per essere una soluzione più flessibile rispetto all'Rti, in quanto non impegna l'ausiliaria nella partecipazione alla gara. Per l'ordinamento europeo è indifferente il vincolo negoziale tra ausiliaria e ausiliata: ciò ha consentito di allargare l'ambito di operatività dell'istituto oltre l'ipotesi dei rapporti infragruppo. Tale impostazione ha caratterizzato la disciplina dell'avvalimento come modello aperto da parte delle direttive 17 e 18 del 2004.

L'avvalimento può riguardare qualsiasi requisito di natura tecnico-organizzativa o economico finanziaria. Il concorrente si può avvalere anche per intero di un requisito non posseduto. La dimostrazione del possesso dei requisiti consiste nella prova che l'ausiliaria ha assunto lo specifico obbligo di porre a disposizione dell'ausiliata le risorse correlate alla dichiarazione di avvalimento. L'avvalimento, però, deve riguardare una singola gara per cui il prestito dei requisiti ha carattere contingente.

Il legislatore nazionale, nel codice del 2006, disciplinò l'istituto ponendo numerosi paletti che ne restringevano l'applicazione. Alla base di tale visione vi era una certa diffidenza e preoccupazione in quanto si riteneva che tale istituto potesse mettere in pericolo il carattere fiduciario e strettamente personale del rapporto tra stazione appaltante e appaltatore. Nella sostanza, il legislatore nazionale temeva che mediante il prestito dei requisiti si potesse arrivare ad ammettere la possibilità di un appaltatore mera "scatola vuota", con pregiudizio per quell'insieme di interessi pubblici e indisponibili che, a garanzia dell'amministrazione ma non soltanto (si pensi alla normativa antimafia ed antiriciclaggio), esige la natura fiduciaria e diretta di questo rapporto contrattuale.

Le direttive del 2014 hanno previsto alcune innovazioni significative che consistono innanzitutto nella possibilità di avvalersi dei requisiti relativi al possesso di titoli di studio e professionali o alle esperienze professionali pertinenti, limitata ai soggetti che effettivamente eseguono i lavori o i servizi per cui tali capacità sono richieste; nella possibilità di sostituire l'ausiliaria nel caso in cui quest'ultima non soddisfi un requisito di partecipazione o sia carente di un requisito di moralità professionale; nella responsabilità solidale tra ausiliata e ausiliaria per l'esecuzione delle prestazioni.

La disciplina dell'istituto è prevista dalla art. 89 del codice. L'avvalimento non può riguardare i requisiti soggettivi in senso stretto, ossia quelli relativi all'idoneità morale e professionale. Al di là di questo limite l'avvalimento ha valenza generale.

L'avvalimento dei requisiti di capacità economico finanziaria (c.d. avvalimento di garanzia) viene in rilievo quando l'ausiliaria mette a disposizione dell'ausiliata la propria solidità economica e finanziaria rassicurando la stazione appaltante sulle sue capacità di far fronte agli impegni economici conseguenti al contratto, anche in caso di inadempimento. In questa ipotesi, l'avvalimento funge da strumento di garanzia e rassicurazione della stazione appaltante (si pensi a requisiti relativi al fatturato globale o specifico).

La giurisprudenza ha affermato che nell'avvalimento di garanzia la prestazione oggetto dell'obbligazione è costituita non già dalla messa a disposizione da parte dell'impresa ausiliaria di strutture organizzative e mezzi materiali, ma dal suo impegno a garantire con le sue complessive risorse economiche l'ausiliata e, cioè, il suo valore aggiunto in termini di "solidità finanziaria" e di acclarata "esperienza di settore", dei quali il fatturato costituisce indice significativo (Cons. Stato, sez. V, 22 dicembre 2016, n. 5423). In tali casi, è sufficiente la mera indicazione del fatturato richiesto non sussistendo l'esigenza di un'indicazione puntuale e specifica, poiché non si tratta di beni in senso tecnico-giuridico (Cons. Stato, sez. V, 28 febbraio 2018, n. 1216).

L'avvalimento può avere a oggetto le risorse materiali (di prodotto, di processo o di progetto) o anche immateriali (quali brevetti, *know how*, ecc.) che incidono direttamente sull'organizzazione e l'operatività dell'ausiliaria, la quale dovrà dedurre in contratto la messa a disposizione del proprio apparato organizzativo (Cons. Stato, sez. IV, 29 febbraio 2016, n. 812). Ciò accade nel c.d. avvalimento operativo attraverso il quale l'ausiliaria mette a disposizione i propri requisiti di capacità tecnico-operativa. In tal caso devono essere messe a disposizione in modo specifico le risorse necessarie per svolgere le prestazioni contrattuali. Quindi, le parti devono indicare con precisione i mezzi aziendali messi a disposizione dell'ausiliata per eseguire le prestazioni contrattuali.

Con riferimento alla certificazione SOA (o alle certificazioni di qualità) è stato precisato che il contratto di avvalimento non può consistere in un mero "prestito del requisito", astrattamente considerato, ma deve concretizzarsi in un sostanziale prestito di tutti i requisiti sulla base dei quali quell'attestazione SOA è stata rilasciata, con la conseguenza che l'avvalimento dell'attestazione SOA di altro soggetto implica l'avvalimento del complesso inscindibile dei requisiti la cui accertata sussistenza ha consentito di ottenere l'attestazione (Cons. Stato, sez. V, 23 settembre 2015, n. 4456).

Problema molto rilevante è quello relativo alle responsabilità delle imprese. L'art. 89, c. 5 del codice, confermando le precedenti previsioni, prescrive che il concorrente e l'impresa ausiliaria siano responsabili in solido nei confronti della stazione appaltante in relazione alle prestazioni oggetto del contratto. Secondo alcuni si può parlare di una garanzia personale di tipo "fideiussorio", imperniata sulla responsabilità solidale per tutti gli obblighi dipendenti dal contratto principale, senza però che vi acceda anche l'assunzione della qualità di parte contrattuale. Secondo altre tesi si configura una promessa del fatto del terzo o contratto a favore di terzo.

Ulteriore problema riguarda l'estensione della responsabilità solidale: ci si è chiesti se la responsabilità abbia una portata necessariamente estesa a tutte le prestazioni assunte dall'ausiliata quale appaltatrice, o se può essere convenzionalmente limitata a una sola componente di esse, in stretto parallelismo con i contenuti dell'avvalimento. Sul piano letterale questa seconda interpretazione non è impedita: è vero che il c. 4 dell'art. 89 stabilisce una responsabilità solidale "*in relazione alle prestazioni oggetto del contratto*", ma è altrettanto vero che tale "contratto" ben potrebbe essere, anziché l'appalto, l'avvalimento che può contenere una definizione puntuale e parziale del contributo materiale dell'ausiliaria.

L'art. 89, c. 1, prevede che l'operatore debba dimostrare alla stazione appaltante che disporrà dei mezzi necessari mediante la presentazione di una dichiarazione sottoscritta dall'impresa ausiliaria con cui si obbliga verso il concorrente e verso la stazione appaltante a mettere a disposizione per tutta la durata dell'appalto le risorse necessarie di cui è carente il concorrente. A tal fine la stazione appaltante, nel corso dell'esecuzione del contratto, pone in essere verifiche circa l'effettivo possesso dei requisiti e delle risorse oggetto dell'avvalimento da parte dell'impresa ausiliata nonché l'effettivo impiego delle risorse medesime nell'esecuzione dell'appalto. Quindi, alle verifiche documentali si affiancano verifiche sostanziali in funzione di vigilanza da parte della stazione appaltante.

Il controllo dei requisiti di carattere generale e speciale, nella fase di gara, riguarda anche l'ausiliaria. Il mancato possesso di tali requisiti, così come la sussistenza di motivi obbligatori di esclusione, non comporta, l'automatica esclusione del concorrente che ha fatto ricorso all'avvalimento, bensì l'obbligo a carico dello stesso di sostituire l'ausiliaria inidonea con un'altra idonea. La sostituzione dell'ausiliaria durante la gara si configura come una deroga al principio dell'immodificabilità soggettiva del concorrente nel corso della procedura e risponde all'esigenza di evitare l'esclusione dell'operatore per ragioni a lui non direttamente riconducibili e di stimolare il ricorso all'avvalimento. Il concorrente, infatti, può far conto sul fatto che, nel caso in cui l'ausiliaria non presenti i requisiti richiesti, potrà procedere alla sua sostituzione e non sarà, per ciò solo, escluso (Cons. Stato, sez. V, 22 febbraio 2018, n. 1101).

Le prestazioni contrattuali devono essere eseguite direttamente dall'impresa ausiliata che partecipa alla gara ma ciò non toglie che l'impresa ausiliaria possa assumere il ruolo di subappaltatore nei limiti dei requisiti prestati (art. 89, c. 8).

L'avvalimento dei requisiti scaturisce da un contratto di diritto privato che viene stipulato fra impresa ausiliaria e impresa ausiliata. Tale contratto ha una natura giuridica mutevole in quanto assume contenuti e, soprattutto, forme giuridiche di volta in volta diverse: subappalto, affitto di azienda o di ramo di azienda, consorzio o *franchising*, cessione di diritti di *know how* o contratto di garanzia.

Secondo alcune tesi si tratterebbe di contratto atipico. Secondo altre impostazioni l'avvalimento non può esser considerato un contratto atipico per il semplice fatto che esso è preso in considerazione dalla legge, che gli riserva una disciplina peculiare. Comunque, la causa dell'avvalimento consiste nel rendere possibile il prestito dei requisiti, ponendo un'impresa nella condizione di poter più facilmente partecipare a una gara dalla quale resterebbe altrimenti esclusa.

È possibile che l'avvalimento venga in rilievo anche con riferimento alla partecipazione di imprese in raggruppamento temporaneo. Infatti, l'impresa che partecipa in Rti può sempre utilizzare l'avvalimento per assicurare i propri requisiti.

Si sono posti particolari problemi riguardanti alcune fattispecie peculiari di avvalimento come quello plurimo e quello frazionato. Si ha avvalimento plurimo quando ci si avvalga di più soggetti per raggiungere i requisiti previsti dalla gara; si ha avvalimento frazionato quando il concorrente si avvale di un solo soggetto per raggiungere il requisito o i requisiti di partecipazione. Le due tipologie possono anche essere compresenti in una medesima fattispecie.

Il precedente codice conteneva una disciplina limitativa in ordine alla possibilità di utilizzare tali modalità di avvalimento. Le previsioni restrittive erano giustificate da timori di uso distorto di tale istituto come a esempio duplicazioni fraudolente dei medesimi requisiti nonché partecipazioni incrociate alla medesima gara.

La giurisprudenza europea, però aveva ritenuto contrari alla normativa i divieti posti dal legislatore nazionale (sentenza della Corte giustizia europea 10 ottobre 2013, n. C-94/12 secondo la quale le direttive del 2004 "ostano ad una disposizione nazionale la quale vieta, in via generale, agli operatori economici che partecipano ad una procedura di aggiudicazione di un appalto pubblico di lavori di avvalersi, per una stessa categoria di qualificazione, delle capacità di più imprese; un operatore economico ha facoltà di avvalersi, per eseguire un appalto, di mezzi appartenenti ad uno o a svariati altri soggetti, eventualmente in aggiunta ai propri mezzi e a tal fine la direttiva del 2004 consente il cumulo delle capacità di più operatori economici per soddisfare i requisiti minimi di capacità imposti dall'amministrazione aggiudicatrice, purché alla stessa si dimostri che il candidato o l'offerente che si avvale delle capacità di uno o di svariati altri soggetti disporrà effettivamente dei mezzi di questi ultimi che sono necessari all'esecuzione dell'appalto; un'interpretazione del genere è conforme all'obiettivo dell'apertura degli appalti pubblici alla concorrenza nella misura più ampia possibile, obiettivo perseguito dalle direttive in materia a vantaggio non soltanto degli operatori economici, ma parimenti delle amministrazioni aggiudicatrici"). Anche la giurisprudenza nazionale ha affermato la possibilità di avvalimento frazionato (Cons. Stato, sez. V, 9 dicembre 2013, n. 5874 ha affermato che non può essere esclusa dalla gara una società che, non avendo un capitale sociale di consistenza pari a quella richiesta dal bando di gara, aveva integrato il requisito mediante avvalimento parziale, essendo stato il requisito raggiunto sommando i capitali delle due società. Dovendosi considerare ammissibile la frazionabilità dell'avvalimento, il partecipante a una gara d'appalto può dimostrare il possesso di un determinato capitale sociale avvalendosi anche di quello di un soggetto ausiliario, che si obblighi a tale fine).

Con il nuovo codice, quindi, viene ammesso l'avvalimento di più imprese ausiliarie (art. 89, c. 6). Non è, invece, consentito l'avvalimento multiplo che viene in rilievo quanto della stessa impresa ausiliaria si avvalga più di un concorrente, così come non è consentita la possibilità che alla stessa gara partecipino ausiliata e ausiliaria (art. 89, c. 7).

Ulteriore problema è quello relativo all'ipotesi del c.d. avvalimento a cascata: non è consentito avvalersi di un soggetto che a sua volta utilizza i requisiti di un altro soggetto (altrimenti, se si consentisse al soggetto ausiliario di avvalersi a sua volta dei requisiti di un altro, si rischierebbe di consentire la partecipazione a "scatole vuote" e ciò chiaramente snaturerebbe la funzione dell'istituto).

CAPITOLO 5

LE PROCEDURE DI SCELTA DEL CONTRAENTE

1. Le procedure di scelta del contraente

Attraverso la procedura di selezione la stazione appaltante individua l'operatore economico con il quale stipulare il contratto. La fase di selezione del contraente è disciplinata dal diritto pubblico si svolge attraverso procedimenti e si caratterizza per l'adozione di provvedimenti amministrativi, per cui trovano applicazione sia i principi di carattere generale in materia di attività amministrativa sia le regole speciali previste dal codice dei contratti. Per tali procedimenti si applica innanzitutto il principio di legalità con il suo corollario della tipicità. Le procedure di selezione, quindi, sono tipiche in quanto previste dalla legge e per ipotesi tassativamente indicate dalla stessa.

Con riferimento alla fase di selezione del contraente non può venire in rilievo alcuna disciplina regionale derogatoria rispetto a quella statale del codice dei contratti. Infatti, la fase di selezione dei contraenti, essendo espressione del principio della concorrenza, rientra fra le materie di potestà legislativa statale esclusiva (la tutela della concorrenza rientra fra le materie di cui all'art. 117, c. 2, lett. *e*, Cost.).

L'acquisizione di una prestazione (lavori, servizi e forniture) tramite procedure di selezione viene in rilievo solo nell'ipotesi in cui tali acquisti non debbano essere effettuati attraverso centrali di committenza. Infatti, negli ultimi anni la normativa in materia di contenimento e razionalizzazione della spesa pubblica, ha reso obbligatorio l'utilizzo di centrali di committenza al posto della indizione di singole gare da parte delle amministrazioni. In questi casi, la centrale di committenza pone in essere un'unica gara per poi approvvigionare le singole pubbliche amministrazioni su richiesta delle stesse.

Il nostro ordinamento disciplina vari metodi di selezione che possono essere suddivisi in due grandi categorie, seguendo una tradizionale denominazione: i modi meccanici e i modi negoziali.

Tra i modi meccanici rientrano quelli che una volta venivano denominati asta pubblica e licitazione privata (ora procedure aperte e ristrette). In questi casi, la controparte dell'amministrazione non partecipa alla formazione del contenuto del contratto, l'amministrazione predefinisce compiutamente lo schema negoziale e lascia "in bianco" solo il nome del contraente e il prezzo.

Queste procedure, quindi, vengono utilizzate quando l'amministrazione è in grado di predeterminare compiutamente l'oggetto del contratto attraverso i documenti di gara con i quali si invitano gli operatori economici a presentare un'offerta.

Nei modi negoziali (procedure negoziate, dialogo competitivo o partenariato per l'innovazione), invece, l'aspirante contraente privato partecipa attivamente alla formazione del contenuto contrattuale trattando direttamente con l'amministrazione. In queste ipotesi, quindi, l'amministrazione richiede la collaborazione del privato anche al fine di redigere il progetto dell'opera che intende realizzare e tratta con la controparte la formazione del contratto. Queste procedure vengono utilizzate per l'aggiudicazione di contratti connotati da una certa complessità sia tecnica sia economico finanziaria che comportano difficoltà da parte della stazione appaltante nella puntuale individuazione di tutti gli aspetti dell'operazione.

Questa classificazione tradizionale risulta valida ancora oggi poiché, anche alla luce del diritto europeo, si possono riscontrare procedure rigide e procedure flessibili di selezione.

Le procedure che sono connotate da caratteri di rigidità sono quelle aperte e ristrette. Si tratta di procedure utilizzate in via ordinaria per l'aggiudicazione dei contratti.

La procedura aperta è un metodo di scelta del contraente che consente a tutti i soggetti partecipanti di presentare un'offerta conforme a quanto stabilito dal bando di gara. Le procedure ristrette sono quelle alle quali ogni operatore economico può chiedere di partecipare e in cui possono presentare un'offerta solo quelli invitati dalla stazione appaltante. Quest'ultima, quindi, è più complessa rispetto alla procedura aperta in quanto vi è una fase di prequalificazione nella quale la p.a. valuta le domande di partecipazione dei candidati, il possesso dei requisiti richiesti e decide a quali operatori economici inoltrare l'invito alla presentazione dell'offerta.

La scelta da parte della amministrazione fra le due procedure ordinarie è libera. È, comunque, preferibile utilizzare la procedura aperta allorché il contratto abbia a oggetto un bene la cui realizzazione possa provenire da un ampio numero di operatori economici. Infatti, tale tipologia di procedura garantisce la massima partecipazione possibile e, quindi, la più ampia applicazione del principio della concorrenza. L'amministrazione, invece, potrà utilizzare una procedura ristretta nelle ipotesi in cui il bene oggetto del contratto possa essere offerto da un numero più limitato di operatori economici; con questa procedura si limita il numero dei partecipanti, individuando con la fase di prequalificazione quelli che si ritiene più idonei per la realizzazione della prestazione.

Le procedure connotate dal carattere della flessibilità nella negoziazione (procedure negoziate, dialogo competitivo, partenariati per l'innovazione) sono speciali in quanto possono essere utilizzate solo in presenza di determinati presupposti tassativamente indicati dalla legge (art. 59 codice).

La scelta in ordine all'utilizzazione di una delle due procedure ordinarie è insindacabile da parte del giudice amministrativo, mentre il problema della sindacabilità si pone con riguardo alla scelta delle procedure speciali. Tanto è vero che in via generale è stato riconosciuto a ogni impresa operante in un determinato settore un interesse giuridicamente tutelato a contestare la scelta della amministrazione di non procedere all'indizione di una procedura di gara pubblica e, quindi, ad adottare procedure negoziate. Ciò perché la mancata indizione di una procedura ordinaria può ledere l'interesse sostanziale dell'impresa a competere per l'aggiudicazione di commesse.

Il diritto europeo ha avuto un notevole impatto sulla disciplina delle procedure selettive, che ha comportato una loro progressiva modificazione nel senso di una piena valorizzazione del principio della concorrenzialità e ultimamente anche di quello della flessibilità. Basti pensare alla circostanza che in alcuni casi le procedure negoziate, eredi della tradizionale trattativa privata, devono essere precedute dalla pubblicazione di un bando e nelle ipotesi in cui non viene pubblicato il bando comunque la p.a. deve esperire una gara informale. Si tratta di modalità antitetiche al metodo della trattativa privata, che consisteva essenzialmente nell'interpello di un'impresa di fiducia della p.a. La trattativa privata "pura" ricorre solo in ipotesi marginali.

Oltre alla valorizzazione del principio della gara pubblica si deve al diritto europeo l'introduzione di metodi di selezione che vanno nella direzione del massimo coinvolgimento del soggetto privato nella negoziazione del contenuto del contratto, proponendo una visione innovativa del ruolo dell'amministrazione nell'aggiudicazione dei contratti (si pensi al dialogo competitivo, alle procedure negoziate o ai partenariati per l'innovazione).

2. Le procedure aperte

La procedura aperta è un metodo di scelta del contraente che consente a tutti i soggetti partecipanti di presentare un'offerta conforme a quanto stabilito dal bando di gara (art. 60 codice). Il codice non prevede particolari innovazioni rispetto al passato, per cui su tale metodo si è formata una stabile disciplina normativa.

Si tratta di una procedura piuttosto semplice incentrata sul bando come invito pubblico a partecipare alla procedura per tutti i soggetti in possesso dei requisiti stabiliti.

I profili più problematici relativi alla procedura aperta riguardano il bando di gara sia dal punto di vista della sua natura giuridica sia per quel che riguarda la sua impugnabilità dinanzi al giudice amministrativo.

Il bando di gara assume la duplice funzione di riprodurre i contenuti essenziali dello schema contrattuale e di integrare la delibera a contrarre contenendo le clausole ordinatorie della gara, precisando i criteri di aggiudicazione e determinando gli adempimenti a pena di esclusione. Esso si configura come un invito a presentare proposte in base alle condizioni ivi previste, per cui non si può ritenere che si tratti di una proposta contrattuale da parte della p.a. o di un'offerta al pubblico *ex* art. 1336 c.c.

La particolare natura giuridica dei bandi di gara, quali atti generali, in passato ha posto un problema riguardante la possibilità di una loro immediata impugnazione. Infatti, i bandi in quanto atti generali tendenzialmente non sono idonei a ledere immediatamente la posizione giuridica soggettiva di privati e, quindi, a ingenerare l'interesse all'impugnazione. I provvedimenti lesivi sono quelli adottati in attuazione delle disposizioni del bando che riguardano singoli operatori economici (es. l'atto di esclusione dalla gara o la graduatoria finale). Si è da tempo affermata tale regola con alcune eccezioni. L'impugnativa immediata del bando concerne esclusivamente le clausole direttamente lesive della posizione giuridica del privato come, per esempio, quelle relative ai requisiti di ammissione. Queste, se ritenute illegittime, devono essere immediatamente impugnate senza attendere l'adozione di appositi provvedimenti di esclusione del concorrente. In tutti gli altri casi, invece, è necessaria la doppia impugnazione, ossia l'impugnazione del bando unitamente agli atti che ne fanno applicazione, dal momento che sono questi ultimi a identificare in concreto il soggetto leso dal provvedimento e a rendere attuale e concreta la lesione della situazione soggettiva dell'interessato (Cons. Stato, ad. plen., 29 gennaio 2003, n. 1). A fronte della clausola illegittima del bando di gara, il partecipante alla procedura non è ancora titolare di un interesse attuale all'impugnazione, non sapendo ancora se l'astratta e potenziale illegittimità della predetta clausola si risolverà in un esito negativo della sua partecipazione alla procedura concorsuale e, quindi, in un'effettiva lesione della situazione soggettiva, che solo da tale esito può derivare. Di conseguenza, non è necessario impugnare immediatamente le clausole vincolanti per l'amministrazione o per i concorrenti ovvero le clausole che definiscono gli oneri formali e oggettivi di partecipazione. Mentre il bando di gara ovvero la lettera di invito devono essere considerati immediatamente impugnabili allorché contengano clausole impeditive dell'ammissione dell'interessato, anche se la partecipazione alla gara e la presentazione della domanda non costituiscono acquiescenza e non impediscono la proposizione di un eventuale gravame (l'adunanza plenaria, sul piano esemplificativo, ha fatto riferimento a quella clausola che, discostandosi macroscopicamente dall'onere di *clare loqui* al quale ogni bando deve conformarsi, risulti indecifrabile nei suoi contenuti, impedendo così all'interessato di percepire le condizioni alle quali deve sottostare precludendogli direttamente e indirettamente, la partecipazione). Tali principi sono oramai recepiti dalla giurisprudenza e dalla dottrina maggioritarie. Occorre però rilevare che appare eccessiva la giurisprudenza allorché afferma che sia necessaria la presentazione della domanda di partecipazione da parte di chi impugna immediatamente il bando, poiché ciò comporterebbe oneri inutili al privato. Infatti, non ha alcun senso obbligare un soggetto a presentare una domanda, che sicuramente non sarà esaminata, solo per giustificare il suo successivo interesse al ricorso.

Si deve, però, osservare che mentre la tesi dell'impugnazione congiunta rappresenta un apprezzabile punto di equilibrio tra la salvaguardia dei principi del processo amministrativo e dell'effettività della tutela delle posizioni del privato, quella dell'immediata impugnazione della clausola escludente è eccessivamente onerosa per il privato. Non sempre è possibile prevedere sin dalla pubblicazione del bando l'effetto escludente della clausola, poiché questa potrebbe essere oggetto di interpretazioni contrarie da parte della commissione di gara, che potrebbe non aderire a un'interpretazione formalistica delle norme procedurali e accedere a una lettura teleologica delle prescrizioni di gara in conformità con il canone del *favor partecipationis*: se una clausola escludente contrasta palesemente con una norma di legge in virtù del principio di legalità e del principio del *favor partecipationis*, la commissione di gara non dovrebbe applicarla ovvero dovrebbe interpretarla *secundum legem*. In queste situazioni dubbie sarebbe davvero eccessivo pretendere che il privato impugni immediatamente la clausola del bando, poiché la lesione al momento della pubblicazione del bando non è affatto attuale, ma solo potenziale.

Secondo l'orientamento tradizionale, l'omissione di una impugnazione immediata del bando determinerebbe l'effetto, a dire il vero assurdo, di dichiarare inammissibile il ricorso avverso l'atto applicativo di esclusione che, comunque, è contrastante con la legge.

La soluzione più coerente è quella di ammettere in via generale la possibilità di impugnazione congiunta del bando e del provvedimento applicativo e, contemporaneamente, di aprire le porte anche alla disapplicazione della clausola del bando da parte del giudice amministrativo. Se cade il presupposto della necessaria immediata impugnazione, si può ritenere concepibile un giudizio in cui il privato chieda la cognizione incidentale di legittimità del bando, per disapplicarlo e mettere direttamente a confronto la norma primaria violata dal bando e il provvedimento di esclusione illegittimo. Tale opzione supera anche la tesi della impugnazione congiunta, favorendo la sola impugnazione dell'atto immediatamente e concretamente lesivo della posizione giuridica soggettiva del privato. Essa, peraltro, è coerente con il nuovo modello di processo amministrativo ispirato a una maggiore flessibilità degli strumenti di tutela con un accento posto più sull'effetto di accertamento che non su quello di annullamento. Lo schema risulterebbe molto simile a quello della disapplicazione regolamentare. In questo caso la disapplicazione non si configura come uno strumento di soluzione di antinomie normative, bensì come uno strumento che consente al privato di tutelare in maniera adeguata i propri interessi, senza oneri processuali indubbiamente eccessivi.

3. Le procedure ristrette

La procedura ristretta è la denominazione di derivazione comunitaria della licitazione privata. Le procedure ristrette vengono definite dal codice come quelle alle quali ogni operatore economico può chiedere di partecipare e in cui possono presentare un'offerta solo i soggetti invitati dalla stazione appaltante (art. 3, lett. *ttt*).

Tele sistema di selezione, nato come derogatorio rispetto all'asta pubblica, nel corso del tempo è divenuto sistema di selezione ordinario e generale per l'individuazione del contraente. Tutt'ora la procedura ristretta è un sistema alternativo alla procedura aperta.

In passato, il sistema si caratterizzava per essere una gara ristretta a inviti insindacabili da parte della p.a. Vi era una fase intermedia, c.d. fase di preselezione, tra pubblicazione del bando e valutazione delle offerte. Gli inviti alle imprese erano espressione di discrezionalità della stazione appaltante che agiva senza alcun particolare criterio. Ciò ha fatto ritenere questo sistema poco consono al rispetto del principio di massima concorrenzialità e *par condicio*.

Per ovviare al problema del mancato rispetto del principio di concorrenzialità, dovuto alla assoluta discrezionalità nella scelta dei concorrenti da invitare, sia il legislatore nazionale sia quello europeo hanno proceduto a disciplinare differentemente la procedura assimilandola progressivamente all'asta pubblica finendo per snaturarne la caratteristica di procedura a inviti. Infatti, si è imposto alle pubbliche amministrazioni di invitare tutti i soggetti che avevano risposto alla domanda di partecipazione e avevano i requisiti richiesti dal bando. Nella sostanza, si trattava di un inutile duplicato della procedura aperta resa solo più complessa dalla fase di filtro, più formale che sostanziale. Infatti, non era prevista alcuna preselezione, bensì solo una fase di verifica dei requisiti posseduti dai soggetti partecipanti alla procedura (prequalificazione).

Con il nuovo codice dei contratti si è ritornato a un modello di procedura autenticamente ristretta. Infatti, l'art. 61, c. 3 del codice prevede che a seguito della valutazione da parte delle amministrazioni aggiudicatrici delle informazioni fornite, soltanto gli operatori economici invitati possono presentare un'offerta. Viene riconosciuta la possibilità alle amministrazioni di limitare il numero dei candidati idonei da invitare alla procedura selettiva (meccanismo della "forcella", art. 91 codice).

La fase di preselezione ha lo scopo di fare acquisire all'amministrazione la conoscenza del mercato di riferimento ai fini della definizione dei requisiti che gli operatori economici devono possedere per partecipare alla successiva gara. Quindi, nella prima fase della procedura, che viene avviata con la pubblicazione di un bando, possono presentare domanda di partecipazione tutte le imprese in possesso dei requisiti richiesti, mentre nella seconda fase, che si apre con la lettera di invito, possono presentare le offerte le sole imprese selezionate.

La scelta in ordine alle imprese da invitare è frutto di attività discrezionale della stazione appaltante per cui è comunque sindacabile in sede di legittimità allorché essa appaia illogica o contraddittoria. Essa deve avvenire sulla base dei criteri prestabiliti dal bando nel pieno rispetto dei canoni di razionalità, congruità e coerenza necessariamente caratterizzanti le determinazioni discrezionali di qualsiasi organo amministrativo.

In via generale, si deve osservare che la particolarità delle procedure ristrette risiede nel fatto che la prequalificazione ha natura di autonoma fase subprocedimentale a valenza esplorativa ed è diretta a una prima selezione di soggetti da invitare. Tale fase, quindi, è prodromica al procedimento selettivo vero e proprio, cosicché in fase di gara è possibile, e anzi doverosa, una nuova valutazione da parte della stazione appaltante della posizione dei singoli concorrenti in rapporto ai requisiti sostanziali richiesti dalla lettera di invito.

Nelle procedure ristrette, la *lex specialis* di gara si individua sia nelle prescrizioni del bando sia in quelle della lettera di invito. Questi due atti hanno differenti funzioni: mentre il bando ha la funzione di rendere pubblica la decisione di contrarre e di delineare i requisiti di ammissione alla procedura, la lettera di invito è rivolta solo ai soggetti ammessi e ha la funzione di avvio della gara sollecitando gli ammessi a inviare l'offerta.

La lettera di invito, inoltre, può svolgere una funzione integrativa del bando di gara ma non può mai derogare a esso, tanto è vero che, in caso di contrasto, prevale sempre il bando. L'amministrazione, una volta constatata l'illegittimità del bando di gara, deve procedere alla modifica dello stesso con lo strumento di un *contrarius actus* e non già mediante una lettera di invito che deroga al bando. Infatti, dato il principio della prevalenza del bando, ogni modifica con lettera di invito sarebbe inidonea a raggiungere lo scopo, non riuscendo a rimuovere la clausola illegittima del bando. Inoltre, l'invito riguarda solo le imprese che hanno domandato di partecipare alla gara e che hanno superato la prequalificazione per cui vi sarebbe una rimozione della illegittimità limitata solo ad alcuni partecipanti, mentre gli altri aspiranti partecipanti, che potrebbero in astratto giovarsi della rimozione della illegittimità, non sarebbero in grado di avvantaggiarsene.

Il possesso dei requisiti previsti dal bando deve sussistere sia nella fase di prequalificazione sia in quella concorsuale, con la conseguenza che la mancanza di uno dei suddetti requisiti già nella prima delle citate autonome fasi preclude l'accoglimento della richiesta di invito e non può in alcun modo essere sostituito dal sopravvenuto possesso nell'ambito della successiva fase concorsuale vera e propria, mentre la sopravvenuta perdita dello stesso in capo a un'impresa che aveva superato positivamente la fase di prequalificazione, ne impone l'esclusione.

4. Le procedure negoziate

Le procedure negoziate vengono definite dal codice come quelle procedure in cui le stazioni appaltanti consultano gli operatori economici da loro scelti e negoziano con uno o più di essi l'esecuzione del contratto (art. 3, c. 1, lett. *uuu*). Nel nuovo codice sono previste due tipologie di procedure negoziate: la procedura competitiva con negoziazione (art. 62) e la procedura negoziata senza previa pubblicazione del bando di gara (art. 63). Si tratta di procedure eccezionali in quanto attivabili soltanto in presenza dei presupposti tassativamente indicati dalla legge, per cui il loro utilizzo deve essere adeguatamente motivato dalla stazione appaltante.

Le procedure negoziate trovano il loro antecedente storico nella trattativa privata prevista originariamente nella normativa di contabilità del 1923 e 1924. Questa modalità di selezione si caratterizzava per il fatto che la p.a. individuava uno o più soggetti e, senza alcuna formalità, contrattava direttamente con essi il contenuto dell'offerta e, in alcuni casi, anche aspetti del contenuto contrattuale. La caratteristica della trattativa privata, quindi, risiedeva nella ampia discrezionalità della p.a. di scegliersi i contraenti in assenza di specifiche formalità. La trattativa privata esulava dal sistema dell'evidenza pubblica. Infatti, il momento pubblicistico si manifestava in maniera evidente solo nelle fasi antecedenti e successive alla scelta del contraente. L'attività di contrattazione si svolgeva senza particolari forme procedimentali in quanto l'amministrazione interpellava direttamente uno o più soggetti ritenuti idonei alla contrattazione. La trattativa privata si avvicinava alle modalità di contrattazione tra privati. Proprio per tali caratteristiche veniva considerata un metodo di scelta eccezionale e utilizzabile solo nelle ipotesi tassativamente indicate dalla legge. Secondo regolamento di contabilità del 1924, si poteva procedere a trattativa privata quando gli incanti e le licitazioni fossero andati deserti o vi fossero fondate prove per ritenere che sarebbero andati deserti; quando si dovevano acquistare cose la cui produzione era garantita da privativa industriale o per la cui natura non era possibile promuovere il concorso di pubbliche offerte; per gli acquisti di macchine, strumenti od oggetti di precisione che una sola ditta poteva fornire con i requisiti tecnici e il grado di perfezione richiesti; quando si dovevano prendere in affitto locali destinati a servizi governativi; quando l'urgenza dei lavori, acquisti, trasporti e forniture era tale da non consentire l'indugio degli incanti o della licitazione; e in ogni altro caso in cui ricorrevano speciali ed eccezionali circostanze per le quali non potevano essere utilmente seguite le altre procedure di aggiudicazione. Alcuni di questi presupposti sono tuttora posti a fondamento dell'utilizzo della procedura negoziata, mentre il legislatore nazionale, recependo le indicazioni di quello europeo, ha negato la possibilità che l'amministrazione possa scegliere di far ricorso a tale procedura adducendo solamente la sussistenza di circostanze speciali ed eccezionali.

L'impatto del diritto europeo ha comportato una sensibile modificazione dell'istituto della trattativa privata che da metodo di scelta simile alla negoziazione tra i privati si è trasformato in una procedura a evidenza pubblica aggravandosi di formalismi non previsti originariamente. Infatti, nel codice dei contratti sono previste forme di procedure negoziate che poco hanno conservato della vecchia trattativa consistente nel semplice interpello delle imprese di fiducia della p.a.

Il codice del 2006 prevedeva, in attuazione delle direttive comunitarie, due tipologie di procedure negoziate: con la pubblicazione del bando e senza pubblicazione del bando. Tale distinzione è stata mantenuta nel codice del 2016.

Una prima procedura negoziata, che prevede la pubblicazione da parte della stazione appaltante di un bando di gara, è definita procedura competitiva con negoziazione. I presupposti per la sua utilizzazione sono individuati dall'art. 59, c. 2, del codice.

Si può utilizzare la procedura competitiva con negoziazione allorché le esigenze dell'amministrazione aggiudicatrice perseguite con l'appalto non possono essere soddisfatte senza adottare soluzioni immediatamente disponibili. Tale formulazione legislativa appare piuttosto oscura ed è stato rilevato che sembra essere il frutto di un'errata traduzione dalle direttive comunitarie. Infatti, l'utilizzo di una procedura negoziata deve risiedere proprio nella circostanza che l'amministrazione non possa utilizzare soluzioni immediatamente disponibili sul mercato e, quindi, debba ricorrere alla creatività dei concorrenti negoziando con essi le soluzioni possibili per il contratto. Per esempio si può trattare di ipotesi per le quali l'amministrazione non possiede soluzioni idonee per fronteggiare un'esigenza urgente, deve provvedere in modo sollecito ed è assente sul mercato la soluzione idonea. Oppure può venire in rilievo l'ipotesi di contratti di una certa complessità riguardanti acquisti di prodotti sofisticati, servizi intellettuali o grandi progetti nell'ambito delle tecnologie dell'informazione.

Tale presupposto previsto dalla norma si presta a svariate interpretazioni che potenzialmente possono ampliare in maniera significativa l'ambito applicativo della procedura tanto da indurre a ritenere che possa perdere il suo carattere di eccezionalità.

Ulteriori presupposti possono rinvenirsi nelle ipotesi in cui gli interventi implicano progettazione o soluzioni innovative; o, ancora, allorché l'appalto non può essere aggiudicato senza preventive negoziazioni a causa di circostanze particolari in relazione alla natura, complessità o impostazione finanziaria e giuridica dell'oggetto del contratto o a causa dei rischi a esso connessi. Può essere utilizzata, inoltre, se le specifiche tecniche non possono essere stabilite con sufficiente precisione.

Ulteriore presupposto per l'utilizzo di tale procedura si individua in una particolare declinazione del concetto di gara "deserta": si tratta delle ipotesi in cui in esito a una procedura aperta o ristretta, sono state presentate soltanto offerte irregolari o inammissibili. In tali ipotesi, le amministrazioni non sono tenute a pubblicare un bando se includono nella gara successiva soltanto gli offerenti in possesso dei requisiti che, nella procedura aperta o ristretta precedente, hanno presentato offerte conformi ai requisiti formali della procedura di appalto. Se, invece, si vuole riaprire la competizione, la procedura deve essere preceduta dalla pubblicazione del bando.

Le offerte irregolari sono quelle che non rispettano i documenti di gara; che sono state ricevute in ritardo rispetto ai termini indicati nel bando o nell'invito con cui si indice la gara; che l'amministrazione aggiudicatrice ha giudicato anormalmente basse.

Le offerte inammissibili sono quelle in relazione alle quali la commissione giudicatrice ritenga sussistenti gli estremi per informativa alla Procura della Repubblica per reati di corruzione o fenomeni collusivi; quelle proposte da soggetti che non hanno la qualificazione necessaria; quelle il cui prezzo supera l'importo posto dall'amministrazione aggiudicatrice a base di gara, stabilito e documentato prima dell'avvio della procedura di appalto.

Nulla vieta che le amministrazioni, anche in caso di sussistenza dei presupposti che permetterebbero di far ricorso alla procedura negoziata, possano indire una nuova selezione con le procedure ordinarie, aperte o ristrette.

Nei casi di ricorso alla procedura negoziata, a seguito di gara deserta, le amministrazioni non possono modificare in modo sostanziale le condizioni iniziali del contratto. Ciò significa che l'amministrazione non può stabilire una diversa base d'asta né può modificare le altre condizioni del contratto che influiscono sul sinallagma perché altrimenti si potrebbe eludere il principio della concorrenza. In tal modo, infatti, si impedisce che un'amministrazione indica una procedura negoziata proponendo condizioni più favorevoli rispetto alla procedura ordinaria non andata a buon fine.

La scelta del contraente avviene a seguito della predisposizione di un bando di gara con il quale l'amministrazione stabilisce i criteri di selezione vincolando la propria discrezionalità. Questo è un elemento che divarica tale modalità di selezione dalla trattativa privata che vedeva come elemento fondamentale la libertà della amministrazione nella negoziazione contrattuale con il privato.

A seguito della pubblicazione del bando, i soggetti interessati presentano le proprie domande di partecipazione e la p.a. seleziona quelli da invitare. In tale procedura può venire in rilievo l'istituto della c.d. forcella, *ex* art. 91 del codice, che consente la previsione nel bando, allorché lo richieda la complessità dell'opera, della fornitura o del servizio, della limitazione del numero dei candidati idonei da invitare alla negoziazione.

Successivamente, la p.a. può negoziare individualmente le offerte per adeguarle alle esigenze previste dal bando e dal capitolato d'oneri. Nella negoziazione l'amministrazione deve garantire la parità di trattamento e non deve fornire informazioni in maniera discriminatoria tali da avvantaggiare alcuni candidati. Se vi sono delle modifiche in relazione ai documenti di gara (es. specifiche tecniche) derivanti dalle negoziazioni, queste devono essere comunicate a tutti i candidati ai quale deve essere accordato un tempo sufficiente per predisporre le loro offerte alle nuove condizioni. Una volta raggiunto un livello soddisfacente nelle trattative, l'amministrazione deve invitare i concorrenti a presentare l'offerta finale non negoziabile.

Altro punto rilevante concerne il diritto di riservatezza dei concorrenti. Infatti, le amministrazioni non possono rivelare ad altri concorrenti le informazioni riservate comunicate da un candidato che partecipa alla negoziazione, salvo che quest'ultimo abbia prestato consenso a tale divulgazione.

L'aggiudicazione avviene tramite i criteri ordinari del prezzo più basso e dell'offerta economicamente più vantaggiosa.

Si può osservare che tale procedura condivide alcuni caratteri della procedura ristretta e del dialogo competitivo. Della prima condivide la fase della prequalificazione e della seconda condivide sia la possibilità di una negoziazione dell'offerta sia quella di ridurre progressivamente il numero dei soggetti partecipanti.

L'altra tipologia di procedura negoziata è quella che non prevede la pubblicazione del bando di gara, prevista dall'art. 63 del codice. Si tratta di una procedura che si avvicina alla tradizionale trattativa privata poiché si caratterizza per l'assenza di particolari formalismi.

I presupposti tassativi per l'utilizzazione di tale sistema, la cui sussistenza è da verificare con particolare rigore, sono analiticamente previsti all'art. 63. Sono previsti presupposti comuni a lavori, servizi e forniture e presupposti, invece, riferibili esclusivamente ad alcune prestazioni oggetto del contratto.

Tra i presupposti comuni viene in rilievo la "gara deserta" che si declina in maniera differente da quanto previsto per la negoziazione con bando. In questo caso viene in rilievo l'assenza di domande, di offerte o l'inadeguatezza di quelle presentate. L'offerta è inappropriata se non presenta alcuna pertinenza con il contratto da aggiudicare ed è manifestamente inadeguata, salvo modifiche sostanziali, a rispondere alle esigenze dell'amministrazione e ai requisiti specificati nei documenti di gara. La domanda di partecipazione o l'offerta sono altresì inappropriate se l'operatore economico interessato deve essere escluso ai sensi dell'art. 80 del codice o non soddisfa i criteri di selezione stabiliti dall'amministrazione aggiudicatrice.

Inoltre, è possibile ricorrere alla procedura senza bando allorché vi sia solo un operatore economico che per ragioni artistiche o tecniche, ovvero per ragioni attinenti alla tutela di diritti esclusivi, possa aggiudicarsi il contratto. L'unicità del fornitore deve essere certa prima di addivenire alla trattativa privata e tale situazione può essere accertata attraverso un'apposita indagine di mercato.

Il legislatore europeo ha specificato (cons. 50, direttiva 24/2014/UE) che l'eccezionalità della procedura dovrebbe essere circoscritta ai casi nei quali la pubblicazione di un bando non sia possibile per cause di estrema urgenza dovute a eventi imprevedibili e non imputabili all'amministrazione aggiudicatrice, o se è chiaro fin dall'inizio che la pubblicazione non genererebbe maggiore competitività ovvero migliori risultati dell'appalto, perché un solo operatore economico è oggettivamente in grado di eseguire l'appalto. Ciò può valere per le opere d'arte, in quanto l'identità dell'artista determina il carattere e valore unico dell'opera d'arte stessa. La situazione di esclusività non deve essere stata creata dalla stessa amministrazione aggiudicatrice. Le amministrazioni che si avvalgono di questa eccezione devono indicare i motivi per cui non esistono soluzioni alternative o sostituibili praticabili quali il ricorso a canali di distribuzione alternativi anche al di fuori dello Stato o la possibilità di prendere in considerazione lavori, forniture e servizi comparabili dal punto di vista funzionale. In particolare, se la situazione di esclusività è dovuta a ragioni tecniche, queste dovrebbero essere rigorosamente definite e giustificate caso per caso. Potrebbe rientrarvi, a esempio, il caso in cui sia tecnicamente impossibile che un altro operatore economico consegua i risultati richiesti o la necessità di utilizzare conoscenze, strumenti o mezzi specifici di cui solo un unico operatore economico di spone. Le ragioni tecniche possono anche derivare da requisiti specifici di interoperabilità che devono essere soddisfatti per garantire il funzionamento dei lavori, delle forniture o dei servizi da appaltare.

Al fine di precisare le condizioni della c.d. infungibilità, l'ANAC ha adottato apposite linee guida (8/2019). Si tratta di situazioni che possono riguardare acquisti in rilevanti ambiti economici come quello sanitario, quello dei servizi e delle forniture informatiche, dei materiali di consumo per determinate forniture e macchinari. Beni o servizi sono infungibili se è effettivamente sono gli unici che possono garantire il soddisfacimento di un certo bisogno. Differente dall'infungibilità è il concetto di esclusività che attiene all'esistenza di privative industriali (es. brevetti); solo il titolare di tale privativa può sfruttare economicamente il bene oggetto di privativa. Anche in questi casi può essere utilizzata la procedura derogatoria.

L'infungibilità deve essere debitamente accertata e motivata nella deliberazione a contrarre.

Ipotesi di infungibilità possono essere anche indotte da comportamenti delle stesse pubbliche amministrazioni le quali si possono trovare in situazioni in cui le decisioni di acquisto in un certo momento vincolano le decisioni future (c.d. *lock in*). In particolare, il *lock in* si può verificare allorché un cambio di fornitore comporti un mancato recupero degli elevati costi dell'investimento iniziale; o nel caso di lunghi e costosi processi di apprendimento per l'utilizzo ottimale del prodotto che andrebbero persi in caso di cambio del fornitore; nel possesso di informazioni riservate da parte del fornitore su pezzi di ricambio o materiali di consumo che possono indurre la stazione appaltane a non ricorrere nuovamente al mercato e ciò anche in presenza di più imprese sul mercato stesso.

La normativa non individua regole specifiche per evitare il *lock in*, per cui ogni situazione deve essere valutata caso per caso. Le citate linee guida, però, suggeriscono che per evitare tali situazioni, le pubbliche amministrazioni devono agire sulle specifiche tecniche attraverso gare fondate su standard generali. Ciò significa che, anziché prevedere forniture di beni di specifici produttori, i bandi devono essere redatti sulla base delle caratteristiche tecniche e standard costruttivi del prodotto. Per evitare situazioni di infungibilità nella predisposizione dei documenti di gara si dovrebbe evitare di fare riferimento a marchi o ad altri elementi tecnici su cui esiste una privativa.

Non devono essere artificiosamente create situazioni di infungibilità. In tal senso l'infungibilità non si giustifica mai con il presunto alto livello qualitativo del servizio o la sua rispondenza a determinati parametri qualitativi. Le situazioni di infungibilità si evitano con una corretta programmazione dei fabbisogni e una corretta progettazione di servizi e beni che deve anche considerare gli impegni che la p.a. dovrà sopportare in futuro per quanto riguarda il rischio di infungibilità (materiali di consumo, pezzi di ricambio, facilità di sostituire il fornitore).

L'infungibilità, inoltre, può essere evitata facendo ricorso ad adeguate indagini preliminari di mercato per accertare l'effettiva presenza sul mercato stesso di un unico operatore economico in grado di adempiere alle prestazioni contrattuali. Delle risultanze dell'indagine di mercato deve essere data notizia nella deliberazione a contrarre.

La procedura senza bando può utilizzarsi nei casi di estrema urgenza derivante da eventi imprevedibili che rendono impossibile da parte delle stazioni appaltanti il rispetto dei termini imposti dalle procedure aperte, ristrette o negoziate previa pubblicazione del bando. L'urgenza non deve essere addebitabile all'amministrazione per carenza di adeguata organizzazione, programmazione o per inerzia. Tale presupposto deve essere accertato in concreto (es. apprezzabile esigenza alla non interruzione del servizio oggetto dell'appalto come l'interruzione del servizio raccolta rifiuti o l'urgenza e emergenza per salute e incolumità pubblica). Sicuramente non integra l'ipotesi dell'urgenza non imputabile alla amministrazione l'imminente scadenza contrattuale in quanto si tratta di evento ampiamente conosciuto e, quindi, prevedibile.

Sono previste poi ipotesi di utilizzo di tale procedura per specifiche categorie di appalti.

Con riferimento agli appalti di forniture quando si tratta dell'acquisto di prodotti fabbricati esclusivamente a scopo di ricerca, sperimentazione, studio e sviluppo, ove manca, quindi, lo scopo di lucro. Inoltre, vengono in rilievo le consegne complementari effettuate dal fornitore originario per il rinnovo di impianti e forniture, qualora il cambiamento di fornitore può obbligare l'amministrazione ad acquistare forniture con caratteristiche tecniche differenti, il cui impiego o la cui manutenzione comporterebbero incompatibilità o difficoltà tecniche sproporzionate (la durata di tali contratti non può di regola superare i tre anni).

Ulteriore ipotesi consiste nel caso di forniture quotate e acquistate nella borsa di materie prime. In questi casi non si pone problema di gara perché si tratta di acquisti su listini vincolati.

Infine, tale procedura può essere utilizzata nel caso di acquisto di forniture a condizioni particolarmente vantaggiose, in caso di cessazione attività, fallimento o concordato.

Con riferimento ai lavori e ai servizi, la procedura può essere utilizzata nel caso di ripetizione di lavori o servizi analoghi, già affidati all'operatore economico aggiudicatario dell'appalto iniziale dalle medesime amministrazioni aggiudicatrici, a condizione che tali lavori o servizi siano conformi al progetto a base di gara e che tale progetto sia stato oggetto di un primo appalto aggiudicato secondo una procedura di cui all'art. 59, c. 1. In tali casi, il progetto a base di gara indica l'entità di eventuali lavori o servizi complementari e le condizioni alle quali essi verranno aggiudicati. La possibilità di avvalersi della procedura negoziata è indicata sin dall'avvio del confronto competitivo nella prima operazione.

Come osservato in precedenza, la procedura negoziata senza bando non si identifica con la trattativa privata pura. Infatti, l'art. 63 del codice prevede alcune garanzie procedimentali che non consentono di affermare la piena libertà delle forme di contrattazione: viene previsto l'obbligo di individuare operatori economici con i quali contrattare sulla base dei principi di trasparenza, concorrenza e rotazione, selezionando almeno cinque operatori che dovranno poi presentare le offerte alla stazione appaltante.

Successivamente, la stazione appaltate sceglie l'aggiudicatario attraverso i criteri ordinari di aggiudicazione (prezzo più basso e offerta economicamente più vantaggiosa).

Nulla vieta alla stazione appaltante di porre in essere una gara ufficiosa diramando lettere d'invito. A questo punto essa è tenuta non solo ad applicare le regole fissate nel bando o nella lettera di invito, ma anche al rispetto dei principi generali in materia di gara, come quelli di trasparenza e *par condicio*. Per cui se la stazione appaltante ha autolimitato il proprio potere discrezionale di scelta con prescrizioni espresse, non può mai disattenderle, restando vincolata al rispetto delle regole fissate, intese a garantire la trasparenza e la parità tra i partecipanti.

La scelta di indire una procedura negoziata anziché una procedura ordinaria può essere comunque contestata. Si pensi alla situazione di un operatore economico nel settore oggetto della procedura negoziata non invitato a parteciparvi. In questo caso, la giurisprudenza gli riconosce una posizione protetta di interesse legittimo, con conseguente legittimazione a impugnare la determinazione della p.a. di aggiudicare attraverso una procedura negoziata anziché con procedure aperte o ristrette. Le imprese operanti in un determinato settore, infatti, sono legittimate a impugnare la delibera di affidamento di un contratto con procedura negoziata ovvero le determinazioni che riguardano le modalità di conferimento e di svolgimento di un determinato servizio e ciò anche al solo fine di ottenere l'annullamento dell'affidamento e il rinnovo della procedura cui aspirano di partecipare, non dovendo neppure documentare il possesso di una capacità operativa paragonabile a quella del soggetto prescelto, trattandosi quest'ultimo di elemento che assume rilevanza solo in sede di successiva partecipazione alla gara.

Da quanto appena esposto si deduce che la p.a. deve prestare particolare attenzione alla motivazione della scelta di utilizzare la procedura speciale. Resta ferma la facoltà della stazione di indire una gara pubblica, pur quando si verifichino in astratto presupposti per aggiudicare il contratto mediante procedura negoziata, senza neanche indicare le ragioni di tale decisione, rientrando ciò nelle scelte ordinarie dell'amministrazione che l'ordinamento considera di per sé preferibili.

5. Il dialogo competitivo

Il dialogo competitivo, disciplinato dall'art. 64 del codice, non costituisce un'innovazione assoluta nel quadro normativo europeo e nazionale. Infatti, già l'art. 29, direttiva 2004/18/CE e l'art. 58, d.lgs. 12 aprile 2006, n. 163 prevedevano tale procedura. Rispetto al passato, però, la normativa europea e quella nazionale di recepimento ne ampliano i presupposti per l'utilizzazione in un quadro di *favor* del legislatore verso procedure di aggiudicazione meno rigide rispetto al passato.

Il codice definisce il dialogo competitivo (art. 3, c. 1, lett. *vvv*) come una "procedura di affidamento nella quale la stazione appaltante avvia un dialogo con i candidati ammessi a tale procedura al fine di elaborare una o più soluzioni atte a soddisfare le sue necessità e sulla base della quale o delle quali i candidati selezionati sono invitati a presentare le offerte; qualsiasi operatore economico può chiedere di partecipare a tale procedura".

Nella direttiva del 2014 in materia di appalti, il dialogo competitivo perde il carattere della eccezionalità essendo venuto meno il presupposto, previsto in precedenza, che ancorava l'utilizzo di tale modalità selettiva alla particolare complessità del contratto da aggiudicare. Tale innovazione è conseguente al cambiamento di prospettiva del diritto dell'Unione europea nella materia della aggiudicazione dei contratti pubblici volto a prevedere la maggiore flessibilità possibile nella scelta del contraente. Infatti, la direttiva comunitaria in materia di appalti (2014/24/UE, cons. 42), esprime la convinzione che la maggiore flessibilità nella scelta di una procedura di appalto che prevede la negoziazione possa indurre a incrementare gli scambi transfrontalieri, per cui è opportuno che "gli Stati membri abbiano la facoltà di ricorrere ad una procedura competitiva con negoziazione o a un dialogo competitivo in varie situazioni qualora non risulti che procedure aperte o ristrette senza negoziazione possano portare a risultati di aggiudicazioni non soddisfacenti". Ciò significa che per la direttiva tali procedure sono da privilegiare per progetti particolarmente complessi (come importanti infrastrutture di trasporto, grandi reti informatiche o progetti che comportano un finanziamento complesso o strutturato) ovvero nelle ipotesi di progettazioni che implicano soluzioni innovative (cons. 43).

Il dialogo competitivo, sia per il diritto nazionale sia per quello dell'Unione europea, si deve considerare una procedura particolarmente adatta per i contratti di partenariato pubblico privato. È uno strumento flessibile che concilia l'esperienza e la capacità innovativa degli imprenditori con l'esigenza di realizzare complessi interventi pubblici. Parte da una logica diametralmente opposta a quella che tradizionalmente ha improntato la disciplina nazionale degli appalti, che presupponeva la piena consapevolezza da parte della stazione appaltante di tutte le necessità ed esigenze correlate all'appalto e permetteva a quest'ultima di definire ogni profilo della prestazione oggetto del contratto. Il dialogo competitivo si fonda, invece, sulla presunzione opposta che vede l'amministrazione coinvolta in una dialettica tecnica con i concorrenti per stabilire l'oggetto delle prestazioni dedotte nel contratto e le sue finalità.

Tale procedura di aggiudicazione offre una valida combinazione tra elementi propri delle procedure ristrette e delle procedure negoziate, consentendo all'amministrazione di negoziare l'oggetto delle prestazioni a carico del privato, a differenza dei tradizionali sistemi di aggiudicazione, ove il contenuto del contratto è prestabilito fin dalla presentazione dei capitolati che le imprese sono tenute ad accettare.

Sono gli stessi candidati, quindi, che concorrono a definire i profili contrattuali e non è l'amministrazione a predeterminarli. Al privato si chiede di proporre un progetto, di stabilirne la copertura finanziaria e di affinare progressivamente l'offerta tecnica. Ciò consente, peraltro, di ridurre notevolmente alcuni rischi connessi alle procedure di aggiudicazione. Tra questi, in particolare, la riduzione del c.d. rischio amministrativo, che si manifesta nei ritardi, nelle inefficienze, nella revoca di atti, nella mancanza di coordinamento tra amministrazioni interessate al progetto, in quanto la selezione avviene in modo ampiamente concordato. Altro vantaggio consiste nel potenziale effetto deflattivo sul contenzioso: il maggior grado di partecipazione dei concorrenti alla fase di selezione fa sì che le scelte della p.a. risultino condivise, con consequenziale riduzione dei rischi di recriminazioni in ordine all'aggiudicazione.

Anche se la disciplina europea, come rilevato in precedenza, ha reso il dialogo competitivo una procedura "ordinaria" per l'aggiudicazione dei contratti della p.a., i presupposti previsti dal codice per ricorrervi sono piuttosto stringenti.

Infatti l'art. 59 del nuovo codice prevede che le amministrazioni possano ricorrere, in alternativa alle procedure aperte o ristrette, al dialogo competitivo in presenza di uno o più dei seguenti presupposti: quando le esigenze dell'amministrazione aggiudicatrice perseguite con l'appalto non possono essere soddisfatte senza adottare soluzioni immediatamente disponibili; quando vengano in rilievo progettazione o soluzioni innovative; quando l'appalto non può essere aggiudicato senza preventive negoziazioni a causa di circostanze particolari in relazione alla natura, complessità o impostazione finanziaria e giuridica dell'oggetto dell'appalto o a causa dei rischi a esso connessi; nel caso in cui le specifiche tecniche non possono essere stabilite con sufficiente precisione dall'amministrazione aggiudicatrice; per l'aggiudicazione di contratti di lavori, forniture o servizi per i quali, in esito a una procedura aperta o ristretta, sono state presentate soltanto offerte irregolari o inammissibili.

Si tratta dei medesimi presupposti previsti per il ricorso alle procedure competitive con negoziazione.

La decisione di ricorrere al dialogo competitivo deve essere adeguatamente motivata con riferimento alla sussistenza dei presupposti previsti dalla norma.

La procedura del dialogo competitivo è caratterizzata da una fase iniziale, quella del dialogo tra i soggetti aspiranti e l'amministrazione e da una finale, quella dell'aggiudicazione. Tale suddivisione consegue alla necessità di contemperare le esigenze di flessibilità, da un lato e di concorrenzialità, dall'altro.

La fase del dialogo, si caratterizza per la pubblicazione del bando o di un avviso di gara con il quale l'amministrazione rende note le sue esigenze. In applicazione del meccanismo della forcella, il bando può prevedere un numero limitato di candidati idonei che, successivamente, verranno invitati a presentare un'offerta, a negoziare o a partecipare al dialogo, purché tale numero sia sufficiente per garantire un'effettiva competizione.

Successivamente, viene in rilievo la fase selezione dei candidati in base alle norme sulla qualificazione. Il dialogo si può avviare solo con gli invitati e viene condotto senza particolari formalismi. Attraverso il dialogo, l'amministrazione mira a individuare i mezzi più idonei a soddisfare le proprie necessità, per cui con i candidati vengono discussi tutti gli aspetti del contratto da affidare.

In questa fase della procedura deve essere garantita la parità di trattamento di tutti gli offerenti, per cui le amministrazioni non devono fornire in modo discriminatorio informazioni che possano favorire alcuni rispetto ad altri ovvero rivelare ad altri partecipanti le soluzioni proposte da un candidato o altre notizie riservate senza l'accordo di quest'ultimo.

Questo accorgimento è funzionale a salvaguardare la riservatezza delle proposte e delle soluzioni tecnologiche e ha l'obiettivo di stimolare la presentazione di soluzioni innovative. In tal modo, tutti i candidati si sentiranno adeguatamente protetti dall'obbligo di riservatezza, cui è tenuta la stazione appaltante.

Nella fase del dialogo non viene precluso alla stazione appaltante di ridurre progressivamente il numero dei concorrenti e, quindi, delle soluzioni da discutere, purché ciò avvenga nel rispetto dei criteri di aggiudicazione precisati nel bando di gara. La flessibilità di tale procedura consente, altresì, all'amministrazione di scegliere se proseguire il dialogo finché non sia stata individuata la soluzione migliore in relazione alle esigenze da soddisfare, ovvero di individuare più soluzioni possibili, anche eterogenee, in grado di soddisfare l'interesse pubblico. Per impedire che le amministrazioni possano combinare singoli profili delle proposte nonché per tutelare la riservatezza dei concorrenti viene previsto, salvo ipotesi eccezionali, che il dialogo si svolga, di volta in volta, tra l'amministrazione e un solo candidato.

Concluso il dialogo e individuata la soluzione o le soluzioni ammissibili, si apre la fase dell'aggiudicazione che avviene sulla base del criterio dell'offerta con il miglior rapporto qualità prezzo.

Dell'apertura di tale fase deve essere formalmente data comunicazione ai partecipanti. La fase dell'aggiudicazione si caratterizza dall'invito a presentare le offerte finali in base alle soluzioni proposte e specificate nella fase del dialogo: tali offerte devono contenere tutti gli elementi richiesti e necessari per l'esecuzione del progetto. I partecipanti possono chiarire, precisare o perfezionare l'offerta, purché non modifichino gli elementi fondamentali della stessa.

Infine, a seguito dell'aggiudicazione l'amministrazione può erogare premi o pagamenti ai partecipanti non aggiudicatari. Ciò per incentivare la partecipazione alla procedura competitiva.

La gara può fondarsi sia su un'unica soluzione progettuale, scaturita dal dialogo e adottata dalla p.a. come base di partenza, sia su più soluzioni progettuali emerse nel dialogo. Proprio con riferimento a questa seconda ipotesi possono configurarsi delicati problemi poiché le offerte presentate con riguardo a differenti soluzioni potrebbero non essere facilmente comparabili fra loro. Per risolvere questo problema sarebbe opportuno prevedere un ampio potere da parte della commissione di gara in relazione alla predeterminazione dei criteri di aggiudicazione, derogando ai notevoli limiti che incontra una commissione in ordine alla specificazione dei criteri di aggiudicazione e all'attribuzione dei punteggi. In questo caso, la deroga sarebbe del tutto giustificata e logica. Infatti, nei sistemi di aggiudicazione tradizionali allorché si utilizzi il criterio dell'offerta economicamente più vantaggiosa, il bando di gara prevede in maniera puntuale i criteri e i pesi da attribuire ai parametri attraverso i quali si aggiudicherà il contratto. Ciò anche perché in tali casi la p.a. ha ben chiaro fin dalla pubblicazione del bando quale sia la soluzione progettuale da mettere a gara. Nel caso del dialogo competitivo, invece, il bando ha solo la funzione di sollecitare i privati alla partecipazione al dialogo e certamente non può prevedere puntualmente i criteri e i parametri di valutazione poiché non vi è ancora la soluzione progettuale da utilizzare come base di gara. In questo caso, una specificazione dei parametri e dei criteri di valutazione ben può essere effettuata dalla commissione che, in linea con la flessibilità della procedura, può essere titolare di un ampio potere discrezionale in tal senso.

6. Il partenariato per l'innovazione

Il partenariato per l'innovazione è una procedura innovativa di selezione del contraente prevista dalla direttiva 2014/24/UE (art. 31) e recepita nel codice dei contratti pubblici (art. 65). La circostanza che sia una procedura di selezione non deve, quindi, indurre ad alcun paragone con il partenariato pubblico privato che, invece, è una autonoma categoria contrattuale.

Così come per il dialogo competitivo, anche il partenariato per l'innovazione si configura come una procedura flessibile di aggiudicazione dei contratti in ipotesi particolari. Si può ricorrere al partenariato per l'innovazione nelle ipotesi in cui vi sia necessità di sviluppare prodotti, servizi o lavori innovativi che non può essere soddisfatta ricorrendo a soluzioni già disponibili sul mercato.

A tale proposito la direttiva europea (cons. 47) ha chiarito che uno degli obiettivi fondamentali della strategia "Europa 2020", per una crescita intelligente, sostenibile e inclusiva, è proprio quello della ricerca e dell'innovazione, comprese l'ecoinnovazione e l'innovazione sociale. E da ciò deriva la necessità che per il raggiungimento di tali obiettivi le amministrazioni pubbliche possano utilizzare strumenti flessibili di aggiudicazione finalizzati a stimolare l'innovazione. La direttiva, quindi, considera l'acquisto di prodotti, lavori e servizi innovativi fondamentale per migliorare l'efficienza e la qualità dei servizi pubblici e nello stesso tempo affrontare le principali sfide a valenza sociale. Tale procedura riguarda, quindi, i c.d. appalti precommerciali ossia quelli relativi alla fase di ricerca e sviluppo prima della commercializzazione di prodotti.

L'Unione europea si era già occupata di appalti relativi alla ricerca e sviluppo con la comunicazione della Commissione del 14 dicembre 2007, "Appalti precommerciali: promuovere l'innovazione per garantire servizi pubblici sostenibili e di elevata qualità in Europa". Si tratta dei settori che vanno dalla ricerca, alla messa a punto di prototipi fino allo sviluppo iniziale di quantità limitate di prodotti o servizi in serie sperimentali. La ricerca e sviluppo non comprende l'attività di sviluppo commerciale, come la produzione o la fornitura in massa. In questo campo, precisa la comunicazione, l'acquirente pubblico non riserva al suo uso esclusivo i risultati dell'attività di ricerca e sviluppo e, quindi, le amministrazioni condividono i rischi e i benefici con i soggetti privati. La comunicazione chiarisce che la procedura non deve essere discriminatoria nei confronti di nessuno dei potenziali fornitori, in particolare delle piccole e medie imprese. Inoltre, per ridurre i rischi e i costi delle attività di ricerca e sviluppo, la procedura deve consiste nel procedere all'aggiudicazione di appalti in fasi, nell'arco di un certo periodo di tempo, assicurando la concorrenza tra le imprese per creare una gamma di opzioni possibili da valutare. Ciò al fine di sfidare il mercato in modo aperto e trasparente e invitare un certo numero di imprese a elaborare, in concorrenza, le migliori soluzioni possibili per risolvere il problema, analizzare e confrontare i pro e i contro di soluzioni alternative. La gara dovrebbe, quindi, essere organizzata come una procedura graduale con valutazioni a ogni fase del processo di ricerca e sviluppo per soddisfare al massimo le esigenze del settore pubblico.

Gli appalti precommerciali consentono agli acquirenti pubblici di filtrare i rischi tecnologici delle attività di ricerca e sviluppo di potenziali soluzioni alternative prima di impegnarsi in appalti per la produzione commerciale su vasta scala. La separazione rispetto agli appalti pubblici per la produzione commerciale consente di concentrare gli appalti precommerciali sull'acquisizione delle conoscenze necessarie per individuare le "migliori" soluzioni che il mercato può offrire nella fase della produzione commerciale, senza, però, comportare aiuti di Stato unilaterali a favore delle imprese. Dal testo della Comunicazione si deduceva l'esclusione degli appalti precommerciali dall'ambito di applicazione delle normative a evidenza pubblica.

Prima della entrata in vigore del nuovo codice, la disciplina degli appalti pubblici precommerciali è stata oggetto di un comunicato da parte dell'ANAC (Comunicato del Presidente in data 9 marzo 2016) con il quale se ne è delineata la disciplina e se ne è circoscritta la categoria. L'Autorità ritiene che il campo degli appalti precommerciali deve corrispondere ai contratti di servizi di ricerca e sviluppo tecnologico (R&S). Tali contratti prevedono: la condivisione dei rischi e dei benefici alle condizioni di mercato tra acquirente pubblico e soggetti aggiudicatari per lo sviluppo di soluzioni innovative, non già presenti sul mercato, a partire dall'ideazione fino allo sviluppo iniziale di quantità limitate di prodotti o servizi sperimentali idonee a risolvere un problema irrisolto e tecnologicamente complesso, posto dall'acquirente pubblico; la clausola di non esclusiva, in funzione della quale la stazione appaltante non riserva al suo uso esclusivo i risultati derivanti dalle attività di R&S; il cofinanziamento da parte delle imprese aggiudicatarie.

Il campo degli appalti precommerciali è stato circoscritto solo all'ambito tecnologico. Si è voluto, quindi, evitare che qualsiasi contratto concernente attività di ricerca fosse aggiudicabile attraverso tale peculiare procedura ampiamente derogatoria rispetto a quelle ordinarie. L'Autorità, inoltre, precisa che i servizi di R&S sono svolti per il raggiungimento di uno scopo aleatorio (ossia non deve sussistere certezza dell'effettiva riuscita della ricerca) e devono essere rivolti allo sviluppo di una soluzione non disponibile o non pienamente disponibile sul mercato. Quindi, con l'appalto precommerciale la ricerca è mirata a un progetto altamente innovativo, più difficile da gestire rispetto a situazioni nelle quali l'elemento della innovatività è presente ma assai limitato. Di contro, non possono essere ricompresi nella categoria di appalto precommerciale quei servizi di R&S che sono svolti in modo permanente e funzionale all'esercizio delle attività ordinarie della p.a. (come i servizi di consulenza, formazione, mentre possono essere utilizzati nei settori dello sviluppo delle comunità intelligenti, della produzione di beni pubblici rilevanti, della rete a banda ultralarga, fissa e mobile, della valorizzazione digitale dei beni culturali e paesaggistici, della sostenibilità ambientale, dei trasporti e della logistica, della difesa e sicurezza. Inoltre, l'appalto precommerciale può rappresentare un utile, strumento di incentivo per lo sviluppo delle conoscenze scientifiche e tecnologiche, in modo da soddisfare con minori costi possibili e tempi più rapidi esigenze pubbliche che non potrebbero essere altrimenti soddisfatte: ciò, per esempio, può avvenire in ambito sanitario, in quello dell'efficientamento energetico e della lotta contro i cambiamenti climatici).

Il partenariato per l'innovazione consiste in una procedura ristretta caratterizzata da fasi negoziali che consente di sviluppare prodotti, servizi o lavori innovativi non disponibili sul mercato e di acquistarli successivamente, senza bisogno di una procedura di gara distinta per tale acquisto. Così come il dialogo competitivo, anche il partenariato per l'innovazione dimostra il *favor* del legislatore per procedure flessibili in cui il confronto e il dialogo con gli operatori economici hanno un ruolo fondamentale.

Un problema che può venire in rilievo è quello delle possibili asimmetrie informative tra concorrenti. La normativa prevede che nel corso delle negoziazioni le stazioni appaltanti garantiscano la parità di trattamento fra tutti gli offerenti non fornendo informazioni in maniera discriminatoria per non avvantaggiare determinati concorrenti rispetto ad altri (art. 67, c. 7 codice). Per cui ogni modifica alle specifiche tecniche o ad altri documenti di gara deve essere tempestivamente comunicata ai concorrenti che possono, così, modificare e ripresentare le proprie offerte.

Altro problema attiene all'accesso alle informazioni fornite dai concorrenti; sempre l'art. 65, c. 7, prevede che le amministrazioni non rivelino agli altri partecipanti informazioni riservate comunicate da un candidato o da un offerente che partecipa alla negoziazione senza l'accordo di quest'ultimo che deve indicare in maniera dettagliata la documentazione da sottrarre alla comunicazione. L'amministrazione, poi, definisce nei documenti di gara il regime applicabile ai diritti di proprietà intellettuale.

7. Consultazioni preliminari di mercato

L'istituto della consultazione preliminare di mercato costituisce una novità nell'ambito della disciplina nazionale della evidenza pubblica. Si tratta di un istituto di origine europea già previsto dalla direttiva 18/2004 (cons. 8), ma non inserito nell'articolato e, quindi, non recepito dal precedente codice dei contratti. La direttiva del 2004 prevedeva la possibilità che le stazioni appaltanti instaurassero un dialogo tecnico preliminare con soggetti privati al fine di "sollecitare o accettare consulenze che possono essere utilizzate nella preparazione del capitolato d'oneri a condizione che tali consulenze non abbiano l'effetto di ostacolare la concorrenza".

Si trattava, quindi, un istituto volto a stimolare i contributi di privati nella fase precedente all'aggiudicazione. Da ciò deriva la differenziazione fra il dialogo tecnico e quello competitivo: il primo si inserisce in una fase propedeutica all'aggiudicazione del contratto ed è funzionale alla predisposizione, pianificazione e allo svolgimento delle procedure di aggiudicazione mentre il secondo è una procedura, sia pure con caratteri di forte flessibilità, di aggiudicazione del contratto.

Successivamente, l'istituto del dialogo tecnico viene previsto dalla direttiva 24/2014 all'art. 40 e recepito dal codice dei contratti (art. 66).

In particolare, la consultazione avviene successivamente alla fase della programmazione e ha finalità sia informative sia propedeutiche all'avvio delle procedure, in particolare alla predisposizione dei bandi e degli avvisi di aggiudicazione dei contratti programmati.

Tali consultazioni devono essere tenute distinte dalle indagini di mercato previste per le procedure negoziate *ex* art. 63, c. 6, che costituiscono procedimenti finalizzati a selezionare gli operatori economici da invitare al procedimento di gara. Al contrario le consultazioni preliminari non possono precostituire alcuna condizione per successivi inviti a procedure selettive.

Il codice prevede un limitato ambito di applicazione dell'istituto in quanto possono ricorrere a tali consultazioni solo le amministrazioni aggiudicatrici e solo per realizzare procedure di appalto (non, quindi, di partenariato pubblico privato). La norma non individua le concrete modalità di svolgimento di tale fase propedeutica alla gara, lasciando libere le amministrazioni di disciplinarne lo svolgimento. Il limite è quello del rispetto dei principi di concorrenza, non discriminazione e di trasparenza.

Le linee fondamentali entro le quali si svolge la procedura sono state individuata alle linee guida ANAC 14/2019. Dal punto di vista operativo, l'amministrazione (in persona del responsabile unico del procedimento) deve pubblicare un avviso specificando di quali informazioni, consulenze e documentazione necessita con riferimento agli appalti che intende aggiudicare. La consultazione può riguardare ogni aspetto tecnico ritenuto utile alla preparazione del procedimento selettivo, ferma restando la necessità di evitare che gli apporti informativi costituiscano offerte tecniche o economiche. In ogni caso, i contributi non possono anticipare specifiche quotazioni afferenti al prodotto, servizio, opera, oggetto della consultazione che abbiano l'effetto di alterare il regolare sviluppo competitivo della successiva fase di selezione.

Possono partecipare alla consultazione tutti soggetti in grado di fornire le informazioni richieste inclusi i portatori di interessi collettivi e diffusi. Per la partecipazione alla consultazione la stazione appaltante non richiede il possesso dei requisiti previsti dal codice al fine della partecipazione alla gara. D'altra parte i soggetti che partecipano forniscono consulenze, relazioni, dati, informazioni e altri documenti tecnici idonei a informare nel miglior modo possibile la stazione appaltante sulle soluzioni tecniche e organizzative idonee a soddisfare al meglio le proprie esigenze.

La stazione appaltante può anche indirizzare la consultazione formulando domande o indicando questioni specifiche. L'amministrazione esamina criticamente i contributi ricevuti e, se ritenuti idonei, può utilizzarli per l'eventuale procedimento selettivo.

Il problema più delicato in materia riguarda la partecipazione alla gara dell'operatore economico che ha avuto parte attiva nella consultazione preliminare. Infatti, potrebbe accadere che il soggetto consultato nella fase preliminare si trovi in una situazione privilegiata al momento della gara, condizionandone l'aggiudicazione. Ciò perché la documentazione fornita dall'operatore economico in sede di consultazione preliminare può essere utilizzata come base per la predisposizione dei bandi di gara, creando una posizione di vantaggio competitivo rispetto ad altri concorrenti. L'art. 67 del codice prevede che in tali situazioni l'amministrazione aggiudicatrice deve adottare le misure necessarie per garantire che la concorrenza non sia falsata, limitandosi, però, a prescrivere che tali misure possono consistere nella comunicazione agli altri candidati e offerenti delle informazioni pertinenti scambiate nel corso della consultazione preliminare, nonché nella fissazione di termini adeguati per la presentazione delle offerte che consentano agli operatori economici di esaminare il materiale acquisito e di valutare le specifiche della documentazione di gara. La norma, però, precisa che tali misure sono da considerarsi minime, per cui nulla vieta di prevedere ulteriori garanzie per il rispetto dei principi di imparzialità, concorrenza e trasparenza.

Anche in questa situazione è previsto un meccanismo volto a evitare asimmetrie informative, così come accade nel dialogo competitivo e nel partenariato per l'innovazione. Deve essere l'amministrazione a individuare le informazioni "pertinenti" da comunicare e deve rendere disponibili in tempo utile per la partecipazione al procedimento selettivo, a richiesta di potenziali concorrenti, le informazioni acquisite o scambiate nel corso della consultazione. Se le informazioni acquisite durante la consultazione sono riservate o coperte dal diritto di privativa o rivelano segreti aziendali, tecnici o commerciali, spetta all'operatore economico che le ha fornite indicare quali sono quelle che non possono essere divulgate. In questi casi si deve comunque instaurare un minimo di contraddittorio tra l'operatore economico e l'amministrazione aggiudicatrice prima di decidere sulla divulgazione di informazioni ritenute riservate.

Se le misure individuate non sono sufficienti a evitare la violazione del principio di parità di trattamento e imparzialità, l'amministrazione deve disporre l'esclusione dell'impresa che ha partecipato al dialogo. In quanto caso opera l'art. 80, c. 5, lett. *e*) del codice che prescrive l'esclusione nell'ipotesi in cui si configuri una distorsione della concorrenza derivante dal precedente coinvolgimento degli operatori economici nella preparazione della procedura di appalto di cui all'art. 67 allorché non possa essere risolta con misure meno gravi. Prima dell'adozione del provvedimento di esclusione, però, si apre una fase di contraddittorio tra l'operatore economico e l'amministrazione: infatti, l'impresa che ha partecipato alle consultazioni può provare che la partecipazione alla procedura non falsi la concorrenza. Ciò significa che l'amministrazione dovrà inviare alla impresa un "preavviso di esclusione" indicando le motivazioni per le quali la partecipazione alla gara si intende lesiva e, di conseguenza, il contraddittorio dovrà svolgersi su tali motivazioni. In questa fase può anche emergere la volontà della impresa di impedire, in caso di esclusione, l'utilizzo di dati e informazioni, anche riservate, che in precedenza sono state messe a disposizione per la predisposizione degli atti di gara. Sul punto occorre sottolineare che trova applicazione l'art. 53 del codice secondo il quale sono sottratte all'accesso tutte le informazioni che, secondo motivata indicazione dell'operatore economico, costituiscono segreto tecnico o commerciale.

Questi passaggi procedurali, che possono implicare un serrato contraddittorio, dovranno essere gestiti dal responsabile unico del procedimento.

A bene vedere, l'apertura delle consultazioni agli operatori economici in fase di predisposizione dei documenti di gara ha indubbi profili problematici e l'alto rischio di essere esclusi dalla gara potrebbe scoraggiare le imprese alla partecipazione, senza contare la circostanza di un contenzioso altamente probabile in caso di aggiudicazione dell'appalto proprio all'impresa che ha partecipato alle consultazioni. Sarebbe, quindi, preferibile che in ipotesi problematiche, relative a incertezze sulla configurazione del contratto da aggiudicare, l'amministrazione privilegi il dialogo competitivo che fornisce adeguate garanzie procedurali in ordine al rispetto dei principi di imparzialità e concorrenza.

8. Le procedure di aggiudicazione dei contratti nell'emergenza sanitaria e in attuazione del PNRR

Il sistema di aggiudicazione dei contratti è stato recentemente rivoluzionato dalle norme in materia di contrasto all'emergenza sanitaria e di attuazione al PNRR. Infatti, la l. 120/2020 (recante "misure urgenti per la semplificazione e l'innovazione"), come già rilevato, ha previsto non solo alcune puntuali modifiche al codice dei contratti, ma anche regimi totalmente derogatori in tema di modalità di aggiudicazione che consentono di affermare che il sistema emergenziale determini una sostanziale sospensione del codice dei contratti, anche se tali regimi derogatori hanno una limitata applicazione temporale ossia qualora la determina a contrarre o altro atto di avvio del procedimento equivalente sia adottato entro il 30 giugno 2023. Viene previsto un regime semplificato sia per i contratti sotto la soglia comunitaria sia per i contratti sopra soglia.

Per i contratti sotto soglia, ferme restando le disposizioni in materia di contratti delle centrali di committenza, le stazioni appaltanti procedono all'affidamento diretto per lavori di importo inferiore a centocinquantamila euro e per servizi e forniture, compresi i servizi di ingegneria e architettura e l'attività di progettazione, di importo inferiore a centotrentanovemila euro. L'affidamento diretto può essere effettuato con la delibera a contrarre e senza consultazione di operatori economici.

Si prevede anche l'utilizzo generalizzato delle procedure negoziate senza bando di cui all'art. 63 del codice. Tale procedura da eccezionale diviene ordinaria in questo periodo. La procedura si svolge previa consultazione di almeno cinque operatori economici, ove esistenti, nel rispetto del criterio di rotazione degli inviti, che tenga conto anche della diversa dislocazione territoriale delle imprese invitate, individuati in base a indagini di mercato o tramite elenchi di operatori economici. Tale procedura si utilizza per l'affidamento di servizi e forniture, ivi compresi i servizi di ingegneria e architettura e l'attività di progettazione, di importo pari o superiore a centotrentanovemila euro e fino alle soglie comunitarie e per l'affidamento di lavori di importo pari o superiore a centocinquantamila euro e inferiore a un milione di euro. Mentre aumentano gli operatori economici da invitare per i contratti di importo maggiore. Infatti, si devono invitare almeno dieci operatori per lavori di importo pari o superiore a un milione di euro e fino alla soglia comunitaria.

Anche le formalità relative all'indizione della gara sono semplificate. Le stazioni appaltanti, infatti, comunicano l'avvio delle procedure negoziate con la pubblicazione di un avviso nei rispettivi siti istituzionali. L'aggiudicazione deve avvenire nel rispetto dei principi di trasparenza, di non discriminazione e di parità di trattamento. Le amministrazioni possono decidere se aggiudicare tramite il criterio dell'offerta economicamente vantaggiosa ovvero del prezzo più basso.

Ulteriore semplificazione riguarda l'esclusione del procedimento di verifica dell'anomalia dell'offerta nel caso di aggiudicazione con il criterio del prezzo più basso e, quindi, le stazioni appaltanti procedono all'esclusione automatica dalla gara anche qualora il numero delle offerte ammesse sia pari o superiore a cinque. Non è richiesta la prestazione della garanzia provvisoria.

Tali modifiche, seppur temporanee, sono da salutare con favore considerato che le procedure per l'aggiudicazione di contratti di importi bassi si sono rivelate spesso troppo farraginose mettendo in difficoltà le amministrazioni.

Per i contratti sopra la soglia, le stazioni appaltanti procedono mediante la procedura aperta, ristretta o, previa motivazione sulla sussistenza dei presupposti previsti dalla legge, con la procedura competitiva con negoziazione o con il dialogo competitivo. In ogni caso è prevista la riduzione dei termini procedimentali che, nel regime ordinario, è consentita solo in casi di urgenza.

La procedura negoziata senza pubblicazione del bando può essere utilizzata, previa pubblicazione dell'avviso di indizione della gara o di altro atto equivalente, nel rispetto di un criterio di rotazione, per ragioni di estrema urgenza derivanti dagli effetti negativi della crisi causata dalla pandemia o dal periodo di sospensione delle attività determinato dalle misure di contenimento adottate per fronteggiare la crisi. Anche i questi casi la procedura senza bando è sganciata dai rigidi presupposti previsti dall'art. 63.

Inoltre, un regime totalmente derogatorio è previsto per un consistente numero di contratti riguardanti i settori dell'edilizia scolastica, universitaria, sanitaria, giudiziaria e penitenziaria, delle infrastrutture per attività di ricerca scientifica e per la sicurezza pubblica, dei trasporti e delle infrastrutture stradali, ferroviarie, portuali, aeroportuali, idriche, ivi compresi gli interventi inseriti nei contratti di programma tra Anas e Rfi (ferrovie), per gli interventi funzionali alla realizzazione del Piano nazionale integrato per l'energia e il clima (PNIEC). In questi casi, infatti, le stazioni appaltanti, per l'affidamento delle attività di esecuzione di lavori, servizi e forniture nonché dei servizi di ingegneria e architettura, inclusa l'attività di progettazione, operano in deroga a ogni disposizione di legge diversa da quella penale, fatto salvo il rispetto delle disposizioni del codice delle leggi antimafia e delle misure di prevenzione, di cui al d.lgs. 6 settembre 2011, n. 159, nonché dei vincoli inderogabili derivanti dall'appartenenza all'Unione europea, ivi inclusi quelli derivanti dalle direttive 2014/24/UE e 2014/25/UE, dei principi generali previsti dal codice dei contratti artt. 30, 34 e 42 del codice. In questi casi, che possono ricomprendere anche contratti di notevole importo, le stazioni appaltanti non sono obbligate all'osservanza delle procedure previste dal codice e possono agire in relativa libertà. Il responsabile unico del procedimento con propria determinazione adeguatamente motivata, valida e approva ciascuna fase progettuale o di esecuzione del contratto, anche in corso d'opera.

Si può, quindi, considerare che per gli appalti sopra la soglia vi sia un consistente riavvicinamento a quanto previsto dalle direttive comunitarie con una indubbia valorizzazione delle procedure negoziate e flessibili.

Nella sostanza l'intendimento del legislatore è stato quello di applicare direttamente il regime delle direttive europee che non prevedono le complicazioni previste dalla normativa nazionale.

Viene in rilievo anche un'ulteriore regime totalmente derogatorio riguardante le opere di particolare rilievo strategico. Si tratta di quello, sopra illustrato, che prevede la nomina di un commissario straordinario per la realizzazione delle infrastrutture strategiche. In questi casi, i commissari operano in deroga totale alle norme del codice.

In parte le misure previste dalla legge sull'emergenza sanitaria sono state riproposte anche con riferimento ai contratti in attuazione del PNRR. Infatti, la l. 108/2021 prevede una serie di deroghe al codice per i contratti riferibili al PNRR, al Piano Complementare (PNC) nonché per i contratti cofinanziati con fondi strutturali europei. Si tratta, quindi, di una parte molto rilevante di contratti che trova una disciplina derogatoria. Innanzitutto, è previsto che le stazioni appaltanti possano inserire nei bandi di gara, negli avvisi e negli inviti, come requisiti necessari e come requisiti premiali dell'offerta, criteri orientati a promuovere l'imprenditoria giovanile, la parità di genere e l'assunzione di giovani e donne.

È prevista la possibilità di un ricorso generalizzato all'aggiudicazione di appalti integrati: per tali contratti la pubblica amministrazione può affidare la progettazione e di esecuzione di un appalto ponendo a base di gara il progetto di fattibilità tecnico ed economica. In questi casi è possibile che i documenti di gara prevedano l'attribuzione di punteggi premiali per l'utilizzo di metodi e strumenti elettronici innovativi.

Le stazioni appaltanti possono ricorrere alla procedura negoziata senza bando (*ex* art. 63 codice) quando, per ragioni di estrema urgenza derivanti da circostanze imprevedibili, non imputabili alla stazione appaltante, l'applicazione dei termini, anche abbreviati, previsti dalle procedure ordinarie può compromettere la realizzazione degli obiettivi o il rispetto dei tempi di attuazione dei piani.

Sicuramente tale nuova normativa ha la finalità di agevolare la realizzazione dei contratti pubblici che si possono considerare una leva importante per lo sviluppo economico del Paese. Occorre però rilevare che allo stato sono in vigore vari regimi (ordinario; semplificato fino al 2023; derogatorio per molti contratti pubblici; regime commissariale per le infrastrutture di particolare rilievo; regime semplificato per i contratti del PNRR) ed è chiaro che ciò potrà comportare una serie indefinitiva di incertezze e dubbi interpretativi tali da indurre le amministrazioni a non utilizzare in maniera funzionale le nuove possibilità messe loro a disposizione dal legislatore. Sarebbe stata certamente più utile una sistematica azione di revisione del modello codicistico secondo le direttrici di semplificazione individuate dalla normativa emergenziale.

CAPITOLO 6

L'OFFERTA, I CRITERI DI AGGIUDICAZIONE E LO SVOLGIMENTO DELLA GARA

1. L'offerta e le garanzie

L'offerta ha la natura di una proposta contrattuale da parte del privato a seguito della sollecitazione del bando di gara. Quest'ultimo, quindi, si configura come un invito a presentare proposte in base a determinate condizioni.

L'art. 94 del codice prevede che l'offerta deve essere completa ossia conforme ai requisiti, alle condizioni e ai criteri previsti dal bando o dall'invito. Le offerte devono contenere gli elementi essenziali per identificare il candidato, il suo indirizzo e la procedura a cui la domanda o l'offerta si riferisce, le caratteristiche e il prezzo della prestazione nonché le dichiarazioni relative ai requisiti soggettivi di partecipazione. Le imprese possono presentare le proprie domande o offerte in forma cartacea o elettronica, secondo quanto previsto dal bando.

Le offerte devono essere ammissibili e regolari. L'ammissibilità e la regolarità attengono all'osservanza delle prescrizioni formali derivanti dalla legge e dagli atti di gara. Se nessuna offerta è ammissibile o regolare la gara deve essere dichiarata deserta. Per offerta inammissibile si intende l'offerta carente di requisiti sostanziali per la partecipazione alla gara, mentre per offerta irregolare si intende quella viziata nella forma. Nel caso di gara deserta, la stazione appaltante sarà libera di aggiudicare il contratto anche attraverso una procedura negoziata. In particolare, il codice prevede che nell'ipotesi di gara deserta per la presentazione di offerte irregolari o inammissibili si può procedere all'aggiudicazione mediante procedura negoziata previa pubblicazione di un bando di gara. In tal caso non possono essere modificate in modo sostanziale le condizioni del contratto. Nel caso in cui non venga presentata alcuna offerta ovvero tutte le offerte siano valutate come inappropriate è possibile aggiudicare il contratto con la procedura negoziata senza la pubblicazione del bando di gara. Si può affermare che una volta andata deserta la gara sussiste il principio della sostanziale libertà di scelta dell'amministrazione, in ordine alla modalità di affidamento dell'appalto.

Ipotesi particolare è quella della presentazione in una gara di una sola offerta. Il codice non prevede alcuna norma espressa sul punto. Nulla esclude che l'amministrazione possa procedere all'aggiudicazione ove valuti appropriata l'unica offerta proposta. Inoltre, è ancora vigente l'art. 69, r.d. 827/1924, norma secondo la quale la gara è dichiarata deserta ove non siano state presentate almeno due offerte, salvo il caso in cui l'amministrazione abbia stabilito di procedere all'aggiudicazione anche in presenza di una sola offerta. Il codice prevede all'art. 95, c. 12, che "le stazioni appaltanti possono decidere di non procedere all'aggiudicazione se nessuna offerta risulti conveniente o idonea in relazione all'oggetto del contratto. Tale facoltà è indicata espressamente nel bando di gara o nella lettera di invito". Quindi, se il bando non stabilisce nulla, la stazione appaltante nel caso di unica offerta non potrà affidare l'appalto salvo che il bando non lo consenta espressamente.

Nel caso in cui vengano presentate due o più offerte e, a seguito di varie esclusioni, solo un concorrente rimanga in gara, non sarà applicabile l'art. 69, r.d. 827/1924, per cui sarà possibile procedere all'aggiudicazione. Infatti, la norma citata si riferisce soltanto alle ipotesi in cui a una gara sia stata presentata una sola offerta avendovi partecipato un solo concorrente e non ai casi in cui risulti l'esistenza in concreto di una sola offerta, per essere state escluse tutte le altre a causa di violazioni delle disposizioni attinenti alla procedura concorsuale.

L'offerta deve essere presentata secondo le modalità previste dal bando.

Il primo problema che si pone è quello relativo alle modalità di recapito. Il recapito può essere consentito con qualsiasi mezzo a meno che il bando escluda espressamente alcune modalità. La giurisprudenza ha precisato che nel caso in cui il bando di gara preveda espressamente e a pena di esclusione che il plico contenente l'offerta debba pervenire esclusivamente tramite raccomandata A/R del servizio postale di Poste Italiane, corrieri o agenzie di recapito autorizzate, in quanto garantiscono la data certa dell'arrivo delle offerte, è legittima l'esclusione dell'impresa che ha consegnato il plico contenente la propria offerta direttamente a mano nella sede della stazione appaltante, trattandosi di comportamento negligente della ditta interessata.

L'offerta deve essere tempestiva ossia deve pervenire alla stazione appaltante entro i termini stabiliti dal bando di gara. In particolare, se il bando prescrive che le offerte devono "pervenire" all'ufficio destinatario entro un'ora determinata ciò significa che entro tale termine le offerte devono essere nella materiale disponibilità dell'ufficio. Da ciò deriva che il rischio relativo alla tempestività del recapito ricade esclusivamente sul mittente

L'offerta deve essere incondizionata in quanto deve sussistere perfetta conformità tra il regolamento contrattuale predisposto dalla stazione appaltante e l'offerta presentata dal candidato. Di contro l'offerta condizionata non è suscettibile di valutazione in quanto non attendibile, univoca e idonea a manifestare una volontà certa e inequivoca dell'impresa di partecipare alla gara. Si pensi al caso in cui l'operatore economico subordini l'impegno assunto nei confronti della stazione appaltante a un evento futuro e incerto, sicché l'obbligazione assunta è subordinata al verificarsi di altro evento, diverso e ulteriore rispetto all'aggiudicazione. Invece, non si può considerare condizionata un'offerta in cui l'operatore economico si sia impegnato immediatamente e senza limiti alla realizzazione dell'opera, anche laddove essa richieda il previo rilascio da parte di altra p.a. di titoli abilitativi. Infatti, i problemi riguardanti rilascio dei titoli abilitativi non attengono tanto alla fase della valutazione dell'offerta, quanto piuttosto alla fase di esecuzione, e, quindi, riguardano l'amministrazione che se non si rende parte diligente può incorrere in sanzioni contrattuali.

L'offerta deve essere unica. Tale principio, che impone ai partecipanti alle gare di presentare un'unica proposta tecnica ed economica, risponde sia all'esigenza di garantire la *par condicio* dei concorrenti, sia a quella di far emergere la migliore offerta nella gara. Viola tale principio la presentazione di più offerte o più proposte nell'ambito della medesima offerta, formulate in via alternativa o subordinata, in modo tale che la scelta ricadente su una di esse escluda necessariamente la praticabilità delle altre. Quindi, è inammissibile la presentazione di un'offerta plurima, poiché l'operatore economico che la presenta sarebbe effettivamente avvantaggiato rispetto agli altri, potendo contare su un più ampio ventaglio di soluzioni in grado di soddisfare le esigenze della stazione appaltante, a differenza dei rimanenti concorrenti che non possono far altro che scommettere sull'unica proposta avanzata. La violazione del suddetto principio non ricorre, invece, nel caso di offerta cumulativa, ossia di offerta che è la risultante della combinazione di più soluzioni tecniche e/o di più prodotti anche diversi, tutti congiuntamente proposti per un prezzo complessivamente unitario, giacché in tale evenienza il candidato formula un'offerta unica dal punto di vista sostanziale, in grado di non creare squilibri all'interno del meccanismo concorrenziale.

La violazione del principio di unicità non può essere sanata dalla commissione. Infatti, nell'ipotesi in cui un partecipante abbia presentato due diverse proposte contenute nella medesima offerta e la stessa sia stata ricondotta a unicità dalla commissione, disponendo l'esclusione di una delle soluzioni proposte, non si opera nel rispetto della *par condicio* poiché questa deve essere assicurata a monte attraverso l'esclusione della possibilità di presentazione di proposte plurime nell'ambito della medesima offerta pena l'esclusione dalla gara del concorrente.

Altro requisito dell'offerta è quello della immodificabilità: ciò significa che essa deve essere intangibile da parte dell'aggiudicatario. La giurisprudenza ha affrontato il problema della immodificabilità dell'offerta con riguardo alle giustificazioni richieste per la verifica dell'anomalia. Il procedimento di verifica di anomalia, effettuato in contraddittorio, non preclude la presentazione di giustificazioni da parte dell'offerente in ordine alle particolari condizioni che hanno portato all'offerta. L'offerta rimane sempre immodificabile mentre sono modificabili le giustificazioni, anche sopravvenute, ed è sempre possibile effettuare compensazioni tra sottostime e sovrastime, purché l'offerta risulti nel suo complesso affidabile al momento dell'aggiudicazione e dia garanzia di una seria esecuzione del contratto.

Inoltre, l'offerta non deve essere indeterminata, in quanto deve essere indicato con esattezza il prezzo o il ribasso offerto. Nel caso di discordanza tra l'indicazione in cifre e quella in lettere del prezzo o del ribasso, la commissione può intervenire se tale discordanza sia frutto di errore materiale facilmente riconoscibile. La rettifica, quindi, è astrattamente ammissibile in virtù dei principi di conservazione degli atti giuridici e di massima partecipazione; essa, però è consentita solo in caso di errore materiale facilmente riconoscibile attraverso elementi "diretti ed univoci" tali da configurare un errore materiale o di scritturazione emendabile dalla commissione, ma non nel caso in cui sia necessario attingere a fonti di conoscenza estranee all'offerta medesima o a inammissibili dichiarazioni integrative dell'offerente, non essendo consentito alle commissioni aggiudicatrici la modifica di una delle componenti dell'offerta con sostituzione, anche solo parziale, alla volontà dell'offerente. In questi casi, il vecchio regolamento di attuazione del codice dei contratti prevede che nelle ipotesi di aggiudicazione al prezzo più basso determinato mediante offerta a prezzi unitati in caso di discordanza prevale il ribasso percentuale espresso in lettere (art. 119, c. 2, d.p.r. 207/2010). Invece, l'art. 72, r.d. 827/1924 prevede che venga privilegiata l'indicazione più vantaggiosa per la p.a. La giurisprudenza (Cons. Stato, ad. plen., 3 novembre 2015, n. 10) ha affermato la portata generale del principio di cui all'art. 119, applicabile anche al di fuori dei casi ivi espressamente indicati, in quanto norma orientata all'effettiva tutela dei partecipanti poiché impone alla commissione un comportamento univoco, non soggetto a interpretazioni virtualmente difformi. L'affermazione di tale principio poggia su considerazioni logiche e giuridiche: infatti, la ponderazione che richiede la scritturazione dell'offerta in lettere da parte del concorrente è sicuramente maggiore. Peraltro, simili norme si riscontrano anche in altri ambiti dell'ordinamento, a dimostrazione della volontà di attribuire rilievo a un'esigenza di certezza e affidamento dei destinatari dei documenti su cui vengono apposti gli importi in cifre e in lettere.

L'offerta deve avere il requisito della segretezza ossia non deve essere conosciuta o conoscibile prima dell'apertura ufficiale delle buste. La segretezza, è finalizzata ad assicurare il rispetto dei principi di imparzialità, buon andamento, trasparenza e *par condicio* dei concorrenti. Il principio di segretezza nelle gare pubbliche evita che la commissione, venendo a conoscenza degli elementi economici dell'offerta, possa subire un condizionamento, anche in astratto, e un'alterazione della serenità e imparzialità valutativa rispetto alle offerte tecniche.

In particolare, le disposizioni della *lex specialis* di gara sulle modalità di presentazione delle offerte (es. le modalità di chiusura dei plichi) sono poste a presidio del principio di segretezza. Tali disposizioni vincolano sia i concorrenti sia la stazione appaltante, in capo alla quale non sussiste alcun margine di discrezionalità per la loro concreta attuazione, per cui la violazione di tali modalità da parte del concorrente comporta inevitabilmente l'esclusione dalla gara. L'integrità dell'offerta o meglio del plico che la contiene è funzionale al mantenimento della massima segretezza. Il plico, quindi, deve pervenire integro alla commissione di gara secondo le indicazioni espresse nel bando, pena l'inammissibilità della stessa. Il bando che prevede la sigillatura delle buste reca prescrizioni non meramente formali, ma poste a garanzia dei principi della *par condicio* e di segretezza delle offerte, che altrimenti non risultano assicurati.

Nel caso di aggiudicazione con il criterio dell'offerta economicamente più vantaggiosa viene in rilievo il principio della separazione tra offerta tecnica e offerta economica, c.d. divieto di commistione, che risponde alla finalità di garantire la segretezza dell'offerta economica fino al completamento della valutazione delle offerte tecniche. Tale principio è funzionale a evitare che l'offerta tecnica contenga elementi che consentano di ricostruire, nel caso concreto, l'entità dell'offerta economica. Il divieto di commistione però non deve essere inteso in senso assoluto, in quanto la commissione deve verificare caso per caso la sussistenza di tale fattispecie, stante l'assenza di una norma che vieti l'inserimento di elementi economici nell'offerta tecnica. Possono, infatti, venire in rilievo situazioni di non facile soluzione. Si pensi al caso dell'inserimento di voci a connotazione (anche) economica o elementi tecnici declinabili in termini economici se rappresentativi di soluzioni realizzative dell'opera o del servizio oggetto di gara. Il divieto di commistione non è violato se nell'offerta tecnica siano presenti alcuni elementi economici, resi necessari dagli elementi qualitativi da fornire, purché non siano tali da consentire la ricostruzione della complessiva offerta economica.

In via generale, comunque, il principio della segretezza impone una netta separazione tra la fase di valutazione dell'offerta tecnica e quella dell'offerta economica per cui, fino a quando non si sia conclusa la valutazione degli elementi tecnici, è di norma interdetta al seggio di gara la conoscenza di quelli economici. Tale principio si afferma anche in caso di annullamento, giudiziale o in autotutela, dell'aggiudicazione, in quanto è precluso alla commissione, nella stessa composizione, di rivalutare le offerte tecniche, almeno nelle componenti discrezionali, in quanto sono già note ai commissari le offerte economiche. Tale circostanza, infatti, inficerebbe l'eventuale nuova aggiudicazione rendendola illegittima. In questi casi può essere possibile una rivalutazione a seguito della nomina di altra commissione.

Altro principio fondamentale in materia è quello secondo il quale l'offerta deve essere garantita. Al momento della presentazione dell'offerta deve essere presentata una garanzia provvisoria (art. 93 codice), sotto forma di cauzione o fideiussione (rilasciata da imprese bancarie o assicurative o intermediari finanziari) che assolve allo scopo di assicurarne la serietà e l'affidabilità. La garanzia, pari al due per cento del prezzo base indicato dal bando o dall'invito, ha la finalità di costituire una liquidazione preventiva e forfettaria del danno nel caso in cui, dopo l'aggiudicazione, la stipula del contratto non avvenga per fatti riconducibili all'aggiudicatario (si pensi al difetto di requisiti dichiarati in sede di offerta) o nell'ipotesi in cui l'aggiudicatario sia destinatario di un'informativa interdittiva antimafia. La garanzia si deve considerare come parte integrante dell'offerta e non elemento a corredo di questa. Da ciò deriva che la stazione appaltante non è libera di richiedere la presentazione della garanzia spirato il termine di presentazione dell'offerta, per cui nel caso in cui un'offerta non sia provvista di tale documento deve considerarsi inammissibile e essere esclusa dalla gara. La cauzione provvisoria rilasciata da un operatore non abilitato equivale a cauzione mancante e, come tale, non può in alcun modo essere sanata alla stregua di una mera irregolarità documentale, trattandosi di una precisa carenza degli elementi a corredo dell'offerta, prevista a pena di esclusione dalla *lex specialis*. Nel caso di mera irregolarità nella presentazione della garanzia può venire in rilievo il soccorso istruttorio che consente di emendare le carenze o irregolarità formali relative alle dichiarazioni sulla prestazione della garanzia.

La garanzia provvisoria deve essere presentata da tutti i partecipanti e non solo all'aggiudicatario. Da ciò si ricava un mutamento significativo della funzione dell'istituto. Mentre prima la cauzione provvisoria consisteva nel garantire l'amministrazione con riferimento alla stipula del contratto, ora serve a garantirla in ordine alla serietà e dell'affidabilità di tutte le offerte presentate. Pertanto, la sanzione dell'incameramento della cauzione provvisoria è correlata alla violazione dell'obbligo di diligenza e dell'esatta e veritiera produzione documentale nelle trattative precontrattuali che grava su ciascun concorrente sin dalla fase di partecipazione e di presentazione delle offerte.

Con riferimento alla sua natura giuridica, la giurisprudenza ha chiarito che la garanzia provvisoria, oltre a svolgere la funzione di garantire la serietà dell'offerta, si configura come caparra confirmatoria.

La garanzia provvisoria è svincolata automaticamente al momento della sottoscrizione del contratto.

Oltre a questa formalità di tipo garantistico, l'art. 93, c. 8, del codice prevede che l'offerta debba essere corredata a pena di esclusione dall'impegno di un fideiussore, anche differente da quello che ha rilasciato la garanzia provvisoria, a rilasciare la garanzia fideiussoria per l'esecuzione del contratto "qualora l'offerente risultasse affidatario". Si tratta di un istituto differente rispetto alla garanzia provvisoria poiché in questa ipotesi l'offerente non ha l'obbligo di prestare una vera e propria garanzia fideiussoria. Il fatto che detto onere documentale sia previsto a pena di esclusione non è una concessione all'eccessivo formalismo quanto piuttosto un elemento funzionale a rafforzare la serietà dell'offerta nel caso di aggiudicazione. È chiaro, quindi, che un'offerta priva di tale dichiarazione debba essere esclusa e ciò anche se tale sanzione non sia prevista espressamente nel bando di gara poiché si ricava direttamente dalla norma citata. In questo caso, si tratta dell'impegno a prestare la cauzione definitiva in caso di aggiudicazione a garanzia dell'adempimento di tutte le obbligazioni del contratto e del risarcimento dei danni derivanti dall'eventuale inadempimento delle obbligazioni, nonché a garanzia del rimborso delle spese pagate in più all'esecutore rispetto alle risultanze della liquidazione finale (art. 103 codice). La garanzia definitiva è pari al dieci percento dell'importo contrattuale e cessa di avere efficacia solo alla data di emissione del certificato di collaudo provvisorio e del certificato di regolare esecuzione.

Problemi delicati riguardano il termine di validità della garanzia provvisoria e la prestazione da parte di un raggruppamento, costituito o costituendo, di imprese.

Con riferimento al termine, la norma (art. 93, c. 5) prevede che la cauzione abbia una validità di centottanta giorni dalla data di presentazione dell'offerta e che il bando di gara possa indicare un termine differente in relazione alla durata presumibile della procedura. Inoltre, l'offerta può prevede l'impegno del garante a rinnovare la garanzia per la durata indicata nel bando.

Il problema si è posto con riferimento al *dies a quo* del termine di validità. La norma prevede che la garanzia abbia efficacia dalla data di presentazione dell'offerta. In tal caso, quindi, si potrebbe prospettare un termine differenziato tra le imprese offerenti a seconda del momento della effettiva presentazione dell'offerta. Sarebbe stato preferibile prevede un termine di decorrenza uniforme per tutti gli offerenti, facendolo decorrere dalla data di scadenza per la presentazione prevista dal bando.

Per quel che riguarda i raggruppamenti temporanei la garanzia fideiussoria deve essere presentata da tutte le imprese.

2. I termini di presentazione delle offerte

La materia della fissazione dei termini per la ricezione delle domande di partecipazione e delle offerte è disciplinata, con riferimento ad alcuni principi generali, dall'art. 79 del codice e dalle disposizioni riguardanti le singole procedure di gara.

Nessun termine per la ricezione delle offerte viene previsto con riferimento alla procedura del partenariato per l'innovazione e ciò dimostra che il legislatore ritiene di riservare un ampio margine di scelta alla p.a. per queste particolari procedure che si caratterizzano per essere notevolmente flessibili.

Altra dimostrazione del principio di flessibilità nella fissazione dei termini deriva dalla possibilità che, nell'ambito della procedura ristretta, viene lasciata ai concorrenti la facoltà di trovare un accordo con la stazione appaltante per l'individuazione dei termini di ricezione delle offerte (tale possibilità è prevista solo per le amministrazioni aggiudicatrici che non siano autorità governativa centrale). L'accordo deve, però, essere unanime tra tutti gli operatori economici invitati al fine di rispettare il principio della *par condicio* tra i partecipanti.

Le norme sulle singole procedure prevedono termini minimi per la presentazione delle domande di partecipazione e delle offerte, mentre l'art. 79, c. 1, lascia alle stazioni appaltanti la possibilità di fissare termini maggiori tenuto conto della complessità delle prestazioni oggetto del contratto e del tempo ordinariamente necessario per preparare le offerte.

La *ratio* di tale norme è quella di impedire la previsione di termini irragionevolmente scollegata dall'analisi della complessità dell'appalto. Ciò, infatti, potrebbe comportare l'illegittimità dell'intera procedura per violazione del principio del *favor partecipationis*, in quanto la previsione di termini eccessivamente brevi per appalti complessi potrebbe restringere in modo consistente la possibilità delle imprese di presentare offerte adeguate. Invece la possibilità di derogare ai termini minimi è prevista in casi di particolare urgenza per velocizzare la procedura. In questo caso, però, le stazioni appaltanti devono adeguatamente motivare le ragioni di urgenza che giustificano la riduzione dei termini e tali ragioni non devono imputarsi a inadempienze della amministrazione stessa ma a situazioni oggettive. La fissazione di termini irragionevolmente contenuti in assenza di una adeguata motivazione circa l'urgenza di concludere la procedura di gara è da considerarsi illegittima e, secondo la giurisprudenza, consente l'impugnazione del bando anche a un'aspirante partecipante che non abbia presentato la propria offerta. Si può ritenere che l'irragionevole e non motivata fissazione di un termine eccessivamente breve per la predisposizione dell'offerta leda immediatamente il principio della concorrenza e la posizione dell'aspirante concorrente al pari di quanto accade per le clausole escludenti illegittime.

Si può affermare che la stazione appaltante abbia, nei limiti indicati, discrezionalità nell'individuazione del termine di ricezione delle domande e delle offerte stante la particolare natura dell'appalto e la situazione oggettiva che contorna lo stesso.

Occorre rilevare che la normativa emergenziale ha previsto la generalizzata possibilità, fino a giugno 2023, di fissare termini di presentazione delle offerte ridotti al fine di accelerare le procedure di selezione. Si utilizza in via ordinaria la norma sulla fissazione dei termini in caso d'urgenza, in quanto l'emergenza sanitaria è *in re ipsa* situazione d'urgenza.

Ulteriore manifestazione del principio di flessibilità nella determinazione dei termini di presentazione delle offerte consiste nella possibilità di stabilire termini superiori ai minimi previsti allorché le offerte possono essere formulate solo a seguito di una visita dei luoghi (si pensi alla visita delle aree sulle quali verrà insediato il cantiere) o dopo la consultazione sul posto dei documenti di gara.

La fissazione del termine, quindi, deve essere sempre frutto di una razionale e coerente previsione da parte della stazione appaltante. Certamente non è possibile procedere all'aggiudicazione di un contratto attraverso una procedura di affidamento in via d'urgenza, con conseguente riduzione dei termini e poi concedere proroghe dei termini di ricezione delle offerte. In tale caso, si evidenzia che l'urgenza non sarebbe giustificata e che l'amministrazione avrebbe potuto evitare il ricorso a tali procedure se solo si fosse dotata di un'adeguata programmazione.

Circa la natura dei termini, questi sono chiaramente perentori; da ciò deriva che il mancato rispetto di essi comporta l'esclusione dell'impresa dalla procedura a evidenza pubblica.

Un particolare problema può riscontrarsi nella individuazione del *dies a quo* dal quale decorre il termine. La norma prevede l'individuazione del momento di decorrenza del termine di ricezione nella data di trasmissione del bando di gara o dall'invio dell'avviso di preinformazione per la pubblicazione. Tale disposizione potrebbe ledere il principio della concorrenza in quanto lascerebbe poco margine alle imprese per predisporre adeguatamente le offerte, poiché il bando viene pubblicato e, quindi, conosciuto in un momento successivo alla sua trasmissione. Sarebbe, quindi, stato preferibile prevedere la decorrenza del termine dal momento dell'effettiva pubblicazione del bando o dell'avviso, ossia dal momento in cui si presume che gli interessati alla partecipazione abbiano avuto effettiva conoscenza della procedura di gara. Mentre è chiaro che il *dies a quo* relativamente alle procedure caratterizzate da inviti debba essere individuato nella data di spedizione della lettera di invito: infatti, ove si ritenesse come *dies a quo* quello della ricezione della lettera da parte dei concorrenti prequalificati si avrebbe la conseguenza di diversificare il termine di presentazione dell'offerta per ciascuna impresa, effetto non in linea con i principi dell'evidenza pubblica e, in particolare, con quello di "parità delle armi" fra i concorrenti consistente anche nell'assicurare che tutte le imprese abbiano a disposizione lo stesso tempo per predisporre le offerte.

Con riferimento alla questione della ricezione delle offerte o delle domande di partecipazione entro il termine fissato dal bando, la giurisprudenza ha chiarito che qualora il bando fissi il termine per la presentazione delle offerte mediante deposito del plico – a mano ovvero a mezzo servizio postale – è da intendere che abbia voluto stabilire la scadenza entro la quale, a pena di decadenza, l'offerta debba effettivamente pervenire alla stazione appaltante, per cui non è sufficiente che l'offerta sia consegnata per la spedizione all'operatore postale entro tale data, ed è stato ritenuto irrilevante l'invio dell'offerta anche a mezzo Pec, in quanto comprometterebbe il rispetto del principio di segretezza delle offerte. Sul punto forse occorrerebbero maggiori approfondimenti in quanto l'invio tramite Pec di un piego contenente l'offerta ben potrebbe non disvelare nulla dei contenuti della stessa se adeguatamente criptato. Ma si ritiene che tale possibilità debba essere prevista espressamente dalla *lex specialis* della procedura in quanto la stazione appaltante deve essere provvista degli specifici mezzi tecnici per decrittare i file contenenti l'offerta.

La proroga del termine di presentazione delle domande di partecipazione risulta essere una prassi comunemente seguita e, laddove rispetti il principio della *par condicio* e, dunque, tenda solo a favorire una più ampia partecipazione, non può essere ritenuta di per sé contraria all'ordinamento. Il codice prevede che i termini possono essere prorogati se sono state richieste informazioni supplementari significative per la predisposizione delle offerte e queste, anche se richieste tempestivamente, non siano state fornite al più tardi sei giorni prima del termine stabilito per la ricezione delle offerte.

Altra previsione di proroga attiene all'ipotesi in cui i documenti di gara vengano significativamente modificati. La locuzione "modifica significativa" rappresenta la risultante di un punto d'equilibrio fra garanzia, efficienza e *par condicio*. La modifica significativa, infatti, deve avere a oggetto un elemento essenziale della procedura concorsuale. In questo modo si mettono le imprese in condizione di concorrere in presenza di modifiche sostanziali in grado di incidere significativamente sulla formulazione dell'offerta.

Al problema della proroga dei termini per la ricezione delle offerte si può accostare quello della riapertura dei termini stessi a seguito della modifica in autotutela del bando. In tali casi, deve essere previsto un nuovo termine per la predisposizione delle offerte. Sul punto, la giurisprudenza, giustamente, ha affermato che è illegittimo il provvedimento con il quale la stazione appaltante, dopo aver sensibilmente modificato in autotutela il bando di gara e ripubblicato lo stesso, lasci inalterato il termine originariamente fissato per la ripresentazione dell'offerta e della documentazione richiesta, senza far decorrere quello iniziale dalla data di pubblicazione degli atti di rettifica. La riapertura dei termini, poi, deve riguardare tutte le imprese che partecipano alla gara. Una stazione appaltante agisce in modo illegittimo allorché preveda la riapertura del termine di presentazione delle offerte, dopo che il bando sia stato emendato, in favore delle sole concorrenti già escluse e delle imprese che non avevano precedentemente presentato domanda di partecipazione, senza consentire alle concorrenti qualificate e ammesse di ritirare l'offerta per ripresentarla entro il nuovo termine. Infatti, in tal caso si determina un'ingiustificata disparità di trattamento, specialmente se tra l'iniziale e il nuovo termine di scadenza per la presentazione delle offerte sia trascorso un cospicuo intervallo di tempo idoneo a produrre notevoli cambiamenti connessi al possesso dei requisiti soggettivi di ammissione e qualificazione. Ne deriva che il provvedimento di rettifica del bando di gara e di fissazione del nuovo termine risulta illegittimo nella parte in cui non consente alle concorrenti già qualificate di ritirare e ripresentare la propria offerta. Di conseguenza, quando l'amministrazione opera modifiche sostanziali del bando già pubblicato, l'avviso di parziale rettifica del bando stesso e la riapertura dei termini hanno il carattere di vera e propria rinnovazione della *lex specialis*, con conseguente obbligo del rispetto del termine minimo fissato dalle norme.

Sulla questione delle informazioni supplementari si deve osservare che la norma di cui all'art. 79 non stabilisce uno specifico effetto sanzionatorio per la mancata risposta a richiesta di documenti o informazioni complementari, ma prevede esclusivamente la proroga del termine per la ricezione delle offerte. Pertanto, la partecipante che eventualmente si dolga di tali disfunzioni non può pretendere di invalidare la gara, ma può richiedere alla stazione appaltante la proroga del termine di presentazione delle offerte e, solo laddove questa sia stata illegittimamente negata, può censurare la legittimità della procedura.

3. I criteri di aggiudicazione

I metodi attraverso i quali viene selezionata l'offerta migliore si definiscono criteri di aggiudicazione.

Il codice dei contratti prevede due criteri di aggiudicazione tassativi per tutti i contratti pubblici: l'offerta economicamente più vantaggiosa e il minor prezzo (art. 95).

L'offerta economicamente più vantaggiosa impone all'amministrazione di valutare l'offerta sulla base di differenti elementi che attengono sia al profilo economico (prezzo) sia a quello tecnico e qualitativo. Si tratta di valutare l'offerta che presenta il miglior rapporto qualità prezzo. Il sistema è caratterizzato da maggiore attenzione all'aspetto qualitativo dell'offerta e da flessibilità. La sua utilizzazione, però, rende più complesso lo svolgimento delle operazioni di gara.

Il criterio del minor prezzo consiste nell'individuare l'offerta che propone il maggior ribasso rispetto al prezzo posto a base di gara, in modo da consentire all'amministrazione di acquisire con il minor dispendio di denaro la prestazione richiesta. Il criterio si caratterizza per semplicità e rapidità nella selezione dell'offerta migliore, favorendo l'immediata conclusione delle operazioni di gara.

In precedenza, la normativa non stabiliva la prevalenza di un criterio sull'altro, per cui questi erano considerati perfettamente equivalenti. La scelta del criterio, effettuata con il bando di gara, era rimessa all'apprezzamento discrezionale dell'amministrazione, con il limite dell'adeguatezza, della logicità e della ragionevolezza del sistema prescelto in relazione alle caratteristiche dell'appalto desumibili dalle prescrizioni del bando di gara e del capitolato speciale.

L'attuale codice dei contratti, recependo quanto previsto dalle direttive europee, prevede che l'offerta economicamente più vantaggiosa sia il criterio di aggiudicazione ordinario mentre quello del minor prezzo è considerato residuare in quanto può essere utilizzato solo in casi specifici come quello dell'aggiudicazione dei servizi e di forniture con caratteristiche standardizzate, per i contratti sotto soglia comunitaria o per l'affidamento di appalti di lavori nel settore dei beni culturali.

Tale assetto è il risultato di un percorso legislativo partito da posizioni diametralmente opposte. Si deve, infatti, ricordare che la risalente normativa sui contratti pubblici (art. 73, regolamento di contabilità 827/1924) individuava il criterio del prezzo più basso assolutamente prevalente per l'aggiudicazione dei contratti. Tale criterio presentava carattere unitario e automatico (tanto da non rendere necessaria la nomina di una commissione di gara) e aveva come obiettivo esclusivo il risparmio per la stazione appaltante al fine di contenere al massimo la spesa pubblica. In tal modo, peraltro, si riduceva la discrezionalità dell'amministrazione nella scelta dell'aggiudicatario. Tale prevalenza veniva confermata dalla l. 109/1994 che contemplava l'utilizzo del criterio dell'offerta economicamente più vantaggiosa solo per l'aggiudicazione dell'appalto concorso e della concessione. La preferenza di metodi automatici e rigidi di aggiudicazione si giustificava anche alla luce di una tendenziale sfiducia del legislatore nella capacità di valutazione della p.a., perché si riteneva che nell'attività discrezionale di valutazione si potessero celare fenomeni corruttivi.

Con le direttive comunitarie negli anni '90 del secolo scorso, la prospettiva muta radicalmente, in quanto la normativa europea opta per la piena fungibilità fra i criteri di aggiudicazione. In seguito, la giurisprudenza europea ha ritenuto di dover ulteriormente contenere l'utilizzo del criterio del prezzo più basso che comporta il rischio di privare le amministrazioni della possibilità di prendere in considerazione la natura e le caratteristiche dei contratti di appalto e, quindi, di scegliere per ciascuno di essi il criterio più idoneo a garantire la libera concorrenza e assicurare la selezione della migliore offerta. Secondo la legislazione e la giurisprudenza europea, il criterio dell'offerta economicamente più vantaggiosa appare, quindi, il più idoneo a valorizzare il principio della concorrenza.

Alla luce di tale evoluzione, il vecchio codice dei contratti (art. 81, d.lgs. 163/2006) stabiliva la perfetta equivalenza tra i criteri di selezione del contraente. La scelta del criterio, effettuata con il bando di gara, veniva rimessa all'apprezzamento discrezionale dell'amministrazione, con il limite dell'adeguatezza, della logicità e della ragionevolezza del sistema prescelto in relazione alle caratteristiche dell'appalto desumibili dalle prescrizioni del bando di gara e del capitolato speciale. Tale perfetta equivalenza veniva meno in situazioni in cui disposizioni legislative, regolamentari o amministrative avessero previsto particolari remunerazioni per servizi specifici (si pensi ai servizi intellettuali prestati dai professionisti per i quali sono stabilite tariffe approvate dai relativi ordini o alle forniture di libri scolastici per quali sono indicati prezzi fissi).

Con le nuove direttive del 2014 si attua il cambio di rotta, recepito dall'attuale normativa nazionale, in favore dell'offerta economicamente più vantaggiosa. Le disposizioni europee operano una radicale rivisitazione del concetto di offerta economicamente più vantaggiosa nell'ottica della valorizzazione di criteri ambientali e sociali che hanno assunto rilievo sempre più significativo tra gli elementi di valutazione dell'offerta.

La *ratio* di tale evoluzione viene illustrato al considerando 95° della direttiva 2014/24/UE che chiarisce come sia "d'importanza fondamentale sfruttare pienamente il potenziale degli appalti pubblici al fine di realizzare gli obiettivi della strategia Europa 2020 (COM/2010/2020 del 3 marzo 2010 della Commissione europea) per una crescita intelligente, sostenibile e inclusiva. In tale contesto, è opportuno ricordare che gli appalti pubblici sono essenziali per promuovere l'innovazione, che è di primaria importanza per la futura crescita in Europa. In particolare, nell'ambito della realizzazione degli obiettivi di coesione economica e sociale deve essere assicurata la promozione di migliori condizioni del lavoro nell'impresa, sotto il profilo della sicurezza sui luoghi di lavoro e del trattamento economico dei relativi addetti. Per il raggiungimento di tali finalità appare, quindi, più idoneo il criterio dell'offerta economicamente più vantaggiosa in quanto consente di valutare adeguatamente i benefici economici, sociali e ambientali di un'offerta, tenendo conto dei costi dell'intero ciclo di vita dei beni e dei servizi". Tale impostazione è stata affermata anche dalla giurisprudenza nazionale (Cons. Stato, ad. plen., 21 maggio 2019, n. 8) secondo la quale "il ricorso a criteri di aggiudicazione degli appalti pubblici basati non sul solo prezzo, e quindi non orientati in via esclusiva a fare conseguire all'amministrazione risparmi di spesa, ma idonei a selezionare le offerte anche sul piano qualitativo, in funzione di un miglioramento tecnologico, di un più efficiente utilizzo delle risorse energetiche e (...) della tutela delle condizioni economiche e di sicurezza del lavoro, può dunque essere ascritto agli obiettivi di politica generale sovranazionale, poi recepiti nelle direttive del 2014 sui contratti pubblici; ed infine a livello nazionale con il codice dei contratti pubblici. In particolare, con riferimento alla tutela delle condizioni economiche e di sicurezza del lavoro va quindi precisato che il ricorso a criteri in grado di valorizzare aspetti di carattere qualitativo è motivato dall'esigenza di assicurare una competizione non ristretta al solo prezzo, foriera del rischio di ribassi eccessivi e di una compressione dei costi per l'impresa aggiudicataria che possa andare a scapito delle condizioni di sicurezza sui luoghi di lavoro e del costo per la manodopera, in contrasto con gli obiettivi di coesione sociale propri dell'obiettivo di crescita inclusiva enunciato dalla Commissione europea". Inoltre, viene affermato che nella stessa direzione convergono gli imperativi "di matrice costituzionale, espressi dal principio secondo cui l'iniziativa economica non può svolgersi in contrasto 'con l'utilità sociale o in modo da recare danno alla sicurezza, alla libertà, alla dignità umana' (art. 41, c. 2), finalizzato a conciliare le esigenze della crescita economica, per la quale l'intervento pubblico mediante l'affidamento di contratti d'appalto costituisce un rilevante fattore, con quelle di tutela della salute e sicurezza dei lavoratori e delle loro condizioni contrattuali. Tenuto conto delle sensibili differenze tra i singoli settori e mercati, non sarebbe tuttavia opportuno fissare requisiti obbligatori generali in materia ambientale, sociale e di innovazione per gli appalti lasciando che sia la normativa settoriale specifica a fissare obiettivi e prospettive vincolanti in funzione delle particolari politiche e condizioni vigenti nel settore pertinente, e promuovere lo sviluppo e l'utilizzazione di un approccio a livello europeo per il calcolo dei costi del ciclo di vita in modo da favorire ulteriormente il ricorso agli appalti pubblici a sostegno di una crescita sostenibile". L'art. 67 della direttiva, conseguentemente, prevede che le amministrazioni aggiudicatrici procedono all'aggiudicazione degli appalti sulla base dell'offerta economicamente più vantaggiosa seguendo un approccio costo-efficacia, nonché miglior rapporto qualità-prezzo, valutato sulla base di criteri, quali gli aspetti qualitativi, ambientali e/o sociali, connessi all'oggetto dell'appalto. Viene, quindi, lasciata libertà agli stati membri di limitare l'utilizzo del prezzo più basso o addirittura di escluderlo del tutto.

Il nuovo codice dei contratti recepisce la direttiva indicando nell'art. 95, c. 2, la preferenza per il criterio dell'offerta economicamente più vantaggiosa e relegando la possibilità di utilizzare del prezzo più basso in ipotesi tassativamente indicate. In sostanza, il legislatore nazionale non oblitera il criterio del prezzo più basso ma ne ridimensiona il peso.

Tale scelta è del tutto condivisibile. Infatti, il criterio del prezzo più basso si addice all'aggiudicazione di contratti le cui prestazioni sono chiaramente stabilite dalla p.a. e che vengono aggiudicate attraverso procedure rigide. L'evoluzione della disciplina europea dei contratti pubblici, invece, è sempre più incentrata sulla valorizzazione della flessibilità delle procedure di aggiudicazione (si vedano il dialogo competitivo, le procedure negoziate, il partenariato per l'innovazione) e della adeguata valutazione dell'aspetto qualitativo delle offerte, evitando che la competizione fra gli operatori economici si concentri esclusivamente sulla riduzione dei costi. Flessibilità nelle procedure e limitazione della corsa a ribassi eccessivi (anche con riferimento alla manodopera) sono sicuramente elementi da cui non è possibile prescindere per un efficace ed efficiente sistema regolatorio delle commesse pubbliche. È di tutta evidenza che un sistema efficace ed efficiente costituisce elemento di straordinaria importanza per il rilancio dello sviluppo economico del Paese.

3.1. L'offerta economicamente più vantaggiosa

Il criterio dell'offerta economicamente più vantaggiosa, introduce notevoli elementi di complessità nella procedura di aggiudicazione di un contratto. Mentre il criterio del minor prezzo non comporta alcuna valutazione tecnico discrezionale da parte della stazione appaltante, fondandosi esclusivamente su una verifica meccanica del ribasso offerto, l'aggiudicazione tramite il criterio dell'offerta economicamente più vantaggiosa avviene attraverso una complessa valutazione operata da una commissione appositamente nominata. Quest'ultimo criterio si caratterizza per il fatto che il prezzo offerto è solo uno degli elementi da valutare per aggiudicare il contratto, poiché tende a selezionare l'offerta che complessivamente individui il miglior rapporto tra la qualità delle scelte tecniche e il prezzo offerto. Tale criterio di aggiudicazione è l'unico utilizzabile con riferimento ad alcuni contratti che privilegiano valutazioni qualitative su quelle squisitamente economiche. Si tratta di contratti relativi ai servizi sociali e di ristorazione ospedaliera, assistenziale e scolastica, ai servizi ad alta intensità di manodopera, i contratti relativi all'affidamento dei servizi di ingegneria e architettura e degli altri servizi di natura tecnica e intellettuale di importo pari o superiore a quarantamila euro, ai contratti di servizi e forniture di importo pari o superiore a quarantamila euro caratterizzato da notevole contenuto tecnologico e che hanno carattere innovativo. Tale criterio, inoltre, diviene esclusivo con riferimento all'aggiudicazione dei contratti attraverso procedure flessibili che implicano valutazione tecniche particolarmente rilevanti come il dialogo competitivo, il partenariato per l'innovazione e alcuni contratti rientranti nella categoria del partenariato pubblico privato (finanza di progetto, locazione finanziaria, contratto di disponibilità e contraente generale).

Una delle ipotesi in cui viene imposto l'utilizzo del criterio dell'offerta economicamente più vantaggiosa è quella dei contratti caratterizzati da alta intensità di manodopera. In questi casi, poi, viene in rilievo anche il tema dell'inserimento delle c.d. clausole sociali nel bando di gara. Per servizio caratterizzato da alta intensità di manodopera si intende, ai sensi dell'art. 50, c. 1 del codice, quello nel quale "gli oneri lavorativi costituiscono la parte prevalente, pressoché esclusiva, degli oneri di impresa". Si tratta, quindi, di ipotesi in cui il costo della manodopera finisce per costituire uno dei tratti (se non l'unico) di differenziazione delle offerte dei concorrenti. Non costituiscono servizi ad alta intensità di manodopera quelli di natura intellettuale caratterizzati dallo svolgimento di prestazioni professionali, svolte in via prevalentemente personale, per cui l'apporto di manodopera è marginale e scarsamente riconoscibile (come a esempio i servizi di brokeraggio assicurativo, quelli di consulenza, quelli di fornitura di software elettronico).

La definizione di tali servizi viene fornita dalla norma disciplinante l'inserimento di clausole sociali nei documenti di gara in considerazione della circostanza che i lavoratori in questi ambiti necessitano di una particolare protezione. L'inserimento di clausole sociali nei documenti di gara ha la finalità di promuovere la stabilità occupazionale del personale impiegato in un'azienda nel momento della cessazione di un contratto di appalto e subentro di altra impresa e, quindi, risponde all'esigenza di assicurare la continuità del servizio e dell'occupazione nel caso della discontinuità dell'affidatario. L'applicazione della clausola sociale non comporta un indiscriminato e generalizzato dovere di assorbimento del personale utilizzato dall'impresa uscente, in quanto tale obbligo deve essere armonizzato con l'organizzazione aziendale prescelta dal nuovo affidatario. In sostanza, il riassorbimento del personale è imponibile nella misura in cui sia compatibile con il fabbisogno richiesto dall'esecuzione del nuovo contratto, con la pianificazione e l'organizzazione definita dal nuovo assuntore.

In tali casi la previsione dell'esclusivo utilizzo del criterio dell'offerta economicamente più vantaggiosa permette di ponderare adeguatamente le prestazioni svolte dalla manodopera in relazione al contenuto del contratto, mentre l'utilizzo del criterio del prezzo più basso avrebbe potuto indurre gli operatori economici a ribassi eccessivi proprio su voci incidenti sia sugli interessi patrimoniali dei lavoratori sia sulla qualità complessiva dello svolgimento delle prestazioni contrattuali.

L'art. 95 del codice prevede che l'individuazione dell'offerta che presenta il miglior rapporto qualità prezzo avvenga attraverso criteri oggettivi predeterminati dalla stazione appaltante nel bando di gara e attinenti ad aspetti qualitativi, ambientali o sociali. Ciò significa che l'evoluzione della disciplina legislativa del criterio di aggiudicazione non è volta esclusivamente alla valorizzazione della qualità tecnica dell'offerta ma anche all'attenzione da parte degli offerenti di aspetti attinenti alla tutela dell'ambiente e alla tutela dei lavoratori in linea con quanto disposto dalla normativa comunitaria. La stazione appaltante, quindi, deve individuare i criteri e calibrare la loro importanza nei documenti di gara, in relazione alla specifica natura dell'appalto da aggiudicare.

Con riguardo ai parametri qualitativi vengono in rilievo: il pregio tecnico; le caratteristiche estetiche e funzionali; l'accessibilità per le persone con disabilità, la progettazione adeguata per tutti gli utenti; le certificazioni in materia di sicurezza e salute dei lavoratori; le caratteristiche ambientali e del contenimento dei consumi energetici e delle risorse ambientali dell'opera o del prodotto; la compensazione delle emissioni di gas serra; le caratteristiche innovative; la commercializzazione; il possesso di un marchio di qualità ecologica UE; il costo di utilizzazione e di manutenzione; il servizio successivo alla vendita; l'assistenza tecnica; l'organizzazione e la qualificazione del personale che possa avere un'influenza significativa sull'esecuzione del contratto; le condizioni di consegna come la data o il processo di consegna o di esecuzione; l'impegno in materia di pezzi di ricambio; la sicurezza di approvvigionamento. Possono costituire criteri di valutazione anche quelli c.d. premiali inerenti al maggior *rating* di legalità e di impresa degli offerenti.

La vocazione della disciplina dei contratti alla valorizzazione di criteri di natura sociale per l'aggiudicazione dei contratti è confermata anche dalla l. 108/2021. Infatti, con riferimento ai contratti finanziati dal PNRR, si prevede la possibilità di inserire criteri premiali orientati a promuovere l'imprenditoria giovanile, la parità di genere e l'assunzione di giovani. Inoltre, possono essere attribuiti punteggi aggiuntivi agli operatori economici che nei tre anni antecedenti la data di scadenza del termine di presentazione delle offerte, non abbiano subito accertamenti relativi ad atti o comportamenti discriminatori; utilizzino o si impegnino a utilizzare specifici strumenti di conciliazione delle esigenze di cura, di vita e di lavoro per i propri dipendenti, nonché modalità innovative di organizzazione del lavoro; si impegnino ad assumere giovani e donne per l'esecuzione del contratto.

Da tale normativa è prevista, inoltre, la possibilità di inserire criteri premiali per agevolare le piccole e medie imprese.

Con riferimento a queste ultime indicazioni si pone il problema, a dire il vero di carattere generale, della legittimità dell'inserimento tra i criteri di valutazione delle offerte di elementi che potrebbero identificarsi come requisiti soggettivi. Il tema è piuttosto delicato in quanto si corre il rischio di una commistione tra requisiti di partecipazione, elementi soggettivi e criteri di valutazione delle offerte. Sul punto è stato chiarito dall'ANAC (linee guida 2 maggio 2018, n. 2 sull'offerta economicamente più vantaggiosa) che i criteri di valutazione basati su elementi soggettivi sono legittimi solo se consentono di apprezzare meglio il contenuto e l'affidabilità dell'offerta o di valorizzare caratteristiche dell'offerta ritenute particolarmente meritevoli e devono, comunque, riguardare aspetti che incidono in maniera diretta sulla qualità della prestazione.

In via generale i criteri elencati dal codice sono da considerarsi meramente esemplificativi, non avendo alcun valore tassativo; ciò perché la stazione appaltante deve essere lasciata libera di individuare caso per caso quali siano gli elementi più adatti per individuare l'offerta più vantaggiosa.

Un'innovazione particolarmente significativa riguarda la valutazione dei costi del ciclo della vita dell'opera, del servizio o del prodotto (art. 96 codice). Per costi relativi al ciclo della vita si intendono tutti quei costi interni o esterni che emergono durante la vita del prodotto. A esempio i costi interni possono essere dovuti a ricerche, sviluppo, produzione, trasporto, uso o manutenzione nonché relativi allo smaltimento finale del prodotto stesso, ovvero costi connessi all'utilizzo, quali consumo di energia e altre risorse. Possono venire in rilievo anche costi imputati a esternalità ambientali legate ai prodotti, servizi o lavori nel corso del ciclo di vita a condizione che il loro valore monetario possa essere determinato e verificato (es. costi delle emissioni di gas a effetto serra e di altre sostanze inquinanti nonché altri costi legati all'attenuazione dei cambiamenti climatici). I costi, quindi, concorrono a delineare il prezzo offerto per la prestazione oggetto dell'appalto.

Tra i costi che devono essere indicati nell'offerta rientrano quelli relativi alla manodopera e gli oneri aziendali concernenti l'adempimento delle disposizioni in materia di salute e sicurezza sul lavoro.

Con riferimento alla prima categoria di costi occorre rilevare che un eccessivo ribasso sui costi di manodopera può comportare l'esclusione dell'offerta che eventualmente è risultata vincitrice. Ciò avviene se il costo del personale risulti inferiore ai trattamenti minimi salariali inderogabili stabiliti dalla legge o da altre fonti autorizzate dalla legge (come le tabelle ministeriali che indicano costi relativi a singole categorie di lavoratori). In tal caso, non è consentita alcuna giustificazione riguardante l'anomala riduzione di costi.

Con riferimento agli oneri della sicurezza si deve precisare che il codice dei contratti ne prevede due tipologie. La prima è finalizzata all'eliminazione dei rischi da interferenza quantificati dalla stazione appaltante nel Duvri (Documento unico di valutazione dei rischi da interferenze) i cui costi devono essere obbligatoriamente indicati nel bando di gara o, comunque, negli atti della procedura di selezione, anche nell'ipotesi in cui siano pari a zero, a pena di illegittimità della stessa. Tale tipologia di oneri non può essere soggetta ad alcun ribasso in quanto si tratta di costi necessari finalizzati alla massima tutela dell'integrità e salute dei lavoratori. I c.d. rischi interferenti per i quali occorre la predisposizione del Duvri sono quelli derivanti da sovrapposizioni di più attività svolte a opera di appaltatori diversi; rischi immessi nel luogo di lavoro del committente dalle lavorazioni dell'appaltatore; rischi esistenti nel luogo di lavoro del committente, ove è previsto che debba operare l'appaltatore, ulteriori rispetto a quelli specifici dell'attività propria dell'appaltatore; rischi derivanti da modalità di esecuzione particolari (che comportano rischi ulteriori a quelli specifici dell'attività appaltata) richieste esplicitamente dal committente.

La seconda tipòlogia attiene ai costi specifici relativi all'attività dell'impresa (quindi, oneri interni). Questi possono essere soggetti al ribasso. Da ciò deriva che la stazione appaltante su tali oneri può effettuare una verifica di congruità rispetto all'entità e alle caratteristiche del lavoro, servizio o fornitura da appaltare in sede di valutazione dell'anomalia dell'offerta.

I documenti di gara devono elencare i criteri di valutazione nonché la relativa ponderazione degli stessi. È quindi la stazione appaltante, alla luce della specificità del contratto da aggiudicare, a stabilire i "pesi" e i "punteggi" da attribuire a ciascun elemento di valutazione. La previa definizione, in sede di bando di gara, dei criteri di valutazione delle offerte e della loro influenza ai fini della selezione della migliore offerta, costituisce attuazione dei canoni dell'imparzialità e della trasparenza, sotto un duplice profilo: per un verso, eliminando (o riducendo notevolmente) gli apprezzamenti soggettivi della commissione giudicatrice, garantisce l'imparzialità delle valutazioni, anche perché il loro sindacato giurisdizionale può essere agevolato dalla presenza di un parametro predeterminato; per l'altro verso, si traduce nella tutela del principio della *par condicio* tra i concorrenti, i quali sono tutti messi in condizione di formulare un'offerta in grado di concorrere ad armi pari all'aggiudicazione del contratto.

La predeterminazione dei criteri di valutazione può essere seguita dalla possibilità per la stazione appaltante di prevedere nel bando per ciascun criterio di valutazione, i sub criteri, i sub pesi o i sub punteggi (che vengono in rilievo quando il criterio sia caratterizzato da più aspetti da valutare separatamente). Occorre precisare che per punteggi si intende il voto numerico che viene assegnato a ciascun criterio, mentre per peso si intende l'importanza relativa di ogni elemento rispetto agli altri.

Un problema delicato attiene alla possibilità che tali sub criteri vengano definiti dalla commissione di gara in assenza di specifiche previsioni del bando.

Il principio generale è che i criteri di valutazione dell'offerta devono essere analitici e determinati dai documenti di gara. Nel caso in cui i criteri predeterminati siano troppo generici per poter ricostruire le ragioni della valutazione espressa sulla singola offerta, è riconosciuto alla commissione il potere di individuare sub-criteri più stringenti, ogni volta in cui ciò si riveli necessario per assicurare la correttezza del procedimento di valutazione delle offerte.

Quindi, non sussiste a carico della stazione appaltante un obbligo di individuazione dei sub criteri di valutazione. Quest'obbligo, però, sorge nel momento in cui è prevista l'attribuzione di un mero punteggio numerico senza ulteriore motivazione. Tale considerazione attiene al rapporto fra motivazione e attribuzione di un punteggio numerico. La mera attribuzione di un punteggio numerico costituisce una sufficiente motivazione solo a fronte della predeterminazione di criteri estremamente analitici, mentre, al contrario, la previsione di criteri più generici comporta sempre la necessità di esprimere anche una motivazione descrittiva e comparativa. È stato precisato dalla giurisprudenza che il punteggio numerico, assegnato dalla commissione di gara ai singoli elementi di valutazione dell'offerta economica più vantaggiosa, è idoneo a integrare una motivazione sufficiente, purché siano prefissati, con chiarezza e adeguato grado di dettaglio, i criteri di valutazione, prevedendo un punteggio minimo e uno massimo (Cons. Stato, sez. V, 20 settembre 2016, n. 3911). In caso contrario occorre, al fine di rendere percepibile l'iter logico seguito, che nei verbali siano esposti, se non diffuse argomentazioni relative al contenuto delle varie voci e punti dell'offerta tecnica e ai singoli giudizi resi, quanto meno taluni elementi che concorrano a integrare e chiarire la valenza del punteggio e le ragioni dell'apprezzamento sinteticamente espresso con l'indicazione numerica.

Quindi, in difetto dell'individuazione di sub-criteri, i punteggi numerici attribuiti richiedono una motivazione idonea sulle valutazioni svolte, per rendere trasparente il percorso logico seguito nell'assegnazione dei punteggi.

La stazione appaltante nell'individuazione dei criteri non deve attribuire a singoli elementi punteggi spropositati o irragionevoli rispetto agli altri elementi valutativi ma il punteggio attribuito a ciascun criterio deve risultare proporzionato alla rilevanza che questo riveste.

Il punteggio relativo all'offerta economica non può mai superare la soglia del trenta per cento del totale. La fissazione di un limite al peso del punteggio economico si giustifica con l'impedire che la competizione sugli elementi qualitativi sia sostanzialmente svilita da regole di gara in grado di ridurre a tal punto l'incidenza del pregio tecnico dell'offerta da trasformare la competizione in una gara al massimo ribasso mascherata, in quanto solo formalmente rispettosa della regola di garanzia della qualità delle prestazioni richieste.

Comunque la previsione nel bando di un limitato punteggio economico può essere frutto della decisione di valorizzare al massimo l'elemento qualitativo dell'offerta o di scoraggiare ribassi eccessivi; se, invece, le condizioni del mercato sono tali per cui la qualità dei prodotti offerti dalle imprese si possa considerare sostanzialmente analoga sarà utile per la stazione appaltante stimolare i ribassi attribuendo un maggior peso all'offerta economica. Rientra nella discrezionalità dell'amministrazione determinare le formule in base alle quali attribuire il punteggio per l'offerta economica e in tal senso può essere ammissibile anche una formula che, se pur non determini eccessive differenziazioni fra le singole offerte, garantisca un collegamento proporzionale e non irragionevole fra l'entità del ribasso e la conseguente attribuzione del punteggio.

È anche possibile che il bando preveda una soglia minima di punteggio per ciascun criterio al di sotto della quale l'offerta può essere ritenuta inappropriata. Nell'ipotesi in cui nessun offerente dovesse raggiungere tale soglia minima è di tutta evidenza che il contratto non deve essere aggiudicato.

Se non sia possibile operare una ponderazione dei criteri, il bando o il capitolato d'oneri possono indicare un ordine decrescente di importanza dei criteri stessi.

Da quanto esposto si deve dedurre che è obbligatorio indicare nei documenti di gara i criteri di aggiudicazione dell'appalto, la loro ponderazione o l'ordine di importanza in quanto tutte le informazioni utili per la presentazione delle offerte devono essere preventivamente conosciute dai concorrenti. Non è, invece, prevista la possibilità che sia la commissione di gara a fissare i criteri motivazionali per attribuire a ciascun criterio e sub criterio di valutazione i punteggi stabiliti nel bando. Tale attività in passato era prevista ed anzi rappresentava un passaggio attraverso cui la commissione assolveva all'obbligo motivazionale relativo alla valutazione dell'offerta. La fissazione dei criteri motivazionali, però, non poteva spingersi fino a un'integrazione della *lex specialis* attraverso l'introduzione di elementi che, se conosciuti, avrebbero potuto orientare il concorrente nella formulazione dell'offerta. La fissazione del criterio motivazionale doveva essere una guida alla scelta rispetto ai criteri e ai parametri fissati dal bando. Per tale ragione la soppressione di tale possibilità da parte della commissione non è condivisibile. Infatti, la configurazione di tale potere rappresentava un ideale punto di equilibrio tra le esigenze di oggettività e di trasparenza che devono informare la procedura di scelta del contraente e la flessibilità del criterio dell'offerta economicamente più vantaggiosa fondata su parametri che possono necessitare di chiarimenti e precisazioni da parte della commissione. Tanto è vero che parte della giurisprudenza successiva ha ritenuto legittima la fissazione di tali criteri con il fondamentale limite temporale dell'apertura delle buste e il sostanziale divieto di innovare i parametri valutativi.

La stazione appaltante può prevedere nei documenti di gara che in sede di offerta possano essere presentate varianti comunque collegate all'oggetto dell'appalto. Tale disposizione è giustificata dalla circostanza che con il criterio dell'offerta economicamente più vantaggiosa, la stazione appaltante si può trovare di fronte a offerte particolarmente complesse, sicché nel corso del procedimento di gara potrebbero rendersi necessari aggiustamenti del progetto base elaborato dall'amministrazione. La possibilità di indicare nell'offerta varianti al progetto deve essere espressamente indicata nei documenti di gara, altrimenti nessuna variante può essere autorizzata. Negli stessi documenti sono individuati i requisiti minimi che le varianti devono rispettare e le modalità specifiche per la loro presentazione.

Le varianti si differenziano dalle c.d. soluzioni migliorative in quanto con queste ultime l'offerente può individuare migliorie tecniche su aspetti progettuali che il bando lascia aperti a differenti soluzioni. Infatti, le soluzioni migliorative consistono in tutte quelle precisazioni, integrazioni o migliorie che sono finalizzate a rendere il progetto meglio corrispondente alle esigenze della stazione appaltante senza, però, modificare le caratteristiche progettuali già stabilite. Le varianti, invece, si sostanziano in modifiche del progetto dal punto di vista tipologico, strutturale e funzionale, per la cui ammissibilità è necessaria una preventiva manifestazione di volontà della stazione appaltante, mediante previsione contenuta nel bando di gara e l'individuazione dei relativi requisiti minimi (Cons. Stato, sez. III, 20 maggio 2020, n. 3205).

La differenza tra varianti e migliorie apportate dall'impresa al progetto posto a base di gara si deve individuare nell'"intensità" e nel "grado" delle modifiche introdotte. Il limite all'offerta migliorativa è quello della non alterazione dei caratteri essenziali delle prestazioni richieste dalla *lex specialis*, al fine di non ledere il principio della *par condicio*.

Nelle gare che prevedono il criterio dell'offerta economicamente più vantaggiosa, la valutazione delle offerte tecniche costituisce espressione di un'ampia discrezionalità tecnica della commissione di gara, in quanto è chiamata ad applicare regole elastiche e opinabili; nell'attribuire i punteggi all'offerta tecnica, l'amministrazione non applica scienze esatte, che conducono a un risultato certo e univoco, ma formula un giudizio tecnico connotato da un fisiologico margine di opinabilità. Si tratta, infatti, di valutazioni espressione del merito amministrativo insindacabile da parte del giudice amministrativo che altrimenti si sovrapporrebbe all'esercizio del potere amministrativo. Il giudice non può, quindi, sostituire le sue valutazioni tecniche a quelle della commissione.

Il limite entro il quale può scattare il sindacato giurisdizionale sulle valutazioni della commissione è quello della macroscopicità degli errori di fatto, della illogicità o della irragionevolezza manifesta. Si deve, quindi, dimostrare in giudizio l'inattendibilità del giudizio tecnico compiuto dalla commissione; ma laddove non emergano travisamenti, pretestuosità o irrazionalità, ma solo margini di fisiologica opinabilità e non condivisibilità della valutazione tecnico-discrezionale operata dall'amministrazione, il giudice non può sovrapporre alla valutazione opinabile del competente organo della stessa la propria atteso che, diversamente opinando, egli sostituirebbe un giudizio opinabile (quello della commissione giudicatrice) con uno altrettanto opinabile (quello del consulente o del giudice), assumendo così un potere che la legge riserva invece alla p.a.

3.2. Il criterio del minor prezzo

Il criterio di aggiudicazione del minor prezzo è meramente matematico e perciò connotato da automatismo. Il codice prevede che tale criterio possa essere utilizzato solo per alcune ipotesi tassativamente indicate dalla legge e, in particolare, per l'aggiudicazione dei servizi e le forniture con caratteristiche standardizzate o le cui condizioni sono definite dal mercato, per i contratti sotto soglia comunitaria o per l'affidamento di appalti di lavori nel settore dei beni culturali. Inoltre, l'utilizzazione di tale criterio in luogo dell'offerte economicamente più vantaggiosa deve essere espressamente motivata da parte della stazione appaltante.

Uno specifico chiarimento richiede l'ipotesi del servizio standardizzato. Questo viene in rilievo quando la *lex specialis* descrive puntualmente tutti gli elementi del servizio, individuando in modo preciso sia le prestazioni sia la concreta organizzazione del lavoro, senza lasciare margini di definizione dei contenuti dell'appalto in capo all'iniziativa dell'impresa. In tal modo, si elide ogni profilo di autonomia esecutiva dell'operatore economico e si escludono margini apprezzabili di creatività, personalità e discrezionalità che consentono di riconoscere significativi profili qualitativi nel servizio appaltato. In questi casi, l'art. 95 del codice (c. 4) prevede la facoltà della stazione appaltante di aggiudicare il contratto attraverso il criterio del prezzo più basso. Le linee guida ANAC 2/2018, sull'offerta economicamente più vantaggiosa, hanno specificato che per forniture e servizi "con caratteristiche standardizzate" si devono intendere quelle che, anche con riferimento alla prassi produttiva sviluppatasi nel mercato di riferimento, non sono modificabili su richiesta della stazione appaltante oppure che rispondono a determinate norme nazionali, europee o internazionali. In questi casi, la possibilità di utilizzare il criterio del prezzo più basso può evitare gli oneri, in termini di tempi e costi, di un confronto concorrenziale basato sul miglior rapporto qualità e prezzo, quando i benefici di tale confronto sono nulli o ridotti. Ciò si verifica quando, come nel caso dei servizi standardizzati, vengono in rilievo acquisti con condizioni note alla stazione appaltante fin dalla predisposizione del bando di gara o nelle ipotesi in cui la stessa abbia una lunga esperienza nell'acquisto a causa della ripetitività degli stessi.

Il prezzo offerto deve essere più basso di quello previsto nel bando di gara per cui sono inammissibili offerte in aumento, ciò in coerenza con il principio della determinazione preventiva della spesa pubblica operata in sede di programmazione triennale.

L'automatismo di tale criterio non deve indurre a ritenere che basti un ribasso anche del tutto irrealistico per potersi aggiudicare l'appalto. Infatti, l'ordinamento prevede alcuni meccanismi di verifica in relazione alle offerte ritenute sospette di essere anormalmente basse e, quindi, inaffidabili. La funzione del giudizio di anomalia dell'offerta è quella di garantire un equilibrio tra la convenienza dell'amministrazione ad affidare l'appalto al prezzo più basso e l'esigenza di evitarne l'esecuzione con un ribasso che si attesti al di là del ragionevole limite dettato dalle leggi di mercato: quindi, il subprocedimento di verifica dell'anomalia tende non a selezionare l'offerta che è più conveniente per la stazione appaltante, ma ad assicurare la piena affidabilità della proposta contrattuale.

Per la definizione del prezzo le amministrazioni devono utilizzare prezzari regionali aggiornati annualmente. In caso di inadempienza da parte delle Regioni, i prezzari sono aggiornati, entro i successivi trenta giorni, dalle competenti articolazioni territoriali del Ministero delle infrastrutture e dei trasporti sentite le regioni interessate.

L'istituto dell'adeguamento dei prezzari delle opere pubbliche è volto a tutelare interessi pubblici generali, quali le condizioni di serietà dell'offerta nel sistema degli appalti pubblici e la connessa tutela di una sana concorrenza del mercato; dunque i prezzari, strumenti di riferimento per le opere pubbliche, devono essere aggiornati con procedure amministrative tipiche, ossia specifiche, non surrogabili in via di fatto con analisi di mercato non rese nelle pubbliche forme. L'aggiornamento dei prezzari è procedimentalizzato perché serve a rendere di pubblica fede e conoscibile da parte della generalità dei terzi e del mercato che l'amministrazione appaltante ha utilizzato per la base d'asta valori competitivi, ciò allo scopo di consentire la massima partecipazione possibile alla procedura di gara e tutelare l'affidamento delle imprese in ordine alla serietà della proposta al pubblico del progetto e del contratto.

La circostanza che la stazione appaltante ponga a base di gara un prezzo non aggiornato e, quindi, non coerente con i valori di mercato sussistenti al momento della gara ha ripercussioni sulla legittimità della procedura. Il mancato aggiornamento, infatti, altera in maniera considerevole la concorrenza soprattutto con riguardo alle imprese più competitive che sopportano i maggiori oneri relativi all'adeguamento del costo del lavoro, degli investimenti, della formazione. Poiché la predisposizione di un bando con offerte non aggiornate può sostanzialmente rendere impossibile per un'impresa presentare un'offerta competitiva, la giurisprudenza non ha escluso la possibilità di poter impugnare immediatamente il documento di gara.

Il criterio del minor prezzo si atteggia diversamente tra appalto da aggiudicare "a corpo" e "a misura". Nei primi (o nelle parti "a corpo" delle offerte miste) è comunque prevalente l'indicazione del prezzo complessivo rispetto agli importi, eventualmente diversi, risultanti dalla somma dei prodotti dei prezzi unitari; nei secondi, prevale invece l'indicazione dei prezzi unitari per singole quantità e lavorazioni che devono pertanto essere mantenuti fermi, con conseguente necessità di correggere in senso conforme l'importo complessivo, ove questo risulti inficiato da errori di calcolo. Tale potere di correzione spetta alla p.a.

Nel caso di mancata indicazione di una voce di prezzo deve essere riconosciuta alla p.a. la possibilità di escludere l'offerta in quanto irregolare. Infatti, se dall'elenco dei prezzi manchi del tutto una voce di prezzo, tale carenza non può ritenersi sanabile sia perché il relativo prezzo non è ricavabile dal contesto dell'offerta sia perché le singole voci di prezzi unitari costituiscono elemento essenziale dell'offerta, perché non è dato attribuire valore zero a una voce di prezzo sia, infine, per la rilevanza dell'indicazione delle singole voci nella fase di esecuzione del contratto. In questa ipotesi, quindi, non è riscontrabile alcuna possibilità di ricorrere al soccorso istruttorio. La mancata indicazione degli importi, infatti, determina non soltanto una difformità rispetto ai criteri previsti dal bando di gara, ma anche l'impossibilità per la stazione appaltante di conoscere il dettaglio dei costi al fine di valutare la serietà e la congruità dell'offerta, oltre che di un eventuale successivo ampliamento delle prestazioni. La compilazione con attenzione e precisione del modello recante l'elenco delle singole lavorazioni risponde proprio all'esigenza che i prezzi unitari offerti siano espressione di un consapevole calcolo con possibili effetti vincolanti anche nella fase di esecuzione del contratto.

4. La commissione di gara

L'obbligo di nomina della commissione è espressamente sancito dall'art. 77 del codice per le procedure di aggiudicazione di appalti e concessioni limitatamente ai casi di aggiudicazione con il criterio dell'offerta economicamente più vantaggiosa. La nomina della commissione, quindi, è necessaria allorché viene in rilievo l'esigenza da parte delle amministrazioni aggiudicatrici di avvalersi dell'apporto tecnico di esperti per la valutazione dei progetti presentati dai concorrenti. Ciò non impedisce alle stazioni appaltanti di nominare una commissione di gara anche nelle ipotesi di aggiudicazione tramite il criterio del minor prezzo.

La procedura di nomina della commissione di gara è stata profondamente modificata dal codice de contratti. Infatti, mentre in precedenza erano le stazioni appaltanti a nominare i commissari attualmente è previsto che la loro nomina avvenga con sorteggio pubblico fra gli iscritti a un apposito albo speciale istituito presso l'ANAC. Tale modalità di selezione però non è ancora operativa (allo stato l'attuazione di tale disciplina è sospesa) per cui il potere di nomina spetta ancora alle stazioni appaltanti.

Con riferimento alla nomina della commissione si applicano alcune regole che sono espressione dei principi di trasparenza e di imparzialità. Innanzitutto, la nomina dei commissari e la costituzione della commissione devono avvenire dopo la scadenza del termine fissato dal bando o dalla lettera d'invito per la presentazione delle offerte (art. 77, c. 7). Si tratta di una disposizione tassativa e inderogabile, espressione di un principio di ordine generale che travalica la materia delle gare di appalto e dei procedimenti a evidenza pubblica per abbracciare l'intero ambito dei procedimenti concorsuali. Ciò perché risponde a esigenze di buona amministrazione e imparzialità dell'attività della amministrazione nel rispetto di una compiuta osservanza dell'obbligo di garantire parità di condizioni tra i concorrenti ed evitare condizionamenti esterni nella scelta, infatti la preventiva conoscenza da parte dei partecipanti dei componenti della commissione potrebbe falsare la procedura condizionando la partecipazione alla gara o il contenuto delle offerte presentate.

La commissione di gara deve essere composta da un numero dispari di componenti i quali devono essere tecnici ed esperti nello specifico settore a cui si riferisce l'oggetto dell'appalto. Ciò innanzitutto significa che dalle commissioni devono essere esclusi componenti "politici" (es. sindaci o consiglieri comunali). Si tratta di un principio di carattere generale più volte ribadito dalla Corte costituzionale anche con riferimento ai concorsi per la selezione di dipendenti pubblici (Corte cost., 15 ottobre 1990, n. 453). La Corte ha affermato che ai sensi dell'art. 97, c. 1, Cost., l'organizzazione dei pubblici uffici deve uniformarsi al principio della "imparzialità". Il concorso, quindi, è il mezzo ordinario per la selezione imparziale dei pubblici funzionari allo scopo di consentire la scelta delle persone più idonee all'esercizio della funzione pubblica, indipendentemente da ogni considerazione per gli orientamenti politici e per le condizioni personali e sociali dei vari concorrenti. Di conseguenza, nella formazione delle commissioni, occorre salvaguardare il carattere esclusivamente tecnico del giudizio da ogni rischio di deviazione verso interessi di parte o, comunque, diversi da quelli propri del concorso, il cui obiettivo non può essere altro che la selezione dei candidati migliori. Ciò comporta che, nella composizione delle commissioni, la presenza di tecnici o esperti, interni o esterni all'amministrazione, ma in ogni caso dotati di adeguati titoli di studio o professionali rispetto alle materie oggetto di prova, debba essere, se non esclusiva, quanto meno prevalente, tale da garantire scelte finali fondate sull'applicazione di parametri neutrali e determinate soltanto dalla valutazione delle attitudini e della preparazione dei candidati.

Si deve rilevare, però, che un'interpretazione troppo rigida di questo principio comporterebbe seri problemi alle amministrazioni di piccole dimensioni le quali non potrebbero far altro che ricorrere ad esperti esterni. Per questa ragione è stato affermato che tale disposto deve essere interpretato secondo un canone di ragionevolezza, nel senso che si richiede soltanto che i commissari abbiano un *background* di competenze tecniche tali da consentire loro di apprezzare i contenuti tecnici delle proposte provenienti dai concorrenti, per cui è sufficiente che i componenti la commissione siano in possesso di un bagaglio di conoscenze, sicuramente afferenti allo specifico settore oggetto della gara, ma al tempo stesso di base, in modo tale da poter valutare con sufficiente grado di consapevolezza i contenuti delle proposte sottoposte al loro esame. Comunque, la condizione della esperienza specifica può essere soddisfatta anche quando almeno uno dei componenti sia esperto in uno o più specifici aspetti relativi al contratto.

I componenti della commissione sono sottoposti a un rigido regime di incompatibilità. Infatti, tutti i commissari non devono aver svolto ne possono svolgere alcuna funzione o incarico tecnico o amministrativo relativamente al contratto che si deve aggiudicare. Si pensi ai soggetti che hanno contribuito alla determinazione dei criteri della gara o alla redazione degli atti della procedura (es. il bando di gara). In questi casi, infatti, è ritenuto fondamentale il rispetto del principio della separazione tra chi predispone il regolamento di gara e chi è chiamato a concretamente applicarlo; tale regola è applicazione del principio della trasparenza della procedura e, dunque, è posta a garanzia del diritto delle parti a una decisione adottata da un organo terzo e imparziale mediante valutazioni il più possibile oggettive, non influenzate dalle scelte che l'hanno preceduta. La giurisprudenza ha precisato che la situazione di incompatibilità deve ricavarsi dal dato sostanziale della concreta partecipazione alla redazione degli atti di gara, al di là del profilo formale della sottoscrizione o mancata sottoscrizione degli stessi e indipendentemente dal fatto che il soggetto in questione sia il funzionario responsabile dell'ufficio competente. Tra gli incarichi incompatibili possono rientrare anche quelli inerenti la progettazione o la verifica della stessa.

Oltre alle cause di incompatibilità, i commissari sono soggetti al generale obbligo di astensione nelle ipotesi di conflitto di interessi. In particolare, si trova in conflitto di interessi, ai sensi dell'art. 42 del codice, il personale di una stazione appaltante o di un prestatore di servizi (in questo caso un commissario di gara) che, anche per conto della stazione appaltante, interviene nello svolgimento della procedura di aggiudicazione ed ha, direttamente o indirettamente, un interesse finanziario, economico o altro interesse personale che può essere percepito come una minaccia alla sua imparzialità e indipendenza.

Un problema delicato riguarda la possibilità che il responsabile unico del procedimento (Rup) possa essere nominato in commissione. Il codice non prevede una rigida incompatibilità in tal senso, specificando che la nomina del Rup deve essere valutata con riferimento alla singola procedura. Inoltre, tale incompatibilità deve essere comprovata da colui che la contesta allegando elementi concreti, sintomatici di un'interferenza tra le funzioni assegnate al responsabile unico e quelle della commissione di gara, tali da compromettere l'imparziale svolgimento dell'incarico di componente della commissione da parte del Rup (Cons. Stato, sez. III, 5 dicembre 2019, n. 8333).

La commissione di gara è organo straordinario e temporaneo dell'amministrazione aggiudicatrice e non è figura organizzativa autonoma e distinta rispetto a essa. La sua attività acquisisce rilevanza esterna solo in quanto recepita e approvata dagli organi competenti della stazione appaltante. La commissione svolge, quindi, compiti di natura essenzialmente tecnica, con funzione preparatoria e servente. Essa, infatti, è investita della specifica funzione di esame e valutazione delle offerte formulate dai concorrenti, finalizzata all'individuazione del miglior contraente, attività che si concreta nella aggiudicazione. Peraltro, la sua funzione si esaurisce soltanto con l'approvazione del proprio operato da parte degli organi competenti dell'amministrazione appaltante. La commissione svolge un'attività essenzialmente consultiva nei confronti della p.a. e il parere espresso in ordine alle valutazioni delle offerte ha carattere non vincolante per l'organo di amministrazione attiva.

Il problema delle valutazioni circa l'ammissione o l'esclusione dei concorrenti è, invece, più complesso. In questi casi, l'esclusione da una gara disposta dalla commissione in sede di valutazione dell'ammissibilità delle domande di partecipazione costituisce un provvedimento autonomo con immediata efficacia esterna nei confronti dell'impresa che ne sia colpita, tant'è che determina nei suoi confronti la conclusione del procedimento. In questi casi, quindi, la commissione adotta un provvedimento finale che può essere oggetto di immediata impugnazione.

Circa i principi di carattere generale in materia di funzionamento della commissione occorre rilevare che essa agisce come un collegio perfetto e, quindi, deve operare nel *plenum* dei suoi componenti. Tale principio è volto ad assicurare, anche alla luce dell'art. 97 Cost., l'oggettività, l'uniformità e l'imparzialità di giudizio rispetto a ciascuna offerta, attraverso la stabile composizione dell'organo.

La composizione plenaria della commissione, però, non è sempre indispensabile. Infatti, il *plenum* dei componenti è necessario solo per le fasi del procedimento in cui la commissione opera scelte decisive e discrezionali, mentre non viene richiesto nelle fasi in cui venga svolga attività meramente istruttoria, preparatoria, strumentale e vincolata. In queste ipotesi l'attività può essere legittimamente delegata a uno dei componenti o a una sottocommissione. Peraltro, può essere consentito alla commissione di avvalersi di esperti esterni per la valutazione di alcuni aspetti tecnici, particolari e specifici. L'esperto, tuttavia, non integra la commissione ma semplicemente la coadiuva nell'esaminare particolari aspetti tecnici di rilevante peculiarità e importanza, lasciando l'attività valutativa finale al *plenum*.

Ulteriore problema è rappresentato dal limite del sindacato giurisdizionale sull'attività della commissione di gara. La valutazione delle offerte operata da una commissione di gara è espressione di un'ampia discrezionalità che attiene al merito dell'azione amministrativa e come tale sfugge al sindacato di legittimità del giudice amministrativo, salve le ipotesi di manifesta irragionevolezza, illogicità, irrazionalità, arbitrarietà o di travisamento dei fatti. In particolare, il giudizio della commissione, implicando valutazioni di carattere tecnico, può essere oggetto di valutazione del giudice di legittimità solo sotto il profilo della coerenza e correttezza dell'*iter* logico seguito e dell'esattezza dei presupposti di fatto. Il giudice, quindi, anche nell'ipotesi di nomina di un consulente tecnico di ufficio non può sostituirsi all'amministrazione che sia pervenuta a una soluzione tecnica che, ancorché opinabile, risulti tuttavia accettabile secondo lo stato dell'arte e della tecnica. Al più il giudice amministrativo può disporre una consulenza tecnica al fine di valutare, mediante l'espletamento di una gara "virtuale", quale sarebbe stato l'esito della gara, alla stregua dei parametri stabiliti dal bando, ove il ricorrente non fosse stato escluso senza tuttavia sostituire il proprio apprezzamento (o del consulente tecnico) a quello dell'amministrazione.

Il vizio della composizione della commissione si ripercuote sulla procedura. L'illegittima composizione della commissione, a esempio per un conflitto di interessi o per situazioni di incompatibilità, comporta inevitabilmente l'annullamento del provvedimento di nomina della stessa e di tutti gli atti compiuti a valle di tale nomina. A seguito di tale annullamento la procedura deve essere rinnovata con l'espletamento di una nuova gara da parte una nuova commissione nominata legittimamente. Qualora, invece, l'aggiudicazione o l'esclusione di un concorrente vengano annullate per vizi non riguardanti la composizione della commissione, la procedura di gara deve essere rinnovata riconvocando la medesima commissione.

5. Lo svolgimento della gara e il soccorso istruttorio

Lo svolgimento delle procedure di gara è caratterizzato dal rispetto dei principi di formalità e di continuità.

Il principio della formalità di esplica nella verbalizzazione delle operazioni di gara attraverso la quale si descrivono le operazioni effettuate dalla commissione sia nelle sedute pubbliche sia in quelle riservate.

Il principio di analiticità e tempestività della verbalizzazione delle operazioni di gara non comporta anche la necessaria contestualità di esternalizzazione dell'attività svolta dalla commissione. Infatti, la materiale redazione del verbale e l'approvazione dello stesso non devono necessariamente avvenire al termine di ogni seduta. Ne deriva che, sebbene la confezione di separati atti, ossia, un verbale per ciascuna seduta, sia il metodo da preferire, in mancanza di norme che prescrivano la necessità di una documentazione distinta di ogni riunione, nulla impedisce alla commissione di redigere un unico verbale di tutte o di parte delle operazioni compiute, ancorché relativo a più giornate. Quindi, la verbalizzazione successiva allo svolgersi delle sedute è ammessa purché sopravvenga in tempi idonei a evitare l'insorgenza di errori od omissioni nella ricostruzione sia dei fatti sia dell'iter valutativo percorso dalla commissione.

Ulteriore principio è quello della continuità delle sedute che dovrebbe comportare, a garanzia dell'imparzialità della pubblicità e della tempestività dell'azione amministrativa, la concentrazione delle operazioni di gara, inerenti le valutazioni tecniche ed economiche in una sola seduta. Ciò per evitare che influenze esterne possano turbare le operazioni di giudizio della commissione.

Tale principio ha comunque un carattere tendenziale in quanto non si tratta di un precetto inviolabile e può essere derogato tutte le volte in cui vengano in rilievo situazioni peculiari che impediscano obiettivamente l'esaurimento di tutte le operazioni di gara in una sola seduta, purché sia garantita nelle more l'integrità delle offerte. Tuttavia, all'apertura delle buste contenenti le offerte economiche si procede in ogni caso in un'unica seduta.

Il nuovo regolamento in fase di predisposizione prevede che le operazioni di gara si concludono, di regola, entro un termine non superiore al doppio del tempo assegnato agli operatori economici per la presentazione delle offerte.

Le operazioni di gara si svolgono nel luogo e tempo previsto dal bando e si possono effettuare sia in seduta pubblica (con la partecipazione dei rappresentanti delle imprese concorrenti) sia in seduta riservata.

Devono svolgersi in seduta pubblica gli adempimenti riguardanti la verifica dell'integrità dei plichi contenenti le offerte, la verifica della documentazione amministrativa, della documentazione concernente l'offerta tecnica e quella economica. Questa operazione consente di verificare l'integrità dei plichi e la presenza dei documenti richiesti nel bando di gara ovvero della lettera di invito. La verifica dell'integrità dei plichi non esaurisce la sua funzione nella constatazione che gli stessi non abbiano subito manomissioni o alterazioni, ma garantisce che il materiale documentario trovi correttamente ingresso nella procedura, giacché la pubblicità delle sedute risponde all'esigenza di tutela non solo della parità di trattamento dei concorrenti, ai quali deve essere permesso di effettuare gli opportuni riscontri sulla regolarità formale degli atti prodotti e di avere così la garanzia che non siano successivamente intervenute indebite alterazioni, ma anche dell'interesse pubblico alla trasparenza e all'imparzialità dell'azione amministrativa le cui conseguenze negative sono difficilmente apprezzabili *ex post* una volta rotti i sigilli e aperti i plichi in mancanza di un riscontro immediato. Da ciò discende l'illegittimità dell'apertura in seduta segreta dei plichi e l'invalidità, in via derivata, di tutti i successivi atti di gara.

La commissione effettua in seduta riservata tutte le operazioni di valutazione delle offerte tecniche e di attribuzione dei relativi punteggi per poi procedure pubblicamente all'apertura delle offerte economiche, alla lettura dei ribassi, alla formazione della graduatoria e alla conseguente proposta di aggiudicazione.

Nelle gare aggiudicate con il criterio del minor prezzo le operazioni della commissione sono notevolmente semplificate. La commissione procede pubblicamente all'apertura dei plichi, all'immediata lettura dei ribassi, alla formazione della graduatoria e alla proposta di aggiudicazione.

Un'ulteriore disposizione del codice (art. 77, c. 2) prevede che di norma le commissioni lavorano a distanza attraverso l'utilizzo di procedure telematiche idonee ad assicurare la riservatezza delle comunicazioni, per cui è opportuno che le stazioni appaltanti individuino strumenti appropriati per assicurare lo svolgimento delle sedute pubbliche e di quelle riservate con modalità telematica, ovviando ai rischi legati a disguidi relativi a comunicazioni ai partecipanti. Tali rischi dovrebbero essere esclusi attraverso apposite indicazioni nei documenti di gara sulle modalità attraverso le quali gli operatori economici possono partecipare alle sedute.

Istituto di particolare rilievo è il soccorso istruttorio che esprime un'attenuazione del rigido formalismo nello svolgimento delle procedure di gara. È manifestazione di una visione sostanzialistica dell'attività amministrativa volta a consentire la massima partecipazione possibile alle procedure concorrenziali e a evitare inutili e pretestuosi contenziosi, riguardanti irregolarità formali in relazione alle dichiarazioni riguardanti il possesso dei requisiti di partecipazione, che, spesso, rallentano l'aggiudicazione dei contratti. Il soccorso istruttorio, infatti, consente ai concorrenti di sanare eventuali irregolarità o carenze documentali presenti nelle offerte (art. 83, c. 9, codice). In caso di mancanza, incompletezza e di ogni altra irregolarità essenziale degli elementi e del documento unico di gara, tranne di quelle afferenti all'offerta tecnica e all'offerta economica, la stazione appaltante assegna al concorrente un termine per regolarizzare o integrare le dichiarazioni. Il termine non deve essere superiore a dieci giorni ed è perentorio. Nel caso in cui il concorrente non regolarizzi la domanda entro il termine assegnato viene escluso dalla gara.

L'azione della stazione appaltante, quindi, è orientata alla concreta verifica dei requisiti di partecipazione e della capacità tecnica ed economica, con l'intento di evitare che l'esigenza della massima partecipazione possa essere compromessa da carenze di ordine meramente formale nella documentazione. È sanabile qualsiasi carenza, omissione o irregolarità, con il solo limite dell'inalterabilità del contenuto dell'offerta, della certezza in ordine alla provenienza della stessa, del principio di segretezza che presiede alla presentazione della medesima e dell'inalterabilità delle condizioni in cui versano i concorrenti al momento della scadenza del termine per la partecipazione alla gara (delibera ANAC 8 gennaio 2015). In particolare, il codice prevede che costituiscono irregolarità essenziali e, quindi, non sanabili le carenze che non consentono l'individuazione del contenuto o del soggetto responsabile della stessa.

Il soccorso istruttorio ha la finalità di consentire l'integrazione della documentazione prodotta in gara ma ritenuta dalla stazione appaltante incompleta o irregolare, mentre in alcun modo può consentire all'offerente di formare atti in data successiva a quella di scadenza del termine per la presentazione dell'offerta. Ciò costituisce violazione del principio della immodificabilità e segretezza dell'offerta nonché di quello di imparzialità e *par condicio* dei concorrenti.

Il subprocedimento del soccorso istruttorio può essere attivato non solo nella fase di verifica dei requisiti di partecipazione ma anche successivamente all'adozione del provvedimento di aggiudicazione, in quanto il soccorso istruttorio, è istituto di carattere generale finalizzato, in attuazione dell'art. 97 Cost., all'emanazione di un provvedimento, idoneo a contemperare nel miglior modo possibile tutti gli interessi pubblici e privati in gioco (Cons. Stato, sez. V, 14 giugno 2017, n. 2891).

Proprio in considerazione di tale valenza del soccorso istruttorio si è prospettata la possibilità di attivarlo anche in sede processuale (il c.d. soccorso istruttorio "processuale"). Nella sostanza, la mancata effettuazione del soccorso istruttorio durante la gara non impedisce all'impresa resistente in giudizio di provare il possesso dei requisiti al fine di paralizzare le doglianze dirette a ottenere la sua esclusione dalla procedura.

Altro principio che caratterizza la procedura di aggiudicazione è quello del divieto di aggravamento del procedimento, in base al quale le stazioni appaltanti non possono richiedere documenti o certificati per i quali le norme consentono la presentazione di dichiarazioni sostitutive. Il problema che si pone è quello del contrasto tra una disposizione della *lex specialis*, la quale prescrive che alcuni requisiti possono essere provati soltanto con la produzione di determinati documenti e il principio dell'autodichiarazione. Sul punto deve essere rilevato che, nell'ipotesi in cui la *lex specialis* prescriva che un determinato requisito debba essere provato soltanto con la produzione di determinati documenti, l'impresa concorrente non può ricorrere allo strumento della dichiarazione sostitutiva di atto notorio perché ciò significherebbe forzare il meccanismo delle regole di gara e violare il principio della *par condicio* fra i concorrenti.

Una decisa semplificazione, tesa a superare i problemi relativi agli oneri documentali che gli operatori economici devono sopportare per la partecipazione, si rinviene nella già citata disposizione del codice riguardante i documenti di gara (art. 81, modificato dalla l. 108/2021). In particolare, si prevede l'istituzione di un fascicolo virtuale degli operatori economici gestito dalla Banca dati nazionale dei contratti pubblici nel quale sono inserite le certificazioni necessarie per la dimostrazione del possesso dei requisiti e della qualificazione. In tal modo le amministrazioni sono messe immediatamente nelle condizioni di poter verificare quanto richiesto dai documenti di gara attraverso l'accesso alla banca dati.

6. La valutazione delle offerte anomale

La finalità delle procedure a evidenza pubblica è quella di individuare il contraente più affidabile per la realizzazione del contratto. Ciò significa che l'amministrazione, nel selezionare l'offerta più conveniente, deve comunque prestare particolare attenzione a quelle offerte che si presentino eccessivamente allettanti al punto tale da far sorgere il sospetto che siano inaffidabili. Infatti, ribassi eccessivi sui prezzi indicati nei documenti di gara possono costituire indici rivelatori della poca serietà dell'impresa che a quelle condizioni potrebbe non eseguire a regola d'arte il contratto aggiudicato.

Per ovviare a questo inconveniente, la normativa prevede una particolare procedura finalizzata all'individuazione delle offerte anormalmente basse e alla loro verifica. Attraverso tale subprocedimento, che si innesta nel corso dell'iter valutativo della gara, la stazione appaltate è in grado di poter verificare la serietà dell'offerta che si può aggiudicare il contratto e, in caso di sua acclarata inaffidabilità, procedere all'esclusione dalla procedura dell'impresa.

I problemi più rilevanti in materia derivano sia dai metodi per individuare la soglia di anomalia dell'offerta, ossia il calcolo del valore oltre al quale l'offerta è sospettata di essere inaffidabile sia dal connesso procedimenti di verifica delle giustificazioni. Infatti, di regola il superamento della soglia di anomalia non comporta l'esclusione automatica dalla procedura ma impone l'attivazione di una procedura di verifica da parte dell'amministrazione delle giustificazioni che l'impresa offerente presenta per motivare i ribassi proposti.

I giudizi sull'anomalia dell'offerta sono espressione di discrezionalità tecnica da parte dell'amministrazione. Quindi, le valutazioni sulle giustificazioni sono sindacabili dal giudice amministrativo solo in caso di macroscopica illogicità o di erroneità fattuale; il giudice non si può spingere a effettuare (anche tramite il proprio consulente tecnico) un'autonoma verifica della congruità dell'offerta e delle singole voci in quanto ciò configurerebbe un'inammissibile invasione della sfera riservata dell'amministrazione. Il giudice può verificare il giudizio di anomalia esclusivamente in relazione ai profili della logicità, della ragionevolezza e dell'adeguatezza.

Le modalità di calcolo della soglia di anomalia variano a seconda del criterio di aggiudicazione utilizzato e sono indicati dall'art. 97 del codice. Tali metodi di calcolo sono differenziati con riferimento al numero dei partecipanti alla gara. A esempio se a una gara da aggiudicare con il criterio del prezzo più basso hanno partecipato più di quindici concorrenti, la soglia di anomalia viene individuata con il calcolo della media aritmetica dei ribassi percentuali di tutte le offerte ammesse, con esclusione del dieci per cento, arrotondato all'unità superiore, rispettivamente delle offerte di maggior ribasso e di quelle di minor ribasso; le offerte aventi un uguale valore di ribasso sono prese in considerazione distintamente nei loro singoli valori; qualora, nell'effettuare il calcolo del dieci per cento, siano presenti una o più offerte di eguale valore rispetto alle offerte da accantonare, dette offerte sono altresì da accantonare. Sono previsti altri metodi di calcolo che possono essere individuati dal Rup o dalla commissione.

Nel caso di utilizzo del criterio del prezzo più basso la verifica di anomalia deve essere effettuata solo se il numero di offerte ammesse è pari o superiore a cinque.

Quando viene utilizzato il criterio dell'offerta economicamente più vantaggiosa, la congruità delle offerte è valutata su quelle che presentano sia i punti relativi al prezzo, sia la somma dei punti relativi agli altri elementi di valutazione, pari o superiori ai quattro quinti dei corrispondenti punti massimi previsti dal bando di gara. Tale calcolo è effettuato ove il numero delle offerte ammesse sia pari o superiore a tre.

Al di là delle limitazioni relative al numero dei partecipanti che rendono obbligatoria la verifica, è sempre possibile per la stazione appaltante valutare la congruità di ogni offerta che, in base ad elementi specifici, appaia anormalmente bassa. E ciò anche con riferimento a offerte che pur, non superando la soglia di anomalia, si avvicinano talmente a essa che possono destare sospetti in relazione alla loro affidabilità.

L'offerente deve avere la possibilità di poter spiegare alla stazione appaltante le ragioni che hanno concorso alla formulazione dell'offerta. In tal modo, l'amministrazione potrà valutare se le ragioni addotte dall'impresa siano tali da giustificare l'aggiudicazione ovvero, confermando il sospetto di inaffidabilità, devono essere escluse. L'esclusione automatica può essere prevista solo in casi tassativamente indicati dalla legge e, in particolare, per gli appalti sotto soglia da aggiudicare con il criterio del minor prezzo. L'esclusione automatica non opera se il numero delle offerte ammesse è inferiore a dieci.

Le giustificazioni fornite dai concorrenti possono riguardare l'economia del processo di fabbricazione dei prodotti, dei servizi prestati o del metodo di costruzione; le soluzioni tecniche prescelte o le condizioni eccezionalmente favorevoli di cui dispone l'offerente per fornire i prodotti, per prestare i servizi o per eseguire i lavori; l'originalità dei lavori, delle forniture o dei servizi proposti dall'offerente. Non è ammessa alcuna giustificazione in relazione a trattamenti minimi salariali inderogabili stabiliti dalla legge e agli oneri di sicurezza relativi al piano di coordinamento e sicurezza. Sono, invece, ammesse giustificazioni con riferimento ai piani della sicurezza aziendali.

Con riferimento al costo del lavoro si deve rilevare che per parte della giurisprudenza i valori risultanti dalle tabelle ministeriali costituiscono un semplice parametro di valutazione della congruità dell'offerta, con la conseguenza che l'eventuale scostamento delle voci di costo da quelle riassunte nelle tabelle ministeriali non legittima di per sé un giudizio di anomalia o di incongruità, occorrendo, perché possa dubitarsi della sua congruità, che la discordanza sia considerevole e palesemente ingiustificata (Cons. Stato, sez. V, 26 novembre 2018, n. 6689).

La competenza in ordine alle valutazioni non è del tutto chiara in quanto il codice si riferisce genericamente alla stazione appaltante. Dalle linee guida in materia di commissioni di gara emerge che nel caso di aggiudicazione tramite il criterio del minor prezzo la valutazione è affidata al Rup, il quale può avvalersi di una commissione nominata *ad hoc*, qualora lo richieda la particolarità della gara. Nelle ipotesi di affidamento con il criterio dell'offerta economicamente più vantaggiosa, il Rup svolge la verifica anche con il supporto della commissione di gara o di una commissione appositamente nominata.

Il procedimento di verifica si svolge in contraddittorio tra l'amministrazione e l'offerente. La decisione dell'amministrazione deve essere motivata. Non è prevista una motivazione particolarmente analitica nelle ipotesi di valutazione positiva mentre questa deve essere particolarmente rigorosa e puntuale con riferimento alla valutazione negativa circa le giustificazioni offerte dall'impresa, poiché tale valutazione comporta l'esclusione della gara.

7. L'accesso agli atti

Gli atti delle procedure di affidamento e quelli relativi all'esecuzione dei contratti pubblici possono essere oggetto dell'esercizio del diritto di accesso da parte dei soggetti interessati, disciplinato in via generale dalla l. 241/1990. Il diritto di accesso rappresenta uno degli istituti fondamentali di garanzia per i soggetti privati nei confronti dell'azione dei pubblici poteri. In particolare, la finalità del diritto di accesso è quello di assicurare la trasparenza e la pubblicità dell'azione della p.a. e rappresenta una delle facoltà relative all'esercizio del diritto di partecipazione dei privati al procedimento amministrativo. La l. 241/1990 prevede, infatti, che i soggetti privati coinvolti nel procedimento amministrativo possano partecipare allo stesso prendendo visione degli atti del procedimento nonché presentando memorie e documenti (art. 10). Il diritto di accesso, inoltre, può essere esercitato dai soggetti interessati anche quando il procedimento amministrativo si sia concluso al fine di conoscere la documentazione necessaria per curare o difendere i propri interessi. Il richiedente deve dimostrare di avere un interesse concreto e attuale ad accedere ai documenti amministrativi.

Recentemente, il principio della trasparenza amministrativa si è evoluto in istituti che consentono l'accesso c.d. generalizzato a tutta la documentazione in possesso della p.a. senza che sia necessario dimostrare di possedere un interesse concreto alla visione della documentazione. In tal senso sono stati previsti nel nostro ordinamento l'accesso civico e generalizzato (d.lgs. 33/2013 e d.lgs. 97/2016).

Il codice dei contratti prevede una disciplina specifica in materia di diritto di accesso.

Vi sono delle ipotesi in cui il diritto di accesso può essere differito ed alcuni casi in cui può essere addirittura negato, allorché vengano in rilievo elementi di segretezza delle offerte presentate dai concorrenti. In via generale, l'accesso può essere differito con riferimento all'elenco dei soggetti partecipanti a una procedura aperta, ristretta o negoziata fino alla scadenza del termine per la presentazione delle offerte. In queste ipotesi, il differimento è giustificato dall'esigenza di assicurare la piena concorrenzialità della procedura. Infatti, l'immediata conoscenza dei partecipanti prima del termine di presentazione delle offerte potrebbe condizionare le scelte di partecipazione degli operatori economici.

Vi sono varie ipotesi di esclusione del diritto di accesso e, quindi, della comunicazione dei dati contenuti negli atti amministrativi. Innanzitutto, non possono essere divulgare informazioni relative agli appalti secretati o la cui esecuzione richiede speciali misure di sicurezza.

È esclusa ogni forma di divulgazione relativa alle informazioni fornite nell'ambito dell'offerta o a giustificazione della medesima che costituiscano, secondo motivata e comprovata dichiarazione dell'offerente, segreti tecnici o commerciali. Può, infatti, accadere che le offerte presentate, soprattutto nelle ipotesi di gara che hanno una particolare complessità tecnica e che, quindi, sono da aggiudicare con il criterio dell'offerta economicamente più vantaggiosa, contengano elementi di segretezza che l'offerente non intende divulgare. Comunque, anche in presenza della dichiarazione di riservatezza, l'amministrazione ha sempre la possibilità di valutare se questa sia adeguatamente "motivata e comprovata" e in caso contrario può consentire l'accesso.

In assenza di una dichiarazione al mantenimento delle informazioni riservate da parte dell'impresa interessata, la p.a. può consentire l'accesso ai documenti.

È, invece, sempre autorizzato l'accesso c.d. difensivo, ossia quello finalizzato alla difesa in giudizio, ma il richiedente deve dimostrare che i documenti richiesti siano effettivamente necessari per la sua difesa in una specifica controversia.

Tra gli atti che non sono accessibili vengono in rilievo i pareri legali qualora acquisiti dalle amministrazioni per la soluzione di liti, potenziali o in atto, relative ai contratti pubblici. In questi casi, infatti, il parere legale può avere la funzione di delineare la strategia difensiva o la futura condotta processuale più conveniente per l'amministrazione nella controversia instaurata o nella eventuale e probabile lite giudiziaria.

Invece, devono ritenersi accessibili i pareri legali che sono richiesti durante la fase istruttoria del procedimento. Questi, infatti, una volta acquisiti dall'amministrazione, si innestano nell'iter procedimentale assumendo la natura di atti endoprocedimentali accessibili al pari degli altri atti amministrativi che vengono in rilievo nel procedimento.

Non sono accessibili le relazioni riservate del direttore dei lavori, del direttore dell'esecuzione e dell'organo di collaudo sulle domande e sulle riserve del soggetto esecutore del contratto. Anche in questi casi la documentazione oggetto di richiesta di accesso contiene informazioni che potranno essere utilizzate in eventuali contenziosi o arbitrati fra l'impresa e la p.a.

8. L'aggiudicazione e i controlli

La conclusione del procedimento di selezione si suddivide in alcune sottofasi che prevedono l'esecuzione di controlli da parte della stazione appaltante.

La commissione, al termine dell'esame delle offerte, redige una graduatoria e formula la proposta di aggiudicazione. Non si tratta del provvedimento conclusivo della procedura di gara e, infatti, non è autonomamente impugnabile. Tale atto deve essere sottoposto ad approvazione dell'organo competente individuato dagli ordinamenti della stazione appaltante. Si tratta di un controllo di legittimità e di merito circa l'operato della commissione al fine di verificare la rispondenza dell'offerta presentata all'interesse pubblico da conseguire attraverso il contratto. Tale controllo potrebbe anche portare alla decisione di non aggiudicare il contratto.

Il temine per l'approvazione della proposta di aggiudicazione è fissato dalle disposizioni delle singole stazioni appaltanti. In mancanza di una specifica indicazione del termine, l'art. 33, c. 1, del codice prevede che la proposta venga approvata entro trenta giorni. Scaduto il termine, la proposta si intente comunque approvata. Si tratta di una fattispecie di silenzio assenso da parte della stazione appaltante.

Approvata la proposta si ha l'aggiudicazione che, però ancora non è in grado di esplicare i propri effetti. L'aggiudicazione, infatti, diventa efficace solo dopo la verifica del possesso dei requisiti in capo all'aggiudicatario.

Con l'adozione del provvedimento di aggiudicazione, e il suo controllo, si conclude la procedura a evidenza pubblica. Il rapporto contrattuale, però, non sorge con l'aggiudicazione, atteso che questa non equivale ad accettazione dell'offerta, essendo comunque necessaria la stipula del contratto che deve avere necessariamente la forma scritta.

La stipula del contratto deve avvenire nel termine di sessanta giorni dalla dichiarazione di efficacia dell'aggiudicazione, salvo diverso termine previsto nel bando o nell'invito. La stipula può essere differita solo se espressamente concordata con l'aggiudicatario.

La mancata stipulazione del contratto nel termine previsto deve essere motivata con specifico riferimento all'interesse della stazione appaltante e a quello nazionale alla sollecita esecuzione del contratto. Nel caso in cui non sia giustificata tale inadempimento può essere valutato ai fini della responsabilità erariale e disciplinare del dirigente preposto. Non costituisce giustificazione adeguata la pendenza di un ricorso giurisdizionale, nel cui ambito non sia stata disposta o inibita la stipulazione del contratto.

L'aggiudicatario può sciogliersi da ogni vincolo se non viene rispettato il termine previsto per la stipula. È possibile, però, che in casi eccezionali intervenga la consegna d'urgenza dei lavori che consente al contraente di avviare immediatamente le prestazioni oggetto del contratto senza la stipula. L'esecuzione d'urgenza è ammessa solo in ipotesi eccezionali o per eventi oggettivamente imprevedibili, per ovviare a situazioni di pericolo, o in tutti i casi in cui dalla mancata immediata esecuzione delle prestazioni contrattuali derivi un danno per l'interesse pubblico (compresa la perdita di finanziamenti comunitari). Se in questi casi il contratto non viene più stipulato, il contraente ha il diritto al rimborso delle spese sostenute per l'esecuzione delle prestazioni contrattuali.

La normativa sull'emergenza pandemica (l. 120/2020) prevede che in via temporanea (fino a giugno 2023) sia sempre autorizzata la consegna in via d'urgenza per i lavori, servizi e forniture. Viene reso, quindi, ordinario sia pur temporaneamente, un istituto concepito per casi eccezionali. Le norme sui contratti del PNRR definiscono un ulteriore regime derogatorio. Infatti, tali contratti acquisiscono immediata efficacia con la stipulazione senza che sia effettuata la procedura di approvazione.

La stipula del contratto, comunque, non può essere effettuata prima che siano trascorsi trentacinque giorni dall'invio dell'ultima delle comunicazioni del provvedimento di aggiudicazione (art. 32, c. 10, codice). Si tratta del c.d. *stand still period*, finalizzato alla sospensione della stipula del contratto finché pende il termine per il ricorso giurisdizionale.

La previsione del termine dilatorio non è derogata, neppure, dalla normativa sull'emergenza pandemica.

La mancata osservanza di questo periodo di moratoria determina l'inefficacia del contratto. Poiché il termine di impugnazione dell'aggiudicazione è fissato in trenta giorni, tale norma impedisce alle amministrazioni di stipulare un contratto prima di avere la contezza che sia stato notificato un ricorso giurisdizionale avverso il provvedimento di aggiudicazione. Chiaramente ciò comporta anche che il contratto non possa essere eseguito, a meno che non si provveda alla consegna in via d'urgenza.

Sono previste alcune deroghe all'applicazione dello *stand still*.

Innanzitutto, il termine dilatorio non si applica nell'ipotesi in cui, a seguito di pubblicazione di bando o di avviso con cui si indice una gara o inoltro degli inviti nel rispetto del codice, sia stata presentata o ammessa una sola offerta e non sono state tempestivamente proposte impugnazioni del bando o della lettera di invito o queste impugnazioni risultino già respinte con decisione definitiva. In questo caso, l'amministrazione può procedere immediatamente alla stipula poiché non si profila alcuna controversia nei confronti dell'aggiudicazione. L'altra ipotesi di deroga al termine dilatorio si ha in caso di appalto basato su un accordo quadro e in caso di appalti specifici basati su un sistema dinamico di acquisizioni. In questi casi si tratta di contratti che sono mere specificazioni delle aggiudicazioni avvenute a monte tramite le citate procedure. Non sono sottoposti a *stand still* i contratti sotto la soglia comunitaria caratterizzati da importi relativamente bassi (art. 36, c. 2, lett. *a* e *b*: affidamenti per lavori fino a centocinquantamila euro e fino alla soglia per forniture e servizi e quelli aggiudicati attraverso il mercato elettronico).

Oltre a questo al periodo di sospensione c.d. *stand still* sostanziale, il codice prevede un'ipotesi di prolungamento della sospensione a seguito della proposizione di ricorso giurisdizionale. Tale sospensione si può definire come *stand still* processuale. L'art. 32, c. 11, prevede che nell'ipotesi in cui venga proposto ricorso avverso l'aggiudicazione definitiva con contestuale domanda cautelare, il contratto non possa essere stipulato, dal momento della notificazione dell'istanza cautelare alla stazione appaltante e per i successivi venti giorni, a condizione che entro tale termine intervenga almeno il provvedimento cautelare di primo grado o la pubblicazione del dispositivo della sentenza di primo grado, in caso di decisione del merito all'udienza cautelare, ovvero fino alla pronuncia di detti provvedimenti, se successiva. Ciò tende a impedire che la stipula del contratto intervenga prima della definizione della fase cautelare della controversia.

In tal modo la p.a. non si troverà nella situazione di dover sospendere per ordine del giudice un contratto stipulato e in corso di esecuzione. D'altra parte, il giudice stesso non si troverà nella condizione di dover decidere su un'istanza cautelare con un contratto in corso di esecuzione. Infatti, spesso in precedenza accadeva che le difese delle amministrazioni e degli aggiudicatari opponessero in sede cautelare l'avvenuta esecuzione totale o parziale del contratto mirando a scoraggiare l'adozione dei provvedimenti cautelari in quanto il ricorrente non sarebbe potuto subentrare in un contratto già eseguito o in corso di esecuzione avanzata.

L'amministrazione che agisca ugualmente stipulando il contratto, pone in essere una grave violazione delle norme che potrebbe indurre il giudice amministrativo a dichiarare l'inefficacia del contratto ai sensi dell'art. 121 c.p.a.

La finalità di queste norme è quella di impedire la stipula del contratto fintantoché non si abbia un quadro il più possibile definito del contenzioso che riguarda l'aggiudicazione e, quindi, la possibilità all'operatore economico di conseguire il contratto.

CAPITOLO 7

GLI APPALTI AGGREGATI E LE PROCEDURE TELEMATICHE

1. Gli accordi quadro

Le pubbliche amministrazioni spesso hanno necessità di realizzare acquisti ripetuti, soprattutto di beni e di servizi (si pensi ai lavori di manutenzione alle di forniture di durata). In questi casi occorre semplificare le procedure di acquisto e razionalizzare la spesa. A queste esigenze risponde la procedura dell'accordo quadro (art. 54 codice).

L'accordo quadro, concluso tra una o più stazioni appaltanti e uno o più operatori economici, ha la funzione di stabilire le clausole riguardanti appalti da aggiudicare in un determinato lasso di tempo. Tali clausole possono riguardare i prezzi e le quantità previste. Con l'accordo quadro, quindi, si stabilisce il perimetro generale delle obbligazioni contrattuali che poi sono destinate a essere applicate con l'attivazione di specifici contratti di appalto.

Dalla definizione normativa sorge un problema riguardante la natura stessa dell'istituto. Si deve stabilire, infatti, se si tratti di un'autonoma fattispecie negoziale ovvero, più semplicemente, di un sistema di aggiudicazione di appalti.

Il problema sorge poiché con l'accordo quadro non viene aggiudicato un singolo appalto ma viene individuato un operatore economico o più operatori per la realizzazione di un programma di prestazioni le cui condizioni, peraltro, possono non essere compiutamente stabilite nell'ambito dell'accordo. All'accordo quadro, poi, seguono procedure di aggiudicazione per i singoli contratti facenti parte del programma. In sostanza, sembrerebbe richiamarsi lo schema del contratto normativo che regolamenta in via preliminare impegni complessi comportanti una serie di attività di vario tipo. Ma l'accordo quadro più che una nuova fattispecie contrattuale si configura come sistema del tutto peculiare di aggiudicazione di contratti tipizzati. Infatti, l'accordo ha per oggetto la determinazione di clausole relative agli appalti di lavori, servizi e forniture che una stazione appaltante deve poi aggiudicare.

L'accordo quadro, non può avere una durata superiore a quattro anni nei settori ordinari e a otto anni in quelli speciali (salvo casi eccezionali e motivati). La fissazione di un termine di durata dell'accordo è funzionale a non creare fenomeni di distorsione della concorrenza.

L'accordo può essere effettuato con un solo operatore economico (monofornitore) o con più operatori economici (multifornitori) e può definire tutte le future condizioni contrattuali (completo) o solo alcune di esse (incompleto).

L'individuazione degli operatori economici con i quali stipulare l'accordo sul programma di interventi deve avvenire nel rispetto dei principi applicabili alle procedure di selezione previste dal codice.

Con riferimento agli appalti specifici da affidare sulla base sull'accordo quadro occorre differenziare tra le ipotesi di accordo monofornitore e multifornitore.

Nel caso di accordo monofornitore gli appalti esecutivi sono aggiudicati entro i limiti delle condizioni preventivamente fissate. La gara per la selezione del privato è stata effettuata a monte per la stipula dell'accordo quadro e i successivi appalti rappresentano solo la mera concretizzazione di quanto in precedenza concordato.

Nel secondo caso, la situazione è più complessa. Possono venire in rilievo due ipotesi: quella in cui gli appalti sono da aggiudicare alle condizioni stabilite dall'accordo (accordo completo) e quella in cui non tutte le condizioni siano state fissate dall'accordo e, quindi, si deve ancora individuare con esattezza il contenuto contrattuale (accordo incompleto).

Nella prima ipotesi, l'amministrazione può procedere senza alcun ricorso al confronto competitivo tra i vari operati economici in precedenza individuati per cui l'aggiudicazione. L'amministrazione può affidare gli appalti esecutivi anche attraverso il criterio di rotazione fra gli operatori individuati a monte. La rotazione, però, non è obbligatoria. Potrebbero venire in rilievo criteri differenti come l'assegnazione di quote percentuali del volume complessivo delle prestazioni stimate nell'accordo quadro. Nella seconda ipotesi, invece, il confronto competitivo deve essere riattivato al fine di completare il quadro negoziale solo in parte delineato dall'accordo quadro. In tale caso, quindi, viene effettuata una doppia gara.

Nell'ambito della categoria dell'accordo quadro possono rientrare le convenzioni stipulate dalla Consip S.p.a., centrale di committenza nazionale che opera per conto del Ministero dell'economia e delle finanze. La disciplina di tale tipologia di acquisti è contenuta in varie leggi finanziarie a partire dal 1999 (art. 26, l. 23 dicembre 1999, n. 488). Ciò dimostra che lo scopo degli accordi quadro (convenzioni Consip) è in prevalenza quello della razionalizzazione e del risparmio di risorse pubbliche.

La normativa in materia prevede che le convenzioni Consip siano obbligatorie per le amministrazioni statali centrali e periferiche, compresi gli istituti e le scuole di ogni ordine e grado, le istituzioni educative e le istituzioni universitarie, nonché gli enti nazionali di previdenza e assistenza sociale pubblici e le agenzie fiscali. Le categorie merceologiche di beni e servizi per le quali è obbligatorio ricorrere alle convenzioni Consip sono stabilite annualmente da appositi decreti del Ministero dell'economica e delle finanze.

L'obbligo di stipulare contratti tramite convenzioni Consip è particolarmente stringente: infatti, in caso di sua violazione il contratto incorre nella sanzione della nullità.

Qualora la convenzione quadro non sia ancora disponibile o in caso di motivata urgenza, le amministrazioni obbligate alla stipula tramite Consip possono comunque procedere ad acquisti autonomi per la stipula di contratti della durata strettamente necessaria a far fronte alla contingenza e sottoposti a condizione risolutiva nel caso di disponibilità della convenzione.

Per gli enti pubblici non obbligati agli acquisti tramite Consip le convenzioni rappresentano, comunque, un parametro al quale riferirsi per gli acquisti autonomi.

2. Le procedure telematiche e il sistema dinamico di acquisizione

L'utilizzo di strumenti informatici e telematici è oramai diventato imprescindibile per un'efficiente azione delle pubbliche amministrazioni. All'obiettivo dell'efficienza si deve sicuramente aggiungere quello della semplificazione dell'attività amministrativa che può derivare da un corretto utilizzo delle risorse telematiche. La l. 241/1990 afferma, infatti, che "per conseguire maggiore efficienza nella loro attività, le amministrazioni pubbliche agiscono mediante strumenti informatici e telematici, nei rapporti interni, tra diverse amministrazioni e tra queste e i privati" (art. 3 *bis*). Tale principio è sicuramente valido anche per l'attività contrattuale della p.a. Infatti, sia la normativa comunitaria sia il codice dei contratti contengono norme sugli appalti elettronici (c.d. *e-procurement*). L'utilizzo dell'informatica può caratterizzare sia l'intera gestione della procedura di gara, compresa la fase della valutazione delle offerte, sia singole fasi di questa (si pensi alla presentazione delle domande o alla trasmissione dei documenti di gara). Infatti, il codice disciplina un intero sistema integralmente caratterizzato da procedure elettroniche (il sistema dinamico di acquisizione) e ipotesi in cui la telematica viene in rilievo solo con riguardo alcune fasi procedimentali (aste elettroniche e cataloghi elettronici).

Il sistema dinamico di acquisizione (art. 55 codice) è una procedura caratterizzata dall'uso esclusivo di mezzi telematici in tutte le sue fasi (compresa la modalità di valutazione delle offerte e la conseguente aggiudicazione). Tale procedura si applica ai casi di forniture o servizi di uso corrente le cui caratteristiche, così come generalmente disponibili sul mercato, soddisfino le esigenze delle stazioni appaltanti. Non necessariamente si deve trattare di acquisti standardizzati quanto piuttosto di acquisti reiterabili nel tempo per i quali il mercato mette a disposizione prodotti, servizi e lavori le cui caratteristiche tecniche e le modalità realizzative non richiedono la predisposizione di specifiche puntuali. Si tratta, quindi, di prodotti o servizi conformi a un modello prefissato, per dimensioni e caratteristiche, che devono avere il carattere della ripetitività secondo il modello prefissato dalla stazione appaltante. Ciò esclude la possibilità di utilizzare questa procedura per gli acquisti caratterizzati da una particolare complessità tecnica le cui caratteristiche non sono generalmente rinvenibili sul mercato.

Si tratta di un procedimento elettronico aperto, per tutto il periodo di efficacia, a operatori economici che soddisfino i criteri di selezione dell'appalto da eseguire.

Quindi il sistema è "dinamico" sia perché aperto in quanto a partecipazione sia perché flessibile in quanto le stazioni appaltanti possono adeguare, entro i limiti prefissati al momento della ammissione degli operatori economici, prestazioni e criteri alle proprie esigenze che possono variare nel corso del tempo.

Il procedimento si articola in tre fasi: l'istituzione del sistema, l'ammissione degli offerenti al sistema e l'aggiudicazione dello specifico appalto.

In tutte le fasi si applicano, con gli opportuni adattamenti derivanti dall'ambiente elettronico nel quale si volge il procedimento, i principi e le norme afferenti alla procedura aperta. Ciò significa che la procedura assicura il rispetto del principio della massima concorrenzialità e della *par condicio* fra gli offerenti.

L'istituzione del sistema avviene attraverso la pubblicazione di un bando di gara e di un capitolato d'oneri. Per tutta la durata del sistema dinamico di acquisizione è lasciata la possibilità a qualsiasi operatore economico di presentare un'offerta indicativa per l'ammissione al sistema stesso.

Una volta presentate le offerte, la stazione appaltante deve valutarne l'ammissibilità e, quindi, inserire la ditta offerente nel sistema. I soggetti ammessi sono legittimati a presentare le offerte con riferimento ai singoli appalti che la p.a. andrà ad aggiudicare nell'ambito del sistema.

Espletata la fase di ammissione, la p.a. ha formato un elenco di fornitori, qualificati e abilitati a presentare le offerte riferite ai singoli appalti specifici. La particolarità di questa procedura consiste nel fatto che tale elenco di fornitori è sempre aperto a nuovi offerenti connotando la procedura del requisito della massima flessibilità. Peraltro, per ogni appalto specifico, sono legittimanti a presentare offerte tutti i soggetti che ne abbiamo interesse ancorché non inseriti nel sistema. Infatti, per aggiudicare ogni specifico appalto la stazione appaltante deve pubblicare un apposito bando con il quale si apre un confronto concorrenziale tra ditte ammesse al sistema e quelle interessate a partecipare alla selezione. Ciò comporta che la p.a. ha sempre a disposizione un ventaglio piuttosto ampio di offerte che rispecchiamo fedelmente l'andamento del mercato dei servizi e delle forniture oggetto del sistema dinamico di acquisizione. Il vantaggio per la p.a. è quello di avere a disposizione un albo di fornitori costantemente aggiornato. È indubbio che tale circostanza sia funzionale anche alla razionalizzazione della spesa pubblica.

3. Le aste elettroniche

L'asta elettronica è una tecnica del tutto automatica per lo svolgimento delle procedure di aggiudicazione di un contratto. Viene definita dal codice come un processo per fasi successive basato su un dispositivo elettronico di presentazione di nuovi prezzi modificati al ribasso o di nuovi valori riguardanti taluni elementi delle offerte, che interviene dopo una prima valutazione completa delle offerte permettendo che la loro classificazione possa essere effettuata sulla base di un trattamento automatico (art. 1, lett. *ffff*, codice).

L'asta elettronica, quindi, non rappresenta una nuova procedura di aggiudicazione ma un sistema attraverso il quale aggiudicare contratti con le procedure previste dal codice (aperta, ristretta, negoziate), quando le specifiche tecniche possono essere individuate in maniera precisa e non siano necessarie particolari valutazioni tecniche da parte di una commissione (in queste ipotesi per esempio non potrebbero rientrare i servizi per prestazioni intellettuali come quelli relativi alla progettazione).

Si tratta, quindi, di un sistema che può essere utilizzato solo nelle ipotesi in cui le gare si possano aggiudicare tramite valutazione automatizzate. L'asta elettronica, quindi, può essere utilizzata quando i valori da offrire possano essere espressi in numeri o percentuali (si pensi a valori riguardanti non solo il prezzo ma anche quantità e tempi di adempimento).

La vera e propria asta elettronica si espleta solo dopo che l'amministrazione ha valutato l'ammissibilità, la regolarità e l'adeguatezza (ossia la pertinenza al contratto che si deve aggiudicare) delle offerte presentate.

L'asta elettronica può prevedere un tempo massimo entro la quale si deve concludere e l'amministrazione, in questo periodo, è tenuta ad aggiornare lo stato delle offerte comunicando agli offerenti la loro posizione in graduatoria. In questo periodo può essere consentito alle imprese di rilanciare fino alla conclusione della gara.

L'asta si conclude alla data e all'ora preventivamente indicate, quando la stazione appaltante non riceve più nuovi prezzi o nuovi valori oppure quando il numero di rilanci dell'asta preventivamente indicato è stato raggiunto.

4. I cataloghi elettronici e le procedure con piattaforme telematiche di negoziazione

Anche i cataloghi elettronici e le piattaforme telematiche di negoziazione sono strumenti per l'aggiudicazione di contratti (artt. 57 e 58 codice).

Il catalogo elettronico si può definire come un formato per la presentazione e l'organizzazione delle informazioni comune a tutti gli offerenti che si presta al trattamento elettronico. Nella sostanza si tratta di un elenco virtuale con il quale l'operatore economico presenta i propri prodotti e ne descrive caratteristiche e funzioni.

Uno degli esempi più significativi di applicazione di questo sistema è il Mepa (mercato elettronico della p.a.) al quale si aggiungono i singoli mercati elettronici predisposti dalle stazioni appaltanti.

I cataloghi elettronici predisposti dagli operatori economici devono essere accettati dalla stazione appaltante. In alternativa, è la stazione appaltante che può richiedere la predisposizione di un catalogo elettronico.

Il catalogo elettronico può essere predisposto per la partecipazione a una singola procedura di aggiudicazione ovvero può rappresentare la modalità di predisposizione dell'offerta nel caso di accordo quadro concluso con più operatori economici allorché si riapra la fase competitiva.

Le piattaforme telematiche funzionali all'espletamento delle procedure di aggiudicazione sono un ulteriore strumento di *e-procurement*.

Le disposizioni del codice individuano le caratteristiche fondamentali che deve avere una piattaforma telematica di gestione della gara per assicurare il rispetto dei principi in materia di aggiudicazione dei contratti.

Il sistema telematico crea e attribuisce in via automatica a ciascun operatore economico che partecipa alla procedura un codice identificativo personale attraverso l'attribuzione di *userID* e *password* e di eventuali altri codici individuali necessari per operare all'interno del sistema. Al momento della ricezione delle offerte, la stazione appaltante trasmette in via elettronica a ciascun concorrente la notifica del corretto recepimento dell'offerta stessa. Conclusa la procedura il sistema telematico produce in automatico la graduatoria.

Si tratta, quindi, di un sistema che prevede la totale dematerializzazione della fase di aggiudicazione.

Ciò che caratterizza le gare telematiche, rispetto a una tradizionale gara d'appalto, è l'utilizzo di una piattaforma *on-line* di *e-procurement* e di strumenti di comunicazione digitali (firma digitale e p.e.c.) che, di fatto, rendono l'iter più efficiente, veloce e sicuro rispetto a quello basato sull'invio cartaceo della documentazione e delle offerte; le fasi di gara seguono una successione temporale che offre garanzie di corretta partecipazione, inviolabilità e segretezza delle offerte; la firma digitale garantisce la certezza del firmatario dell'offerta e la marcatura temporale ne garantisce la data certa di firma e l'univocità della stessa.

Tuttavia si possono presentare alcuni problemi relativi all'utilizzo degli strumenti telematici per l'espletamento della gara elettronica. Si pensi a interruzioni di linea ovvero all'utilizzo di sistemi poco fruibili dagli operatori economici. Nelle ipotesi di malfunzionamento, non dipendenti dall'operatore economico, l'amministrazione deve assumere un comportamento caratterizzato da ragionevolezza e ispirato al principio del *favor partecipationis.* Quindi, l'amministrazione deve subire i rischi derivanti dalla scelta del modello operativo e di tutte le cause di illeggibilità dei file che non dipendono palesemente da colpa del concorrente.

CAPITOLO 8

I CONTRATTI SOTTO SOGLIA

1. I contratti sotto soglia comunitaria

La normativa prevede una soglia quantitativa di importo al di sotto della quale i contratti non hanno rilevanza europea. Le soglie vengono periodicamente rideterminate con provvedimento della Commissione europea. Attualmente le soglie, individuate dall'art. 35 del codice dei contratti, sono: centotrentanovemila euro per le forniture e servizi di autorità governative centrali; duecentoquattordicimila euro per forniture e servizi di altre stazioni appaltanti; cinquemilionitrecentocinquantamila euro per appalti e concessioni di lavori; settecentocinquantamila euro per appalti di servizi sociali e altri specifici servizi.

La circostanza che un contratto sia sotto la soglia comunitaria comporta l'applicazione di una disciplina semplificata e procedure più flessibili per l'affidamento dei contratti pur sempre nel rispetto del principio della concorrenza.

Proprio perché questi contratti possono essere aggiudicati con procedure più flessibili, occorre calcolare la soglia di importo con particolare attenzione. Un artificioso frazionamento dell'importo potrebbe comportare un'indebita elusione delle norme in materia di concorrenza. Può, infatti, venire in rilievo l'ipotesi in cui la stazione appaltante effettui frazionamenti illegittimi in lotti per eludere l'applicazione delle procedure europee per l'aggiudicazione.

Sulla questione si è affermato il principio che al fine di evitare un artificioso frazionamento dell'importo contrattuale, volto a eludere la disciplina europea, le stazioni appaltanti devono prestare attenzione alla corretta definizione del proprio fabbisogno in relazione all'oggetto degli appalti, specialmente nei casi di ripartizione in lotti o di ripetizione dell'affidamento nel tempo.

Con riferimento ai lavori e servizi è previsto che quando un'opera o una prestazione di servizi possa dare luogo ad appalti aggiudicati contemporaneamente per lotti distinti, è computato il valore complessivo stimato della totalità di tali lotti. Quando il valore cumulato dei lotti è pari o superiore alle soglie previste si applicano all'aggiudicazione di ciascun lotto integralmente le disposizioni del codice.

Per le forniture quando un progetto volto a ottenere forniture omogenee può dare luogo ad appalti aggiudicati contemporaneamente per lotti distinti, nell'applicazione delle soglie è computato il valore complessivo stimato della totalità dei lotti; quando il valore cumulato dei lotti è pari o superiore alle soglie si applicano integralmente le disposizioni del codice per l'aggiudicazione di ciascun lotto.

In deroga a tale disposizioni, il codice prevede che le stazioni appaltanti possono aggiudicare l'appalto per singoli lotti con le norme per i contratti sotto soglia, quando il valore stimato al netto dell'IVA del lotto sia inferiore a ottantamila euro per le forniture o i servizi oppure a un milione di euro per i lavori, purché il valore cumulato dei lotti aggiudicati non superi il venti per cento del valore complessivo di tutti i lotti in cui sono stati frazionati l'opera, il progetto di acquisizione delle forniture omogenee o il progetto di prestazione servizi.

Da tali disposizioni si ricava che ai fini dell'indizione delle gare, la stazione appaltante deve comunque, con il bando, considerare i lotti come parti di un'opera unitaria al fine di determinare la soglia comunitaria. La giurisprudenza contabile ha, peraltro, chiarito che la violazione del divieto di artificioso frazionamento costituisce un indice sintomatico del c.d. "danno alla concorrenza" consistente in una particolare ipotesi di danno erariale. Tale danno si determina nella perdita della possibilità per l'amministrazione di scegliere tra le migliori offerte conseguibili, a seguito di una procedura di gara rivolta a una adeguata platea di imprese, con conseguente inutile dispendio di risorse pubbliche.

Occorre rilevare che anche i contratti sotto la soglia comunitaria non sono sottratti alla normativa a evidenza pubblica ma sono aggiudicati con gare che prevedono alcune semplificazioni procedimentali. A esempio non si applicano le norme sugli obblighi di pubblicità sovranazionale; l'avviso di preinformazione è facoltativo; è sufficiente una pubblicazione "nazionale" dei documenti di gara; i termini di recezione delle domande e delle offerte sono diminuiti rispetto alle procedure comunitarie. Inoltre per alcuni affidamenti sotto la soglia non si applica la disciplina del termine dilatorio (c.d. *stand still*; si tratta degli affidamenti di lavori pubblici fino a centocinquantamila euro e fino alla soglia per i servizi e le forniture).

Con riguardo ai contratti esclusi dall'applicazione del codice chiaramente non si rinviene alcuna norma relativa all'individuazione delle soglie di valore. Ciò non toglie che si possa applicare la disciplina semplificata per i contratti di importo relativamente contenuto, senza ovviamente escludere del tutto i principi dell'evidenza pubblica. Infatti, l'art. 4 del codice prescrive che "l'affidamento dei contratti pubblici aventi ad oggetto lavori, servizi e forniture, dei contratti attivi, esclusi, in tutto o in parte, dall'applicazione oggettiva del presente codice, avviene nel rispetto dei principi di economicità, efficacia, imparzialità, parità di trattamento, trasparenza, proporzionalità, pubblicità, tutela dell'ambiente ed efficienza energetica".

2. I principi in materia di contratti sotto soglia

L'art. 36 del codice disciplina le procedure di aggiudicazione dei contratti sotto la soglia comunitaria che si caratterizzano per la crescente complessità legata alla consistenza dell'importo dell'appalto da aggiudicare (sulle procedure è intervenuta l'ANAC con le linee guida n. 4 approvate il 26 ottobre 2016 e, successivamente, aggiornate il 1° marzo 2018).

Il codice, oltre a individuare le procedure di aggiudicazione indica i principi che le amministrazioni devono seguire per l'aggiudicazione. Si tratta dei principi di cui all'art. 30, c. 1 che richiamano immediatamente al rispetto della evidenza pubblica.

In particolare, i principi di parità di trattamento e divieto di discriminazione si riconducono al principio di imparzialità, sancito dall'art. 97 Cost. il quale si traduce nell'esigenza di evitare ingiustificate disparità in sede di valutazione delle offerte. Tale principio vieta non solo le discriminazioni palesi, a motivo della cittadinanza, ma anche qualsiasi forma di discriminazione dissimulata che, mediante il ricorso ad altri criteri distintivi, abbia in pratica le medesime conseguenze. Quindi, la stazione appaltante deve far sì che tutti gli offerenti dispongano delle stesse opportunità per la formulazione delle offerte e che queste siano soggette a uguali condizioni per ciascun competitore. Ne discende l'obbligo di svolgere la procedura concorsuale senza consentire ad alcuno dei partecipanti di godere di informazioni privilegiate o di condizioni vantaggiose in sede di presentazione dell'offerta. In questo senso, va ribadito che tutti gli operatori economici che prendono parte alla selezione devono essere invitati contemporaneamente a presentare le loro offerte e che le lettere di invito devono contenere le medesime informazioni in relazione alla prestazione richiesta.

La trasparenza consiste nel garantire in favore di ogni potenziale offerente un adeguato livello di pubblicità che consenta la tutela della concorrenza, nonché il controllo sull'imparzialità delle procedure di aggiudicazione. Violazioni di tali principi si possono ravvisare con riguardo alla esiguità dei tempi previsti per la pubblicazione degli avvisi, nonché in relazione ai mezzi utilizzati per mettere in atto la pubblicità, ritenuti non congrui rispetto al valore dell'appalto. Il principio di trasparenza comporta, inoltre, che la scelta dell'affidatario debba essere resa nota: occorre, quindi, pubblicare l'esito della selezione. Ogni decisione a riguardo deve essere parametrata in funzione della tipologia di appalto e dell'ammontare del suo importo.

Il principio di proporzionalità richiede il rispetto dell'equilibrio tra obiettivi perseguiti e mezzi utilizzati, assicurando il minore sacrificio possibile degli interessi privati confliggenti con quello pubblico. La stazione appaltante non può imporre obblighi e restrizioni in misura superiore a quella strettamente necessaria per il raggiungimento dello scopo. In base a tale principio la richiesta del possesso di requisiti minimi per la partecipazione alla procedura deve essere strettamente connessa alla tipologia e all'importo della prestazione richiesta: la fissazione di requisiti non proporzionali allo specifico appalto potrebbe comportare il pericolo di un'indebita restrizione della concorrenza. In tal senso, si richiede di tener in conto le realtà imprenditoriali di minori dimensioni fissando requisiti di partecipazione e criteri di valutazione che consentano la partecipazione delle micro, piccole e medie imprese.

Il principio della concorrenza assicura a ciascun potenziale concorrente le stesse possibilità di partecipazione alle procedure di gara e l'imparzialità della relativa azione amministrativa, per cui occorre garantire il rispetto della *par condicio* di tutti i concorrenti in ordine alla valutazione dei requisiti posseduti e alla verifica dell'assenza di clausole che producano un effetto preclusivo all'accesso dei potenziali concorrenti alle gare.

Il principio di economicità consiste nell'agire attraverso l'uso ottimale delle risorse da impiegare nello svolgimento della selezione ovvero nell'esecuzione del contratto, mentre quello dell'efficacia nella congruità dei propri atti rispetto al conseguimento dello scopo e dell'interesse pubblico cui sono preordinati. Il principio della tempestività si manifesta nell'esigenza di non dilatare la durata del procedimento di selezione del contraente in assenza di obiettive ragioni. Il principio di correttezza nel tenere una condotta leale e improntata a buona fede, sia nella fase di affidamento sia in quella di esecuzione.

Il criterio della sostenibilità energetica e ambientale prevede che la documentazione progettuale e quella di gara contenga i criteri ambientali minimi previsti dal Ministero dell'ambiente.

Le stazioni appaltanti, inoltre, si devono dotare di adeguate misure di prevenzione e risoluzione dei conflitti di interesse sia nella fase di svolgimento della procedura di gara sia nella fase di esecuzione del contratto, assicurando un'idonea vigilanza sulle misure adottate, nel rispetto della normativa vigente e in modo coerente con le previsioni del Piano nazionale anticorruzione elaborato dall'ANAC e dei Piani triennali per la prevenzione della corruzione e della trasparenza.

Un principio significativo in materia è quello della rotazione che ha finalità di evitare che la stazione appaltante possa consolidare rapporti solo con alcune imprese venendo meno così al rispetto del principio di concorrenza. Tale pericolo, infatti, può venire in rilievo proprio con riferimento ai contratti di minore importo, soprattutto a livello locale, laddove si possono creare rendite di posizione anticoncorrenziale da parte di operatori di settore risultati in precedenza aggiudicatari di contratti. La posizione di vantaggio deriva dalle informazioni acquisite durante il pregresso affidamento. Quindi, l'impresa che in precedenza ha eseguito un determinato contratto non può vantare alcuna legittima pretesa a essere invitata a una nuova procedura di aggiudicazione (Cons. Stato, sez. V, 16 giugno 2019, n. 3943). Da ciò deriva che la scelta di non estendere l'invito all'impresa già affidataria di un precedente contratto non esige alcuna puntuale motivazione.

Il principio di rotazione non riguarda solo le aggiudicazioni ma anche gli inviti alle procedure. In particolare, le linee guida hanno specificato che tale principio è valido con riferimento all'operatore uscente nei casi in cui i due affidamenti, quello precedente e quello attuale, abbiano a oggetto una commessa rientrante nello stesso settore merceologico, nella stessa categoria di opere, ovvero nello stesso settore di servizi.

Il principio della rotazione, comunque, trova alcune mitigazioni. Innanzitutto, il contraente uscente può essere reinvitato in ipotesi del tutto eccezionali ma in questo caso l'invito deve essere adeguatamente motivato in relazione alla particolare struttura del mercato e alla riscontrata carenza di alternative valide. Inoltre, può essere preso in considerazione anche l'elevato grado di soddisfazione maturato a conclusione del precedente rapporto contrattuale (es. esecuzione a regola d'arte, qualità della prestazione e rispetto dei tempi previsti) o la competitività del prezzo offerto rispetto alla media dei prezzi offerti dalle altre imprese presenti sul mercato.

Non viene violato il principio di rotazione nel caso in cui si proceda ad invitare un soggetto che abbia partecipato a una precedente procedura senza aggiudicarsela. In questi casi, il nuovo invito deve essere motivato in relazione all'aspettativa derivante da precedenti rapporti contrattuali o da altre circostanze che riguardano l'affidabilità dell'operatore economico e la sua idoneità a fornire prestazioni coerenti con il livello economico e qualitativo atteso.

Il principio della rotazione può, inoltre essere derogato in relazione ai c.d. micro acquisti della p.a. (sotto la soglia dei cinquemila euro) sulla base di una motivazione sintetica che deve essere esplicitata nella deliberazione a contrarre.

In ogni caso, il principio della rotazione non si applica se il nuovo affidamento avvenga tramite procedure ordinarie o comunque aperte al mercato, nelle quali la stazione appaltante non operi alcuna limitazione in ordine al numero di operatori economici.

Al fine di agevolare l'applicazione del principio della rotazione ogni stazione appaltante, con appositi regolamenti, può suddividere gli affidamenti in fasce di valore economico, in modo da applicare la rotazione solo in caso di affidamenti rientranti nella stessa fascia. Il provvedimento di articolazione in fasce deve prevedere un'effettiva differenziazione tra forniture, servizi e lavori e deve essere adeguatamente motivato in ordine alla scelta dei valori di riferimento delle fasce. Per i lavori, detti valori possono tenere conto delle soglie previste dal sistema unico di qualificazione degli esecutori di lavori.

In ogni caso, l'applicazione del principio di rotazione non può essere aggirata, con riferimento agli affidamenti operati negli ultimi tre anni solari, mediante ricorso ad arbitrari frazionamenti delle commesse o delle fasce; ingiustificate aggregazioni o strumentali determinazioni del calcolo del valore stimato dell'appalto; alternanza sequenziale di affidamenti diretti o di inviti agli stessi operatori economici; affidamenti o inviti disposti, senza adeguata giustificazione, a operatori economici riconducibili a quelli per i quali opera il divieto di invito o affidamento (a esempio per la sussistenza dei presupposti di cui all'art. 80, c. 5, lett. *m*), del codice).

Anche per i contratti sotto soglia è prevista l'applicazione delle c.d. clausole sociali (art. 50 codice), infatti, nei casi di affidamenti dei contratti diversi da quelli aventi natura intellettuale, con particolare riguardo a quelli relativi a contratti ad alta intensità di manodopera, i bandi di gara, gli avvisi e gli inviti inseriscono, nel rispetto dei principi dell'Unione europea, specifiche clausole sociali volte a promuovere la stabilità occupazionale del personale impiegato, prevedendo l'applicazione da parte dell'aggiudicatario, dei contratti collettivi di settore.

3. L'affidamento diretto e l'amministrazione diretta

Le procedure di selezione sono regolamentate dal codice sulla base delle fasce di importo dei contratti da aggiudicare e sono: l'affidamento diretto, l'amministrazione diretta e la procedura negoziata. Ciò non toglie che le stazioni appaltanti possano utilizzare le procedure ordinarie, anche se si deve osservare che queste, essendo particolarmente complesse e dispendiose, potrebbero rivelarsi non pienamente funzionali all'aggiudicazione di contratti di importo non elevato. Tale decisione, comunque, è rimessa alla scelta discrezionale dell'amministrazione. Inoltre, è sempre consentito, nelle ipotesi in cui non sia obbligatorio, procedere attraverso centrali di committenza e aggregazioni fra stazioni appaltanti (artt. 37 e 38 codice).

Per l'affidamento di contratti di lavori, servizi e forniture di importo inferiore a quarantamila euro le amministrazioni possono ricorrere all'affidamento diretto. Per i lavori si può ricorrere anche al sistema di esecuzione tramite amministrazione diretta.

La disciplina dell'affidamento diretto è piuttosto scarna nel codice. Viene, infatti, previsto che si può procedere anche senza previa consultazione di operatori economici e che la pubblicazione dell'avviso sui risultati della procedura di affidamento non è obbligatoria. Ciò significa che l'affidamento diretto si avvicina molto alle tradizionali trattative private nelle quali era consentito alle pubbliche amministrazioni di contattare direttamente un operatore economico e procedere all'affidamento senza alcuna particolare negoziazione.

Tuttavia le linee guida dell'ANAC disciplinano in maniera più puntuale tale procedura. Le amministrazioni possono procedere all'affidamento diretto ricorrendo alla comparazione di listini di mercato, di offerte precedenti per commesse analoghe o all'analisi dei prezzi praticati ad altre pubbliche amministrazioni. Il confronto fra i preventivi, seppur non obbligatorio nell'affidamento diretto, si configura come una buona prassi che le amministrazioni dovrebbero sempre effettuare. Ciò significa che l'affidamento senza confronto tra preventivi non è illegittimo, ma il confronto è comunque consigliabile.

La stazione appaltante, ove lo ritenga necessario, può svolgere una preliminare indagine esplorativa del mercato al fine di identificare le soluzioni presenti per soddisfare i propri fabbisogni e individuare la platea dei potenziali affidatari. La stipula del contratto avviene mediante corrispondenza secondo l'uso del commercio consistente in un apposito scambio di lettere (anche via Pec).

L'amministrazione diretta, invece, è una forma di realizzazione dei lavori interna alla p.a. tramite personale e attrezzature proprie. In particolare, il responsabile del procedimento organizza ed esegue i lavori per mezzo del personale della stazione appaltante o di personale eventualmente assunto e provvede all'acquisto dei materiali e al noleggio dei mezzi necessari per la realizzazione dell'opera. Si può procedere con il sistema dell'amministrazione diretta per i lavori che non superino la spesa di quarantamila euro. Questo sistema dovrebbe consentire alla p.a. di risparmiare tempo e denaro per interventi di lieve entità non ricorrendo alla esternalizzazione delle prestazioni.

4. La procedura negoziata

Per gli affidamenti di contratti superiori all'importo di quarantamila euro vengono in rilievo procedure più complesse rispetto al mero affidamento diretto.

Una prima procedura riguarda gli affidamenti di importo pari o superiore a quarantamila euro e inferiore a centocinquantamila euro per i lavori, o per importi fino alle soglie comunitarie per le forniture e i servizi. In tal caso, la norma prevede una procedura che viene nominata affidamento diretto ma che, di fatto, è una selezione concorrenziale. Infatti, questa variante dell'affidamento diretto prevede l'obbligatorietà della previa valutazione dei preventivi (laddove per gli affidamenti diretti di importo inferiore a quarantamila euro il confronto tra preventivi è considerata solo una buona prassi). L'affidamento deve avvenire mediante la valutazione di tre preventivi, ove esistenti, per i lavori, e, per i servizi e le forniture, di almeno cinque operatori economici individuati sulla base di indagini di mercato o tramite elenchi di operatori economici, nel rispetto di un criterio di rotazione degli inviti. Nel caso in cui la p.a. preferisca eseguire i lavori in amministrazione diretta, comunque per l'acquisto e il noleggio dei mezzi si deve applicare la procedura concorrenziale con confronti di preventivi. Per queste procedure è obbligatorio la pubblicazione dell'avviso dei risultati della procedura di affidamento con l'indicazione dei soggetti invitati.

La stipula del contratto avviene, a pena di nullità, con atto pubblico notarile informatico, ovvero in modalità elettronica, secondo le norme vigenti per ciascuna stazione appaltante, in forma pubblica amministrativa a cura dell'Ufficiale rogante della stazione appaltante o mediante scrittura privata.

Le procedure si articolano ulteriormente per l'affidamento di lavori con la previsione dell'applicazione della procedura negoziata senza la pubblicazione del bando *ex* art. 63 del codice. Si osserva che, mentre per i contratti sopra la soglia tale procedura deve essere utilizzata solo per le ipotesi tassativamente indicate dalla legge, per i contratti sotto soglia costituisce procedura ordinaria di selezione.

Viene stabilito un collegamento diretto tra l'importo del contratto da affidare con procedura negoziata e il numero di operatori che l'amministrazione deve invitare. Infatti, per affidamenti di lavori di importo pari o superiore a centocinquantamila euro e inferiore a trecentocinquantamila euro, la procedura negoziata di cui all'art. 63 prevede la previa consultazione, ove esistenti, di almeno dieci operatori economici, nel rispetto di un criterio di rotazione degli inviti, individuati sulla base di indagini di mercato o tramite elenchi di operatori economici. Per gli affidamenti di lavori di importo pari o superiore a trecentocinquantamila euro e inferiore a un milione di euro, la consultazione deve essere effettuata su almeno quindici operatori economici, ove esistenti, nel rispetto di un criterio di rotazione degli inviti, individuati sulla base di indagini di mercato o tramite elenchi di operatori economici. Anche per queste procedure è obbligatoria la pubblicazione dell'avviso dei risultati con l'indicazione dei soggetti invitati.

Nulla vieta alla stazione appaltante di porre in essere una gara ufficiosa diramando lettere d'invito. In questo caso, è tenuta non solo ad applicare le regole da essa stessa eventualmente fissate nel bando o nella lettera di invito, ma anche al rispetto dei principi generali in materia di gara, come quelli di trasparenza e *par condicio*. Quindi, anche se si utilizza la procedura negoziata, allorché la stazione appaltante abbia autolimitato e regolato il proprio potere discrezionale, resta vincolata al rispetto delle regole da essa fissate.

In queste procedure è obbligatorio che gli operatori economici provino il possesso dei requisiti di capacità economico finanziaria e tecnico professionale tramite attestato SOA.

Le prescrizioni sul numero degli operatori economici da invitare si riferiscono a un numero minimo di inviti, pertanto la stazione appaltante può decidere di invitare più operatori rispetto a quanto indicato dal legislatore. Inoltre, la stazione appaltante non può rifiutarsi di invitare quanti abbiano manifestato il proprio interesse alla partecipazione. Infatti, la norma che richiede di invitare almeno cinque, dieci o quindici concorrenti non può essere interpretata nel senso che con l'invito del numero di ditte indicato dalla norma si sia esaurito e assorbito ogni obbligo di comportamento volto al rispetto dei princìpi della trasparenza, non discriminazione, parità di trattamento e proporzionalità. Sarebbe contrario a tali principi ritenere che l'amministrazione possa limitare l'invito a ditte scelte a proprio insindacabile arbitrio, escludendo immotivatamente ogni altro candidato idoneo ancorché questi abbia fatto presente il proprio interesse alla partecipazione.

In tutti i casi richiamati è prevista la possibilità da parte delle amministrazioni di svolgere indagini di mercato o consultare elenchi per la selezione degli operatori da sottoporre a confronto competitivo.

Per lo svolgimento dell'indagine di mercato, le amministrazioni si possono dotare di appositi regolamenti. L'indagine di mercato è preordinata a conoscere gli operatori interessati a partecipare alla procedura di selezione, quindi, implica un contatto fra l'amministrazione e l'operatore economico che però non può ingenerare alcun affidamento in relazione al successivo invito alla procedura.

L'amministrazione può anche individuare gli operatori economici da invitare selezionandoli da elenchi appositamente costituiti. Tali elenchi possono essere articolati per fasce di importo o per singole categorie di prestazioni.

Conclusa l'indagine di mercato, la stazione appaltante seleziona gli operatori da invitare, in numero proporzionato all'importo e alla rilevanza del contratto e, comunque, non inferiore a quanto previsto dalla normativa. Nell'ipotesi in cui l'amministrazione non ritegna di invitare tutti gli operatori economici risultanti dall'indagine di mercato deve esplicitare il numero minimo e massimo degli operatori che si intende selezionare.

Anche per queste procedure deve essere rispettato il criterio della rotazione degli inviti. È, inoltre, possibile procedere a un sorteggio delle imprese da invitare.

Le sedute di gara, siano esse svolte dal Rup che dal seggio di gara ovvero dalla commissione giudicatrice, devono essere pubbliche, mentre sono riservate le sedute concernenti la valutazione delle offerte tecniche.

Per l'aggiudicazione di lavori di importo pari o superiore a un milione di euro e fino alle soglie comunitarie si devono utilizzare le procedure aperte *ex* art. 60 del codice con la possibilità di prevedere l'esclusione automatica delle offerte anomale (art. 97, c. 8).

Per le procedure sotto soglia è prevista la possibilità di utilizzare il mercato elettronico, il quale rappresenta, insieme al sistema dinamico di acquisizione e alle aste elettroniche, il principale strumento di realizzazione dell'*e procurement*.

In particolare con il *market place* (mercato elettronico), la p.a. non acquisisce direttamente il bene o il servizio, bensì individua i fornitori abilitati dai quali acquistare. Tutto ciò avviene in un ambiente completamente elettronico. Le amministrazioni, avvalendosi del mercato elettronico, possono effettuare acquisti di beni e servizi direttamente dai cataloghi predisposti dagli utenti selezionati attraverso un bando di abilitazione. In sostanza, il mercato elettronico è uno spazio in cui vengono concentrate le offerte di beni e servizi presentate alle pubbliche amministrazioni sulla base di "cataloghi" predisposti dalle imprese.

La stazione appaltante può stabilire di procedere all'acquisto di beni e servizi attraverso il mercato elettronico realizzato dalla medesima stazione appaltante ovvero attraverso il mercato elettronico della p.a. realizzato dal Ministero dell'economia e delle finanze sulle proprie infrastrutture tecnologiche avvalendosi di Consip s.p.a. ovvero attraverso il mercato elettronico realizzato dalle centrali di committenza. La norma fa salve le ipotesi di ricorso obbligatorio al mercato elettronico previste dalle norme in vigore.

5. I contratti di urgenza

Il codice disciplina procedure derogatorie rispetto a quelle ordinarie nei casi di contratti da stipulare in situazione di somma urgenza. I casi di somma urgenza si verificano nell'ipotesi in cui un particolare evento non consenta alcun ritardo nella rimozione del pericolo. Si tratta, quindi, di situazioni derivanti da "eventi imprevedibili" che giustificano procedure derogatorie.

Nei casi di urgenza, il responsabile del procedimento o un tecnico da questo incaricato redige un verbale in cui sono indicati i motivi dello stato di urgenza, le cause che lo hanno provocato e i lavori necessari per rimuoverlo. Il verbale è trasmesso con una perizia estimativa alla stazione appaltante per la copertura della spesa e l'autorizzazione dei lavori.

In queste ipotesi, il responsabile del procedimento o il tecnico che si reca prima sul luogo può disporre l'immediata esecuzione dei lavori entro il limite di duecentomila euro o, comunque, di quanto indispensabile per rimuovere lo stato di pregiudizio alla pubblica incolumità. L'esecuzione dei lavori di somma urgenza può essere affidata in forma diretta a una o più imprese individuate dal responsabile del procedimento o dal tecnico da questo incaricato. Il responsabile del procedimento o il tecnico incaricato compila entro dieci giorni dall'ordine di esecuzione dei lavori una perizia giustificativa degli stessi e la trasmette, unitamente al verbale di somma urgenza, alla stazione appaltante che provvede alla copertura della spesa e alla approvazione dei lavori. Qualora un'opera o un lavoro intrapreso per motivi di somma urgenza non riporti l'approvazione del competente organo della stazione appaltante, si procede alla liquidazione delle spese relative alla parte dell'opera o dei lavori realizzati.

6. Il regime dei contratti sotto soglia in relazione all'emergenza sanitaria e in attuazione del PNRR

Come già rilevato, la l. 120/2021 ha introdotto un regime derogatorio per l'aggiudicazione dei contratti sotto la soglia fino alla data del 30 giugno 2023, ciò al fine di incentivare gli investimenti pubblici nel settore delle infrastrutture e dei servizi nonché per far fronte alle ricadute economiche negative a seguito delle misure di contenimento dell'emergenza sanitaria. Tale regime è stato confermato dalla l. 108/2021 per i contratti di attuazione del PNRR. Per i contratti sotto soglia viene imposto che l'aggiudicazione o l'individuazione definitiva del contraente avvenga entro il termine di due mesi dalla data di adozione dell'atto di avvio del procedimento. Il mancato rispetto dei termini, la mancata tempestiva stipulazione del contratto e il tardivo avvio dell'esecuzione dello stesso possono essere valutati ai fini della responsabilità del responsabile unico del procedimento per danno erariale e, qualora imputabili all'operatore economico, costituiscono causa di esclusione dalla procedura o di risoluzione del contratto per inadempimento.

Con riferimento alle procedure viene innalzata la soglia di utilizzazione dell'affidamento diretto (per lavori di importo inferiore a centocinquantamila euro e per servizi e forniture, compresi i servizi di ingegneria e architettura e l'attività di progettazione, di importo inferiore a centotrentanovemila euro). In questi casi si consente di derogare al confronto competitivo tra operatori economici.

Il confronto, anche se con procedure semplificate, si espleta per contratti di importo superiore. Infatti, le amministrazioni possono utilizzare la procedura negoziata senza a pubblicazione del bando (*ex* art. 63 codice) previa consultazione di almeno cinque operatori economici, ove esistenti, nel rispetto del criterio di rotazione degli inviti, individuati in base a indagini di mercato o tramite elenchi di operatori economici, per l'affidamento di servizi e forniture, ivi compresi i servizi di ingegneria e architettura e l'attività di progettazione, di importo pari o superiore a centotrentanovemila euro e fino alle soglie comunitarie e di lavori di importo pari o superiore a centocinquantamila euro e inferiore a un milione di euro, ovvero di almeno dieci operatori per lavori di importo pari o superiore a un milione di euro fino alla soglia.

Gli affidamenti possono essere effettuati con determina a contrarre. Ulteriore semplificazione riguarda la rivalutazione del sistema del prezzo più basso che può essere utilizzato sempre in luogo del criterio dell'offerta economicamente più vantaggiosa.

Altra semplificazione riguarda l'eliminazione della garanzia provvisoria e la previsione dell'esclusione automatica delle offerte anomale in caso di aggiudicazione con il criterio del prezzo più basso.

Tali innovazioni potranno essere utili alle amministrazioni che spesso si trovano a svolgere defatiganti procedimenti per aggiudicare contratti di importo molto basso. Il vero difetto di queste semplificazioni è che sono di natura temporanea stante la natura emergenziale della disciplina che le ha previste. Sarebbe stata, invece, opportuna una modifica sistematica del codice nel solco della semplificazione.

CAPITOLO 9

ESECUZIONE DEL CONTRATTO

1. Introduzione

Terminata la fase di selezione del contraente e stipulato il contratto, il rapporto sorto tra amministrazione e privato si caratterizza per la posizione di parità delle parti, titolari ciascuna di diritti soggettivi e di obblighi giuridici da far valere secondo le forme del diritto civile. Resta, a esempio, fermo il principio generale posto dall'art. 1375 c.c., secondo il quale le obbligazioni contrattuali devono essere eseguite in buona fede. La regola dell'esecuzione in buona fede dei contratti è uno dei principi cardine del funzionamento delle obbligazioni negoziali: è evidente, infatti, che per l'adempimento delle prestazioni corrispettive assunte dalle parti con il contratto è necessaria la loro collaborazione e, quindi, ogni comportamento volto a rendere più difficoltoso (o addirittura impossibile) l'adempimento, contrasta con la logica stessa del negozio stipulato e legittima la richiesta di risoluzione del vincolo e il risarcimento dei danni.

Tali considerazioni hanno conseguenze anche con riguardo all'individuazione del giudice che ha la giurisdizione in ordine alle controversie nascenti dall'esecuzione contratti. Infatti, tali controversie, poiché hanno a oggetto posizioni di diritto soggettivo inerenti a rapporti contrattuali di natura privatistica, appartengono alla giurisdizione del giudice ordinario, quale giudice dei diritti, pur se alcune decisioni dell'amministrazione che incidono sul rapporto contrattuale hanno natura di provvedimenti amministrativi (come per esempio il provvedimento di sospensione dei lavori). L'interesse pubblico, infatti, condiziona il rapporto paritetico, al punto tale che in alcuni casi vengono in rilievo poteri amministrativi relativi alla fase di esecuzione (si pensi all'autorizzazione in materia di subappalto o di varianti, o ancora agli atti di risoluzione e recesso dal contratto). Infatti, la funzione di cura degli interessi pubblici conferita all'amministrazione implica la previsione di alcune disposizioni speciali che si discostano sensibilmente dalla disciplina privatistica. A dimostrazione della crescente valenza pubblicistica dell'esecuzione si osserva che anche le direttive europee del 2014 se ne occupano, circostanza che non si era verificata in passato. Con l'intervento del diritto comunitario non appare più corretta l'affermazione che la fase esecutiva sia disciplinata esclusivamente dal diritto privato, le deroghe a esso si sono rafforzate tanto da poter affermare che il diritto pubblico concorre con quello privato nella disciplina di tale segmento dell'attività contrattuale delle amministrazioni. La fase pubblicistica di scelta del contraente e quella privatistica di esecuzione del contratto non si devono considerare scollegate, come se fossero compartimenti stagni. Ciò è dimostrato anche dal fatto che le illegittimità riscontrate nella procedura di aggiudicazione si riverberano sul contratto stipulato, tanto è vero che al giudice amministrativo è stato attribuito il potere di dichiarare l'inefficacia del contratto a seguito dell'annullamento dell'aggiudicazione.

2. I soggetti delle stazioni appaltanti: il direttore dei lavori e dell'esecuzione

Sono vari i soggetti della stazione appaltante coinvolti nella fase di esecuzione. Innanzitutto, viene in rilievo il responsabile unico del procedimento il quale controlla i livelli di qualità delle prestazioni.

Occorre rilevare che con la l. 108/2021, per i contratti del PNRR e per quelli finanziati con i fondi europei è prevista possibilità di un intervento sostitutivo da parte del responsabile dell'unità organizzativa in caso di inerzia del responsabile unico del procedimento nell'esecuzione del contratto (si pensi ad esempio alla stipulazione del contratto; alla consegna dei lavori; alla nomina, del Collegio consultivo tecnico; alla sospensione o la ripresa dei lavori; al rilascio delle determinazioni del Collegio consultivo tecnico). Si tratta di una norma che intende ovviare a ritardi nella fase di esecuzione del contratto che possono pregiudicare il raggiungimento degli obiettivi del piano. È una disposizione che ricalca quanto statuito in via generale dalla l. 241/1990 (art. 2) che prevede la sostituzione del responsabile dell'unità organizzativa al titolare o la nomina un apposito commissario per concludere del procedimento.

Il responsabile unico del procedimento si avvale del direttore dei lavori o del direttore dell'esecuzione del contratto (qualifica utilizzata per i contratti di servizi e forniture), del coordinatore in materia di salute e sicurezza, del collaudatore o della commissione di collaudo.

La figura del direttore dei lavori è stata prevista fin dall'originaria disciplina dei lavori pubblici e le sue funzioni sono progressivamente aumentate, in considerazione della accresciuta attenzione posta dal legislatore al concetto di qualità, funzionale e strutturale, dell'opera da realizzare. Attualmente, in assenza del regolamento unico, le sue funzioni sono puntualmente disciplinate dal decreto del Ministero delle infrastrutture e dei trasporti 7 marzo 2018, n. 49 (recante "Approvazione delle linee guida sulle modalità di svolgimento delle funzioni del direttore dei lavori e del direttore dell'esecuzione").

Il direttore dei lavori è manifestazione della ingerenza della p.a. sull'appaltatore nell'esecuzione del contratto. Infatti, è preposto alla direzione e al controllo tecnico, amministrativo e contabile dell'esecuzione dell'opera secondo le normative vigenti e in base agli impegni contrattuali assunti. In sostanza, il direttore dei lavori rappresenta l'interlocutore dell'amministrazione durante l'esecuzione del contratto. Esso riceve dal Rup le disposizioni di servizio mediante le quali impartisce le indicazioni puntuali occorrenti a garantire la regolarità dei lavori, fissa l'ordine da seguirsi nella loro esecuzione, quando questo non sia regolato dal contratto. Comunque, pur nel rispetto delle disposizioni di servizio impartite dal Rup, il direttore dei lavori ha una certa autonomia in ordine al controllo tecnico, contabile e amministrativo dell'esecuzione dell'intervento. La stretta connessione tra le due figure è dimostrata dal fatto che il direttore presenta periodicamente al Rup un rapporto sull'andamento delle attività di esecuzione; propone modifiche e varianti dei contratti in corso di esecuzione, indicandone i motivi in apposita relazione da inviare al Rup (art. 106 codice); comunica al Rup le contestazioni insorte circa aspetti tecnici del contratto e redige verbale delle circostanze contestate in contraddittorio.

L'individuazione del direttore dei lavori (e la costituzione del suo ufficio) deve essere effettuata prima dell'affidamento dei lavori e tendenzialmente all'interno della p.a. Infatti, di regola, la direzione dei lavori è affidata a funzionari tecnici della stessa amministrazione, anche se non è escluso che in alcuni casi tale incarico possa essere attribuito all'esterno allorché vi sia carenza di organico, accertata e certificata dal responsabile del procedimento. L'affidamento all'esterno può essere conferito sia ad altre amministrazioni sia al progettista incaricato dell'attività di progettazione nonché ad altri soggetti privati dopo l'espletamento di apposite procedure a evidenza pubblica.

Sono previste disposizioni funzionali al superamento di eventuali conflitti di interesse. Infatti, al direttore dell'esecuzione è precluso, dal momento dell'aggiudicazione e fino alla verifica di conformità, accettare nuovi incarichi professionali dall'impresa affidataria. Il direttore, una volta conosciuta l'identità dell'aggiudicatario, deve segnalare l'esistenza alla stazione appaltante di eventuali rapporti con lo stesso, per le opportune valutazioni sull'incidenza di detti rapporti.

I compiti del direttore dei lavori consistono essenzialmente nella verifica del possesso e della regolarità da parte dell'appaltatore della documentazione prevista dalle leggi vigenti in materia di obblighi nei confronti dei dipendenti; nella costante verifica di validità del programma di manutenzione, dei manuali d'uso e dei manuali di manutenzione; nel controllo in ordine all'esecuzione dei lavori conformemente alle regole della tecnica, in conformità al progetto esecutivo e al contratto.

Queste funzioni di sorveglianza sono esercitate attraverso istruzioni e ordini di servizio, atti con i quali il direttore dei lavori dirige tecnicamente l'esecuzione delle opere e sovraintende alla compilazione della contabilità dei lavori in fase amministrativa con lo scopo di garantire il risultato della corrispondenza dell'opera al contratto. La natura giuridica di tali atti varia in relazione alla funzione che il singolo ordine assume: questi possono avere natura contrattuale o meglio dichiarativa del contenuto del contratto in quanto tendono ad assicurare che questo abbia una regolare esecuzione; altre volte possono avere natura amministrativa in quanto costituiscono esplicazione di poteri dell'amministrazione; in altri casi ancora servono esclusivamente a comunicare all'appaltatore la volontà dell'amministrazione committente.

Qualunque sia la loro natura, l'appaltatore ha l'obbligo di uniformarsi agli ordini di servizio del direttore dei lavori avendo l'onere di formulare le proprie osservazioni e riserve laddove ritenga le istruzioni non conformi a contratto.

Nei contratti di servizi e forniture, le funzioni di direzione dell'esecuzione del contratto vengono svolte dal direttore dell'esecuzione che di norma è il responsabile del procedimento. Il direttore dell'esecuzione è diverso dal Rup nei casi di prestazioni di importo superiore alle soglie di cui all'art. 35 del codice; di interventi particolarmente complessi sotto il profilo tecnologico; prestazioni che richiedono l'apporto di una pluralità di competenze; di interventi caratterizzati dall'utilizzo di componenti o di processi produttivi innovativi o dalla necessità di elevate prestazioni per quanto riguarda la loro funzionalità.

Anche per questi contratti il direttore provvede al coordinamento, alla direzione e al controllo tecnico contabile e assicura la regolare esecuzione da parte dell'appaltatore.

Il profilo delle responsabilità del direttore dei lavori è alquanto delicato poiché deriva dal suo ruolo all'interno della stazione appaltante. Nel caso in cui il direttore ometta di vigilare e di impartire le necessarie direttive tecniche, non controlli che l'appaltatore adempia ai propri doveri contrattuali, ovvero non riferisca tempestivamente all'amministrazione su problematiche rilevanti e ciò provochi ritardo nell'ultimazione dei lavori o irregolarità e difetti nell'esecuzione dell'opera, incorre in responsabilità civile con la conseguenza che l'amministrazione può rivalersi su di lui per i danni subiti. Le norme, invece, non prevedono una responsabilità diretta del direttore dei lavori nei confronti dell'appaltatore, poiché ogni fatto del direttore è imputabile all'amministrazione che ne risponde direttamente.

Dal comportamento del direttore dei lavori possono derivare anche danni alle casse dell'amministrazione appaltante. In tal caso a tale soggetto può essere imputata la responsabilità di tipo amministrativo-contabile poiché egli esercita pubbliche funzioni in nome e nell'interesse dell'amministrazione appaltante. Se è dipendente di altra amministrazione o è esterno, comunque il direttore si deve ritenere funzionalmente e temporaneamente inserito nell'apparato organizzativo della stazione appaltante che gli ha conferito l'incarico, quale organo tecnico e straordinario della stessa con la conseguenza che, con riferimento responsabilità per danni cagionati nell'esecuzione dell'incarico, è soggetto alla giurisdizione della Corte dei conti (basti pensare al caso in cui, con ingiustificato comportamento dilatorio, abbia omesso sia di ordinare la ripresa dei lavori dopo un periodo di sospensione, sia di liquidare all'impresa esecutrice le competenze spettanti).

Nella sua attività di coordinamento dei lavori il direttore viene coadiuvato da assistenti, poiché i compiti a esso demandati possono non essere tali da richiedere la sua presenza costante nel cantiere. In particolare, i direttori operativi sono assistenti del direttore dei lavori (o dell'esecuzione) e hanno il compito di verificare che le lavorazioni delle singole parti delle opere (di servizi e forniture) siano eseguite regolarmente e secondo quanto stabilito dal contratto. Gli ispettori di cantiere, altra figura di assistenti del direttore dei lavori, sono addetti alla sorveglianza continua dei lavori secondo quanto stabilito dal capitolato speciale d'appalto.

3. La consegna dei lavori e l'avvio dell'esecuzione dei servizi e delle forniture

Il primo atto di esecuzione del rapporto contrattuale è la consegna dei lavori, che consiste nell'insieme dei provvedimenti e delle operazioni materiali indispensabili per l'avvio degli interventi previsti.

Con la consegna dei lavori l'appaltatore viene immesso nella piena disponibilità dell'area al fine di insediare il cantiere. L'effettiva immissione in possesso dell'area necessaria per la realizzazione dell'opera comporta che la stazione appaltante abbia già acquisito la completa disponibilità delle aree interessate dall'opera, che devono essere libere da persone e cose. Nel caso contrario dovranno essere rimborsati all'appaltatore i maggiori oneri derivanti dall'impossibilità di iniziare tempestivamente l'opera. La disponibilità dell'area deve essere assicurata durante tutto il periodo di esecuzione del contratto onde evitare sospensioni o ritardi nell'esecuzione delle opere. Di tale operazione è dato atto, da entrambe le parti, in un apposito verbale.

La consegna dei lavori segna il momento da cui decorre il termine per l'ultimazione delle opere previste e per tutte le eventuali scadenze intermedie contenute nel cronoprogramma. Inoltre, attraverso le operazioni di consegna la situazione di fatto viene accettata dall'appaltatore, salve eventuali circostanze sopravvenute imputabili a forza maggiore o non prevedibili al tempo della consegna (es. la sorpresa idrogeologica).

La consegna è, quindi, un atto a necessaria compartecipazione, in contraddittorio, tra committente e appaltatore, per cui quest'ultimo non può iniziare i lavori senza che la p.a., attraverso il direttore dei lavori, non proceda alla consegna delle aree.

Per le amministrazioni statali, la consegna dei lavori deve avvenire entro il termine di quarantacinque giorni dalla data di registrazione del decreto di approvazione del contratto da parte della Corte dei conti e, comunque, non oltre il termine di quarantacinque giorni dall'approvazione del contratto quando la registrazione da parte della Corte dei conti non sia richiesta dalla legge (tali termini si applicano anche per l'avvio dei contratti di servizi e forniture). Per tutte le altre stazioni appaltanti, il termine di quarantacinque giorni decorre dalla stipula del contratto. Al di là delle previsioni legislative, il termine di consegna può essere derogato dalle parti con espressa previsione nel capitolato.

L'appaltatore si deve presentare il giorno concordato per la consegna delle aree ma nel caso in cui non si presenti è possibile fissare un termine suppletivo che non sposta, però, quello finale di esecuzione dei lavori. L'ulteriore inerzia dell'appaltatore comporta, invece, la facoltà dell'amministrazione di risolvere il contratto e incamerare la cauzione.

Può venire in rilievo anche l'ipotesi opposta, allorché la ritardata o mancata consegna dell'opera sia imputabile all'amministrazione. In questo caso l'appaltatore, con apposita istanza, può chiedere di recedere dal contratto. Tale istanza rappresenta una mera proposta di scioglimento dal vincolo contrattuale e perciò deve essere accettata dalla committente. In caso di accoglimento dell'istanza, l'appaltatore ha il diritto al rimborso delle spese sostenute e adeguatamente documentate. Nell'ipotesi contraria si procede alla consegna tardiva e l'appaltatore ha il diritto al compenso dei maggiori oneri dipendenti dal ritardo.

L'amministrazione ha l'obbligo di accogliere l'istanza di recesso solo nel caso in cui il ritardo nella consegna dei lavori superi la metà del termine utile contrattuale. L'appaltatore ha diritto, quindi, allo scioglimento del contratto nonché al compenso per le spese effettuate.

È possibile la consegna parziale, ove previsto dal capitolato speciale, in relazione alla natura e all'entità dei lavori da eseguire, ovvero nei casi di temporanea indisponibilità delle aree e degli immobili. In caso di urgenza è possibile avviare i lavori per le sole parti già consegnate.

Ragioni di urgenza possono determinare la necessità di un immediato inizio dei lavori ancor prima che venga stipulato il contratto. In tal caso, il direttore dei lavori consegna subito dopo l'aggiudicazione del contratto le aree all'appaltatore (consegna d'urgenza o anticipata). In mancanza di stipula del contratto l'appaltatore avrà diritto al rimborso delle spese sostenute per l'esecuzione dei lavori autorizzati dal direttore dei lavori.

Una volta avvenuta la consegna delle aree spetta all'appaltatore l'organizzazione dei lavori per l'esecuzione dell'opera attraverso l'impianto del cantiere (il luogo nel quale si depositano, si lavorano e si preparano i materiali e tutto ciò che occorre per la costruzione dell'opera).

Le stazioni appaltanti, prima dell'inizio dei lavori, devono approntare il piano delle misure di sicurezza dei lavoratori. La predisposizione del piano avviene in sede di progettazione esecutiva. Esso prevede le modalità attraverso le quali l'organizzazione delle lavorazioni sia idonea a prevenire o ridurre i rischi per la sicurezza e la salute dei lavoratori. La redazione del piano comporta l'individuazione, l'analisi e la valutazione dei rischi relativi alle varie tipologie di lavorazioni connessi alla congestione delle aree, dipendenti da sovrapposizione di fasi di lavorazione. I piani della sicurezza sono integrati da un disciplinare contenente le prescrizioni operative finalizzate a garantire il rispetto delle norme per la prevenzione degli infortuni, per la tutela della salute dei lavoratori e da tutte le informazioni relative alla gestione del cantiere.

Il cantiere ha uno specifico costo di impianto, di esercizio e di ripiegamento. Queste spese vengono denominate spese generali e sono a carico dell'appaltatore. Solo nel caso in cui la p.a., per fatto proprio, abbia determinato un aggravio delle spese generali, dovrà rimborsare all'esecutore i maggiori oneri.

Nell'organizzazione del cantiere la p.a. non esercita alcun potere dispositivo di ingerenza sull'appaltatore.

Ulteriore specifico compito dell'appaltatore è quello di stabilire l'ordine di esecuzione dei lavori. Nel caso in cui l'amministrazione abbia un particolare interesse all'ordine di svolgimento dei lavori deve specificamente indicarlo nel capitolato speciale. Resta, comunque, salvo il diritto delle amministrazioni di stabilire l'ordine con il quale eseguire i lavori allorché esso non sia definito contrattualmente.

Nell'esecuzione dei lavori, l'amministrazione può esercitare poteri dispositivi al fine di vigilare e di controllare la regolare esecuzione dell'opera. Le ingerenze possono essere di tipo tecnico e amministrativo. Nel primo caso, a esempio, l'amministrazione controlla la qualità dei materiali, l'adeguatezza dei manufatti e dei procedimenti tecnici eseguiti, procede a verifiche e, tramite il direttore dei lavori, emana ordini di servizio. Nel secondo caso, l'ingerenza della amministrazione attiene alle verifiche sulla corretta compilazione della contabilità dei lavori e di tutti gli atti relativi alla sua gestione.

L'ingerenza della committente, però, non deve essere tale da annullare l'autonomia dell'appaltatore. Questo delicato equilibrio tra la posizione dell'appaltatore e dell'amministrazione si manifesta nell'attribuzione della responsabilità per danni cagionati a terzi durante l'esecuzione dei lavori. La circostanza che l'appaltatore conservi margini di autonomia, ha portato a considerarlo, di regola, l'unico responsabile dei danni cagionati ai terzi nel corso dei lavori. Si ha responsabilità concorrente e solidale dell'amministrazione committente solo qualora il fatto dannoso sia stato posto in essere in esecuzione del progetto o di direttive impartite, mentre una responsabilità esclusiva della amministrazione si configura solo allorquando essa abbia rigidamente vincolato l'attività dell'appaltatore, così da neutralizzare completamente la sua libertà di decisione.

Con riferimento ai contratti di servizi viene previsto che il direttore dell'esecuzione, dopo che il contratto è divenuto efficace, dia avvio all'esecuzione delle prestazioni. Nella sostanza per i contratti di servizi si applicano le disposizioni in materia di lavori (si pensi alla ritardata consegna o alla consegna d'urgenza).

4. Termini di adempimento

I tempi di esecuzione del contratto sono stabiliti dal cronoprogramma dei lavori che costituisce elaborato obbligatorio da predisporre nelle varie fasi della progettazione. In particolare, nel progetto esecutivo il cronoprogramma deve avere un elevato livello di dettaglio. Di solito è predisposto dalla stazione appaltante e accettato dall'appaltatore all'atto della stipula del contratto.

Il cronoprogramma stabilisce la progressione dei tempi di lavoro, tenendo anche conto della prevedibile incidenza dei giorni di andamento stagionale sfavorevole; inoltre, individua l'ammontare presunto, parziale e progressivo, dell'avanzamento dei lavori alle scadenze previste contrattualmente stabilite per la liquidazione dei certificati di pagamento.

Tale atto è funzionale al controllo dell'andamento dei lavori, tanto è vero che il direttore dei lavori deve curarne l'aggiornamento e segnalare eventuali difformità rispetto alle previsioni contrattuali proponendo i necessari interventi correttivi.

Il cronoprogramma ha la funzione di stabilire i termini dell'esecuzione dell'appalto.

Oltre al termine iniziale, che scatta all'atto della consegna dei lavori, altri termini previsti sono quello di ultimazione dei lavori e quello intermedio che può essere fissato nel capitolato d'appalto in funzione sollecitatoria nel caso di opere particolarmente complesse. I termini di adempimento delle singole prestazioni sono stabiliti dal responsabile del procedimento in relazione alla tipologia, alla categoria, all'entità e alla complessità dell'intervento, nonché al suo livello qualitativo.

Nel caso di mancato rispetto dei termini intermedi è possibile prevedere l'applicazione delle penali sulla liquidazione degli stati di avanzamento dei lavori.

Con riferimento ai contratti di attuazione del PNRR, la l. 108/2021 ha previsto la corresponsione di un premio di accelerazione per ogni giorno di anticipo sul termine di consegna dei lavori al fine di incentivare gli operatori economici alla rapida consegna al fine di rispettare i tempi previsti dal programma. Tale premio viene erogato solo all'atto dell'approvazione del certificato di collaudo. Di contro, in caso di ritardo nella consegna vengono inasprite le penali.

4.1. La sospensione dei lavori e le proroghe

Una volta stabiliti i tempi di esecuzione, i lavori devono proseguire senza interruzioni. Ciò comporta che l'appaltatore non può sospendere unilateralmente l'esecuzione degli stessi. Neppure l'amministrazione ha un potere illimitato di decidere sospensioni dei lavori. Queste, infatti, possono essere disposte legittimamente solo nelle ipotesi previste dalla legge e dal capitolato. In tutti gli altri casi, le sospensioni dei lavori si devono considerare illegittime (art. 107 codice).

La sospensione legittima dei lavori può essere causata circostanze speciali che impediscano in via temporanea la prosecuzione dei lavori a regola d'arte e che non siano prevedibili al momento della stipulazione del contratto: basti pensare alle avverse condizioni climatiche, a cause di forza maggiore (fatto naturale o umano che rende impossibile l'adempimento dell'obbligazione senza colpa da parte dell'obbligato; fatto del terzo; *factum principis* come provvedimenti di autorità terze allorché questi fatti non traggano origine da precedenti carenze progettuali imputabili alla stazione appaltante) o alla necessità di predisporre una perizia di variante (il tempo della sospensione in questi casi deve essere adeguato alla complessità e importanza delle modifiche da introdurre nel progetto). In tutti questi casi, la sospensione deve durare solo il tempo necessario per far cessare le cause che hanno comportato l'interruzione dell'esecuzione.

Inoltre, la sospensione dei lavori può essere occasionata da ragioni di necessità o di pubblico interesse (tra le quali rientrano l'interruzione di finanziamenti per esigenze sopravvenute di finanza pubblica, adeguatamente motivata dalle amministrazioni competenti). Si tratta, quindi, di cause non ricollegabili ad alcuna forma di negligenza o imperizia nella predisposizione e nella verifica del progetto da parte della stazione appaltante. Non si può invocare tra le ragioni di pubblico interesse la mancata acquisizione delle necessarie autorizzazioni amministrative per l'esecuzione dei lavori se questa è dovuta a negligenza della stazione appaltante cui spetta tale compito. Anche con riferimento alla necessità di approvare le perizie di varianti, per considerare la sospensione legittima è necessario che tale evenienza non sia ricollegabile ad alcuna forma di negligenza o imperizia dell'amministrazione nella predisposizione e nella verifica del progetto; occorre tener presente, infatti, che l'attività di verifica deve essere effettuata con la dovuta diligenza, prima della gara.

La sospensione legittima deve, quindi, essere giustificata da esigenze oggettive e sopravvenute, non previste o prevedibili da parte dell'amministrazione. In questi casi, il responsabile del procedimento ha la potestà di determinare il momento in cui sono cessate le cause di pubblico interesse o di necessità che lo hanno indotto a sospendere i lavori.

Se le sospensioni durano più di un quarto della durata complessiva prevista per l'esecuzione dei lavori o superino i sei mesi, l'appaltatore può richiedere lo scioglimento del contratto senza alcuna indennità. La stazione appaltante può opporsi allo scioglimento e l'impresa dovrà continuare la lavorazione ma avrà diritto alla refusione dei maggiori oneri causati dal prolungamento della sospensione.

Gli eventi che possono occasionare le sospensioni devono essere imprevedibili (tra questi non rientrano le interferenze tra lavori in corso di esecuzione ed altre opere da farsi o preesistenti, impianti o sottoservizi; adempimenti propedeutici all'acquisizione di autorizzazioni, nulla osta, ecc.; problemi organizzativi della stazione appaltante o delle imprese esecutrici, per es. difficoltà nell'approvvigionamento dei materiali).

La sospensione si può considerare legittima solo se il responsabile del procedimento riesce a dimostrare che gli eventi imprevisti non erano prevedibili al momento della redazione del progetto e non imputabili all'amministrazione.

Da quanto sopra si evince che la sospensione dei lavori è condizionata alla sussistenza di specifici presupposti previsti dalla legge e che, al di fuori di questi casi, l'amministrazione non possa operare, senza responsabilità, alcun sacrificio dei diritti soggettivi dell'appaltatore.

Il procedimento per la predisposizione della sospensione dei lavori può essere avviato dalla stazione appaltante la quale deve segnalare tutti quei fatti che incidono sulla possibilità di eseguire a regola d'arte l'opera e rendano opportuno un fermo nell'esecuzione dei lavori.

La richiesta dell'appaltatore ha valore di mera proposta e non vincola l'amministrazione. La sospensione è disposta dal responsabile del procedimento su indicazione del direttore dei lavori.

Il direttore svolge le operazioni in contraddittorio con l'appaltatore e redige apposito verbale. Anche la ripresa dei lavori, una volta cessate le cause di sospensione, deve essere registrata con verbale.

Tali processi verbali hanno la funzione di rendere certezza in ordine al computo dei termini per l'esecuzione dei lavori. Infatti, la sospensione legittima ha il solo effetto di modificare il termine di ultimazione del contratto.

Ulteriore tipologia di sospensione è quella parziale allorché insorgano, per cause imprevedibili o di forza maggiore, circostanze che impediscano parzialmente il regolare svolgimento dei lavori. In questa ipotesi, l'appaltatore è tenuto a proseguire solo le parti di lavoro eseguibili. Anche in questo caso non sussiste alcun diritto da parte dell'impresa a ulteriori compensi o indennizzi.

Qualora non ricorrano le circostanze sopra illustrate, la sospensione si deve considerare illegittima e obbliga la stazione appaltante a risarcire i danni che l'appaltatore può subire in ordine alla maggiore durata dei lavori tra cui il danno derivante dai maggiori oneri per spese generali, dal mancato utile, dal mancato ammortamento e dalle retribuzioni inutilmente corrisposte.

La sospensione può essere *ab origine* illegittima ovvero può divenire illegittima successivamente, allorché vengano meno le cause, previste dalla legge, che ne hanno determinato l'insorgenza senza che riprendano i lavori. Nel secondo caso i maggiori oneri devono essere corrisposti solo per il periodo di illegittimità della sospensione.

La sospensione è illegittima se dipende da un fatto proprio dell'amministrazione, è determinata da motivi diversi rispetto a quelli stabiliti dalla legge o dal capitolato o quando è causata da fatti previsti o prevedibili con l'ordinaria diligenza (es. impossibilità di approvvigionamento dei materiali a causa della chiusura estiva dei magazzini; negligenze dell'appaltatore in sede di studi preliminari e di progettazione).

Ulteriore vicenda che incide sul termine di ultimazione dei lavori è la richiesta di proroghe da parte dell'appaltatore. Il presupposto legittimante tale richiesta è l'impossibilità di completare i lavori, per cause non imputabili all'appaltatore nel termine contrattualmente fissato. La richiesta di proroga deve essere effettuata con congruo anticipo rispetto alla scadenza contrattuale. Entro trenta giorni dalla richiesta, il responsabile del procedimento deve comunicare la decisione in ordine alla concessione della proroga.

La l. 120/2020, per l'emergenza sanitaria, ha previsto una deroga alla normativa del codice sulle sospensioni fino al 30 giugno 2023. Sono state infatti previste cause tassative per la sospensione dei lavori di importo pari o superiore alle soglie comunitaria. Le sospensioni, per questo ristretto lasso di tempo, devono essere disposte esclusivamente per cause previste da disposizioni di legge penale, dal codice delle leggi antimafia e delle misure di prevenzione di cui al d.lgs. 6 settembre 2011, n. 159, nonché da vincoli inderogabili derivanti dall'appartenenza all'Unione europea; per gravi ragioni di ordine pubblico, salute pubblica o dei soggetti coinvolti nella realizzazione delle opere, ivi incluse le misure adottate per contrastare l'emergenza sanitaria globale da Covid-19; per gravi ragioni di ordine tecnico, idonee a incidere sulla realizzazione a regola d'arte dell'opera, in relazione alle modalità di superamento delle quali non vi è accordo tra le parti; per gravi ragioni di pubblico interesse.

4.2. Il termine finale e le penali

Il termine finale dei lavori deve essere espresso nel contratto di appalto ed ha natura di termine essenziale dal momento che l'ultimazione dell'opera rappresenta la soddisfazione dell'interesse pubblico al conseguimento dell'oggetto del contratto.

In esito alla comunicazione formale dell'appaltatore di ultimazione dei lavori, il direttore effettua i necessari accertamenti in contraddittorio e rilascia il certificato attestante l'ultimazione dei lavori. Tale documento ha la funzione di accertare l'avvenuta esecuzione dell'opera, ma non equivale ad accettazione della stessa.

Nel caso in cui l'appaltatore comunichi l'ultimazione dei lavori ma, in sede di verifica, il direttore rilevi che alcune lavorazioni non sono complete o difettose, pur essendo l'opera nel suo complesso terminata, nel certificato di ultimazione devono essere indicate le lavorazioni mancanti o difettose e il direttore deve assegnare un termine per la realizzazione delle stesse. Tale termine, che non può superare i sessanta giorni, è perentorio. Se l'appaltatore adempie, il termine di ultimazione risulta quello del certificato di ultimazione; se l'appaltatore non adempie, il termine di ultimazione deve essere spostato in avanti, ciò causa l'inefficacia del certificato di ultimazione e la necessità della redazione di un nuovo certificato che accerti l'avvenuto completamento delle lavorazioni.

Nell'ipotesi in cui entro il termine contrattuale l'opera non venga terminata si ha il c.d. ritardo nell'esecuzione dei lavori.

Il ritardo nell'esecuzione dei lavori non conferisce il diritto all'appaltatore di sciogliere il contratto né alcuna indennità aggiuntiva. Inoltre, il ritardo è fonte di responsabilità dell'appaltatore se dovuto a causa a lui imputabile. Infatti, in queste ipotesi si può applicare una penale che deve essere comunque prevista da un'apposita clausola contrattuale. Le penali da applicare sono stabilite dal responsabile del procedimento, in sede di elaborazione del progetto posto a base di gara ed inserite nello schema di contratto. Il codice (art. 113 *bis*) prevede che le penali possano essere fissate in misura giornaliera compresa tra lo zerotre per mille e l'uno per mille dell'ammontare netto contrattuale e, comunque, non possono superare complessivamente il dieci per cento dell'ammontare netto contrattuale (per i contratti del PNRR le penali sono più consistenti: vanno dallo zerosei per mille all'uno per mille dell'ammontare netto contrattuale, da determinare in relazione all'entità delle conseguenze legate al ritardo, e non possono superare, complessivamente, il venti per cento di detto ammontare netto contrattuale).

La penale, quindi, è connessa all'inadempimento colpevole dell'appaltatore mentre non si applica nel caso in cui il ritardo sia causato da un evento non imputabile all'appaltatore o da un fatto fortuito.

La clausola penale ha la duplice funzione di rafforzare il vincolo contrattuale e di liquidare anticipatamente e forfetariamente il danno consequenziale del ritardo, indipendentemente dalla prova della sua concreta esistenza. Da ciò consegue che, oltre a quanto previsto dalla penale, non può essere liquidato alcun ulteriore danno per il ritardo nell'esecuzione del contratto.

La penale viene comminata dal responsabile del procedimento sulla base delle indicazioni fornite dal direttore dei lavori e viene applicata con deduzioni dall'importo del conto finale o, se quest'ultimo non prevede un importo sufficiente a coprirla, anche dagli stati di avanzamento dei lavori.

L'appaltatore può anche richiedere la disapplicazione delle penali allorché ritenga che il ritardo non sia a lui imputabile o la penale sia manifestamente sproporzionata rispetto all'interesse della stazione appaltante. In questi casi, l'appaltatore deve presentare apposita istanza di disapplicazione della penale sulla quale decide la stazione appaltante, su proposta del responsabile del procedimento, sentito il direttore dei lavori.

L'art. 108 del codice prevede una specifica ipotesi di risoluzione del contratto per grave ritardo rispetto alle previsioni del programma. In questi casi, il direttore dei lavori assegna un termine all'appaltatore, che non può essere inferiore a dieci giorni, per eseguire i lavori richiesti, scaduto il quale verifica, in contraddittorio con l'appaltatore, o, in sua mancanza, con l'assistenza di due testimoni, quali lavori sono stati effettuati e compila processo verbale da trasmettere al responsabile del procedimento. Qualora l'inadempimento permanga, la stazione appaltante, su proposta del responsabile del procedimento, delibera la risoluzione del contratto fermo restando il pagamento delle penali.

Le controversie riguardanti l'applicazione delle penali sono devolute alla giurisdizione del giudice ordinario in quanto i provvedimenti che applicano penali non costituiscono espressione di un potere autoritativo della p.a. ma sono atti di mera attuazione di una previsione contrattuale.

Per i contratti di servizi e forniture, le penali possono essere stabilite anche nelle ipotesi di non conformità della prestazione eseguita rispetto ai livelli qualitativi e quantitativi richiesti. In questo caso, nel contratto sono predeterminati i parametri di calcolo della penale.

Alla scadenza del contratto, se l'amministrazione ha la necessità di avvalersi del medesimo tipo di prestazioni, non può procedere con affidamenti diretti al contraente uscente ma deve indire una nuova gara. Può essere prevista la possibilità che venga prorogata la durata del contratto in corso solo per il tempo strettamente necessario a individuare un nuovo contraente (c.d. proroga tecnica). La possibilità di usufruire di tale proroga deve comunque essere prevista nel bando o nei documenti di gara. In questi casi, il contraente è tenuto all'esecuzione delle prestazioni contrattuali agli stessi prezzi, patti e condizioni o più favorevoli per l'amministrazione (art. 106 codice). La legge non pone un limite massimo alla proroga, il limite è quello della conclusione della nuova gara. La proroga è uno strumento del tutto eccezionale che consente di assicurare il passaggio da un vincolo contrattuale a un altro. La normativa, quindi, non consente ulteriori proroghe per il contrente uscente al di fuori di quelle previste dalla legge.

L'istituto della proroga è differente da quello del rinnovo contrattuale. Infatti, quest'ultimo comporta una nuova negoziazione con il medesimo soggetto che può concludersi con l'integrale conferma delle precedenti condizioni o con la modifica di alcune di esse in quanto non più attuali. La proroga, invece, ha come solo effetto il differimento del termine finale del rapporto, il quale rimane per il resto regolato dall'atto originario. Tale differenziazione è rilevante in quanto la normativa non prevede la possibilità di rinnovo contrattuale mentre limita fortemente, alle sole ipotesi tassativamente previste, il ricorso alla proroga. La *ratio* di tali restrizioni normative è quella di impedire che si eludano i principi della concorrenza e del ricorso all'evidenza pubblica per selezionare i contraenti della p.a. Il rinnovo è vietato sia in forma tacita sia in forma espressa (es. se previsto nei documenti di gara). Il rinnovo è consentito solo nei casi di affidamenti successivi all'originario esecutore per i contratti di ripetizione di lavori o servizi analoghi.

5. Le varianti

L'appaltatore deve eseguire l'opera in conformità al contratto e, di conseguenza, non può modificare quanto previsto introducendo variazioni o addizioni al progetto. Il principio generale del divieto di introdurre varianti all'oggetto del contratto si giustifica con l'esigenza di impedire l'aumento dei costi che deve sopportare l'amministrazione. Inoltre, il mutamento dell'oggetto contrattuale pone il problema del ricorso a un nuovo affidamento con procedura a evidenza pubblica. In alcuni casi, però l'oggetto del contratto può subire alcune variazioni senza che sia necessario ricorrere a nuove gare. La stazione appaltante ha il diritto di apportare variazioni o addizioni all'opera e l'appaltatore ha l'obbligo di eseguirle purché siano contenute entro determinati limiti e siano disposte con determinate forme (*ius variandi*).

L'art. 106 del codice prevede ipotesi tassative di varianti. Al di fuori di queste ipotesi qualsiasi variazione sarebbe illegittima e determinerebbe la responsabilità di quanti l'hanno disposta, permessa e fatta attuare.

Il Rup è competente all'autorizzazione delle varianti (sulle indicazioni fornite dal direttore dei lavori). Nel caso di servizi e forniture il direttore dell'esecuzione propone al Rup le modifiche nonché le varianti dei contratti in corso di esecuzione, indicandone i motivi in apposita relazione.

Sono possibili le modifiche, a prescindere dal loro importo, se previste nei documenti di gara con clausole chiare, precise e inequivocabili in modo tale da essere conoscibili da ogni concorrente. In tal caso, le clausole devono chiarire la natura e la portata delle modifiche. Le clausole possono comprendere anche la revisione dei prezzi e, comunque, non devono alterare la natura generale del contratto.

È possibile la modifica per l'esecuzione di lavori, servizi e forniture supplementari ossia per quelle prestazioni che si rendono necessarie in corso di esecuzione e che non erano incluse nell'oggetto del contratto, ove un cambiamento del contraente non sia possibile per motivi economici o tecnici e comporti per la stazione appaltante notevoli disguidi o un consistente aumento di costi. In questi casi, è chiaro che residua all'amministrazione appaltante un notevole margine di discrezionalità per valutare le circostanze che giustificano l'estensione del contratto. Tra i motivi tecnici potrebbero rientrare difficoltà all'intercambiabilità e interoperatività di macchinari e apparecchiature (si pensi agli appalti di servizi nell'ambito dell'informatica e alle ipotesi in cui il cambiamento del contraente obblighi l'amministrazione ad acquistare materiali, lavori o servizi con caratteristiche tecniche differenti il cui impiego o la cui manutenzione comporterebbero incompatibilità o difficoltà tecniche sproporzionate).

La modifica relativa alle prestazioni supplementari non deve superare il cinquanta per cento dell'importo originario del contratto e in caso di più modifiche successive tale limite si deve applicare al valore di ciascuna modifica.

Assumono la denominazione di varianti in corso d'opera quelle che si rendono necessarie per cause impreviste e imprevedibili o per l'intervenuta possibilità di utilizzare materiali, componenti e tecnologie non esistenti al momento della progettazione che possono determinare, senza aumento di costo, significativi miglioramenti nella qualità dell'opera o di sue parti e sempre che non alterino l'impostazione progettuale. In tale categoria rientrano anche le varianti necessarie per esigenze derivanti da sopravvenute disposizioni legislative e regolamentari (per es. sopravvenienze normative relative alla salvaguardia dell'ambiente; norme tecniche che stabiliscono parametri di sicurezza diversi dai precedenti). In questi casi, vi è un'ampia discrezionalità della committente in ordine alla valutazione dell'incidenza della norma sopravvenuta sul contratto e sull'entità delle modifiche da proporre.

Si tratta di ipotesi che lasciano un certo margine di interpretazione tanto da farvi rientrare eventi inerenti alla natura e alla specificità dei beni sui quali si interviene verificatisi in corso d'opera, o di rinvenimenti imprevisti o non prevedibili nella fase progettuale (basti pensare al rinvenimento di reperti archeologici che impongono un diverso regime dei lavori). Altro caso di variante è la c.d. "sorpresa geologica" *ex* art. 1664, c. 2, c.c. Si tratta della manifestazione di cause geologiche, idriche o simili non previste né prevedibili in sede progettuale che impongono di variare l'opera (esistenza di un corso d'acqua sotterraneo che determini la necessità di modificare il corso di una galleria).

Anche in questi casi la modifica non deve alterare la natura del contratto e non deve superare il cinquanta per cento dell'importo originario (art. 106, c. 7). In caso di più modifiche la limitazione si applica al valore di ogni modifica.

Se, invece, vengono introdotte modifiche sostanziali del contratto è necessario procedere con una nuova gara in quanto le parti hanno espresso la volontà di rinegoziare parti fondamentali del contratto e, quindi, alterare notevolmente le condizioni pattuite. Tali nuove condizioni, se fossero state previste nella procedura di aggiudicazione originaria, avrebbero comportato l'ammissione di concorrenti differenti da quelli originariamente ammessi o avrebbero consentito di accettare un'offerta diversa da quella che si è aggiudicata il contratto.

La valutazione sulla rilevanza della modifica è rimessa alla discrezionalità della p.a. che, comunque, deve essere esercitata all'interno dei paletti predisposti dal codice che individua i casi nei quali si può ritenere sostanziale e, quindi, vietata una modifica. Infatti, l'art. 106, c. 4, prevede che la modifica è sostanziale se cambia l'equilibrio economico del contratto a favore dell'aggiudicatario in modo non previsto nel contratto iniziale; estende notevolmente l'ambito di applicazione del contratto; se un nuovo contraente sostituisce quello cui l'amministrazione aggiudicatrice o l'ente aggiudicatore aveva inizialmente aggiudicato l'appalto al di fuori dei casi ammessi.

Quest'ultima ipotesi implica che, in determinati casi, sia possibile la sostituzione del contraente originario (c.d. modifica soggettiva). Tale sostituzione è possibile quando sia prevista da una clausola inequivocabile; quando all'aggiudicatario iniziale succede, per causa di morte o a seguito di ristrutturazioni societarie, un altro operatore economico che soddisfi i criteri di selezione qualitativa stabiliti inizialmente, purché ciò non implichi altre modifiche sostanziali al contratto e non sia finalizzato a eludere l'applicazione del codice; nel caso in cui l'amministrazione aggiudicatrice o l'ente aggiudicatore si assuma gli obblighi del contraente principale nei confronti dei suoi subappaltatori.

Si possono considerare modifiche non sostanziali le ipotesi di miglioramenti nell'esclusivo interesse dell'amministrazione (c.d. varianti migliorative); l'intervenuta possibilità di utilizzare materiali, componenti o tecnologie non esistenti al momento della progettazione e che possono determinare, senza aumento di costo, significativi miglioramenti senza alterare il progetto; varianti per piccoli dettagli. Le varianti migliorative consistono in varianti in aumento o in diminuzione, finalizzate al miglioramento dell'opera e della sua funzionalità, purché non comportino modifiche sostanziali e siano motivate da obiettive esigenze derivanti da circostanze sopravvenute e imprevedibili al momento della stipula del contratto. L'importo in aumento delle relative varianti non può superare il cinque per cento dell'importo originario del contratto.

Le amministrazioni possono stabilire nei documenti di gara ulteriori soglie di importo per consentire le modifiche non sostanziali.

Infine, le varianti possono essere introdotte anche per errori progettuali (in particolare del progetto esecutivo), per il manifestarsi di errori o di omissioni del progetto esecutivo che pregiudicano, in tutto o in parte, la realizzazione dell'opera ovvero la sua utilizzazione. In questa ipotesi, è interesse dell'amministrazione ovviare a deficienze progettuali che impediscono la realizzazione dell'opera con le modalità originariamente previste (art. 132, lett. *e*).

Per errore o omissione progettuale si intende un'inadeguata valutazione dello stato di fatto, la mancata o erronea identificazione della normativa tecnica vincolante per la progettazione, il mancato rispetto dei requisiti funzionali ed economici prestabiliti e risultanti da prova scritta, la violazione delle norme di diligenza nella predisposizione degli elaborati progettuali. L'accertamento dell'errore progettuale comporta la responsabilità dei titolari di incarichi di progettazione.

Si deve precisare che tale variante si pone come rimedio per sopperire a carenze progettuali che emergano per la prima volta nel corso dei lavori; essa, quindi, non può essere utilizzata come strumento del quale servirsi al fine di correggere errori già emersi nel corso del procedimento di formazione del contratto (procedimento di aggiudicazione ovvero fase preliminare alla conclusione del contratto), risultando in contraddizione con il principio del buon andamento che l'amministrazione proceda all'aggiudicazione della gara nella consapevolezza che il rapporto contrattuale, che si accinge a stringere con l'aggiudicatario, sia inidoneo a consentire la compiuta realizzazione dell'opera progettata. La rilevanza dell'errore progettuale che giustifica la variante, quindi, non può che essere successiva alla fase della stipula del contratto (ovvero dell'affidamento dei lavori), incidendo sugli aspetti del progetto che vengono in rilievo nel momento del concreto attuarsi dello stesso.

I progettisti sono responsabili dei danni subiti dall'amministrazione per gli errori o omissioni nella progettazione. Nelle ipotesi di aggiudicazione di contratti unitamente alla progettazione, è il contraente che ha effettuato il progetto che risponde degli errori progettuali.

La normativa consente la variante in caso di errore di progettazione a condizione che l'importo della modifica sia al di sotto di entrambe le soglie fissate all'art. 35 e che, comunque, non superi il dieci per cento del valore iniziale del contratto per i contratti di servizi e forniture sia nei settori ordinari che speciali ovvero il quindici per cento del valore iniziale del contratto per i contratti di lavori sia nei settori ordinari che speciali.

Anche in questo caso le modifica non deve alterare la natura del contratto.

In ogni caso, sono consentite modifiche minime del contratto purché non superino le soglie fissate all'art. 35 ed entro il dieci per cento del valore iniziale del contratto per i contratti di servizi e forniture ovvero il quindici per cento del valore iniziale del contratto per i contratti di lavori. Tuttavia la modifica non può alterare la natura complessiva del contratto. In caso di più modifiche successive, il valore è accertato sulla base del valore complessivo netto delle successive modifiche.

L'art. 106, c. 12 del codice prevede, inoltre, che la stazione appaltante, se si rende necessario un aumento o una diminuzione delle prestazioni fino alla concorrenza del quinto dell'importo contrattuale, può imporre al contraente l'esecuzione alle stesse condizioni previste nel contratto originario e questo non può avere diritto alla risoluzione del contratto.

Nei casi di varianti in corso d'opera, il direttore dei lavori descrive la situazione di fatto ai fini dell'accertamento da parte del Rup della sua non imputabilità alla stazione appaltante, della sua non prevedibilità al momento della redazione del progetto o della consegna dei lavori e delle ragioni per cui si rende necessaria la variazione e propone al Rup le modifiche, nonché le varianti dei contratti in corso di esecuzione e relative perizie di variante, indicandone i motivi in apposita relazione.

Le perizie di variante sono approvate dall'organo decisionale della stazione appaltante su parere dell'organo consultivo che si è espresso sul progetto, qualora comportino la necessità di ulteriore spesa rispetto a quella prevista nel quadro economico del progetto approvato. Negli altri casi, le perizie sono approvate dal responsabile del procedimento, sempre che non alterino la sostanza del contratto.

Il direttore dei lavori risponde delle conseguenze derivanti dall'aver ordinato o lasciato eseguire modifiche o addizioni al progetto, senza averne ottenuto regolare autorizzazione, sempre che non derivino da interventi volti a evitare danni gravi a persone o cose o a beni soggetti alla legislazione in materia di beni culturali e ambientali o comunque di proprietà delle stazioni appaltanti.

La predisposizione di una perizia di variante dei lavori inizialmente progettati non implica necessariamente la sospensione dei lavori stessi, ma impone di procedere anzitutto alla previa verifica della compatibilità esistente fra l'opera nel suo insieme progettata e le modifiche contemplate sì da valutare se sussistano o meno le condizioni per la continuazione dei lavori almeno fino al tempo in cui sussista tale stato di compatibilità.

6. Il subappalto e la cessione del contratto

Il subappalto è il contratto attraverso il quale l'appaltatore devolve l'esecuzione di una quota delle prestazioni contrattuali a un soggetto estraneo all'originario rapporto contrattuale. Tale istituto, che nel diritto privato viene ricollegato alla natura di obbligazione di risultati assunta dall'appaltatore, il quale si impegna a eseguire l'opera con assoluta libertà di determinazione delle modalità esecutive (art. 1656 c.c.), è visto con sospetto nell'ambito dell'esecuzione dei contratti pubblici in considerazione del suo utilizzo spesso finalizzato a eludere le norme in tema di qualificazione soggettiva e trasparenza della procedura di gara, nonché la disciplina relativa alla prevenzione di infiltrazioni criminali. Per tali motivi la disciplina pubblicistica impone dei limiti all'utilizzo del subappalto. A tal fine è possibile per le stazioni appaltanti introdurre nei bandi clausole che consentono l'attribuzione di punteggi aggiuntivi a offerte che prevedano un limitato ricorso al subappalto.

La disciplina del subappalto è contenuta nell'art. 105 del codice dei contratti. In via generale, le imprese, le associazioni e i consorzi aggiudicatari sono tenuti a eseguire in proprio le opere o i lavori compresi nel contratto, il quale non può essere ceduto a pena di nullità. Infatti, il codice precisa che oltre al divieto di cessione, non può essere affidata a terzi l'integrale esecuzione delle prestazioni o lavorazioni oggetto del contratto, nonché la prevalente esecuzione delle lavorazioni relative al complesso delle categorie prevalenti e dei contratti ad alta intensità di manodopera.

Al di là di queste limitazioni è previsto il subappalto.

Il codice definisce il subappalto come il contratto con il quale l'appaltatore affida a terzi l'esecuzione di parte delle prestazioni. Inoltre, costituisce subappalto qualsiasi contratto avente a oggetto attività ovunque espletate che richiedono l'impiego di manodopera, quali le forniture con posa in opera e i noli a caldo, se singolarmente di importo superiore al due per cento dell'importo delle prestazioni affidate o di importo superiore a centomila euro e qualora l'incidenza del costo della manodopera e del personale sia superiore al cinquanta per cento dell'importo del contratto da affidare.

È previsto che il subappalto non possa superare la quota del trenta per cento dell'importo complessivo del contratto (in via transitoria la l. 108/2021 ha esteso il limite al cinquanta per cento). Tale limite si riferisce a tutte le tipologie di lavori, mentre in precedenza il limite riguardava solo i lavori della categoria prevalente e quelli scorporabili erano subappaltabili per intero (per lavori scorporabili si intendono i lavori non appartenenti alla categoria prevalente e assumibili da uno dei mandanti dell'associazione di tipo verticale). Tale limite riguarda anche le opere con rilevante componente tecnologica (*ex* art. 89, c. 11, codice).

Il sospetto con il quale il subappalto è visto dal legislatore nazionale non caratterizza la disciplina di tale istituto a livello europeo. Infatti, le direttive europee del 2014 non prevedono alcun limite quantitativo per il ricorso al subappalto e ciò deriva dalla volontà di favorire la massima esplicazione dei principi di libertà di stabilimento e di prestazione dei servizi. Per ciò la giurisprudenza europea ha avanzato dubbi sulla compatibilità con il diritto eurounitario della norma che prevede il limite del trenta percento al subappalto (aumentato al cinquanta per cento fino all'ottobre del 2021). Infatti, la Corte di giustizia, con una decisione del 2019 (26 dicembre 2019, n. C-63/18), ha affermato che la direttiva europea 2014/24/UE osta a una normativa nazionale che limita al trenta percento la parte dell'appalto che l'offerente è autorizzato a subappaltare a terzi. La direttiva, infatti, non prevede limiti astratti quantitativi in ordine alle prestazioni subappaltabili, mentre dovrebbe essere la stazione appaltante a valutare caso per caso il limite da applicare. Peraltro, la Corte di giustizia UE rileva che neppure la *ratio* del controllo su possibili infiltrazioni criminali giustifica tale norma in quanto il diritto italiano già prevede numerose attività interdittive finalizzate a impedire la partecipazione di imprese sospettate di tali infiltrazioni.

La l. 108/2021, proprio alla luce delle indicazioni europee, ha previsto, dal novembre 2021, l'eliminazione della quota di lavori subappaltabili. Nei documenti di gara, però, le amministrazioni possono prevedere prestazioni o lavorazioni oggetto del contratto di appalto che devono essere necessariamente eseguite a cura dell'aggiudicatario a causa delle specifiche caratteristiche dell'appalto, ciò al fine di preservare le caratteristiche personali dell'appaltatore.

La possibilità di fare ricorso al subappalto deve essere segnalata già in sede di offerta. Per le gare di importo superiore alle soglie comunitarie è obbligatoria l'indicazione nell'offerta di una terna di subappaltatori (anche se tale norma può essere derogata fino al 2023). Indipendentemente dagli importi, tale indicazione è obbligatoria con riferimento alle prestazioni che siano maggiormente esposte al rischio di infiltrazioni criminali. Nel caso in cui gli appalti abbiano a oggetto più prestazioni di differente natura, l'indicazione dei subappaltatori deve essere effettuata anche con riferimento alle tipologie di prestazioni che questi ultimi dovranno effettuare. L'appaltatore che intende avvalersi del subappalto deve presentare alla stazione appaltante apposita istanza, indicando il nominativo del subappaltatore, allegando la copia autentica del contratto del subappalto, la certificazione attestante il possesso da parte del subappaltatore dei requisiti prescritti, l'attestazione dell'insussistenza nei confronti dell'affidatario del subappalto dei divieti previsti dalla normativa antimafia e, infine, la dichiarazione circa la sussistenza o meno di eventuali forme di controllo o di collegamento con l'impresa affidataria del subappalto. Con riferimento a quest'ultima dichiarazione, si deve rilevare che la stazione appaltante può valutare discrezionalmente se le forme di controllo o collegamento esistenti tra subappaltatore e subappaltante siano tali da giustificazione il diniego di autorizzazione. Ciò comporta che la sussistenza di una qualche forma di collegamento non implica automaticamente il provvedimento negativo.

La stazione appaltante provvede al rilascio dell'autorizzazione entro trenta giorni dalla relativa richiesta; tale termine può essere prorogato una sola volta, ove ricorrano giustificati motivi. Trascorso tale termine senza che si sia provveduto l'autorizzazione si intende concessa attraverso il meccanismo del silenzio assenso. La stazione appaltante, esercitando i propri poteri di autotutela, può sempre revocare il provvedimento espresso o tacito di autorizzazione.

Il subappalto non autorizzato è nullo per contrarietà a norme imperative. Ciò comporta l'impossibilità per i subappaltatori di pretendere il pagamento delle prestazioni eventualmente effettuate.

La mancata autorizzazione costituisce grave inadempimento che legittima la stazione appaltante a chiedere la risoluzione del contratto. Infine, la mancata autorizzazione integra un'ipotesi di reato ai sensi dell'art. 21, c. 1, l. 13 settembre 1982, n. 646 che sanziona chiunque esegue in subappalto opere pubbliche in assenza della preventiva autorizzazione dell'autorità competente con l'arresto da sei mesi a un anno e con l'ammenda pari a un terzo del valore dell'opera ricevuta in subappalto. Da ciò deriva che la nullità dei contratti non autorizzati non può essere mai superata neppure mediante la stipula di una clausola che subordini l'efficacia del subappalto alla condizione sospensiva del rilascio dell'autorizzazione della stazione appaltante, successiva alla stipula del subcontratto.

La normativa prevede le condizioni che consentono il rilascio dell'autorizzazione: il subappaltatore non deve aver partecipato alla procedura di affidamento del contratto; deve essere qualificato nella relativa categoria; all'atto dell'offerta devono essere indicati i lavori, servizi e forniture che si intende subappaltare; il concorrente deve dimostrare l'assenza in capo al subappaltatore di motivi di esclusione ai sensi dell'art. 80 del codice.

L'esecuzione delle prestazioni affidate in subappalto non può formare oggetto di ulteriore subappalto (divieto di c.d. subappalto a cascata).

A seconda di quanto stabilito nel bando di gara, il pagamento dei lavori eseguiti dal subappaltatore viene corrisposto direttamente dalla stazione appaltante o dai soggetti aggiudicatari.

Al fine di garantire l'amministrazione, anche alla luce dell'aumento delle soglie delle prestazioni subappaltabili, il codice (sul punto recentemente modificato dalla l. 108/2021) prevede che il subappaltatore assicuri gli stessi standard qualitativi e prestazionali previsti nel contratto di appalto. A tutela dei lavoratori, poi, il subappaltatore deve e riconoscere un trattamento economico e normativo non inferiore a quello che avrebbe garantito il contraente principale, inclusa l'applicazione dei medesimi contratti collettivi nazionali di lavoro, qualora le attività oggetto di subappalto coincidano con quelle caratterizzanti l'oggetto dell'appalto ovvero riguardino le lavorazioni relative alle categorie prevalenti e siano incluse nell'oggetto sociale del contraente principale.

Occorre tener distinto il subappalto dall'avvalimento. Mentre il primo è istituto che viene in rilievo a valle della gara e consente all'impresa di poter far svolgere delle prestazioni ad altri operatori economici, l'avvalimento è istituto che consente la partecipazione del concorrente che si avvale dei requisiti di altre imprese pur rimanendo l'unico esecutore delle prestazioni. Quindi, l'avvalimento è destinato all'ampliamento dei soggetti che possono partecipare alle procedure mentre il subappalto non realizza un'integrazione delle capacità dell'aggiudicatario ma è una modalità di organizzazione dell'appaltatore e comporta una sostituzione nell'esecuzione di determinate prestazioni contrattuali. In questi casi, l'aggiudicatario è l'unico responsabile verso la stazione appaltante per l'adempimento delle obbligazioni contrattuali.

Diversa dalla ipotesi del subappalto è la cessione del contratto. L'appaltatore è tenuto a realizzare in proprio le opere oggetto del contratto e questo non può essere ceduto (la cessione di contratto è negozio in virtù del quale ciascuna parte può sostituire a sé un terzo – il cessionario – nei rapporti derivanti da un contratto a prestazioni corrispettive purché il contratto debba essere ancora eseguito e il soggetto ceduto abbia espresso il proprio consenso). Ciò perché con la cessione del contratto si ha una novazione soggettiva del rapporto, in linea di principio vietata nella fase di esecuzione dell'appalto, in quanto l'amministrazione deve avere la garanzia che il soggetto scelto a seguito di una procedura concorrenziale sia quello che esegua l'opera.

L'art. 106, c. 1, lett. *d*) del codice, però, individua alcune deroghe a tale divieto, riferendosi al fenomeno più ampio delle cessioni di azienda e degli atti di trasformazione, fusione e scissione relativi ai soggetti esecutori di contratti pubblici. In questi casi, per consentire il subentro è sufficiente che il nuovo contraente risultante dalla cessione ottemperi ad alcune comunicazioni (i soggetti aggiudicatari devono comunicare prima della stipula del contratto, la propria composizione societaria, l'esistenza di diritti reali di godimento o di garanzia sulle azioni "con diritto di voto" sulla base delle risultanze del libro dei soci, nonché l'indicazione dei soggetti muniti di procura irrevocabile che abbiano esercitato il voto nelle assemblee societarie nell'ultimo anno o che ne abbiano comunque diritto) e abbia documentato il possesso dei requisiti di qualificazione.

La stazione appaltante, nel termine di trenta giorni, può opporsi al subentro del nuovo soggetto nella titolarità del contratto risolvendo il rapporto negoziale solo qualora il nuovo soggetto sia privo dei requisiti di cui all'art. 80 del codice o dei requisiti di qualificazione necessari per l'esecuzione delle residue prestazioni. Decorso tale termine senza che sia intervenuta alcuna opposizione la cessione del contratto, o comunque, il subentro diventa efficace.

7. La contabilità nei contratti e le riserve

Il contraente è tenuto a ottemperare alle disposizioni e alle istruzioni del direttore dei lavori o dell'esecuzione, impartite tramite gli ordini di servizio, senza sospendere o ritardare il regolare svolgimento dei lavori.

Tutte le operazioni relative all'accertamento e alla registrazione dei fatti che producono spesa sono predeterminate dalle norme in materia di esecuzione dei contratti. Tali operazioni devono avvenire contemporaneamente al loro accadere, al fine di consentire che, con la conoscenza dello stato di avanzamento delle prestazioni contrattuali e dell'importo dei medesimi, l'ufficio di direzione dei lavori possa: rilasciare prontamente gli stati d'avanzamento dei lavori e i certificati per il pagamento degli acconti; controllare lo sviluppo dei lavori e delle prestazioni e impartire tempestivamente le debite disposizioni per la relativa esecuzione entro i limiti delle somme autorizzate; promuovere senza ritardo gli opportuni provvedimenti in caso di deficienza di fondi.

A tali operazioni partecipa l'appaltatore il quale ha il diritto-dovere di firmare i documenti contabili dell'appalto.

La disciplina relativa alla documentazione contabile è puntuale con riferimento ai contratti di lavori mentre è meno specifica con riferimento ai servizi e alle forniture.

Con riferimento ai lavori la contabilità ha la funzione di accertare lo stato di avanzamento dei lavori, l'importo dei medesimi e, di conseguenza, consentire alla stazione appaltante di verificare il corretto adempimento del contratto e accertare che le spese sostenute siano in linea con i costi preventivati. Inoltre, attraverso la contabilizzazione delle opere si raggiunge lo scopo di rendicontare la gestione del denaro pubblico.

Con la contabilità, la direzione è in grado di rilasciare prontamente gli stati di avanzamento dei lavori e i relativi certificati di pagamento nonché di verificare il corretto andamento dell'esecuzione delle prestazioni per promuovere tempestivamente tutti gli interventi che si rendano opportuni.

I documenti amministrativi che compongono la contabilità dei lavori sono molteplici.

Il giornale dei lavori è il documento nel quale si annotano ogni giorno l'ordine, il modo e l'attività con cui progrediscono le lavorazioni, la specie e il numero di operai, l'attrezzatura tecnica impiegata dall'appaltatore nonché quant'altro interessi l'andamento tecnico ed economico dei lavori. Sul giornale dei lavori sono riportate le circostanze e gli avvenimenti relativi ai lavori e sono annotati gli ordini di servizio, le istruzioni e le prescrizioni del responsabile del procedimento e del direttore dei lavori nonché ogni altro evento che influisca sulla esecuzione dell'appalto.

I libretti di misura dei lavori e delle provviste contengono la misura e la classificazione delle lavorazioni e delle provviste.

Il registro di contabilità è documento che racchiude l'intera contabilizzazione dell'opera, in quanto a ciascuna quantità di lavorazioni eseguite e registrate nel libretto vengono applicati i corrispondenti prezzi contrattuali, in modo tale da determinare l'avanzamento dei lavori sia sotto il profilo della quantità eseguita sia sotto quello del corrispettivo maturato dall'esecutore. Inoltre, contiene le trascrizioni delle annotazioni presenti nei libretti delle misure, nonché le contestazioni effettuate dall'appaltatore e le deduzioni del direttore dei lavori. Può essere previsto anche un sommario del registro di contabilità che indica, in occasione di ogni stato di avanzamento, la quantità di ogni lavorazione eseguita al fine di consentire una verifica di quanto effettuato con lo stato di avanzamento risultante dal registro di cantabilità.

Le liste settimanali contengono le annotazioni sui noli, mezzi d'opera, nonché le provviste somministrate dall'esecutore.

Lo stato di avanzamento lavori (Sal), è il documento redatto nel momento in cui si deve effettuare il pagamento di una rata di acconto e nel quale sono riassunte tutte le lavorazioni e tutte le somministrazioni eseguite dal principio dell'appalto sino al momento della sua adozione. Tale documento precisa il corrispettivo maturato, gli acconti già corrisposti e l'ammontare dell'acconto da corrispondere.

I certificati di pagamento delle rate di acconto vengono emessi di regola contestualmente all'adozione del Sal.

Il conto finale e la rispettiva relazione descrivono lo stato e l'importo dei lavori alla loro ultimazione.

Oltre a svolgere le funzioni sopra richiamate, alcuni documenti contabili rappresentano la sede nella quale l'appaltatore fa valere eventuali contestazioni o pretese attraverso apposite domande. Tali domande si definiscono riserve. La riserva è, quindi, una contestazione relativa a pretese di maggiori compensi, rimborsi o indennizzi, per qualsiasi titolo e in relazione a qualsiasi situazione che si verifica nel corso dell'esecuzione dell'appalto.

La riserva ha la funzione di tutelare l'amministrazione la quale, in tal modo, può verificare in ogni momento l'opportunità del mantenimento del rapporto contrattuale o di recedere dal contratto in relazione al perseguimento del fine pubblico. Attraverso l'apposizione delle riserve l'amministrazione è in grado di conoscere tempestivamente le contestazioni dell'impresa suscettibili di incidere sul costo dell'opera.

Il contraente è tenuto a iscrivere tempestivamente la riserva nel registro di contabilità esponendo gli elementi idonei a individuare la sua pretesa sia con riferimento al titolo sia con riguardo alla somma.

La riserva ha a oggetto qualsiasi pretesa che sia idonea a incidere sul compenso spettante all'appaltatore per cui si possono iscrivere riserve inerenti a lavori eseguiti, a contestazioni tecniche o giuridiche circa la quantità e la qualità delle lavorazioni, a pretese relative a prestazioni fornite e a compensi maggiori o aggiuntivi ricollegabili all'esecuzione dell'opera (per es. maggiori corrispettivi rispetto a quelli contabilizzati, risarcimenti dei danni, compensi derivanti da "sorprese geologiche").

Per tali ragioni la giurisprudenza ha individuato alcune deroghe all'onere di iscrizione della riserva per fatti che non siano ricollegabili direttamente all'esecuzione dei lavori, anche se imputabili alla p.a. (es. pretese implicanti la valutazione giuridica di fatti controversi e dirette a ottenere la risoluzione del contratto per colpa dell'amministrazione, per fatti relativi alla validità del contratto, per la corresponsione di interessi moratori derivanti dal ritardato pagamento degli stati di avanzamento dei lavori o del conto finale, relative al procedimento di compensazione dei prezzi).

L'appaltatore deve proporre riserva non appena possibile, ossia al momento della prima sottoscrizione successiva all'insorgenza e alla percezione dell'evento dannoso, poiché la committenza deve conoscere tempestivamente e costantemente tutti i fattori che siano suscettibili di aggravare il costo dell'opera. Ciò significa che requisito essenziale per la validità della riserva è la sua tempestività.

In questa ottica, le riserve rappresentano un espediente tecnico-giuridico volto a impedire che le risultanze dei documenti contabili diventino incontestabili.

La riserva non deve essere generica, altrimenti non potrebbe realizzare la sua funzione principale. L'appaltatore, quindi, a pena di decadenza, entro quindici giorni dall'apposizione della riserva nel registro di contabilità deve esplicarla indicando le somme oggetto della pretesa.

Si può affermare che la riserva è presupposto necessario per avanzare pretese nei confronti dell'appaltatore e si configura come onere, poiché l'esercizio del diritto a maggiori compensi è condizionato da tale adempimento.

Il capitolato generale e il regolamento di esecuzione dettano una specifica disciplina per le riserve. Con riferimento al loro contenuto si osserva che devono essere formulate in modo specifico e indicare con precisione le ragioni sulle quali si fondano. A pena di inammissibilità devono contenere la precisa quantificazione delle somme che l'appaltatore ritiene gli siano dovute. Come visto, nel caso in cui l'esplicazione e la quantificazione non siano possibili al momento della formulazione della riserva, l'appaltatore ha l'onere di provvedervi, sempre a pena di decadenza, entro il termine di quindici giorni dall'apposizione. È fatta salva la possibilità di aggiornamento degli importi delle riserve all'atto della sottoscrizione da parte dell'appaltatore del conto finale.

Nell'ipotesi in cui l'appaltatore non firmi con riserva il registro di contabilità, i fatti in esso registrati si intendono accertati definitivamente e, di conseguenza, l'appaltatore decade dal diritto di far valere le pretese oggetto della contestazione.

Il registro di contabilità non è l'unico documento nel quale possono essere apposte le riserve. Queste, infatti, possono essere apposte nel verbale di consegna dei lavori, con riferimento all'ipotesi di ritardata consegna o di difformità dello stato dei luoghi rispetto quello previsto nel progetto, nel verbale di sospensione dei lavori e ripresa dei lavori. Anche queste riserve devono poi confluire nel registro di contabilità.

Alla chiusura del registro di contabilità, le riserve devono essere confermate ed eventualmente aggiornate nel conto finale pena la decadenza dalle pretese. Nel conto finale possono essere anche apposte domande relative a fatti risultanti per la prima volta in quella sede o intervenuti dopo la chiusura del registro di contabilità. Le riserve non confermate nel conto finale si intendono rinunciate. Infine, ulteriori domande possono essere apposte nel certificato di collaudo per fatti legati solo allo svolgimento di tali operazioni.

Successivamente all'apposizione delle riserve, si può aprire un procedimento per la definizione in via amministrativa delle contestazioni attraverso un'apposita istruttoria regolata dalla legge.

A seguito dell'esplicazione delle riserve sul registro di contabilità, il direttore dei lavori deve svolgere le proprie controdeduzioni. Ma questo non è l'unico soggetto a esprimersi sulle riserve in quanto si esprimono con relazioni separate e riservate anche la commissione di collaudo e, dopo la chiusura del conto finale, il responsabile del procedimento.

Tali relazioni non sono soggette alla disciplina del diritto di accesso (art. 13, c. 5, lett. *d*). Il legislatore, infatti, definendole relazioni riservate ha voluto impedire la diffusione di questi atti al di fuori delle amministrazioni cui sono indirizzate, in quanto si inseriscono in una controversia, in atto o potenziale, tra l'amministrazione e l'appaltatore su interessi di natura patrimoniale. Ciò comporta che l'impresa appaltatrice non ha diritto a ottenere copia delle predette relazioni.

Svolta questa attività istruttoria e acquisiti i pareri dei menzionati organi, l'amministrazione è in grado di prendere le proprie decisioni sulle pretese dell'impresa. Una volta acquisito il certificato di collaudo l'amministrazione è tenuta decidere sulle riserve attraverso uno specifico provvedimento. Se l'amministrazione riconosce fondate le riserve deve pagare gli importi richiesti.

L'appaltatore, a fronte di una decisione negativa della committente, può far valere le proprie ragioni in dinanzi al giudice ordinario o a un collegio arbitrale.

Qualora a seguito dell'iscrizione di riserve, l'importo economico dell'opera possa variare tra il cinque e il quindici per cento dell'importo contrattuale, viene avviato un particolare procedimento volto alla definizione consensuale delle pretese: l'accordo bonario. Questo consiste in un contratto con causa transattiva che si innesta sul rapporto derivante dall'appalto. Il procedimento dell'accordo bonario riguarda tutte le riserve iscritte fino al momento dell'avvio del procedimento stesso e può essere reiterato con riferimento a ulteriori riserve entro il limite massimo del quindici per cento dell'importo del contratto. La procedura dell'accordo bonario è attivata, per qualunque importo, prima dell'approvazione del certificato di collaudo, ovvero della verifica di conformità o del certificato di regolare esecuzione.

La gestione della contabilità nei contratti di servizi e forniture avviene secondo le modalità previste dalla stazione appaltante. Per i contratti di servizi e forniture con caratteristiche di periodicità e continuità che prevedono la corresponsione di acconti si procede tramite emissione di acconti con appositi Sal. Durante l'esecuzione del contratto, il direttore dell'esecuzione provvede al controllo della spesa.

Gli atti contabili redatti dal direttore dell'esecuzione contengono l'accertamento e la registrazione dei fatti producenti spesa e sono atti pubblici a tutti gli effetti di legge. Le contestazioni sorte in relazione agli aspetti tecnici relativi all'esecuzione dei contratti devono essere effettuate con le modalità procedurale stabilite dalla stazione appaltante e, se non previste, tramite la redazione in contraddittorio di un verbale che illustri le circostanze contestate. Anche per i servizi e le forniture si può attivare un procedimento di accordo bonario sulla base delle disposizioni in materia di lavori.

8. Il corrispettivo e i meccanismi di adeguamento dei prezzi

In via generale, nei contratti di appalto, il pagamento del corrispettivo da parte della stazione appaltante deve avvenire solo dopo che l'opera è ultimata, collaudata e accettata. Tale principio (della c.d. postnumerazione del corrispettivo, art. 1665 c.c.) viene temperato nella disciplina speciale sui contratti pubblici dalla previsione del pagamento con acconti in corso d'opera. Tale istituto, che ha la funzione di evitare gravose anticipazioni finanziarie da parte dell'appaltatore (es. pagamento dei materiali e della manodopera), non consegue all'accettazione da parte della committente delle prestazioni eseguite ma costituisce una semplice anticipazione sul credito finale dell'appaltatore. Infatti, l'accettazione delle prestazioni avviene solo a seguito dell'espletamento delle operazioni di collaudo o verifica.

A seguito della stipula e al momento della consegna, è prevista l'erogazione al contraente di un'anticipazione pari al venti per cento del valore del contratto. Tale anticipazione deve essere corrisposta al contraente entro quindici giorni dall'effettivo inizio della prestazione. L'erogazione dell'anticipazione, consentita anche nel caso di consegna in via d'urgenza, è subordinata alla costituzione di garanzia fideiussoria bancaria o assicurativa di importo pari all'anticipazione maggiorato del tasso di interesse legale applicato al periodo necessario per il recupero dell'anticipazione stessa secondo il cronoprogramma della prestazione. Il contraente deve restituire l'anticipazione qualora l'esecuzione delle prestazioni non proceda secondo i tempi contrattualmente previsti per ritardi a lui imputabili.

I pagamenti successivi all'anticipazione sono corrisposti sulla base di rate d'acconto, attraverso versamenti parziali, in relazione all'avanzamento dei lavori, che possono essere stabiliti nel capitolato speciale (art. 113 *bis* codice). Il pagamento delle rate avviene sulla base di appositi documenti denominati certificati per il pagamento delle rate di acconto, emessi dal responsabile del procedimento che attestano la qualità, la quantità e l'importo delle prestazioni eseguite.

Per giustificare il pagamento in rate, dal direttore dei lavori deve essere redatto uno stato di avanzamento dei lavori nel quale sono riassunti tutti i lavori eseguiti fino a quel momento. I pagamenti relativi agli acconti sono effettuati nel termine di trenta giorni decorrenti dall'adozione di ogni stato di avanzamento lavori (salvo che nel contratto non sia stato concordato, sulla base delle peculiarità delle prestazioni, un termine differente comunque non superiore a sessanta giorni).

I certificati di pagamento relativi agli acconti del corrispettivo di appalto sono emessi contestualmente all'adozione dello stato di avanzamento o comunque entro un termine non superiore a sette giorni dall'adozione dei Sal.

Qualora il certificato di pagamento delle rate di acconto non sia emesso entro il termine stabilito per causa imputabile alla stazione appaltante spettano all'appaltatore gli interessi corrispettivi al tasso legale sulle somme dovute, fino alla data di emissione di detto certificato. Qualora il ritardo nell'emissione del certificato di pagamento superi i sessanta giorni, dal giorno successivo sono dovuti gli interessi moratori.

All'esito del collaudo o della verifica di conformità deve essere emesso il certificato di pagamento con il quale si corrisponde la rata di saldo. Il pagamento deve essere effettuato entro trenta giorni dall'esito positivo del collaudo o della verifica (salvo differenti determinazioni contrattuali, dovute alla peculiarità del contratto che, anche in questo caso, non possono prevedere un termine superiore a sessanta giorni). Il certificato di pagamento non costituisce presunzione di accettazione dell'opera.

Con riferimento agli appalti di lavori si è visto che la legge prevede due sistemi alternativi per la determinazione del corrispettivo: quello a corpo e quello a misura.

Nel primo caso, l'opera da realizzare deve essere perfettamente definita in ogni suo dettaglio progettuale con la conseguenza che durante la sua esecuzione non deve intervenire alcuna variazione delle linee generali stabilite e il progetto deve essere affiancato da un capitolato speciale che indica con precisione la quantità e la qualità delle operazioni costruttive e dei costi complessivi, da considerarsi fissi e invariabili, in quanto in tale forma di contratto il corrispettivo viene determinato in via preventiva. Laddove si ammettesse una modificazione del corrispettivo in funzione degli elementi costruttivi, si finirebbe per cancellare ogni differenza con il sistema a misura, che, invece, prevede la possibilità di variazione degli importi sulla base della quantità effettiva delle opere eseguite. In questa seconda fattispecie, infatti, vengono fissati nel capitolato prezzi invariabili per ogni unità di misura e per ogni specie di lavoro che può essere eseguito nella fase di realizzazione e il corrispettivo finale viene determinato in via consuntiva. È il decreto o la determina a contrarre che stabilisce, sulla base delle esigenze dell'amministrazione aggiudicatrice, se il contratto sarà stipulato a corpo o a misura, o parte a corpo e parte a misura.

Il codice prevede l'istituto della revisione dei prezzi (art. 106, c. 1, lett. *a*). La possibilità di aggiornare i prezzi contrattuali deriva dalla disciplina civilistica in materia di appalto. Infatti, l'art. 1664, c. 1, c.c. stabilisce che nel contratto di appalto si procede alla revisione del prezzo convenuto nella misura che eccede il decimo quando, per effetto di circostanze imprevedibili, si siano verificati aumenti o diminuzioni nel costo dei materiali o della manodopera, tali da determinare un aumento o una diminuzione superiore al decimo del prezzo complessivamente convenuto.

L'istituto della revisione prezzi ha avuto una vita travagliata con riguardo ai contratti pubblici. È stato più volte eliminato e poi reintrodotto nella legislazione a causa della prassi generalizzata e, spesso ingiustificata, di ricorrervi anche a causa del solo aumento dei prezzi correnti, ipotesi del tutto scollegata da eventi imprevedibili. Tale prassi, quindi, favoriva un uso distorto del meccanismo che faceva aumentare irragionevolmente i costi dell'opera pubblica. Per ovviare a tale inconveniente, e cercare di tutelare l'appaltatore da forme di aggravamento delle condizioni economiche di esecuzione del contratto a esso non imputabili, il legislatore ha introdotto il meccanismo del prezzo chiuso (l. 109/1994 poi confermato dal codice del 2006). Si tratta di una modalità di revisione del prezzo automatica. Infatti, il prezzo chiuso consiste nel calcolo del prezzo dei lavori al netto del ribasso d'asta, aumentato di una percentuale stabilita da un apposito decreto ministeriale, da applicarsi, nel caso in cui la differenza tra il tasso di inflazione reale e il tasso di inflazione programmato nell'anno precedente sia superiore al due per cento, all'importo dei lavori ancora da eseguire per ogni anno intero previsto per l'ultimazione dei lavori stessi.

L'attuale codice supera il sistema del prezzo chiuso e introduce nuovamente la revisione prezzi. Innanzitutto è previsto che nel contratto possono essere inserite clausole di revisione che fissano, preventivamente, la portata e la natura di eventuali modifiche nonché le condizioni per il loro verificarsi, facendo riferimento alle variazioni dei prezzi e dei costi standard, ove definiti. Le modifiche non possono, però, alterare la natura del contratto.

Per i contratti relativi ai lavori, le variazioni di prezzo in aumento o in diminuzione possono essere valutate, sulla base dei prezzari che sono alla base di quanto stabilito nel progetto definitivo, solo per l'eccedenza del dieci per cento rispetto al prezzo originario. La revisione viene poi riconosciuta per un importo pari alla metà dell'eccedenza.

L'appaltatore deve rivolgere a tal fine apposita istanza alla stazione appaltante indicando i materiali da costruzione per i quali ritiene siano dovute le compensazioni e deve fornire la prova della maggiore onerosità subita, attraverso adeguata documentazione. Sull'istanza di revisione prezzi, la stazione appaltante deve provvedere entro sessanta giorni. Il provvedimento di autorizzazione alla variazione dei prezzi deve essere motivato in modo analitico e puntuale quanto all'applicazione delle clausole di revisione inserite nei documenti di gara, deve indicare le situazioni di fatto che si sono verificate e la misura in cui devono essere adeguati i prezzi contrattuali. Il provvedimento di autorizzazione deve essere comunicato all'ANAC. Se la stazione appaltante non si è avvalsa delle clausole di revisione inserendole nei documenti di gara non sarà possibile nessun adeguamento, neppure avvalendosi della norma di carattere generale prevista dall'art. 1664, c. 1, c.c. Per la revisione prezzi si possono utilizzare le somme accantonate nel quadro economico del contratto e derivanti dai ribassi d'asta.

La giurisdizione in merito alle controversie sulla applicabilità della clausola di revisione del prezzo e sulla conseguente quantificazione è devoluta alla giurisdizione esclusiva del giudice amministrativo (art. 133 c.p.a.). In questo caso si è riconosciuto che il provvedimento di revisione prezzi, pur attenendo alla fase privatistica dell'esecuzione, è manifestazione del potere della p.a. e, quindi, può essere sindacato dal giudice amministrativo.

9. Il collaudo e la verifica di conformità

Alla scadenza del termine prefissato, l'appaltatore consegna l'opera o quanto oggetto del contratto, che deve essere accettato dall'amministrazione appaltante. Prima di procedere all'accettazione e al pagamento del corrispettivo, l'amministrazione deve verificare la regolarità dell'opera sotto il profilo qualitativo e strutturale mediante il collaudo. La stessa finalità caratterizza le operazioni di verifica di conformità per i contratti di servizi e forniture.

Attraverso tali operazioni, quindi, si certifica che l'oggetto del contratto in termini di prestazioni, obiettivi, caratteristiche tecniche, economiche e qualitative sia stato realizzato ed eseguito nel rispetto delle previsioni e delle pattuizioni contrattuali (art. 102 codice).

Con riferimento ai lavori, le funzioni del collaudo sono quelle di certificare e verificare che l'opera sia stata eseguita a regola d'arte e secondo le prescrizioni tecniche prestabilite in conformità al contratto e alle varianti tecniche; verificare la corrispondenza tra i dati risultanti dalla contabilità e dai documenti giustificativi e lo stato dei fatti; verificare che le procedure espropriative siano state espletate tempestivamente; predisporre tutte le verifiche tecniche di settore. Il collaudo comprende anche l'esame delle riserve dell'esecutore, sulle quali non sia già intervenuta una risoluzione amministrativa con l'accordo bonario.

L'iter procedurale relativo al collaudo è finalizzato all'adozione dell'atto di approvazione del collaudo e alla conseguente accettazione dell'opera.

Il collaudo non rappresenta un'attività autonoma e distinta rispetto al contratto di appalto, anzi ne costituisce l'atto finale attraverso il quale l'appaltatore viene liberato definitivamente.

Le operazioni di collaudo possono essere effettuate anche in corso d'opera anziché al momento della consegna dei lavori. Il collaudo in corso d'opera viene in rilievo nei casi di interventi affidati in concessione, al contraente generale o, comunque, con contratti di partenariato pubblico privato; nel caso in cui vi siano opere o lavori non più ispezionabili in sede di collaudo finale.

Per i lavori si effettua anche il collaudo statico finalizzato alla valutazione e al giudizio sulle realizzazioni delle prestazioni secondo le norme tecniche per le costruzioni (si pensi alle opere in cemento armato o alle strutture metalliche, alle dighe). Il collaudo statico avviene solitamente in corso d'opera.

Prima della data di consegna dei lavori, la p.a. provvede alla nomina del collaudatore. Qualora le caratteristiche del contratto lo consentano è possibile la nomina del collaudatore anche dopo la consegna dei lavori entro il termine di trenta giorni dalla data di ultimazione dei lavori stessi.

Le stazioni appaltanti nominano, tra i propri dipendenti o quelli di altre amministrazioni pubbliche, da uno a tre collaudatori con qualificazione rapportata alla tipologia del contratto, in possesso dei requisiti di moralità, competenza e professionalità, iscritti all'albo dei collaudatori nazionale o regionale. Sempre tra queste categorie di soggetti è individuato il collaudatore delle strutture per la redazione del collaudo statico.

Nel caso in cui vi siano carenze in organico, certificate dal responsabile del procedimento, le operazioni di collaudo possono essere affidate anche a soggetti esterni, tramite procedure a evidenza pubblica.

Nell'ipotesi in cui i lavori, in regione della particolare tipologia e categoria di intervento, richiedano l'apporto di più professionalità, il collaudo può essere affidato a una commissione composta da due o tre membri. Il sistema delle incompatibilità è particolarmente rigido; infatti, i collaudatori non devono aver svolto alcuna attività autorizzativa, di controllo, di progettazione, di direzione, di vigilanza e di esecuzione dei lavori sottoposti al collaudo e non devono aver avuto nell'ultimo triennio rapporti di lavoro con l'appaltatore.

Attività preliminare alla verifica è la pubblicazione da parte del responsabile del procedimento, presso l'albo pretorio del comune nel cui territorio insiste l'opera, di un avviso contenente l'invito a coloro che vantino crediti verso l'appaltatore per indebite occupazioni di aree o stabili e danni arrecati nell'esecuzione dei lavori, a presentare, entro un termine prestabilito, i documenti giustificativi dei loro crediti. Il responsabile del procedimento invita l'appaltatore a tacitare i reclami che ritiene attendibili.

Una volta compiuto tale adempimento, il collaudatore deve ricevere tutta la documentazione necessaria a comprovare i dati contabili, tecnici e amministrativi con le risultanze di fatto dell'opera eseguita. Acquisita la documentazione, il collaudatore fissa la data della visita di collaudo attraverso la quale si compie la verifica dell'opera.

La procedura di collaudo può essere suddivisa in tre fasi: la verifica dell'opera; l'emissione del certificato di collaudo; l'approvazione del collaudo da parte dell'amministrazione.

La verifica consiste nell'ispezione dell'opera da parte del collaudatore. Essa viene svolta attraverso un'attività di tipo materiale e tecnico che ha la funzione di fornire gli elementi per il giudizio sull'opera. L'attività di verifica consiste in una serie di accertamenti (tramite scandagli, pozzi, riscontri, ecc.) idonei al controllo della regolare esecuzione dei lavori. L'attività di verifica deve avvenire in contraddittorio con l'appaltatore.

Di tutte le operazioni di collaudo deve essere redatto apposito verbale controfirmato dal collaudatore e dall'appaltatore.

Al termine dell'attività di valutazione tecnica, il collaudatore redige una relazione finale nella quale si espongono tutti i dati emersi durante la verifica e li si confrontano con i dati del progetto e delle varianti approvate, nonché con i documenti contabili.

In questa relazione, il collaudatore espone anche le proprie considerazioni sulle modalità con cui l'impresa ha adempiuto agli accordi contrattuali e alle direttive impartite dal direttore dei lavori. In particolare, nella relazione finale deve esporre: se il lavoro sia collaudabile; a quali condizioni e restrizioni si possa collaudare; i provvedimenti da prendere qualora non sia collaudabile; le modificazioni da introdursi nel conto finale; il credito liquido dell'appaltatore.

Il collaudatore può anche presentare una propria relazione separata e riservata con la quale esprime il parere in merito alle riserve iscritte nel registro di contabilità dall'impresa. Sul punto si deve osservare che la relazione a cui il collaudatore è obbligato per esprimere le sue deduzioni, tanto sul modo con cui furono eseguiti i lavori quanto sulle modificazioni da introdursi nel conto finale e nella sua definitiva consistenza, va tenuta nettamente distinta, sia sul piano dell'attività accertativa sia su quello probatorio, da quella, con la quale esprime il proprio parere sulle riserve che non è idonea ad acquistare neppure il limitato valore indiziario dell'altra. Infatti, le due relazioni, che la legge esige siano tenute, anche formalmente, separate, sono tra di loro distinte perché la prima è collegata alla stessa struttura e finalità del collaudo ed è indispensabile per la conclusione di qualsiasi appalto, a differenza della seconda che è meramente eventuale e subordinata all'esistenza di domande e di riserve dell'appaltatore tempestivamente iscritte nel registro di contabilità o nel conto finale. Inoltre, la prima è destinata a contenere accertamenti di contenuto tecnico e contabile, mentre la relazione "riservata" si traduce in una manifestazione di opinioni del collaudatore, a supporto dell'amministrazione committente nell'adozione di eventuali provvedimenti sulle richieste adottate dall'appaltatore.

Qualora nel corso delle visite il collaudatore accerti la non perfetta rispondenza tra la contabilità e le opere eseguite, si ha la c.d. discordanza contabile che, se di lieve entità, comporta verifiche ulteriori di approfondimento da parte del collaudatore al fine di apportare le opportune rettifiche al contro finale. Se le discordanze sono gravi, il collaudatore deve immediatamente sospendere l'attività di verifica e riferire al responsabile del procedimento le proprie proposte; quest'ultimo le inoltra alla stazione appaltante per le determinazioni conseguenti.

Nell'ipotesi in cui durante le verifiche si riscontrino carenze attinenti all'esecuzione dei lavori tali da pregiudicare la stabilità dell'opera e del servizio ricorre l'ipotesi del difetto di esecuzione. Se i difetti sono di lieve entità e riparabili in brevissimo tempo, il collaudatore prescrive all'appaltatore le lavorazioni da eseguire. Sino a quando tali lavorazioni non vengano eseguite è sospesa l'emissione del certificato di collaudo. Se, invece, i difetti e le mancanze sono rilevanti tali da rendere il lavoro inaccettabile, il collaudatore rifiuta l'emissione del certificato di collaudo e ne informa la stazione appaltante alla quale spetta la decisione finale sulla collaudabilità o meno dell'opera.

Se a conclusione dell'attività di verifica l'opera si ritiene collaudabile, viene emesso il certificato di collaudo che contiene il giudizio finale sui lavori e la liquidazione del corrispettivo spettante all'appaltatore.

Nel certificato l'organo di collaudo: riassume per sommi capi il costo del lavoro indicando le modificazioni, le aggiunte, le deduzioni al conto finale; determina la somma da porsi a carico dell'appaltatore per danni da rifondere alla stazione appaltante nonché la somma da rimborsare alla stessa stazione appaltante per le spese di assistenza, oltre il termine convenuto per il compimento dei lavori; dichiara il conto liquido dell'appaltatore e la collaudabilità dell'opera e sotto quali condizioni.

Il certificato ha carattere provvisorio e deve essere inviato all'amministrazione, con tutta la documentazione relativa alle operazioni di collaudo, per l'approvazione definitiva. Fino all'approvazione definitiva non è preclusa la facoltà dell'amministrazione di procedere a un nuovo collaudo.

Effetto del collaudo provvisorio è lo svincolo della cauzione prestata dall'appaltatore a garanzia del mancato o inesatto adempimento delle obbligazioni dedotte in contratto. Ulteriore effetto dell'emissione del certificato provvisorio consiste nel pagamento della rata di saldo all'esecutore che deve avvenire non oltre i novanta giorni dall'emissione del certificato provvisorio ovvero del certificato di regolare esecuzione dei lavori.

L'approvazione da parte dell'amministrazione è l'atto con il quale la stazione appaltante fa proprie le conclusioni del collaudatore ed esprime la volontà di accettare l'opera liquidando il credito dell'appaltatore. Con l'approvazione il certificato da provvisorio diviene definitivo.

La collaudazione dei lavori deve intervenire entro sei mesi dall'ultimazione dei lavori e nel caso in cui alla fine delle operazioni di collaudo non intervenga l'approvazione espressa, scatta un meccanismo di silenzio assenso per il quale il collaudo diventa definitivo trascorsi due anni dalla emissione del collaudo provvisorio.

Nell'ipotesi in cui le operazioni di collaudo abbiano inizio oltre il termine semestrale dall'ultimazione dei lavori, che ha l'effetto di provocare lo slittamento del termine biennale, l'appaltatore ha il diritto al versamento delle maggiori spese sopportate per l'attività di vigilanza e di custodia del cantiere. Terminati i lavori, queste prestazioni si devono considerare extracontrattuali.

L'approvazione del collaudo è l'atto che definisce il rapporto contrattuale. I suoi effetti sono la liberazione dell'appaltatore e il diritto al saldo finale. L'approvazione implica il riconoscimento della conformità dell'opera alle pattuizioni contrattuali e alle regole dell'arte e, quindi, la sua accettazione. L'accettazione, peraltro, preclude all'amministrazione di far valere in seguito eventuali difformità e vizi dell'opera.

Una volta intervenuta l'approvazione del collaudo, l'appaltatore non ha più l'obbligo di provvedere alla custodia e manutenzione delle opere ultimate.

Sul certificato di collaudo vanno confermate tutte le riserve precedentemente espresse (anche se la giurisprudenza ha chiarito che la sottoscrizione del certificato di collaudo senza la formulazione di riserve o domande esplicite preclude all'appaltatore soltanto la possibilità di agire a tutela dei propri diritti lesi dalle modalità delle stesse operazioni di collaudo, ma non anche di agire a tutela di altro diritto nascente dal contratto, per il quale risulti già formulata, a suo tempo, apposita riserva).

Nel caso in cui il collaudo finale manchi del tutto per inadempimento dell'amministrazionc, la stessa non può ridurre unilateralmente il corrispettivo dovuto all'appaltatore, anche in presenza di contestazioni sulle prestazioni, poiché tali fatti sono carenti di accertamento formale e definitivo.

Per i lavori di importo inferiore a un milione di euro il certificato di collaudo può essere sostituito dal certificato di regolare esecuzione emesso dal direttore dei lavori. Questo atto viene adottato al di fuori dello schema del contraddittorio ed è esercizio di un potere discrezionale della p.a.

L'approvazione del collaudo non libera del tutto l'appaltatore. A suo carico rimane comunque la responsabilità decennale per rovina e difetti delle cose immobili purché tale responsabilità sia fatta valere entro un anno dalla scoperta (art. 1669 c.c.); l'appaltatore deve inoltre prestare la garanzia per le difformità e i vizi dell'opera non riconosciuti e non riconoscibili in sede di verifica o, se pur riconoscibili sono stati taciuti in malafede dall'appaltatore e non scoperti per il dolo di quest'ultimo (art. 1667 c.c.). Il committente può chiedere che le difformità e i vizi siano eliminati a spese dell'appaltatore (art. 1668 c.c.).

Quindi, l'amministrazione dopo l'approvazione del collaudo non può far valere quelle difformità e quei vizi che erano da essa conosciuti o che potevano essere riconoscibili.

Per i contratti di forniture e servizi le funzioni del collaudo vengono svolte dalla verifica di conformità.

Per i contratti stipulati dalle centrali di committenza e aperti all'adesione delle stazioni appaltanti, pur rimanendo fermo l'obbligo in capo alle singole stazioni appaltanti che hanno aderito al contratto di effettuare le apposite verifiche, è attribuito alle centrali di committenza lo svolgimento di tutte le attività di verifica di conformità, di supervisione e monitoraggio, anche attraverso controlli a campione e verifiche ispettive, al fine di accertare la corretta esecuzione delle prestazioni contrattuali rese dall'affidatario nei confronti della stazione appaltante. Nel caso in cui, in relazione a un singolo acquisto, il direttore dell'esecuzione rilevi un grave inadempimento contrattuale o verifichi che le prestazioni eseguite non siano tali da rendere la fornitura conforme a quanto pattuito, la centrale di committenza può disporre la risoluzione della convenzione, del contratto o dell'accodo e procedere alla aggiudicazione al soggetto che segue in graduatoria.

La verifica di conformità per i contratti sopra soglia è affidata a una commissione composta da due o tre membri mentre per i contratti sotto la soglia la verifica è eseguita dal direttore dell'esecuzione e dal responsabile del procedimento. Al termine delle operazioni di verifica viene rilasciato il certificato di verifica di conformità. Successivamente all'emissione del certificato di verifica, si procede al pagamento del saldo delle prestazioni eseguite allo svincolo della cauzione definitiva. Il certificato di verifica nei contratti sotto la soglia comunitaria viene sostituito dal certificato di regolare esecuzione.

10. Lo scioglimento del contratto

Per individuare le peculiarità delle forme di scioglimento dei contratti pubblici occorre accennare brevemente agli istituti relativi allo scioglimento del contratto nel diritto civile nel solco dei quali si sono modellati i corrispondenti istituti pubblicistici (recesso e risoluzione unilaterale).

Secondo le norme del codice civile, una volta perfezionato il contratto non è ammesso, in linea di principio, il recesso unilaterale (c.d. *ius poenitendi*), ossia il diritto di liberarsi unilateralmente degli obblighi contrattuali. Il contratto, può essere sciolto solo per mutuo consenso delle parti o per cause ammesse dalla legge (art. 1372 c.c.). Quindi, per sciogliere il contratto occorre un nuovo atto di autonomia negoziale uguale e contrario al precedente. Il recesso unilaterale è ammesso solo se il contratto lo preveda (art. 1373 c.c.) e può essere concordato a favore di una parte a fronte di un corrispettivo (caparra penitenziale) o accordato dalla legge qualora si verifichino determinati presupposti.

In alcuni contratti la legge attribuisce a una sola delle parti il diritto di recedere in qualsiasi momento: per es. nel contratto di appalto (art. 1671 c.c., in questo caso il committente deve tenere indenne l'appaltatore delle spese sostenute, dei lavori eseguiti e del mancato guadagno).

La risoluzione del contratto è, invece, prevista, nelle ipotesi di anomalia nel funzionamento del sinallagma, ossia quando il contratto non sia più in grado di svolgere la sua funzione che è quella di assicurare il soddisfacimento degli interessi dei contraenti. Questa sopravvenuta inidoneità può essere causata dal comportamento delle parti o da eventi non imputabili e non prevedibili. Nel caso della risoluzione il difetto nel sinallagma è sopravvenuto. La risoluzione mira a riequilibrare la posizione dei contraenti eliminando gli effetti del contratto retroattivamente.

Il codice civile prevede tre ipotesi di risoluzione del contratto a prestazioni corrispettive: la risoluzione per inadempimento (art. 1453 c.c.); la risoluzione per impossibilità sopravvenuta (art. 1463 c.c.); la risoluzione per eccessiva onerosità sopravvenuta (art. 1467 c.c.).

Nell'ambito dei contratti pubblici le fattispecie del recesso e della risoluzione sono espressione di un potere che sembra potersi inquadrare fra quelli di autotutela della p.a., sebbene il contratto si trovi nella fase propriamente negoziale, ove la posizione del soggetto pubblico dovrebbe essere paritaria rispetto a quella del privato contraente. Infatti, si tratta di attività che comportano un apprezzamento discrezionale dell'interesse pubblico, sotto il profilo del buon andamento del rapporto contrattuale. In questo senso, si può affermare che, nella fase di esecuzione del contratto, alla p.a. è attribuito un generale potere di autotutela, che le consente di valutare la conformità all'interesse pubblico e l'utilità dell'operazione economica. Gli atti espressione di tale peculiare potere di autotutela, però, non sono stati ritenuti sindacabili dal giudice amministrativo in quanto comunque afferenti alla fase esecutiva del contratto le cui controversie sono devolute alla giurisdizione del giudice ordinario. La dimostrazione che tali fattispecie si trovano su una linea di confine tra pubblico e privato che rende incerte le qualificazioni è data dalla circostanza che in alcuni casi il recesso dal contratto è stato inquadrato tra gli atti amministrativi. Si tratta delle ipotesi di recesso a seguito dell'informativa prefettizia di infiltrazioni mafiose nell'impresa appaltatrice (art. 92, c. 3, d.lgs. 6 settembre 2011, n. 159 recante il codice delle leggi antimafia e delle misure di prevenzione, nonché nuove disposizioni in materia di documentazione antimafia). In questi casi, si è affermato che il recesso è espressione di una valutazione di natura pubblicistica, diretto a soddisfare l'esigenza di evitare o mantenere rapporti contrattuali fra amministrazione e imprese nei cui confronti emergano sospetti di legami con la criminalità organizzata. Di conseguenza, si tratta di un atto estraneo alla sfera del diritto privato in quanto espressione del potere autoritativo della p.a. di valutazione dei requisiti soggettivi del contraente il cui esercizio è consentito anche nella fase dell'esecuzione. Da ciò deriva la giurisdizione del giudice amministrativo per le controversie nelle quali si contesti la legittimità degli atti di recesso (Cass., sez. un., 11 novembre 2016, n. 23468).

10.1. Il recesso

Con il recesso la stazione appaltante scioglie unilateralmente il contratto prima che la prestazione sia stata completata tenendo indenne l'appaltatore delle spese sostenute, dei lavori eseguiti e del mancato guadagno (art. 1671 c.c.).

Nei contratti di lavori, servizi e forniture, la stazione appaltante ha il diritto di recedere in qualunque tempo dal contratto previo il pagamento dei lavori eseguiti o delle prestazioni relative ai servizi e alle forniture eseguite nonché al valore dei materiali utili esistenti in cantiere, oltre al decimo dell'importo delle opere, dei servizi e delle forniture non eseguite (art. 109 codice). L'esercizio del diritto di recesso è preceduto da una comunicazione formale all'appaltatore da darsi con un preavviso non inferiore a venti giorni, decorsi i quali la stazione appaltante prende in consegna i lavori, effettua il collaudo definitivo o verifica la regolarità dei servizi e delle forniture.

Il recesso è stato assimilato al provvedimento di revoca del provvedimento amministrativo *ex* art. 21 *quinquies*, l. 241/1990. La revoca rappresenta esercizio del potere di autotutela della p.a. e consiste in una rivalutazione del provvedimento adottato in relazione all'opportunità del suo mantenimento. In particolare, la revoca può essere adottata per sopravvenuti motivi di pubblico interesse, nel caso di mutamento della situazione di fatto non prevedibile al momento dell'adozione del provvedimento o per una nuova valutazione dell'interesse pubblico originario. La revoca ha l'effetto di eliminare il provvedimento dal mondo giuridico con efficacia *ex nunc*, lasciando, quindi, impregiudicati gli effetti che il provvedimento ha posto in essere fino al momento del suo ritiro. Nell'ipotesi in cui la revoca comporti pregiudizi ai soggetti direttamente interessati, l'amministrazione ha l'obbligo di provvedere al loro indennizzo e se la revoca incide su rapporti negoziali l'indennizzo è parametrato al solo danno emergente. Una peculiare ipotesi di revoca è prevista in materia di accordi sostitutivi di provvedimenti amministrativi (art. 11, c. 4, l. 241/1990). In questi casi, la revoca viene nominata recesso unilaterale e opera esclusivamente per sopravvenuti motivi di pubblico interesse (non rilevando, quindi, la rivalutazione dell'originario interesse pubblico non ancorato a sopravvenienze). Sempre la l. 241/1990 prevede la possibilità di recesso unilaterale da parte delle pubbliche amministrazioni nei casi previsti dalla legge o dal contratto (art. 21 *sexties*).

La disciplina della revoca, la sua applicazione agli accordi e l'esplicita previsione del recesso dai contratti, nell'ambito della normativa riguardante l'attività amministrativa fanno dubitare della riconducibilità del recesso previsto dal codice dei contratti alla categoria degli atti negoziali e, in particolare, dei diritti potestativi. L'atto di recesso sembrerebbe espressione piuttosto di un potere autoritativo della p.a. che, ritenuto non più confacente all'interesse pubblico un contratto, decide unilateralmente lo scioglimento. Occorre però rilevare che la classificazione dell'atto di recesso nell'ambito degli atti di natura pubblicistica comporterebbe l'applicazione del regime concernente gli atti amministrativi. Si pensi alla necessità di un procedimento, di una adeguata motivazione in ordine alle ragioni dell'adozione dell'atto e, infine, alla giurisdizione del giudice amministrativo. La norma di cui all'art. 109, al contrario, non prevede tali adempimenti procedimentali per cui la giurisprudenza, in questa problematica fattispecie, ha confermato la soluzione della natura privatistica dell'atto di recesso. Da ciò consegue anche la giurisdizione del giudico ordinario in materia.

10.2. La risoluzione

La risoluzione del contratto è prevista per varie ipotesi, può essere richiesta dall'appaltatore ovvero essere disposta dalla stazione appaltante (art. 108 codice).

La risoluzione dal contratto può essere richiesta dall'appaltatore in caso di prolungato periodo di sospensione legittima dei lavori qualora la sospensione duri per un periodo di tempo superiore a un quarto della durata complessiva prevista per l'esecuzione dei lavori stessi, o comunque quando superi sei mesi complessivi. In questi casi, infatti, l'appaltatore può richiedere lo scioglimento del contratto senza indennità; se la stazione appaltante si oppone allo scioglimento, l'appaltatore ha diritto alla rifusione dei maggiori oneri derivanti dal prolungamento della sospensione oltre i termini suddetti.

La risoluzione può essere disposta dalla stazione appaltante se il contratto ha subito una modifica sostanziale che avrebbe richiesto una nuova procedura di aggiudicazione ai sensi dell'art. 106 (in tema di modifiche e varianti); se le modifiche in corso d'opera o per prestazioni supplementari superano le soglie previste dall'art. 106; se l'aggiudicatario si è trovato, al momento dell'aggiudicazione del contratto in una delle situazioni di cui all'art. 80, c. 1, che ne avrebbe, quindi, comportato l'esclusione dalla gara; se il contratto non avrebbe dovuto essere aggiudicato in considerazione di una grave violazione degli obblighi derivanti dai trattati.

Inoltre, sono previste ipotesi di risoluzione automatica: qualora nei confronti dell'appaltatore sia intervenuta la decadenza dell'attestazione di qualificazione per aver prodotto falsa documentazione o dichiarazioni mendaci; qualora nei confronti dell'appaltatore sia intervenuto un provvedimento definitivo che dispone l'applicazione di una o più misure di prevenzione di cui al codice delle leggi antimafia e delle relative misure di prevenzione, ovvero sia intervenuta sentenza di condanna passata in giudicato per i reati di cui all'art. 80.

Altra ipotesi di risoluzione è quella per grave inadempimento delle prestazioni contrattuali da parte dell'appaltatore tale da compromettere la buona riuscita delle prestazioni stesse. A questa ipotesi si aggiunge quella del ritardo dell'esecuzione per negligenza del contraente. In questi casi, si svolge un procedimento in contraddittorio con l'appaltatore. Il direttore dei lavori accerta che esistano le motivazioni per la risoluzione e invia al responsabile del procedimento una relazione aggiungendo la stima dei lavori realizzati regolarmente che, comunque, devono essere liquidati all'appaltatore. Su indicazione del direttore dei lavori, il responsabile del procedimento formula la contestazione degli addebiti all'appaltatore assegnando un termine per la presentazione, da parte dell'appaltatore di controdeduzioni. Se le controdeduzioni non vengono accolte o l'appaltatore nel termine assegnato non risponde, il contratto è risolto su proposta del responsabile del procedimento. È, quindi, il responsabile del procedimento il soggetto al quale spetta la valutazione finale nella relazione del direttore dei lavori, nella gravità dell'inadempimento e la ponderazione delle controdeduzioni. Nel caso di ritardi nell'adempimento viene assegnato un termine per l'esecuzione delle prestazioni mancanti e se, scaduto il termine, l'inadempimento permane la stazione appaltante risolve il contratto fermo restando il pagamento delle penali.

Sulla qualificazione del grave inadempimento o della grave irregolarità, presupposti per la risoluzione, la norma del codice tace. Sul punto si deve fare necessariamente riferimento ai principi del diritto civile per il quale l'adempimento è l'esatta esecuzione della prestazione oggetto dell'obbligazione e l'esattezza è valutata con riferimento alle modalità, al tempo, al luogo dell'esecuzione, alla persona che esegue la prestazione, alla persona destinataria della prestazione e alla identità della prestazione. Se il debitore non adempie esattamente è inadempiente e l'inadempimento può essere grave allorché pregiudichi la buona riuscita dell'opera. Non costituiscono grave inadempimento i ritardi dovuti al tempo occorso per interventi di altre pubbliche amministrazioni coinvolte nella procedura, la richiesta da parte della stazione appaltante di varianti per un importo superiore al quinto d'obbligo, l'indisponibilità di parte delle aree interessate dai lavori.

In caso di risoluzione, l'appaltatore non vanta alcun diritto nei confronti della stazione appaltante se non quello al pagamento delle opere già eseguite senza che la stazione appaltante sia tenuta a effettuare il collaudo dell'opera, mentre è posto a carico dell'appaltatore la maggiore spesa conseguente all'affidamento dei lavori ad altra impresa se la p.a. non si è avvalsa della facoltà di interpellare i soggetti che hanno partecipato all'originaria procedura di gara, risultanti dalla relativa graduatoria per stipulare con essi il nuovo contratto. È, infatti, possibile per le stazioni appaltanti prevedere nel bando di gara che in caso di risoluzione o di recesso (così come nel caso di fallimento del contraente o nel caso di dichiarazione di inefficacia del contratto) sia consentito interpellare progressivamente i soggetti che hanno partecipato all'originaria procedura di gara, risultanti dalla relativa graduatoria, al fine di stipulare un nuovo contratto per il completamento dei lavori. Con questi soggetti si svolge una procedura negoziata senza bando con la quale l'amministrazione interpella per primo colui che ha formulato la migliore offerta, dopo quella dell'originario aggiudicatario. L'affidamento viene effettuato alle stesse condizioni proposte dall'interpellato in sede di offerta.

L'inadempimento dell'impresa è ulteriormente sanzionato con il divieto di partecipare alle gare indette dalla medesima stazione appaltante.

Anche con riguardo al provvedimento di risoluzione ci si è posti il problema della natura giuridica e, conseguentemente, della giurisdizione. La giurisprudenza prevalente ha affermato che la controversia sull'atto di risoluzione rientra nella giurisdizione del giudice ordinario trattandosi di lite che incide su posizioni di diritto soggettivo. Comunque, si pone il problema della natura giuridica perché alcune delle cause di risoluzione non attengano propriamente alla fase di esecuzione del contratto ma alla fase antecedente alla sua stipula o, comunque, al possesso dei requisiti da parte del contraente (si pensi alle ipotesi di risoluzione per decadenza dalle attestazioni, per carenza dei requisiti e per violazione dei principi comunitari in tema di aggiudicazione). Come per il recesso, per parte della dottrina si sarebbe di fronte a veri e propri diritti potestativi di tipo privatistico che l'ordinamento ha attribuito alla p.a., poiché la legislazione speciale in materia di contratti pubblici, pur apportando deroghe significative alla normativa privatistica, non comporta affatto che il negozio sia sottratto alla sua disciplina naturale che è quella di diritto privato. Le deroghe, che implicano una posizione di maggior forza e di garanzia del committente pubblico, si inseriscono sempre nel sistema complessivo del diritto privato. Quelli che sono stati definiti poteri speciali, secondo questa impostazione, al più possono considerarsi diritti potestativi della p.a. e non comportano l'applicabilità del regime normativo pubblicistico e corrispondono, nelle loro linee essenziali a quelli del privato committente.

Per altra parte della dottrina in queste ipotesi residua in capo all'autorità amministrativa un potere di tipo pubblicistico, sebbene il contratto si trovi nella fase propriamente negoziale. Si tratta, infatti, di attività che comportano un apprezzamento discrezionale dell'interesse pubblico, sotto il profilo del buon andamento del rapporto contrattuale, per cui sono da considerarsi, a tutti gli effetti, di natura provvedimentale e non paritetica. In questo senso, si può affermare che, nella fase di esecuzione del contratto, alla p.a. è attribuito un generale potere di autotutela, che le consente di valutare la conformità all'interesse pubblico e l'utilità dell'operazione economica.

Resta comunque prevalente la tesi privatistica e, conseguentemente, l'opzione della attribuzione al giudice ordinario delle controversie riguardanti la risoluzione.

CAPITOLO 10

LA RISOLUZIONE DELLE CONTROVERSIE

1. Gli strumenti di risoluzione delle controversie alternativi alla giurisdizione

La suddivisione dell'attività negoziale delle pubbliche amministrazioni in fase procedimentale, governata dalle norme del diritto pubblico e fase negoziale, disciplinata dalle norme del diritto privato, ha influenzato anche il riparto di giurisdizione in materia di risoluzione delle controversie.

Le controversie che riguardano la fase procedimentale sono devolute alla giurisdizione del giudice amministrativo, mentre quelle riguardanti la fase di esecuzione del contratto sono devolute alla giurisdizione del giudice ordinario. In questo caso vengono in rilievo anche mezzi di tutela alternativi al giudizio ordinario generalmente ammessi per le controversie riguardanti diritti soggettivi (es. transazione e arbitrato). Tali strumenti alternativi alla tutela giurisdizionale, un tempo visti con sfavore dal legislatore in quanto non garantivano il principio della terzietà del giudice, sono espressamente disciplinati dal codice dei contratti e hanno l'indubbio vantaggio di costituire soluzioni utili per la deflazione del contenzioso e per la rapida soluzione delle controversie che possono insorgere fra le parti contrattuali. Si tratta dell'accordo bonario (artt. 205 e 206 del codice); dell'arbitrato (artt. 209 e 210); della transazione (art. 208). Come forma alternativa di risoluzione di controversie con riferimento a questioni concernenti la fase della gara, invece, è prevista la possibilità di chiedere un parere precontenzioso all'ANAC con valore vincolante per le parti. Infine è prevista la possibilità per le parti di costituire, prima dell'avvio dell'esecuzione del contratto, un collegio consultivo tecnico con funzioni di assistenza per la rapida risoluzione delle controversie e delle dispute tecniche di ogni natura suscettibili di insorgere nel corso dell'esecuzione del contratto (art. 207 codice). La normativa emergenziale legata alla pandemia ha previsto l'obbligatorietà dell'istituzione di tale organismo fino a dicembre 2021 (art. 6, l. 120/2020).

1.1. L'accordo bonario

Lo strumento dell'accordo bonario, istituto previso sia per i lavori sia per i servizi e le forniture, ha la funzione di evitare il contenzioso arbitrale e giurisdizionale con riferimento alle contestazioni sorte nella fase di esecuzione del contratto. In tal modo si tende a garantire la regolare prosecuzione dell'esecuzione evitando che il contratto si possa risolvere per effetto di una maggiore onerosità delle prestazioni. Il presupposto per l'attivazione dell'accordo bonario è l'iscrizione delle riserve da parte dell'esecutore nei documenti contabili. Tale procedura si attiva se dall'iscrizione delle riserve varia l'importo contrattuale tra il cinque e il quindici per cento. Mentre al termine del contratto, prima dell'approvazione del certificato di collaudo o di verifica di conformità, la procedura può essere svolta per qualsiasi importo.

La particolarità dell'accordo bonario consiste nella possibilità di attivazione anche durante l'esecuzione del contratto e la circostanza che vi sia un limite di importo da superare trova la sua ragione nella necessità di definire immediatamente controversie di importi consistenti che, altrimenti, costituirebbero un serio impedimento al regolare svolgimento del contratto.

Possono essere esaminate e valutate solo le riserve iscritte fino all'avvio del procedimento stesso che può essere reiterato quando le riserve iscritte, ulteriori e diverse da quelle esaminate, raggiungano nuovamente i limiti di importo previsti dalla normativa e, comunque, nell'ambito di un limite massimo del quindici per cento dell'importo del contratto.

Tale procedura è obbligatoria e si caratterizza per la sua natura privatistica e negoziale. Infatti, non viene in rilievo alcun profilo di unilateralità e autoritatività. L'accordo ha natura di negozio giuridico.

L'accordo bonario si applica a prescindere dall'ammontare delle pretese anche alle forniture di beni di natura continuativa o periodica e di servizi quando insorgono controversie circa l'esatta esecuzione delle prestazioni dovute.

Non possono essere oggetto di accordo bonario, in quanto non sono oggetto di riserva, le contestazioni riguardanti gli aspetti progettuali che sono stati oggetto di verifica.

A seguito del superamento dei limiti di importo, la procedura di accordo bonario viene attivata con comunicazione del direttore dei lavori al responsabile del procedimento. Il direttore invia la sua relazione riservata riguardante la regolarità dell'iscrizione delle riserve, la loro legittimità e le considerazioni in merito alle contestazioni.

Una volta acquisita la relazione del direttore dei lavori, il Rup delibera l'attivazione dell'accordo bonario valutando l'ammissibilità e la non infondatezza delle riserve iscritte.

Se con l'iscrizione delle riserve nei documenti contabili è sostanzialmente l'impresa ad assumere l'iniziativa dell'avvio della procedura, formalmente l'atto di iniziativa è di competenza del responsabile del procedimento.

Il responsabile del procedimento può richiedere alla Camera arbitrale (organismo istituito presso l'ANAC) una lista di cinque esperti con competenza specifica in relazione all'oggetto del contratto, tra i quali scegliere, d'intesa con il soggetto che ha formulato le riserve, l'esperto che dovrà decidere su di esse formulando la proposta motivata di accordo bonario entro novanta giorni. Se il Rup non richiede la nomina dell'esperto dovrà formulare la proposta di accordo bonario. Tale ipotesi si può verificare se il Rup ritegna che la soluzione alle contestazioni sia semplice o nel caso in cui le riserve siano di importo non elevato. In questi casi, quindi, sarebbe superflua la nomina di un esperto esterno.

L'esperto e il Rup non si limitano alla valutazione della relazione riservata del direttore dei lavori in quanto devono svolgere una completa istruttoria in contraddittorio con l'esecutore. In tale fase possono essere raccolti dati e informazioni e possono essere acquisiti pareri.

Oltre all'accertamento della fondatezza delle pretese avanzate, l'esperto o il Rup devono valutare la disponibilità di idonee risorse economiche per il pagamento anche se appare problematico per un'amministrazione non procedere alla corresponsione di quanto dovuto una volta accertata la fondatezza delle riserve iscritte. Per cui il mancato accordo dovuto all'indisponibilità delle risorse finanziarie dovrebbe configurarsi solo in casi del tutto eccezionali.

La proposta di accordo bonario è formulata dal Rup entro novanta giorni dalla nomina dell'esperto o dalla comunicazione del direttore dei lavori se la proposta è formulata direttamente dal Rup. Questa viene inviata alla stazione appaltante e all'appaltatore, il procedimento si conclude con l'accettazione della proposta entro quarantacinque giorni (termine non perentorio) dal suo ricevimento. Il verbale di accettazione è sottoscritto dalle parti.

Solo dopo il fallimento dell'accordo bonario per rifiuto espresso della proposta da parte dell'appaltatore e del committente ovvero nell'ipotesi di inutile decorso dei termini previsti si potrà adire un collegio arbitrale o il giudice ordinario. L'accordo bonario, quindi, costituisce condizione di procedibilità sia dell'azione giudiziaria sia dell'arbitrato. In caso di mancata sottoscrizione dell'accordo bonario, le dichiarazioni e agli atti del procedimento non sono vincolanti per le parti.

Il codice conferma la natura transattiva dell'accordo bonario, già definita nell'ultima versione della l. 109/1994. Occorre precisare che, a differenza della transazione, l'accordo bonario non si fonda su reciproche concessioni economiche ma si basa su valutazioni dell'esperto o del Rup. In questi casi la p.a. non agisce come autorità ma come parte contraente in una materia relativa all'attività negoziale retta dal diritto privato. Benché la sua determinazione si formi, come ogni manifestazione di volontà della p.a., con i modi propri del diritto pubblico, ossia attraverso un'attività procedimentalizzata, l'atto di accordo non ha carattere pubblicistico. Più precisamente, l'accordo bonario sarebbe un contratto avente natura privatistica che si innesta sul rapporto derivante dall'appalto o dalla concessione con causa transattiva.

Con la nomina di un soggetto esterno si è in presenza di un negozio giuridico il cui contenuto è deciso da un soggetto terzo rispetto alle parti. Al riguardo si potrebbe richiamare l'istituto dell'arbitraggio, previsto dall'art. 1349 c.c. La figura dell'arbitraggio ricorre quando le parti conferiscono a un terzo l'incarico di determinare uno o più elementi del negozio giuridico non ancora perfezionato. Ma l'arbitraggio non è previsto per comporre conflitti, quindi, non ha natura transattiva. Ed allora la qualificazione giuridica corretta è quella del c.d. lodo per biancosegno che configura una sorta di arbitrato irrituale caratterizzato dal fatto che le parti conferiscono ad arbitri l'incarico di determinare il contenuto sostanziale di un accordo per la composizione di una lite tra loro insorta, sostituendosi a esse per fissare un regolamento negoziale che sarà vincolante. L'atto finale, comunque, sarà atto delle parti e non della commissione.

1.2. La transazione

Le controversie relative a diritti soggettivi derivanti dall'esecuzione di contratti pubblici possono essere risolte mediante transazione (art. 208 codice). In generale, la transazione è disciplinata dal codice civile che ne fornisce la nozione all'art. 1965. La transazione è il contratto con il quale le parti, facendosi reciproche concessioni, pongono fine a una lite già in corso o prevengono una lite che può sorgere tra loro. Con le reciproche concessioni si possono creare, modificare o estinguere anche rapporti diversi da quello che ha formato oggetto della pretesa e della contestazione delle parti.

Nel codice dei contratti la transazione è considerata come mezzo di risoluzione delle controversie residuale rispetto all'accordo bonario o all'arbitrato. L'impossibilità di ricorrere all'accordo bonario o all'arbitrato deve essere adeguatamente motivata allorché si ricorre allo strumento transattivo. Occorre rilevare che l'oggetto della transazione può essere più ampio di quello dell'accordo bonario. Infatti, l'accordo bonario si limita alla risoluzione delle contestazioni sollevate con le riserve iscritte nei documenti contabili, entro certi limiti di importo, mentre la transazione può essere conclusa non solo in caso di mancato accordo bonario, ma anche ove l'accordo bonario non si possa utilizzare per il superamento delle soglie previste. La transazione presuppone un'ampia discrezionalità dell'amministrazione in quanto questa può rinunciare a proprie pretese (anche se deve adeguatamente motivare tale rinuncia) in cambio di concessioni da parte dell'impresa. Ma proprio tale ampia discrezionalità rende lo strumento transattivo poco utilizzato in quanto la scelta discrezionale in ordine alla convenienza della transazione se non adeguatamente vagliata e motivata potrebbe portare a procedimenti per danno erariale.

Il potere di rinuncia derivante dalla transazione non ha una portata illimitata: la transazione, infatti, riguarda le sole questioni attinenti diritti soggettivi derivanti dall'esecuzione dei contratti di lavori, servizi e forniture. Per cui l'esercizio del potere pubblico (dal quale derivano interessi legittimi) non può mai essere oggetto di transazione. Non possono, quindi, essere oggetto di transazione le controversie precedenti alla stipulazione del contratto e, in particolare, quelle sulla procedura di aggiudicazione che hanno come oggetto posizioni giuridiche di interesse legittimo.

Per avviare una transazione è sufficiente che vi sia materia di lite ancorché non sfociata in contenzioso, perciò può riguardare la composizione di liti potenziali.

Affinché una transazione sia conclusa validamente è necessario che essa abbia a oggetto una *res dubia* e, cioè, cada su un rapporto giuridico avente, almeno nella opinione delle parti, carattere di incertezza, inoltre vi deve essere l'intento di far cessare la situazione di dubbio, venutasi a creare fra i contraenti. Da ciò deriva che la reciprocità delle concessioni che mettono fine alla lite devono riguardare le pretese controverse e non l'intero rapporto contrattuale, ossia il rapporto giuridico oggetto del contratto. Dalla transazione non può nascere un nuovo rapporto giuridico differente da quello da cui sono sorte le contestazioni. Non è, quindi, ammissibile la c.d. transazione novativa che viene in rilievo quando risulti una situazione di oggettiva incompatibilità tra il rapporto preesistente e quello originato nell'accordo transattivo di modo che dall'atto sorgano reciproche obbligazioni oggettivamente diverse da quelle preesistenti. Ciò, peraltro, consisterebbe in una elusione delle norme di carattere pubblicistico che riguardano la scelta del contraente e la formazione del contratto. Per gli stessi motivi, non è ammessa neppure la rinegoziazione in via transattiva delle condizioni negoziali, degli elementi essenziali del contratto (es. prezzo), anche al ribasso.

La proposta di transazione può essere formulata sia dall'esecutore sia dal dirigente competente sentito il responsabile del procedimento.

Il dirigente competente deve motivare adeguatamente la scelta di addivenire alla transazione con riguardo all'esistenza dei presupposti di legge, ai rischi legati al prevedibile contenzioso e alla convenienza anche economica dell'accordo rispetto all'incertezza del giudizio.

Se la stazione appaltante che propone la transazione è un'amministrazione centrale, deve essere richiesto il parere dell'Avvocatura dello Stato se l'importo oggetto di controversia o di rinunzia superi i centomila euro per i contratti di servizi e forniture e i duecentomila euro per i lavori.

Per le altre amministrazioni deve essere richiesto il parere al dirigente dell'ufficio legale interno o in mancanza al dirigente competente per il contenzioso.

Il parere legale è obbligatorio ma non vincolante e non prende in considerazione gli aspetti di congruità economica dell'accordo ma solo quelli legati alla opportunità dal punto di vista giuridico. Inoltre, per le transazioni stipulate dalle amministrazioni dello Stato, la Corte dei conti svolge attività di controllo preventivo (art. 3, c. 1, l. 20/1994).

La transazione deve avere forma scritta a pena di nullità. La forma scritta, quindi è *ad substantiam* ed è coerente con la regola generale che la prevede per tutti i contratti della p.a. Quindi, tanto la forma scritta quanto la previa adozione di un'apposita deliberazione amministrativa munita di adeguata motivazione circa la necessità e l'opportunità della transazione stessa costituiscono presupposti di validità per qualunque accordo transattivo della p.a.

L'atto transattivo non può essere rimosso con provvedimenti di autotutela, mentre può essere oggetto di revoca l'atto che autorizza l'accordo e quello di approvazione.

La transazione può essere impugnata secondo le regole previste dal codice civile dinanzi al giudice ordinario per cui non può essere annullata per errore di diritto relativo alle questioni oggetto di controversia (art. 1969 c.c.). In tal senso, rileva solamente l'errore di diritto sulla situazione che costituisce il presupposto della *res* controversa e, quindi, su una circostanza antecedente alla transazione e non su una questione che è stata oggetto della controversia.

1.3. L'arbitrato

Altro istituto funzionale alla composizione delle controversie relative all'esecuzione del contratto è l'arbitrato. Questo istituto, di matrice processualcivilistica, ha avuto una storia travagliata nell'ambito della materia dei contratti pubblici. Con l'arbitrato le parti possono far decidere le loro controversie a "giudici privati" da loro scelti (art. 806 c.p.c.), purché nel contratto vi sia un'apposita clausola, detta clausola compromissoria, con la quale le parti stabiliscono che le controversie nascenti dal contratto medesimo formino oggetto di arbitrato, declinando, così, la giurisdizione ordinaria.

L'affermazione dell'arbitrato nell'ambito dei lavori pubblici è dovuta alla celerità con cui, attraverso questo mezzo, si risolvono le controversie tra la stazione appaltante e l'appaltatore.

Da sempre oggetto di sospetti in quanto possibile mezzo di "transazioni" sfavorevoli e dispendiose per lo Stato, l'arbitrato è passato dall'essere considerato un efficace mezzo di risoluzione delle controversie fra privati e amministrazioni a istituto tanto lesivo degli interessi statali da essere espunto dalla materia dei lavori pubblici. Di conseguenza, la legislazione in materia ha avuto un'evoluzione che si potrebbe definire "pendolare". Allo stato, il pendolo è posizionato sulla legittimità della previsione dell'arbitrato nella materia delle opere pubbliche, infatti, il legislatore ha disciplinato l'istituto nel codice dei contratti.

L'arbitrato, comunque, ha continuato a essere oggetto di sospetti e critiche. Si è pensato che tale istituto potesse essere il veicolo per corruzione nella p.a. tanto è vero che la disciplina prevista dal primo codice dei contratti è stata ulteriormente modificata dalla l. 6 novembre 2012, n. 190 che prevede norme in materia di contrasto alla corruzione. Tale normativa ha introdotto rigide incompatibilità per i magistrati ordinari, amministrativi, contabili e militari, gli avvocati, i procuratori dello Stato e i componenti delle commissioni tributarie ai quali è vietata la partecipazione ai collegi arbitrali. Gli incarichi nei collegi arbitrali dovranno essere attribuiti preferibilmente ai dirigenti delle pubbliche amministrazioni secondo il criterio della rotazione e della pubblicità. La stessa legge, poi, ha previsto che il deferimento della controversia al collegio arbitrale debba essere appositamente autorizzato dall'organo di governo dell'amministrazione.

Con riferimento all'ambito soggettivo di applicazione si deve rilevare che la procedura arbitrale può essere attivata da tutte le stazioni appaltanti. In questa ottica, l'art. 209 del codice dei contratti prevede la possibilità di adire un collegio arbitrale anche per le controversie relative a concessioni e appalti di opere, servizi e forniture in cui sia parte una società a partecipazione pubblica ovvero una società controllata o collegata a una società a partecipazione pubblica ai sensi dell'art. 2359 c.c.

Con riguardo all'ambito oggettivo di applicazione, il codice ha esteso l'utilizzazione dell'arbitrato a tutte le controversie riguardanti diritti soggettivi derivanti dall'esecuzione dei contratti pubblici relativi a lavori, servizi e forniture, sia sopra sia sotto soglia comunitaria, tanto nei settori ordinari quanto nei settori speciali, nonché ai concorsi di progettazione e ai concorsi di idee. È stato, quindi, notevolmente ampliato l'ambito operativo di tale istituto considerando che in precedenza l'arbitrato era previsto solo per i lavori (sopra e sotto soglia).

Il codice prevede la facoltatività del ricorso a tale rimedio. Infatti alla p.a. è attribuita la facoltà di inserire la clausola compromissoria nel contratto secondo un meccanismo complesso che passa per una motivata autorizzazione da parte degli organi di governo dell'ente. Alla parte privata è data la possibilità di declinare la competenza arbitrale, in favore giurisdizione ordinaria. Attribuendo tale facoltà, l'ordinamento ha reso inequivocabile la natura negoziale dello strumento in quanto la decisione di farvi ricorso attiene esclusivamente all'autonomia privata dei soggetti coinvolti nelle controversie relative alla esecuzione dei contratti.

La decisione di inserire la clausola compromissoria nel contratto deve essere oggetto di una specifica autorizzazione motivata da parte dell'organo di governo dell'amministrazione. L'inclusione della clausola compromissoria nel bando, nell'avviso o nell'invito senza la preventiva autorizzazione ovvero il ricorso all'arbitrato senza la preventiva autorizzazionc sono da considerarsi nulli.

In merito all'autorizzazione, soprattutto nel caso di società pubbliche, si pone il problema dell'individuazione dell'organo di governo competente a deliberare. Infatti, un'autorizzazione deliberata da un organo sprovvisto di tale potere potrebbe essere equiparata all'ipotesi di carenza di autorizzazione per cui scatterebbe la sanzione della nullità della clausola compromissoria inserita nel bando con la conseguente invalidità dell'intera procedura arbitrale promossa. Deve essere l'organo amministrativo dell'ente a rilasciare l'autorizzazione, per cui nei casi di società pubbliche dovrebbe essere competente il consiglio di amministrazione. Ovviamente, occorrerà indagare caso per caso sui singoli statuti al fine di individuare la concreta distribuzione delle competenze fra gli organi di governo della società.

L'art. 209, c. 2, del codice prevede l'obbligo per la stazione appaltante di indicare nel bando o nell'invito se nel contratto verrà inserita la clausola compromissoria. Nel caso di procedure che non prevedono bandi o avvisi tale indicazione potrà risultare dalle lettere di invito.

La parte privata a sua volta può "ricusare" l'inserimento della clausola arbitrale nel contratto. Tale volontà deve essere manifestata con una comunicazione alla stazione appaltante entro venti giorni dalla conoscenza dell'aggiudicazione. In questo caso, la clausola non viene inserita nel contratto e, conseguentemente, viene vietata anche la possibilità di stipulare accordi compromissori successivamente alla stipula del contratto.

Il legislatore, quindi, ha espresso inequivocabilmente l'intenzione di tutelare il principio della facoltatività dell'arbitrato. Al di là di questa ipotesi, la parte privata non può più esercitare il potere di declinare la competenza arbitrato una volta attivato il procedimento.

La potestà di declinare la competenza arbitrale deve essere conferita all'aggiudicatario e, quindi, il termine di venti giorni per la "ricusazione" (o declinatoria) scatterebbe solo a seguito della verifica positiva da parte della stazione appaltante del possesso dei requisiti del soggetto individuato con la proposta di aggiudicazione.

A seguito di un provvedimento di autotutela ovvero di un provvedimento giurisdizionale di annullamento della procedura di gara o dell'aggiudicazione, la potestà di declinare la competenza arbitrale deve essere conferita anche ai nuovi aggiudicatari, altrimenti questi ultimi si troverebbero vincolati a decisioni adottate da un soggetto non più legittimato a eseguire il contratto.

La previsione del sistema di introduzione e "ricusazione" della clausola arbitrare è nella sostanza equilibrato e coerente con il fondamento di qualsiasi arbitrato che si rinviene unicamente nella libera scelta delle parti.

Ulteriore condizione per la proponibilità dell'arbitrato è l'esperimento o, meglio, il fallimento della procedura di accordo bonario. L'accordo bonario fallisce allorché vi sia un rifiuto espresso della proposta di accordo da parte del soggetto che ha formulato le riserve ovvero da parte della stazione appaltante. Inoltre, si riscontra il fallimento dell'accordo bonario nell'ipotesi di inutile decorso del termine attribuito alle parti per pronunciarsi sulla proposta di accordo.

Il collegio arbitrale è composto da tre membri di cui uno svolge funzioni di presidente ed è nominato dalla Camera arbitrale. Ciascuna delle parti, nella domanda di arbitrato o nell'atto di resistenza alla domanda, designa l'arbitro di propria competenza scelto tra soggetti di provata esperienza e indipendenza nella materia oggetto del contratto cui l'arbitrato si riferisce. Per le amministrazioni l'arbitro deve essere scelto di regola tra i dirigenti pubblici nel rispetto dei principi di pubblicità e rotazione e, in caso di mancata scelta, tra gli iscritti dell'albo della Camera arbitrale.

Il codice prevede alcune ipotesi di incompatibilità. Viene affermato il divieto di far parte di collegi arbitrali per i magistrati ordinari, amministrativi, contabili e militari, per gli avvocati e procuratori dello Stato nonché per i componenti delle commissioni tributarie. La violazione di tale divieto comporta la decadenza dall'incarico e la nullità degli atti posti in essere. La nomina degli arbitri deve avvenire sulla base dei principi di pubblicità e rotazione e nel rispetto delle disposizioni del codice dei contratti. È stato inoltre previsto che se la controversia arbitrale si svolga tra due amministrazioni gli arbitri di parte devono essere individuati esclusivamente tra dirigenti pubblici.

La Camera arbitrale per i contratti pubblici cura la formazione e la tenuta dell'albo degli arbitri. Possono figurare nell'albo avvocati dello Stato e magistrati a riposo; avvocati iscritti agli albi ordinari e speciali abilitati al patrocinio avanti alle magistrature superiori e in possesso dei requisiti per la nomina a consigliere di cassazione; tecnici in possesso del diploma di laurea in ingegneria o architettura, abilitati all'esercizio della professione da almeno dieci anni e iscritti ai relativi albi; professori universitari di ruolo nelle materie giuridiche e tecniche e dirigenti generali delle pubbliche amministrazioni con particolare competenza nella materia dei contratti pubblici di lavori, servizi e forniture.

Il codice interviene anche sui costi delle procedure arbitrali stabilendo un tetto massimo pari all'importo di centomila euro per il compenso del collegio arbitrale compreso quelle per il segretario. L'importo viene determinato con una delibera della Camera arbitrale.

La circostanza che l'arbitrato sia regolamentato dalla Camera arbitrale lo qualifica come "arbitrato amministrato" escludendo la possibilità che per i contratti pubblici sia possibile esperire l'arbitrato c.d. libero o quello di cui all'art. 808 c.p.c. Le norme del codice civile, tuttavia vengono richiamate per la disciplina dell'istruzione probatoria.

Con riguardo alla nomina del terzo arbitro e alla liquidazione degli importi si sono scontrate posizioni che hanno innescato un dibattito proprio sulla natura giuridica dell'organo.

La tesi preferibile è quella della natura di organo amministrativo che adotta provvedimenti i quali devono essere sottoposti al sindacato del giudice amministrativo. A dire il vero la questione della natura amministrativa degli atti della Camera arbitrale non è stata definitivamente risolta. Il problema si è posto con riguardo all'atto di liquidazione del compenso del collegio arbitrale da parte del consiglio della Camera arbitrale. Le sezioni unite della Cassazione hanno ritenuto che l'impugnazione di tale atto non dovesse spettare alla giurisdizione del giudice amministrativo né in sede di legittimità né in sede di giurisdizione esclusiva, perché il principio di cui all'art. 806 c.p.c. ha carattere generale, costituzionalmente garantito anche in materia di arbitrato sulle opere pubbliche. In questi casi, quindi, come nell'arbitrato disciplinato dalle norme del codice di procedura civile, si instaura un rapporto di prestazione d'opera intellettuale dal quale deriva il diritto soggettivo di credito al compenso in favore degli arbitri. Si è, quindi, determinata una situazione, alquanto paradossale, per la quale alcuni atti della Camera come quello di nomina del terzo arbitro devono essere sindacati dal giudice amministrativo mentre altri, come quello di liquidazione dei compensi, devono essere oggetto di sindacato da parte del giudice ordinario.

Nei giudizi arbitrali sono ammissibili tutti i mezzi di prova previsti dal codice di procedura civile, con esclusione del giuramento in tutte le sue forme.

Il lodo si ha per pronunciato con la sua ultima sottoscrizione mentre diviene efficace con il deposito presso la Camera arbitrale. Tale norma è derogatoria rispetto a quanto stabilito dal codice di procedura civile che non prevede una dissociazione temporale fra la pronuncia del lodo e l'acquisto della sua efficacia.

Unitamente alla richiesta di deposito del lodo, deve essere presentata la proposta di liquidazione del compenso spettante ai componenti del collegio arbitrale.

Il lodo può essere impugnato dinanzi alla Corte di appello, nel termine di novanta giorni dalla sua notificazione o di centottanta giorni dal suo deposito presso la Camera arbitrale. L'impugnazione può essere proposta oltre che per motivi di nullità, anche per violazione delle regole di diritto relative al merito della controversia. Si tratta di una deroga significativa al diritto processuale civile. Infatti, l'art. 829 c.p.c. prevede l'impugnazione per nullità solo per i casi tassativamente indicati tra i quali non rientra la revisione nel merito della decisione presa dagli arbitri. Nel caso di arbitrato sui contratti, invece, la Corte di appello può dichiarare nullo il lodo anche rivisitando il merito delle decisioni adottate nell'arbitrato.

Il giudizio dinanzi alla Corte di appello è regolato da disposizioni che hanno carattere acceleratorio per consentire una rapida definizione del giudizio. Innanzitutto, la Corte d'appello può sospendere l'efficacia del lodo se si rinvengono di gravi e fondati motivi. Il collegio, accogliendo la domanda di sospensione dell'efficacia esecutiva del lodo, deve verificare se il giudizio è in condizione di essere definito. In questo caso, il collegio, fatte precisare le conclusioni, ordina la discussione orale nella stessa udienza o camera di consiglio ovvero in una udienza da tenersi entro novanta giorni dall'ordinanza di sospensione in cui pronunzierà sentenza ai sensi dell'art. 281 *sexies* c.p.c.

Nell'ipotesi in cui la causa non sia matura per la decisione, essendo necessario esperire ulteriore istruttoria, il collegio provvederà con la stessa ordinanza di sospensione, ordinando l'esperimento dei mezzi istruttori in un'udienza successiva non oltre i novanta giorni.

La Corte d'appello potrà, quindi, definire immediatamente il giudizio ma solo in caso di accoglimento della domanda di sospensione della esecutività del lodo.

2. Il Collegio consultivo tecnico

Tra i rimedi alternativi alla tutela giurisdizionale viene annoverato anche quello del Collegio consultivo tecnico previsto inizialmente dall'art. 207 del codice, poi abrogato, e reintrodotto dal decreto semplificazione (l. 120/2020, art. 6) per i lavori di importo pari o superiore alle soglie comunitarie (mentre è facoltativa per i contratti di differente importo). Si tratta, però, di una previsione temporanea e di carattere emergenziale valevole solo fino al 30 giugno 2023.

È previsto che ogni stazione appaltante prima dell'avvio dell'esecuzione, o comunque non oltre dieci giorni da tale data, costituisca un collegio consultivo tecnico con funzioni di assistenza per la rapida risoluzione delle dispute di ogni natura insorte nel corso dell'esecuzione del contratto (l'abrogato art. 207 prevedeva la facoltatività della costituzione di tale organismo). Il collegio consultivo tecnico è formato da tre o cinque membri dotati di esperienza e qualificazione professionale adeguata alla tipologia dell'opera che possono essere scelti dalle parti di comune accordo, ovvero le parti possono concordare che ciascuna di esse nomini uno o due componenti e che il terzo o il quinto componente, con funzioni di presidente, sia scelto da quelli nominati dalle parti. Il collegio consultivo tecnico adotta la procedura che ritiene più opportuna per risolvere tempestivamente le controversie che eventualmente insorgano durante l'esecuzione del contratto al fine di consentirne la rapida esecuzione del contratto (es. convocazione delle parti o audizioni informali).

Le determinazioni del collegio hanno valore di lodo contrattuale ai sensi dell'art. 808 *ter* c.p.c. (arbitrato irrituale). Si tratta, quindi, di una procedura con la quale le parti devolvono la risoluzione delle controversie a terzi (sul modello dell'arbitrato previsto dall'art. 209, il quale però si caratterizza per formalità non previste nell'ambito della disciplina in esame) e che si differenzia dalla transazione per la circostanza che quest'ultima prevede che la controversia venga risolta direttamente dalle parti con reciproche concessioni, mentre in questo caso la controversia viene risolta da terzi.

Il collegio consultivo tecnico è sciolto al termine dell'esecuzione del contratto o in data anteriore su accordo delle parti.

La normativa emergenziale prevede la possibilità che l'organo consultivo tecnico venga nominato per risolvere problematiche tecniche o giuridiche di ogni natura suscettibili di insorgere anche nella fase antecedente all'esecuzione del contratto. Sembrerebbe trattarsi di una sorta di arbitrato sia pur irrituale. Ma il collegio può occuparsi anche di questioni riguardanti una fase della procedura che, come noto, è caratterizzata dall'esercizio dei pubblici poteri, ove vengono in rilievo interessi legittimi e non diritti soggettivi, per cui la formula dell'arbitrato irrituale, per la fase pubblicistica, sembrerebbe contrastare con la norma di cui all'art. 12 c.p.a. secondo la quale solo le controversie concernenti diritti soggettivi devolute alla giurisdizione del giudice amministrativo possono essere risolte mediante arbitrato rituale di diritto ai sensi dell'art. 806 c.p.c. Ed allora è preferibile affermare che nella fase di gara il collegio non possa intervenire con decisioni che hanno valenza di lodo, quanto piuttosto espleti solo funzioni di mero ausilio tecnico in sede di predisposizione dei documenti di gara relativamente agli aspetti tecnici senza alcun potere di risolvere eventuali controversie tra amministrazione e partecipanti o aggiudicatario, prima della sottoscrizione del contratto. D'altra parte la funzione di risoluzione alternativa delle controversie durante la fase di gara, tra concorrenti e amministrazione, è già prevista in capo all'ANAC attraverso l'adozione dei pareri precontenziosi.

3. La tutela giurisdizionale dinanzi al giudice amministrativo

Le controversie concernenti le procedure di affidamento dei contratti sono devolute alla giurisdizione esclusiva del giudice amministrativo. In questi giudizi il giudice amministrativo si occupa sia della lesione di interessi legittimi sia della lesione di diritti soggettivi. La scelta di far ricadere le controversie in materia di contratti nell'ambito della giurisdizione esclusiva è dovuta alla circostanza che al giudice amministrativo è attribuito anche il potere di dichiarare l'inefficacia del contratto a seguito dell'annullamento dell'aggiudicazione che, in linea di principio, seguendo la distinzione tra fase procedimentale e fase negoziale, si sarebbe dovuta attribuire al giudice ordinario.

L'art. 133 c.p.a. prevede che sono devolute alla giurisdizione esclusiva le controversie "*relative a procedure di affidamento di lavori pubblici, servizi e forniture, svolte da soggetti comunque tenuti, nella scelta del contraente o del socio, all'applicazione della normativa comunitaria ovvero al rispetto dei procedimenti di evidenza pubblica previsti dalla normativa statale o regionale, ivi incluse quelle risarcitorie e con estensione della giurisdizione esclusiva alla dichiarazione di inefficacia del contratto a seguito di annullamento dell'aggiudicazione ed alle sanzioni alternative*".

In precedenza, la giurisprudenza delle Sezioni Unite della Corte di cassazione aveva ritenuto di attribuire al giudice ordinario la giurisdizione su tali controversie. Infatti, la patologia (annullamento o nullità) che affliggeva il contratto a seguito di una aggiudicazione illegittima doveva essere dichiarata dal giudice ordinario il quale era l'unico a poter decidere considerato che si trattava di controversie in materia di diritti soggettivi.

Secondo questa impostazione, peraltro, non vi sarebbe stato alcun automatismo tra annullamento della aggiudicazione e travolgimento del contratto. Il contratto non poteva cadere automaticamente a seguito dell'annullamento del provvedimento di scelta del contraente. Tale soluzione era espressione di un'idea di completa separazione e autonomia fra la fase di selezione e quella di esecuzione del contratto. Ma tale autonomia non è predicabile in quanto, al contrario, vi è una profonda compenetrazione fra le due fasi dell'attività contrattuale. Non è, infatti, pensabile che un'aggiudicazione illegittima non possa avere alcuna conseguenza sul contratto stipulato. Inoltre, il sistema auspicato dalla Cassazione si rivelava farraginoso e imponeva al vincitore del contenzioso amministrativo una defatigante attività per ottenere utilità dalla sentenza positiva, ossia subentrare nel contratto di appalto già sottoscritto: infatti, questi doveva prima ottenere l'annullamento dell'aggiudicazione dinanzi al giudice amministrativo e poi far valere la nullità o l'annullabilità del contratto dinanzi al giudice ordinario. Ciò avrebbe comportato il concreto rischio di una completa attuazione delle prestazioni negoziali da parte dell'illegittimo aggiudicatario e, quindi, l'impossibilità per il vincitore del contenzioso di poter trarre utilità dalle sue vittorie processuali.

La soluzione al problema è stata imposta dal diritto comunitario. Infatti, la direttiva 66/2007/CE (c.d. direttiva ricorsi) ha previsto che a seguito dell'annullamento dell'aggiudicazione il contratto si deve considerare privo di effetti e che la decisione a riguardo deve spettare allo stesso giudice che ha disposto l'annullamento dell'aggiudicazione. Tale impostazione è stata confermata dal codice del processo amministrativo che disciplina il rito speciale sui contratti agli artt. 120 e ss. La soluzione del problema circa la giurisdizione è in linea con il principio della concentrazione e dell'effettività della tutela giurisdizionale, anche se può rappresentare uno sconfinamento del giudice amministrativo nel territorio delle controversie contrattuali.

Il legislatore europeo non prendeva posizione circa la natura sostanziale della patologia che affliggeva il contratto a seguito dell'annullamento dell'aggiudicazione e si limitata ad affermare che il contratto dovesse essere privato degli effetti. Per il legislatore nazionale ciò ha comportato l'attribuzione al giudice amministrativo del potere in ordine alla dichiarazione di inefficacia del contratto.

Il problema della patologia del contratto a seguito di un'aggiudicazione illegittima, annullata, è stato fortemente dibattuto.

L'orientamento tradizionale ha affermato che tale patologia fosse da identificare nell'annullabilità. Ciò perché le norme sull'evidenza pubblica disciplinano il momento di formazione della volontà della p.a. per cui se il procedimento di formazione della volontà è viziato, risulta viziata anche la volontà della p.a. Nel campo del diritto civile, i vizi di formazione della volontà comportano l'annullabilità del contratto. Dal punto di vista processuale l'annullabilità può essere fatta valere solo da chi vi ha dato causa e, quindi, nel caso dei contratti pubblici dalla stazione appaltante tramite la sua azione illegittima. Tale soluzione si dimostrava poco praticabile in quanto difficilmente un'amministrazione, una volta annullata la sua gara, si sarebbe prodigata dinanzi al giudice ordinario per farsi annullare il contratto.

Secondo un altro orientamento, la patologia del contratto si doveva identificare nella sua nullità: per cui il contratto non avrebbe dovuto produrre alcun effetto giuridico nei confronti delle parti.

Tale tesi si fondava sull'art. 1418, c. 1, c.c. che individua tra le cause di nullità la contrarietà a norme imperative. Le norme sull'evidenza pubblica venivano considerate norme imperative e da ciò derivava la nullità contrattuale. Sul versante processuale la nullità è rilevabile d'ufficio, imprescrittibile e può anche essere fatta valere da chiunque vi abbia interesse. Anche in questo caso l'azione di nullità del contratto doveva essere esperita dinanzi al giudice ordinario.

Pur essendo più convincente, tale tesi non eliminava il problema del ricorso a due giudici differenti per risolvere la vicenda.

Una tesi, prettamente pubblicistica, sosteneva la caducazione automatica del contratto. Tale impostazione si fonda sul riconoscimento del nesso di presupposizione tra l'aggiudicazione e il contratto come avviene nel rapporto tra atto amministrativo presupposto e consequenziale. Per cui venuto meno l'unico presupposto del contratto (l'aggiudicazione) discende l'automatica caducazione del contratto stipulato. Questa tesi, a differenza delle precedenti, affermava la giurisdizione del giudice amministrativo sul contratto in quanto la caducazione del contratto era considerata un mero effetto dell'annullamento dell'aggiudicazione ed aveva, quindi, il pregio di concentrare la tutela giurisdizionale nelle mani di un unico giudice. Si trattava di una soluzione che, però applicava principi riguardanti gli atti amministrativi a una fattispecie in cui venivano in rilievo atti di diversa natura (aggiudicazione e contratto).

Il d.lgs. 53/2010, di recepimento della direttiva comunitaria 1007/66/CE, e il codice del processo amministrativo, sono intervenuti sul tema affermando che spetta al giudice amministrativo in sede di giurisdizione esclusiva "la dichiarazione di inefficacia del contratto a seguito di annullamento dell'aggiudicazione". L'obiettivo della concentrazione delle tutele, quindi, è stato raggiunto anche se non è stata chiarita la questione relativa alla patologia del contratto a seguito dell'annullamento dell'aggiudicazione. La norma prevede l'inefficacia del contratto senza qualificarlo nullo o annullabile. Sul punto, però, la giurisprudenza, in via interpretativa, ritiene preferibile l'opzione che l'inefficacia derivi da nullità, speciale, del contratto.

La normativa non prevede che l'annullamento dell'aggiudicazione comporti sempre la dichiarazione di inefficacia del contratto. Per provocare questo effetto, infatti, l'annullamento deve essere causato da alcune specifiche violazione della normativa a evidenza pubblica e, in particolare, nei casi di violazione degli obblighi di pubblicità; nell'aggiudicazione di un contratto tramite procedura negoziata senza bando o con affidamento in economia fuori dai casi consentiti e questo abbia determinato l'omissione della pubblicità del bando o avviso con cui si indice una gara quando ciò sia prescritto; nella stipula del contratto senza il rispetto del termine dilatorio (*stand still*) e sempre che tale violazione, aggiungendosi a vizi propri dell'aggiudicazione, abbia influito sulle possibilità del ricorrente di ottenere l'affidamento; nel caso in cui il contratto sia stato stipulato senza rispettare la sospensione obbligatoria del termine per la stipulazione derivante dalla proposizione del ricorso giurisdizionale avverso l'aggiudicazione, qualora tale violazione, aggiungendosi a vizi propri dell'aggiudicazione definitiva, abbia influito sulle possibilità del ricorrente di ottenere l'affidamento.

Inoltre, per dichiarare l'inefficacia del contratto il giudice deve operare un delicato bilanciamento di interessi. Infatti, 121, c. 2. c.p.a., prevede che, in presenza di esigenze imperative connesse a un interesse generale, il giudice possa non dichiarare l'inefficacia del contratto anche in presenza di quelle violazioni che imporrebbero l'adozione di tale misura. Il legislatore individua tra queste esigenze le imprescindibili ragioni di carattere tecnico o di altro tipo tali da rendere evidente che il contratto possa essere concluso solo con il contraente "illegittimo". Anche gli interessi economici possono essere presi in considerazione dal giudice ma solo in circostanze eccezionali in cui l'inefficacia del contratto condurrebbe a conseguenze sproporzionate. Se non dichiara l'inefficacia, il giudice amministrativo può comminare alla stazione appaltante sanzioni alternative. In particolare, può erogare una sanzione pecuniaria fino al cinque per cento del valore del contratto ovvero può ridurre la durata del contratto, ove possibile, da un minimo del dieci per cento a un massimo del cinquanta per cento della durata residua alla data di pubblicazione del dispositivo.

L'illegittimità, quindi, si configura solo come un presupposto necessario ma non sufficiente per la dichiarazione di inefficacia. Il giudice deve verificare una serie di elementi ulteriori. Ciò induce ad affermare che al giudice amministrativo sia stato attribuito un potere di merito in ordine alla valutazione sulla produzione degli effetti del contratto.

Solo attraverso la dichiarazione di inefficacia il ricorrente vittorioso può subentrare nel contratto. Se il giudice non ritiene di dichiarare l'inefficacia del contratto può comunque disporre il risarcimento per equivalente del danno subito o provato dal ricorrente vittorioso. La condotta della parte, che senza giustificato motivo non abbia richiesto di dichiarare l'inefficacia del contratto o non si sia resa disponibile al subentro, potrà essere valutata negativamente ai sensi dell'art. 1227 c.c. Il giudice, quindi, deve valutare la condotta processuale della parte e a tale fine potrà assumere rilievo il fatto che, a esempio, il ricorrente dopo aver ottenuto la sospensione della stipula del contratto e aver ottenuto l'annullamento dell'aggiudicazione, rifiuti, senza giustificato motivo, di subentrare in un contratto.

Non è chiaro il rapporto tra azione di annullamento e azione risarcitoria. Il privato che voglia richiedere direttamente il risarcimento per equivalente potrebbe trovare serie difficoltà proprio per l'applicazione dell'art. 1227 c.c. che sembrerebbe imporgli di formulare comunque la domanda di annullamento e di inefficacia del contratto. Infatti, non è, infatti possibile richiedere al giudice direttamente l'inefficacia sganciata dall'azione di annullamento. È chiaro, quindi, che se la mancata impugnazione dell'aggiudicazione può essere considerato un fattore di valutazione negativa, ai sensi dell'art. 1227 c.c., per la concessione del risarcimento dei danni, il danneggiato di fatto sarà sempre costretto a impugnare l'aggiudicazione anche quando l'annullamento dell'atto sia inutile in quanto non potrà mai subentrare nel contratto (si pensi alle ipotesi in cui il contratto si sia concluso immediatamente prima del giudizio). In sostanza, l'impugnazione del provvedimento non è necessaria ma la sua omissione può essere valutata dal giudice come un comportamento processualmente significativo ai fini dell'applicazione dell'art. 1227 c.c. e, quindi, del risarcimento. Non si configura una pregiudiziale in senso tecnico ma certamente la norma rende difficoltoso per il privato proporre un'azione autonoma di risarcimento.

In materia di contratti pubblici, il codice del processo amministrativo prevede un rito speciale, accelerato, in considerazione della rilevanza che può avere sugli assetti economici la celere conclusione di una controversia sull'aggiudicazione di una commessa pubblica.

Il rito in materia di appalti pubblici è disciplinato dal combinato disposto dagli artt. 119 e 120 nonché dalle disposizioni contenute negli artt. 121 e ss. del codice processo amministrativo. Innanzitutto, è prevista l'esclusione del rimedio amministrativo del ricorso straordinario al Presidente della Repubblica.

Il rito speciale si caratterizza per la previsione di un dimezzamento di tutti i termini processuali compresi quelli per la proposizione del ricorso e dei motivi aggiunti, fissati in trenta giorni; l'accelerazione della fissazione dell'udienza di merito e sinteticità degli atti; la possibilità di un'immediata definizione del giudizio anche in fase cautelare; la pubblicazione del dispositivo entro sette giorni dalla data della sua deliberazione; la sospensione della stipula del contratto fino alla definizione della fase cautelare del giudizio avverso l'aggiudicazione.

Un regime speciale è previsto per le controversie relative alle infrastrutture strategiche. Infatti, l'art. 125 c.p.a. prescrive che la sospensione o l'annullamento dell'aggiudicazione non comporta la caducazione del contratto già stipulato e il risarcimento del danno eventualmente dovuto avviene solo per equivalente. Si tratta di una disposizione che chiaramente privilegia l'esigenza di non bloccare la realizzazione dell'opera anche in caso di acclarata illegittimità dell'aggiudicazione. Il legislatore in questo caso ha operato un delicato bilanciamento di interessi alla luce della particolare tipologia di opere prese in considerazione facendo prevalere la celere esecuzione delle stesse rispetto all'interesse del ricorrente vittorioso. Tale modello, che prevede solo il risarcimento del danno per equivalente, in caso di annullamento aggiudicazione è stato applicato dalla normativa sull'emergenza sanitaria, per un periodo limitato di tempo (fino al 30 giugno 2023), alle controversie concernenti l'aggiudicazione dei contratti sopra la soglia comunitaria. La l. 108/2021 ha previsto l'applicazione dell'art. 125 c.p.a. anche per tutte le controversie riguardanti i contratti di attuazione del PNRR e quelli cofinanziati fondi strutturali dell'Unione europea. Nella sostanza viene notevolmente ampliato l'ambito operativo di una norma che doveva essere riservato a casi eccezionali in quanto priva della possibilità di subentro un concorrente vittorioso e, quindi, un soggetto al quale doveva essere legittimamente aggiudicato il contratto.

Finito di stampare nel mese di ottobre 2021
nella Stamperia Artistica Nazionale S.p.A. - Via M. D’Antona, 19 – 10028 Trofarello (TO)